清宫·图档

李寅 著

台海出版社

序　言

关于清宫历史，有一个很奇怪的现象：久宠不衰。国人对清宫知识的关注一直热度不减。对一个封建王朝的宫廷历史如此感兴趣，究竟为何？

我想，大致源于两点：

一为史料丰富。清朝是离我们最近的封建王朝，故而遗留下大量丰富的史料，成为人们关注清宫、研究清宫的基础。所以，每一个国人都会对清史有或多或少的了解。

二为影视传播。多年来，一大批关于清宫的影视剧，诸如《甄嬛传》《延禧攻略》等不断登上荧屏，曾一度处于霸屏状态。这些素材丰富的清宫剧，使观者在获得愉悦的同时，也沉淀下很多清宫知识，成为茶余饭后的谈资。

普及度这么高，似乎可以令我们这些研究清史的人欣慰了，这是好事。可是，我们并未如愿，相反，却产生了担忧，担忧的是人们心中沉淀下来的、大脑中吸收进去的清宫知识，并非真相，而是误解。很多人被流行的影视作品带进了误区，并且将谬误四处传播，越演越烈。

这些影视作品，有的宣传说反映的是真正的历史，实际上不过是作品中植入了部分人所共知的历史镜头，便打着传播传统文化的旗号，使得人们对未知的宫史领域莫辨真伪。一些导演凭借大胆的想象，天马行空地任意发挥，向人们传播了错误的知识。

基于这些现象，几乎50%以上的国人都对清宫史有不切实际的认识。

比如坊间传闻泛滥：太后下嫁小叔子，顺治出家五台山，康熙死于雍正毒参汤，等等，五花八门，形成了所谓“清宫乱象”。

比如影视作品传播：《甄嬛传》中果郡王与雍正妃甄嬛谈情说爱，甄嬛肆无忌惮地害死雍正帝；《延禧攻略》中，魏璎珞敢想、敢说、敢为的奔放性格，高贵妃阴险、多谋、巧诈、嚚猾的个性，等等，均是编剧的艺术想象，但人们深信不疑。

为此，我们为史者就应肩负起这样一个责任：匡正谬误，正本清源，还原真实的历史。这样，笔者依于档案等史料，做出了一些努力：

一是依档案，从宏观入手，对清十二帝的人格、性格进行客观描摹。从太祖努尔哈赤到末帝宣统，本书记录下清代诸帝或聪睿，或果敢，或多情，或诙谐，或风骚的多面人生。从细微处着墨，对清帝后宫状况进行探究，揭开这些红颜女子或风花雪月，或钩心斗角，或母子情深，或帝妃反目的神秘面纱。

二是依官史，结合民间史料，互为佐证，对所谓“正史”中表达出来的事件，进行对照、分析、匡正，找到历史的真实，还原真相。

或许，这就是《清宫·图档》这本书的出发点和落脚点了。笔者经过努力，撷取档案精华，去伪存真，使之做到：

趣味性，找寻契合大众口味的话题，铺陈开来。

知识性，对一些清代独有的特色文化，深入浅出地加以普及。

真实性，依据档案等史料，生动而不失真地加以描述，还原真实的清朝宫廷。以此与读者共勉。

是为序。

2020年11月26日

目录

壹 帝王·图档

目录

目录

叁 宫闱·图档

目录

目录

伍 杂务·图档

目录

揭开清朝十二帝王奢华背后鲜为人知的悲喜人生。

本篇详细描写了清朝十二个皇帝的政治生活和逸闻趣事。通过作者的讲述，我们看到了权力塔尖上的清朝皇帝们的悲喜人生，明白了清朝皇帝们奢华背后鲜为人知的爱恨悲欢。

壹 帝王·图档

努尔哈赤没预料到的战争　神秘去世的皇太极

顺治帝看书看到累吐血　康熙帝聪明的育儿经

雍正帝尸首金头之谜　乾隆帝自称『书呆子』

咸丰帝和『狗』抢骨头　宣统帝『三个爸爸』

努尔哈赤

努尔哈赤杀亲子

亲爹杀子，这种事极为罕见，所谓“虎毒不食子”嘛，可是，清朝奠基者努尔哈赤却做了一件反常的事，那就是他亲手杀了亲生儿子。

努尔哈赤杀掉的儿子，就是他的长子褚英。

褚英，万历八年（1580 年）生，比代善大 3 岁，母亲为努尔哈赤的元妃佟佳氏。努尔哈赤 21 岁起兵时，褚英只有 4 岁。所以，幼年的褚英一直生活在动荡不安的环境里。每当敌兵袭来，努尔哈赤就把他藏到柜子里、炕洞里，就这样一次次躲过敌兵的袭击。这种经历，让褚英得到了历练，养成了超乎常人的胆量。

褚英从 19 岁开始带兵打仗，他攻城略地，所向披靡，屡立战功，多次得到赏赐。万历二十九年（1601 年），攻打叶赫安楚拉库，大获全胜，赐“洪巴图鲁，封贝勒”称号（《清史稿》）；巴图鲁，就是“勇士”的意思。万历三十五年（1607 年），与乌喇部激战，取得乌碣岩大捷：“上嘉其勇，赐号曰阿尔哈图土门。”（《清史稿》）这个封号的汉译是万计，也即是足智多谋，所以又称之为“广略贝勒”，足见褚英很有谋略。

可以想见，褚英不仅有胆略，还有谋略，深得努尔哈赤喜爱。万历四十年六月，努尔哈赤大肆赏赐褚英：赐给他国人 500 户，牲畜 800 头，银 1 万两，敕书 80 道，并宣布授予褚英执政大权。很显然，褚英被努尔哈赤确定为事业接班人，褚英的事业达到了巅峰。

努尔哈赤像

然而，褚英虽被定为储君，却存在许多致命弱点。比如，心胸狭隘、野心勃勃、猜忌多疑等。尤其在以后的发展过程中，与多方势力发生了严重冲突。

一股势力是“军功大臣”。这股势力主要人物有额亦都、费英东、扈尔汉、何和里、安费扬古五位大臣，他们是努尔哈赤的生死之交，为努尔哈赤夺得天下立下了汗马功劳。这五位功臣，努尔哈赤也要礼让三分，可是，褚英却对其有凌辱之举。他还说下狠话：“如果你们谁敢同我作对，一旦我继承汗位，定杀无赦。”这使得他们十分惶恐。

第二股势力是“四大贝勒”。这四大贝勒是努尔哈赤次子代善、五子莽古尔泰、八子皇太极、侄子阿敏（舒尔哈齐次子）。这四大贝勒势力很强大，也很得努尔哈赤的信赖，各有靠山。但是，褚英依仗自己的地位，多次威胁

褚英　清太祖努尔哈赤长子

各位贝勒。一天夜里，他把兄弟们集合到一起，威胁说："凡是与我不和的贝勒，我即位后，就要诛杀他！凡是父汗赐给你们的财产马匹，等父汗去世后，统统收回。"并强迫他们对天发誓，还不准把这些告诉努尔哈赤，否则，就要受到惩罚。

褚英这样做，自然会遭到上述两股势力的嫉恨，他们开始联合起来，共同对付褚英。不然，将来可就有麻烦了。于是，他们采取了措施："诸弟及群臣愬于上。"（《清史稿》）"愬"，就是恐惧的样子。

努尔哈赤开始虽然很信任长子褚英，但当军功大臣和四大贝勒一起状告褚英种种不法情状的时候，努尔哈赤也意识到褚英威胁到了自己，于是，"上浸疏之"（《清史稿》），并处罚了褚英：将褚英的人口、牲畜、田产分给四大贝勒，不再让褚英干预政事，不再让他领兵出征。

按理，这个时候，褚英应该静下心来，思想对策，最起码应该韬光养晦，不再引起公愤，重新讨得努尔哈赤的喜爱。可褚英是怎样做的呢？他居然铤而走险，做了一件糊涂事："焚表告天自诉，乃坐诅咒，幽禁。"（《清史稿》）

大意是，褚英趁着努尔哈赤带兵出征之际，向上天祷告，诅咒父亲、兄弟、五大臣，并说，如果他们战败，不让他们进城。褚英的性格缺陷在这件事上暴露无遗。努尔哈赤听到消息后大怒，他决定除掉这个逆子。

万历四十一年（1613 年）三月二十六日，努尔哈赤将褚英幽禁在高墙之中。努尔哈赤就要不要除掉褚英思索了两年，最后终于下定了决心，除掉褚英，以绝后患。资料记载："长子若生存，必会败坏国家。"（《无圈点老档》）万历四十三年（1615 年）八月二十二日，刚刚过完中秋节："始下决断，处死长子。"（《无圈点老档》）褚英死去，年仅 36 岁。

关于褚英之死，有多种说法，其中最为普遍的是被绞杀致死。这就是努尔哈赤的杀子事件。

努尔哈赤为什么要杀死褚英，褚英真的罪不可恕？我们看看《满文老档》是怎样说的。

第一，心术不善。《满文老档》记载，努尔哈赤处死褚英的原因是"心术不善"。这是很关键的。他也确实威胁过五大臣、众兄弟。

第二，不知认错。一个人犯错不可怕，可怕的是不改正错误。即使是圈禁期间，依然是我行我素，不断做出出格离谱之事，比如使用巫术诅咒父汗。这样“不认己错”（《满文老档》），怎么可能继承汗位呢？

第三，败坏国家。褚英在对天焚表祷告的时候，竟然诅咒父汗打败仗，这就等于是让国家衰败，所以，努尔哈赤“经过二年多之深思，虑及长子若生存，必会败坏国家”，而痛下决心“处死长子”（《满文老档》）。

努尔哈赤之所以这样做，有不得已的苦衷。

一是积怨难平。五大臣和四大贝勒纷纷控诉褚英，这些人是后金国的支柱，努尔哈赤必须考虑他们的感受。

二是建国在即。努尔哈赤经过多年努力，一切已经准备就绪，准备于万历四十四年（1616年），建立后金国，这是努尔哈赤奋斗终生的梦想，而褚英的存在是一个巨大的障碍。

努尔哈赤做梦都没有预料到的一场战争

努尔哈赤一生征战无数，几乎没打过败仗。可是，时间到了天命十一年（1626年），志得意满的努尔哈赤万万没想到发生了一件意外的事情。这件事情不但别人不会相信，就连努尔哈赤自己也好像在梦中一般。

什么事情呢？那就是努尔哈赤在这一年打了一个大败仗，他居然败给了一个书呆子。这真让人难以理解，久经沙场的明朝老将都会败在他的手下，怎么会被一个书呆子打败呢？

这个书呆子就是袁崇焕。袁崇焕（1584—1630年），字元素，生于广东东莞石碣，祖籍广西梧州，明朝末年蓟辽督师。

大家一定很感兴趣，书呆子袁崇焕，怎么打败了常胜将军努尔哈赤呢？其实，袁崇焕有一个过人之处，那就是不服气，他不服努尔哈赤。于是，他向朝廷毛遂自荐。袁崇焕还有一个与众不同的地方，那就是不畏权势。话说袁崇焕被朝廷任命修建并镇守宁远的时候，兵部尚书兼蓟辽经略高第是个大奸臣，他主张放弃东北，命尽撤锦州、右屯、大凌河诸城守军，将器械、枪炮、弹药、粮料移到关内，放弃关外土地400里。袁崇焕力争：兵不可撤，城不可弃，民

努尔哈赤戎装骑马图

努尔哈赤与侍卫

站马吹笛　正黄旗军中的游戏

不可移，田不可荒，坚决与高第做斗争。

于是，这个书呆子就成了常胜将军努尔哈赤的克星。

我们来看看努尔哈赤和袁崇焕的宁远大战。

宁远之战发生在明天启六年（1626 年）正月，也就是后金天命十一年。战争开始前，双方兵力悬殊，袁崇焕仅有 1.7 万人，而努尔哈赤有 13 万。努尔哈赤雄心勃勃："朕用兵以来，未有抗颜行者。袁崇焕何人，乃能尔耶！"他从沈阳出发，以必胜的决心，征伐孤城宁远。

那么，袁崇焕有把握吗？他做了哪些准备呢？

一是战前动员。袁崇焕首先要求大家要有必胜的决心，要做好背水一战的准备，他"刺血为书，激以忠义，为之下拜，将士咸请效死"。袁崇焕这种做法很灵，守城官兵纷纷表态，愿意与其同生共死。

二是严防奸细。奸细太可怕了，辽东诸城——抚顺、清河、开原、铁岭、沈阳、辽阳、广宁，都是由于"内应外合"才失陷的。所以，袁崇焕要清除宁远城内的奸细。袁崇焕令尽焚城外房舍、积刍，转移城厢商民入城，转运粮料藏觉华岛。又以同知程维模率员稽查奸细，"纵街民搜奸细，片时而尽"。在宁远城中，奸细被彻底清除了，解除了后顾之忧。

三是守城不出。宁远之战，强弱悬殊。袁崇焕前临强敌，后无援兵，宁远孤城，只有扬长避短，凭坚固城池以固守。他吸取抚顺、清河、开原、铁岭、沈阳、辽阳、西平、广宁失守的惨痛教训，不出城外野战，拼死固守。敌诱不出城，敌激不出战。袁崇焕守卫宁远的要略是孤守、死守、固守。

四是兵民联防，与城内百姓同呼吸，共命运。袁崇焕令通判金启倧编派民夫，供给守城将士饮食。又派卫官裴国珍带领城内商民，运矢石，送弹药。在宁远城的防卫过程中，袁崇焕能使军民一体，相互合作，同命运，共生死，整个宁远城军民同心同力，共同御敌。

五是整肃军纪。规定三条：第一，统一指挥，不得擅自行动，否则，杀无赦；第二，不得逃跑，谁做逃兵，谁会被处死；第三，重赏，在战况紧急之时，命取库银 1.11 万余两，放在城上。袁崇焕宣布：官兵有能中敌与不避艰险者，即时赏银一锭，奖励勇敢退敌者。

六是使用新式武器。他在宁远城设置红夷大炮（红衣大炮，即西洋大炮）。

红夷大炮为葡萄牙制造的早期加农炮，具有炮身长、管壁厚、射程远、威力大的特点，是击杀密集骑兵的强力火炮。从澳门先后购进红夷大炮30门，其中留都城18门、炸毁1门，解往山海关11门。敌兵逼近，袁崇焕采用茅元仪、王喇嘛等人的建议，将11门红夷大炮送入城中，制作炮车，挽设城上，备足弹药，训练炮手。由在京营中受过葡萄牙人训练的孙元化、彭簪古等官员，培训炮手，加以使用。这11门红夷大炮架设在宁远城上，成为袁崇焕凭城用炮退敌的最新式的强大武器。

一切准备就绪，只待来敌了。开始，努尔哈赤非常轻敌，他命令弓箭手飞箭给袁崇焕，要他投降受封。袁崇焕坚决拒绝了这一要求。接下来双方开始了战争，战事打得异常激烈。结果怎么样呢？

明蓟辽经略高第奏报："奴贼攻宁远，炮毙一大头目，用红布包裹，众贼抬去。"

张岱在《石匮书后集》中记载："炮过处，打死北骑无算，并及黄龙幕，伤一裨王。北骑谓出兵不利，以皮革裹尸，号哭奔去。"

这个"大头目"就是努尔哈赤，他非常不幸，被这个他非常陌生的"红衣大炮"给击中了背部，狼狈撤出。

努尔哈赤这次出师宁远，就是想拿下宁远之后，夺取山海关，为清军入关做好准备，不料竟然败在袁崇焕手下，而且，自己身负重伤，性命堪忧。当时，袁崇焕43岁，初历战阵，让努尔哈赤大吃一惊。

努尔哈赤最想把汗位传给谁

一代枭雄努尔哈赤临终前，有一件心事，那就是他死后，把汗位传给谁。不过，直到他去世，也没有说出让谁来接班，可见他当时非常犹豫。根据历史资料，我们看看，在努尔哈赤心中，谁最有分量。

起初，努尔哈赤最中意的当然是长子褚英。可褚英心胸狭隘，诅咒父汗，被努尔哈赤处死。那么，余下四个贝勒，谁的分量最重呢？

1616年，努尔哈赤在赫图阿拉登基为汗时，就设了四个贝勒，即大贝勒代善、二贝勒阿敏、三贝勒莽古尔泰、四贝勒皇太极。他们称和硕贝勒，"共议国政，各置官属”。

努尔哈赤最中意谁，用排除法比较好看出。这四人里面，有一个人肯定不是努尔哈赤的接班人，那就是二贝勒阿敏。阿敏（1586—1640年），太祖努尔哈赤弟舒尔哈齐次子。其曾跟随努尔哈赤参与萨尔浒战役，之后参加灭叶赫、克沈阳、攻辽阳等战役，战功煊赫，在朝中有着很高的威望。可是，由于他不是努尔哈赤亲生，很明显，不会是接班人选。

接下来，我们看三贝勒莽古尔泰。莽古尔泰（1587—1633年），清太祖努尔哈赤第五子，努尔哈赤第二位福晋富察氏所生，领正蓝旗。少时跟随努尔哈赤征伐乌喇部，英勇善战，连克六城。天命元年（1616年）四月，受封为和硕贝勒。天命四年（1619年），参加了萨尔浒大战，先随努尔哈赤在萨尔浒全歼明总兵杜松所率的六万大军，又南下歼灭刘綎部四万余众。天命五年（1620年）受命追袭明军，直至浑河。天命十一年（1626年）攻击喀尔喀巴林部，独自率兵渡河，斩俘甚众。太宗即位后，数次进攻明军，屡立战功。

这样看来，莽古尔泰很有希望了。可是莽古尔泰有个不要脸面的母亲，她居然偷东西，把汗王宫里面的绸缎珠宝偷出来，使得努尔哈赤大怒，下令废了她。很显然，莽古尔泰会受到牵连。就此，莽古尔泰就不具备继承汗位的条件了。

还有两位，一个是大贝勒代善，另一位就是四贝勒皇太极。

看看代善。

代善（1583—1648年），清太祖努尔哈赤次子。曾因作战英勇赐号古英巴图鲁，“古英”乃满文音译，意为“刀把顶上镶钉的帽子铁”，巴图鲁为满语中“勇士”之意。天命元年（1616年）被封为和硕贝勒，参与国政，为四大贝勒之首，以序称大贝勒。代善领满洲两红旗（正红旗、镶红旗），在征伐女真各部及蒙古与明朝的过程中屡立战功。

褚英被废后，代善在诸子中年岁居长，骁勇善战，军功卓著，又因拥有正红旗、镶红旗，努尔哈赤非常重视他，曾说过：“等我百年之后，我的诸幼子和大福晋交给大阿哥（指代善）收养。”很明显，这是一种暗示，努尔哈赤准备把汗位传给大贝勒代善。

可是，后来发生了一个意外，让代善与汗位擦肩而过。

代善　清太祖努尔哈赤次子

天命五年（1620年）九月，代善次子硕托失踪，坊间议论纷纷。有的说硕托叛逃了，逃到敌国明朝了。努尔哈赤非常重视，后来，硕托回来了，根本不是叛逃，原因是代善和硕托的继母虐待硕托，硕托不堪忍受而失踪。但是，代善向努尔哈赤告发，坚持说硕托是叛逃，要杀掉硕托。这让努尔哈赤非常惊讶："哪有这样的父亲呀，你代善也是我前妻的儿子，我怎么对待你的，你为了自己的利益，竟然不顾亲情！"于是，愤怒的努尔哈赤决定废掉代善的太子之位，并要求代善与硕托分家单过，以免再发生类似事件。

代善被废后，"四大贝勒"中，只剩下皇太极了。皇太极是怎样的一个人呢？他能否顺利继位呢？后文我会讲到。

此外，还有四小贝勒，清朝时实权仅次于四大贝勒的另外四位皇亲。大贝勒阿济格、二贝勒多尔衮、三贝勒多铎、四贝勒济尔哈朗。这四个人中，前三个人均为大妃阿巴亥所生，虽然出身尊贵，但年龄太小，军功不足以和四大贝勒相比，因而不能争汗位。至于济尔哈朗，他是努尔哈赤弟弟哈齐第六子，并非努尔哈赤亲生，很显然不具备竞争的条件。所以，四小贝勒不在努尔哈赤考虑的范围内。

皇太极

阴谋得皇位

皇太极是极有智谋的帝王，各种清代史料都说皇太极是凭借自己的智谋夺得了汗位。这些说法到底靠不靠谱呢？不妨看一下。

我们先从努尔哈赤的儿子说起，看看他们都是谁。努尔哈赤共有16个儿子：长子褚英，次子代善，三子阿拜，四子汤古岱，五子莽古尔泰，六子塔拜，七子阿巴泰，八子皇太极，九子巴布泰，十子德格类，十一子巴布海，十二子阿济格，十三子赖慕布，十四子多尔衮，十五子多铎，十六子费扬果。

很显然，努尔哈赤这么多儿子，由谁来继承汗位，他是要全盘考虑的。不管怎么说，作为皇八子的皇太极是不占优势的。那么，他要怎么做，才能让自己得到皇位呢？

首先，皇太极参与了扳倒褚英的活动。褚英以年长和优秀的才能，被努尔哈赤确立为接班人。可褚英高处不胜寒，很快成为众矢之的。加之褚英智谋不足，做了糊涂事，失去了努尔哈赤的信任。最主要的还是四大贝勒和五大臣的鼓动和状告，才使得努尔哈赤最终下决心，废掉了褚英。四大贝勒中，皇太极虽然是最后一个，但皇太极参与了扳倒褚英的活动。

褚英被扳倒了，接下来，努尔哈赤选中了同样非常优秀的代善，作为汗位接班人。代善作为接班人恰到好处，他不仅位于“四大贝勒”之首，而且战功卓著，深得人心。努尔哈赤就说过：“我死后，我的老婆和那些年幼的孩子，都由你来抚养。”

这件事刺激了皇太极，他是一个有理想有抱负的人。继承汗位，成为努尔哈赤的接班人，是他的理想和目标。究竟要怎样才能实现呢？摆在皇太极面前的最大障碍就是代善了。只有把他扳倒，自己才有希望。

经过周密思考，皇太极有主意了。只要策划一起事件，让努尔哈赤恨代善，那样他自然就会不信任代善，进而废掉其接班人的位子。

天命五年（1620年）三月，皇太极找到努尔哈赤的小福晋代音察，他知道，这个女人与汗王大妃阿巴亥矛盾极深，于是，决定与她联手。他们经过商量，一个狠毒的计划出笼了。

代音察秘密向努尔哈赤举报大妃阿巴亥。接到代音察的举报，努尔哈赤的汗毛都竖起来了，简直不敢相信，这怎么可能！因为，他宁愿代音察在撒谎，也不愿相信这些。他惊讶、气愤，简直都要窒息了。代音察究竟在举报信中说了什么，会让老汗王这样呢？这件事就是大妃勾引大贝勒代善。代音察举报："大福晋曾两次备饭，送与大贝勒，大贝勒受而食之。"（《满文老档》）

但是，光凭这点，很难判定阿巴亥与大贝勒代善有染。代音察于是拿出了撒手锏，那就是两人曾经幽会，而且是深夜幽会。代音察举报说："大福晋一日二三次遣人至大贝勒家，如此往来，谅有同谋。大福晋自身，深夜出院，亦已二三次矣。"（《满文老档》）

这难道是真的吗？努尔哈赤不敢相信，于是，他派出了心腹四大臣达尔汉虾、额尔德尼、雅逊、蒙阿图秘密调查，结果全部属实。努尔哈赤听后如遇晴天霹雳。

那么，大妃阿巴亥难道疯了吗？她怎么敢这么做？我分析，还是有一定背景和原因的。

一是努尔哈赤自身的原因。原来，努尔哈赤从长远利益考虑，曾经说过一些话，引起了大妃阿巴亥的误解。资料记载，努尔哈赤曾经对大家说："吾身殁后，大阿哥须善养诸幼子和大福晋。以有此言，故大福晋倾心于大贝勒。"（《满文老档》）努尔哈赤确实说过这样的话，因为女真族早期有这种所谓"收继婚"的习俗，但是，那也要等到老汗王去世之后，你才有机会啊。这不显得大妃太着急了吗？努尔哈赤还健在，你们就勾搭成奸，成何体统呢？

二是代善的原因。万历四十三年（1615年）八月二十二日，努尔哈赤长

皇太极　清太祖努尔哈赤八子

①
②
③
⑤
⑥

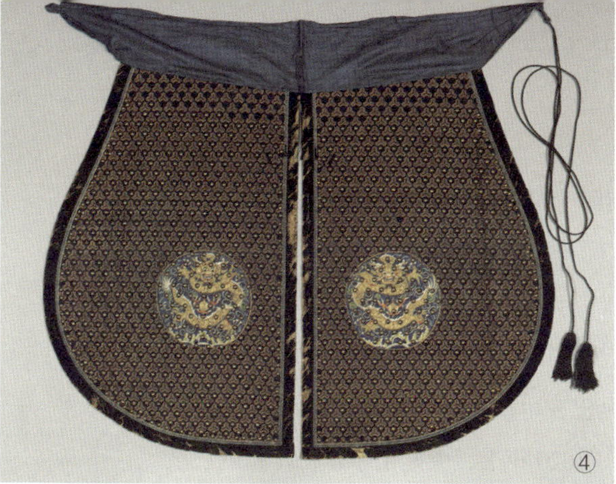

④

⑦

⑧

⑨

清　武将服饰

①背面金属板
②腹股沟围裙
③前金属板
④裙
⑤腋下
⑥右肩襟翼
⑦中央襟翼
⑧左肩襟翼
⑨马夹

子褚英被处死，年仅33岁的代善成了实际上的长子，成为大贝勒。大贝勒不仅战功卓著，还很善良，人缘很好。所以，他的地位与日俱增，极有可能成为汗位继承人。大妃对这一切是知道的，难免为了自己的将来动些心思。

三是年龄的关系。其实啊，大妃阿巴亥的年龄与丈夫努尔哈赤相差悬殊，两个人年龄相差31岁。在那个早婚的年代，阿巴亥可以做努尔哈赤的孙女了。相反，阿巴亥和代善的年龄却很接近。天命五年（1620年），大妃出事这一年，阿巴亥大妃是31岁，而代善是37岁。这样接近的年龄，是两个人互相仰慕的基础。

这件事让努尔哈赤羞愧难当。他思索了一下，这也不能全怪代善和大妃，自己确实说过这样的话，将来由代善接管后宫。可是，你们动手也太早了吧，我还没死呢，就这样羞辱我。努尔哈赤已经气得不行了。

祸不单行，代善家里又出事了，前文讲过，他被人告发虐待儿子硕托，进而导致硕托离家出走。这件事同样使努尔哈赤怒火中烧。这个代善实在是太不争气了，居然总犯大错，绝对不可饶恕。怎么办呢？努尔哈赤思虑再三，先废了他的太子之位。

就这样，事情发展到这里，代善是无论如何不能接班了。尽管如此，努尔哈赤还是看到了代善的优点，继续保持他四大贝勒之首的地位，事事还要与代善谋划，也没在众人面前过多提起这件事，所谓家丑不可外扬吧。但是，不管怎么样，皇太极的目的达到了。

虽然代善的太子之位被废掉，但努尔哈赤并没有说将来由谁接班。直到天命十一年（1626年）八月初七，努尔哈赤病危之际，他把最宠爱的大妃阿巴亥叫到床前，准备交代后事。四天后，努尔哈赤一命归天，由谁来接班呢？老汗王并没有留下遗嘱，这个时候，谁都有机会接班，只要是努尔哈赤的儿子。野心勃勃的皇太极开始谋划起来。

时间太紧迫了，大家都在争夺，尤其是那个大妃，她有三个儿子，虽然年龄小，可是努尔哈赤在弥留之际，是和这个女人度过的。努尔哈赤临终之际和她说了什么，是否谈到了汗位继承的问题，都是未知数。所以，在众人看来，大妃极有可能发声，宣布由谁接班。就在这千钧一发之际，皇太极决心寻求支援，最需要支持的就是大贝勒代善。

可是，大家知道，代善在天命五年（1620年）曾经遭过皇太极暗算，被废掉了汗位接班人的资格。这个事件中，他和大妃阿巴亥都是受害者。那么，代善在关键时刻，是支持情人阿巴亥，还是竞争对手皇太极呢？让人没想到的事情发生了，他居然找到皇太极，很诚恳地说："你的智谋胜过我，我支持你继位。"皇太极再一次胜利了。代善出卖了大妃阿巴亥，阿巴亥踌躇满志地准备帮助自己的儿子继承汗位的时候，皇太极带领王公大臣，强迫大妃自杀殉葬。

接下来，一场悲剧就在宫廷中发生了。

皇太极后宫中的二婚女人

古代，人们有贞操观念，女子在婚姻上，往往被要求"从一而终"。尤其是帝王，不仅拥有天下，而且拥有天下所有的女人。这样看来，他们大可不必娶那些二婚的女人了。可是，让人没有想到的是，在清太宗皇太极的后宫里面，居然有很多女人是二婚的。

本来，这种女子改嫁的现象，早在努尔哈赤时期就有，并非皇太极所独创。一个典型的实例就是努尔哈赤的继妃富察氏衮代。衮代在嫁给努尔哈赤之前，是其堂兄威准的老婆。并且，给威准生了好多孩子。威准有 5 个儿子，有三个是衮代生的：第三子阿兰泰柱、第四子崇善、第五子昂阿拉。可是，威准在一次战争中阵亡，年仅 29 岁。富察氏于是便带着襁褓中的昂阿拉，改嫁努尔哈赤，并为努尔哈赤生下了三个孩子：莽古尔泰、德格类、莽古济。看来，是父汗做出了榜样。

皇太极即位后，为了政治上的需要，笼络蒙古，曾经两度迎娶林丹汗的遗孀。

林丹汗（1592—1634 年），蒙古察哈尔部大汗，也是蒙古最后一任大汗。1604 年，13 岁时他继任汗位。天聪六年（1632 年），皇太极第三次远征林丹汗，兵分三路穷追不舍。林丹汗不抵后金强大的攻势，于天聪八年（1634 年）初，率所部 4 万之众，逃奔青海大草滩。这年夏天，林丹汗在那里病逝。林丹汗病死后，他的部下逐渐土崩瓦解，他的那些福晋开始寻找出路。

皇太极抓住这一有利时机，想笼络蒙古。林丹汗的这些女人过来后，会带过来她们的家族人。这些人一旦归顺了，会对其他蒙古人产生影响，不然，他们要是投靠了后金的敌人，那就麻烦了。皇太极决定接纳林丹汗的女人，借以

清　琥珀送子观音

笼络他们，他共接受了林丹汗的两个福晋。

皇太极接受的第一个林丹汗的女人是巴特玛·璪。

巴特玛·璪，资料记载她归顺皇太极的过程很简单："奉窦土门福晋来归。"（《清史稿》）

这个巴特玛·璪真是太聪明了，在林丹汗死后，率先于天聪八年（1634年）八月投归皇太极。因为她是第一个投奔者，皇太极给了她极高的礼遇。

第一，准备礼品。对于蒙古人，最好的礼物是马匹。蒙古人都喜欢宝马良驹。于是，皇太极为之准备了宝马4匹，并准备了豪华的御用马鞍子。

第二，行抱见礼。抱见礼是满族早期社会生活中，亲朋好友久别重逢、贵宾来临时，使用的一种礼俗。"满洲俗，凡别久相见，必互抱以示亲爱。"（《满洲实录》）很显然，皇太极把巴特玛·璪当成了最亲密的亲人，与之行抱见礼，并给予隆重接待。

第三，为其接风。皇太极杀牛宰羊，设大宴为其接风。巴特玛·璪出席了宴会，坐在尊贵的左侧帐幄内，喝着美酒，观赏着精心准备的节目："较射和角抵。"（《清初内国史院满文档案译编》）

当然，我们并不否定，巴特玛·璪是一个漂亮的妇人，也不否认她的美貌对皇太极的吸引。不然皇太极何以垂涎欲滴，又不好意思呢："深念久之。"（《清太宗实录》）而且，为之准备了上述隆重的迎接仪式。但是，这还不够，因为，巴特玛·璪毕竟是别人的老婆，皇太极要想娶她，还是有顾忌。于是，他特意编了个故事。

故事说，早在巴特玛·璪来归的两个月前，有一只漂亮的雌雉飞来，在天空中盘旋了一会儿，就直接飞入了皇太极的大帐之中。皇太极还抽到了一支吉祥的签，上书："汗必遇贤美福晋。"（《清太宗实录》）

于是，早看透了皇太极心事的大臣们，纷纷"劝"皇太极赶紧纳娶巴特玛·璪。但是，皇太极很虚伪，虽然很喜欢这位美人，又担心别人会笑他好色，便假装推辞说："还是让给那些家庭不和的贝勒吧。"大家劝得更起劲了，纷纷说："这是天意，天意不可违抗。"皇太极这才"答应"，巴特玛·璪顺利入宫。

崇德元年（1636年），皇太极大封后宫，册封巴特玛·璪为衍庆宫淑妃。

“淑，善也。”（《尔雅》）顺治九年（1652年）加封“康惠”，称“康惠淑妃”。很可惜，康惠淑妃一生没有生育，这是皇太极感到非常遗憾的事情。万般无奈的淑妃便抚养了一位蒙古女儿，借以排遣心中的寂寞。公主长大后，皇太极命睿亲王多尔衮娶了她。

皇太极接受的第二个林丹汗的女人是娜木钟。

皇太极接纳娜木钟，则纯粹出于政治目的。娜木钟于第二年，即天聪九年（1635年）五月，率领1500户部众来归，与多尔衮的大军相遇。娜木钟是察哈尔林丹汗的第一大妃，号多罗大福晋，史称囊囊太后，是林丹汗的正室大福晋，八大福晋之首。“囊囊”是“娘娘”的意思。娜木钟的归顺，影响要远远大于巴特玛·璪。

皇太极非常重视，便召集王公大臣讨论，目的是要大家推荐，谁来接受娜木钟。由于之前皇太极已经接受了巴特玛·璪，这次就要让别人来接受，不然，会被人说是好色。经过大家一致推荐，大贝勒代善接受娜木钟。本来，娜木钟是有把握的，因为比自己地位低下的巴特玛·璪都得到了皇太极的热烈欢迎，被纳为妃子。凭借自己第一大福晋的地位，也一定没问题。

可她居然遭到了代善的拒绝，主要原因是：

一是年龄大。娜木钟作为林丹汗的大福晋，入宫较早，年龄较大。女人年龄一大，就没什么吸引力了。

二是财产少。资料记载，她带着1500户部众投奔后金，却没有多少财产。代善拒绝她的理由也正是“该福晋无财畜，故不娶”。（《清初内国史院满文档案译编》）代善嫌弃她太穷了。消息传来，娜木钟尴尬万分，她被无情地晾在了盛京城外。怎么办呢？

大家继续讨论，总不能就这样，把娜木钟拒之于千里之外吧。皇太极陷入了沉思，这时王公大臣纷纷上奏：“此福晋乃察哈尔林丹汗多罗大福晋，汗宜纳之，不可嫁与他人。”（《清初内国史院满文档案译编》）说实话，皇太极是不大愿意接受娜木钟的。他肯定考虑，进宫之后，他们之间有感情吗？

最终，皇太极还是接纳了娜木钟。皇太极深谋远虑，他想如果怠慢了娜木钟，就等于怠慢了察哈尔部落，万一受此影响，他们投奔了明朝或其他敌对势力，与后金为敌，那就坏了大事。于是，皇太极把她安置在后宫。娜木钟一颗悬着的心这才落了地。崇德元年（1636年），封麟趾宫贵妃。毫无疑问，皇太极和她毫无感情可言。但娜木钟收获颇丰：

清 青玉礼刀

第一，给予显号。娜木钟进宫后，在崇德元年（1636年）被“封麟趾宫贵妃”。（《清列朝后妃传稿》）她位居中宫皇后之下，成为第三号人物，终于苦尽甘来。皇太极病逝后，顺治帝即位，娜木钟被封为懿靖大贵妃。

第二，善待娘家人。崇德四年（1639年），贵妃的父母来盛京看望女儿女婿。贵妃率亲王贝勒前往迎接，皇太极“迎之于演武场”（《清太宗实录》），并在清宁宫设宴隆重款待岳父岳母，还给予厚赏。

第三，有两次生育。娜木钟入宫后，虽然不受皇太极喜爱，但皇太极还是和她共同生育了两个孩子。这恐怕是娜木钟最大的安慰了。从这一点推测，娜木钟一定是很有心机的女人，不然，怎么这么大年纪，还会和皇太极生育两个孩子呢?

娜木钟所生的两个孩子是皇十一子博穆博果尔和皇十一女。博穆博果尔在宫中长大，得到了很高的爵位：“顺治十二年，封襄亲王。”（《清史稿》）而皇十一女，被封为只有皇后之女才可以得到的封号，即固伦公主。而且，在顺治四年（1647年），下嫁蒙古，圆了娜木钟的梦。娜木钟应该知足了，自己的一对儿女，一个亲王，一个固伦公主，算是有了很好的归宿。

可是，这个女人终究是孤独的：两任丈夫林丹汗和皇太极都死在了自己的前面，当然，这不是她的错。可是，她所生的一对儿女也在她之前去世。

固伦公主死于顺治七年（1650年），年仅15岁；博穆博果尔亲王死于顺治十三年（1656年），还不满15周岁。两个孩子去世后，她又活了18年。这18年应该是她最孤独的岁月。

这两个女人没有因为是二婚受到任何影响，相反，皇太极很重视她们，这恐怕是她们进宫之前没有想到的事情。

皇太极去世之谜

清太宗皇太极的死是一个谜，正史上说，皇太极于明崇祯十六年（1643年），即后金崇德八年八月初九（1643年9月21日）在沈阳故宫清宁宫东暖阁“端坐无疾而终”。意思是皇太极没得病，坐着就去世了。

谁会信呢？一个人好好的，怎么可能无缘无故去世呢？而且，他刚刚52岁，正是大好年龄。我们遍查史料，发现异于正史的几种说法。

一是被庄妃毒死，有人称之为“最香艳的暗杀”。史料中有这样的情景描述。

皇太极问庄妃：“当年洪承畴投降大清，你告诉我是用一碗参汤唤醒了他的思乡之念，求生之志。我信了你。但是，事情不会这么简单，不会的，现在你告诉我实情吧。”庄妃慌乱又很吃惊，不知所措。

皇太极上前一步，抓紧庄妃的肩摇晃，吼道：“告诉我实情，我要知道真相！”一时间，八阿哥的死，九阿哥的早产，多尔衮的形迹可疑，等等，逼得皇太极必须出手，也逼得庄妃没有了退路。

于是，庄妃狠下心来，决心最后一搏。她献上参汤来：“皇上，喝一口吧。”她进前一步。只能进，不能退了，没有后路。是他逼她出手的，是他将她逼到了绝路，逼得太紧了，简直逼上梁山。

皇太极并没有多想，他做梦都没有想到，这个柔弱的小女人会朝他下手。皇太极喝了参汤，仅仅一会儿的工夫，他忽然捂住胸口，一口鲜血喷出。猩红的血，夹着参汤特有的气味，喷溅在床帏上，艳如桃花。皇太极再也站不起来，挥着手要抓住庄妃，可是已然晚了，他倒在了庄妃的怀里。庄妃亲手为他除去外衣，将他的尸身平放在床上，然后，才打散自己的头发，惊慌地叫喊起来。

关于这件事，更有人说是庄妃和小叔子多尔衮合谋，毒害了皇太极，因为，

博果铎　皇太极之孙

叔嫂通奸的事情已经败露了。

二是说皇太极流鼻血而死。这种说法在朝鲜人的实录中有记载，说他经常流鼻血，导致死亡。国内资料也有此说法，说崇德六年（1641年），松锦大战之际，皇太极流鼻血不止，朝臣劝他不要去前线指挥了，但皇太极不干，仍然工作不止，日行百里急行军。看来，朝鲜人的记载很有道理，皇太极很可能是流鼻血而死的。

三是皇太极患了心脑血管疾病。

《清史稿》说："上仪表奇伟，聪睿绝伦，颜若渥丹，寒而不栗。"根据这段文字，我们可以判断，皇太极一定很胖，瘦人肯定不会寒而不栗的。我们看皇太极画像，也确实很胖。皇太极到了中年，身体越发胖起来，他一生喜爱两匹战马，一个叫大白，一个叫小白，由于过胖，他骑大白一天仅能行五十里，骑小白才勉强行一百里。

而且，皇太极喜欢吃猪肉，也喜欢吃其他野味。这种饮食习惯对身体不好。现在看来，胖人易患的大多是心血管病，估计皇太极是因高血压造成中风，以至脑内出血或心肌梗死突然死亡。

四是皇太极是被爱妃海兰珠给叫魂叫去了。

这种说法听起来很离奇，但史料也有这种说法。

首先是宸妃病逝的消息传来后，皇太极当场昏死过去。这就很奇怪了，皇太极有那么多妃嫔，一个妃子死了，也不至于哭得昏死过去呀。可皇太极确实是昏死过去了，资料记载得很清楚。

其次是他居然给宸妃下跪。宸妃去世后，尸体被火化，葬在了沈阳西南，皇太极打猎归来，突然想起了宸妃，便命令改道宸妃墓。到了那里，意想不到的事情发生了，皇太极居然失声大哭，都已经去世一年多了，还这么动情，简直令人难以想象。更让人吃惊的是，皇太极居然跪倒在宸妃墓前，叩头不止。世上哪有皇帝做这种事的？这不是瞎胡闹吗？当时在场的王公大臣都大吃一惊。

宸妃去世之后不到两年时间，皇太极也死了，有人说，皇太极化作了一只蝴蝶，追随宸妃香魂而去，这简直就是梁山伯与祝英台的故事再现。

顺治帝

顺治帝出生冒火光

有一种说法，凡是伟人出生都会出现异象，真的是这样吗？史料记载，顺治皇帝出生的时候确实与众不同。

顺治帝是皇太极第九子，于崇德三年（1638 年）正月三十日戌时出生，地点是盛京皇宫大内的永福宫，生母就是大名鼎鼎的庄妃。关于顺治帝的出生，还真有了很多神奇的故事。

先是庄妃怀孕的时候，就很不一般。已经是身怀六甲的时候，庄妃行动很不方便，皇太极为了照顾她，晚上便陪着庄妃休息。夜里，发生了一件奇怪事：庄妃突然间惊醒，坐了起来。皇太极大吃一惊，忙问发生了什么。庄妃想了想，道："我刚才做了一个梦，梦见一个老神仙抱着一个孩子朝我而来，就把这个孩子送到了我的怀里，并对我说：'这是统一天下之主。'你说这是怎么回事呢？"皇太极大喜，高兴地说："这是奇异的祥瑞，若是生个儿子一定能建立大业。"庄妃很高兴，躺下后，很想接着进入这个梦境。可惜，没有了。

过了一段时间，庄妃的永福宫里又传出了新闻。宫女们说，不得了了，庄妃主子红光绕身了。这可是吉祥之兆。我们查阅了史料，还真有宫女们看到庄妃红光绕身的记载。

十月怀胎，一朝分娩。到了第二年正月三十日，庄妃分娩。令人欣慰的是，庄妃果然诞下一子，这就是顺治帝。关于顺治的出生，那简直更神了，在永福宫里面，就传出了三个新奇事。

第一个就是“阖宫异香”。就是整个永福宫里充满了奇异的香味。这真是奇怪了，一个小孩子出生，怎么会有这么奇怪的香味呢？资料说，大家都闻到了，这味道很香。

第二个就是产房里面充满了红光。就在顺治帝出生的一刹那，整个永福宫里面充满了奇异的红光，照耀了整个宫殿，光线非常炫，五彩斑斓。

第三个是就顺治的发型很酷。资料中说，顺治帝出生时，居然有一个很奇怪的发型。按理说，小孩子出生的时候，头发不会有什么形状，有的孩子甚至没有多少头发。可顺治帝头发很多，这还不算，头顶的头发居然立了起来。这

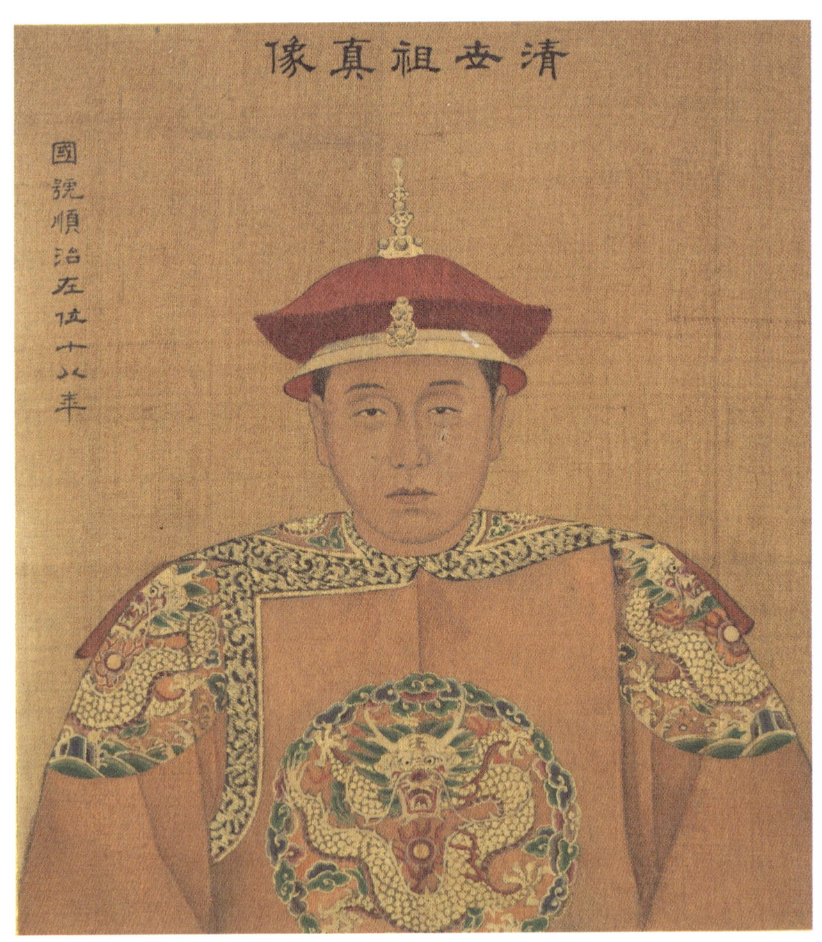

清世祖像　福临为皇太极第九子，是清入关后的第一代皇帝

让在场的人，从接生婆到宫女、太监都很吃惊，怎么会一生下来头发就有型呢？而且还立了起来，真是奇怪。

这还不算，又有人发现了奇怪的事情，不过这些事情不是什么好事。究竟是什么呢？有人说顺治出生后，不仅没给大清带来好处，相反给大清带来了灾难。

在顺治皇帝出生这年（1638 年），沈阳就发生过两次地震，一次在农历八月初七寅时，一次在十一月二十九日酉刻。沈阳是一个地震发生并不频繁的城市，这一年就发生了两次地震，有人说，这是顺治出生带来的“好处”。

不仅如此，就在顺治帝即位前后，沈阳又发生了奇怪的自然现象，有人又和这个小皇帝联系在了一起。

崇德八年（1643 年）二月十六日继位，三月初八，盛京发生地震，两天后，又发生地震，估计是初八的余震。一时间，人们有了不祥的预感，莫不是这个幼年天子不该继承皇位吗？人们还接着联想。顺治继位的第二年，沈阳异象频发：二月初四，月亮中有黑子；七月二十八日，下起了大雹子；八月初一，盛京发生日食，等等。一时之间，议论纷纷。

顺治帝看书累吐血

古人学习，向来主张“头悬梁，锥刺股”，不过，真正“头悬梁，锥刺股”的少之又少。这一节讲的是顺治帝因为学习劳累而导致吐血，这是真的吗？

经考证，顺治帝其实是个特别顽皮的孩子，尤其是学习，极为不上心。为什么呢？大体有三个原因。

第一，母后娇惯孩子。这很好理解，孝庄就这么一个儿子，舍不得孩子累着。顺治帝说过：“皇太后对我太娇养了，什么事情都不叫我学，所以我不认识汉字。”

第二，没有制度。清朝初年，皇宫里面没有皇子入学的规定，全靠自觉，那小孩子能学习吗？满族崇尚武力，开始时不会重视文化知识。入关以后，尤其是康熙帝以后，制定了完备的学习制度，规定皇子 6 岁就必须入学了，并请来全国最知名的教师教学，教授各种知识。

状元游街图

第三，多尔衮不让顺治帝学习。多尔衮其实是存有私心的，他不愿意顺治帝长大成才，以免他过早亲政。所以，当有人向他请示，说皇帝已经这么大了，该入学读书了。多尔衮大摇其头：“读什么读，让他玩去吧！”就这样，没人再敢提这件事情。这个懵懂无知的小皇帝也就只有疯玩了。

当多尔衮暴亡之后，顺治帝开始亲政，可面对奏章，顺治帝看不懂。怎么办呢？不能因为这事再请个专门看奏折的师傅吧。顺治帝大伤脑筋，晚上都睡不着觉了。

顺治亲政那年，只有 14 岁，还是少年呢。不过这要在今天，也该上初二了。这么大了，还是文盲，能不着急吗？顺治帝猛然间下了决心，努力学习，恶补知识。这是真的吗？

典籍《北游集》中记录了顺治帝刻苦学习的情况。顺治十六年（1659 年）的一天，顺治帝和大和尚木陈忞相对而坐，一会儿，内侍抱来一摞书，大概有十本。顺治帝对木陈忞说：“这是我读过的书，请你看看。”木陈忞细心一看，发现皇上读过的书很多也很杂，有《左传》《史记》《庄子》《离骚》，以及唐宋散文八大家和元明的文集，无所不包。一个日理万机的皇帝，之前又没有什么基础，这么多书怎么看啊？心里非常佩服。在《北游集》中，顺治帝讲述了自己发奋读书、几乎要吐血的感人故事：“发奋读书，每晨牌至午，理军国大事外，即读至晚。然顽心尚在，多不能记。逮五更起读，天宇空明，始能背诵。计前后诸书，读了九年，曾经呕血。”

大家想一想，顺治帝基础那么差，要把那些古典名著烂熟于心，得费多大劲啊。而且，他身为皇帝，又不能专门看书学习，好多军国大事等着他呢，所以，要想学习，也只有找业余时间，起早贪黑，焚膏继晷，这也难怪他因为学习要累吐血呢。

“世上妈妈最不好”

《世上只有妈妈好》这首歌曾传唱中华大地。可顺治帝和母亲孝庄却恰恰相反，他们关系非常不好。那么，究竟是什么原因造成这对母子反目的呢？

最关键的原因，是皇家冷漠。皇帝之家不比寻常人家，缺少人情味。我们看《甄嬛传》就知道了，后宫斗争你死我活，缺少人间真情。还有一点，就是皇子和公主出生后，要和亲生母亲分开。真是很奇怪了，后妃生育孩子之后，皇帝会马上命令御医给她们喝一种特殊的汤，叫“回乳汤”。顾名思义，就是不让产妇产奶。一般来讲，我们是给产妇催奶，好给婴儿吃啊。可是，皇宫不同，要给她们回奶，不让她们产奶。所以，小孩子不吃亲生母亲的奶，而是给他们雇用了大批奶妈，吃奶妈的奶。大家可能不明白，这是为什么啊？原因很简单，就是为了皇帝方便。你想，产妇天天喂孩子奶，那多不方便啊。可是，今天看来，这样做很不好，产妇就应该产奶，小孩子吃亲生母亲的奶也有利于健康。不管怎么样，顺治帝不吃亲生母亲的奶水，他们母子之间接触就少了，人没有接触，怎么会产生感情？

这是一个原因，具体到顺治帝母子，还有其他原因。

首先，跟多尔衮有关。多尔衮和孝庄之间，有了不好的传闻，这让顺治非常反感。所以，顺治帝亲政之后，对多尔衮进行惩治，还清除了多尔衮党羽，解了心头之恨。但对母亲的恨还是会长期存在的。

其次，包办儿子的婚姻。顺治八年（1651 年），小皇帝刚刚亲政，孝庄就决定为他举行大婚典礼。选中的皇后是孝庄亲哥哥吴克善的女儿。孝庄的意思很明显，就是要确定孝庄娘家在皇宫中的地位。一般来讲，皇帝是不会有什么意见的。可顺治帝追求的是自由恋爱，他要自己安排婚姻大事，不想要别人来摆布。而且，让顺治帝大倒胃口的是，这个婚姻是多尔衮早年安排的，属于政治婚姻。这让顺治帝极为反感，也就极大影响了顺治帝母子的关系。

最后，还有一个重要因素，就是政治观点不同。作为帝王之家的母子，不可能脱离政治。举个例子，在对待汉文化问题上，娘儿俩意见相左。顺治帝主张学习汉文化，还喜欢汉族女子，主张汉族女子入宫。孝庄恰恰相反，她极力排汉。不允许皇帝学习汉文化，不允许汉女入宫。孝庄明确规定“有敢以汉女入宫者斩”，并把这道懿旨挂在了神武门上，谁不害怕呢？可顺治帝就是不听，不让我学习汉字，我就偷偷学，不让汉女入宫，我就自己偷偷搞。他们不反目才怪呢。

直到顺治十八年（1661 年），顺治帝去世，母子二人也是各怀心事，谁也不让谁一步。顺治帝至死都没能和母后改善关系。所以，顺治帝在临终遗嘱

清　佚名　猫，石头和牡丹

中，专门有一条说到和母后之间的关系，他做了自我检讨，认为自己处处不听母后的，致使母后伤心，属于不孝行为。虽然检讨得很好，但后人认为，顺治帝根本没留下这样的遗嘱，这是孝庄篡改了遗诏之后的结果。

康熙帝

麻脸皇帝

这一节要说的是康熙帝，这位皇帝，他居然是个麻脸皇帝，因为他出过可怕的天花。那个时候，出天花就像过鬼门关，过去了就活了，终生有了免疫力。可相当一部分人过不去，死在天花上。就连堂堂皇帝也是如此。

康熙帝究竟什么时间得的天花，有多种说法。按照康熙帝自己的说法，就是很小的时候。专家也认为康熙是很小的时候得的天花。

因为出了天花，他被父母边缘化了。这是客气的说法，实际上就是抛弃了。他被迫离开宫里，离开父母，到宫外去避痘，就是怕传染吧。说起来宫里真是无情，怕传染就要一个小孩子离开吗？父母亲真是太自私了！康熙帝对不负责任的父母颇有微词。他即位后，曾经抱怨与父母见面很少，几乎没留下什么深刻的印象。也难怪，小康熙八岁丧父，十岁丧母。小的时候真的很可怜，缺少父母之爱。

可怜的小康熙被迫离开宫里，是谁在照顾他呢？一种说法是苏麻喇姑照料。这种说法最流行，我们很好理解，康熙帝和奶奶孝庄感情最深厚，而苏麻喇姑是奶奶的贴身侍女，奶奶极有可能派苏麻喇姑照顾这个可怜的孩子。还有一种说法，是他的乳母孙氏照料他。这倒也有道理，那个时候，宫里的皇子基本上是和乳母在一起，她们不仅给皇子喂奶，还负责照料孩子的起居。所以，一般来讲，这些乳母的丈夫也会一同进宫，共同照料小皇子。也正是这样，清朝的皇帝和乳母的感情很深，当她们去世之后，皇帝会给她们建造豪华的陵墓，立

清　宫廷画家　康熙帝读书像轴

康熙时期龙袍

清　香炉　景泰蓝珐琅　铜和青铜

碑，甚至让她们陪葬在皇陵近地。可以说，对于皇帝来讲，乳母的地位胜过亲生父母。

出天花虽然很可怕，可正是这个可怕的病魔，给小康熙带来了千载难逢的“机会”。为什么这么说呢？

顺治十八年（1661 年）正月初七，顺治帝临终之际，要安排接班人了。整个宫廷的人眼睛都睁大了，死死盯着太和殿的大宝座，究竟谁会成为顺治帝的接班人呢，大家拭目以待。可是，让人意想不到的事情发生了，顺治帝别出心裁，他居然不想在亲子中选择接班人。大家都很吃惊，为什么呀？顺治帝有自己的打算，因为他的孩子们都很小，这样小的孩子即位，是一定要有人辅佐的。一旦这些辅佐的王公弄权，小皇帝是很受罪的。自己就是这么过来的，他不想让自己的孩子再经历这一切。所以，他决定由自己的远房哥哥继位。

这可急坏了他的母亲孝庄。孝庄坚持一定要在皇子中选择接班人。但是选择谁，她并没有做出最后的决定。选来选去，最终选中了小康熙，至于为什么选中他，就要回归本题了，是这个可怕的天花给他带来了“福音”。因为出了天花，具有了免疫力，所以被选中了。

康熙帝虽然脸上长满了麻子，但他并没有因此失去自信。他要西洋画师给他画像，不回避满脸的麻子，画师在画中真实地记录了康熙帝的生理缺陷，这大概就是因为当年的天花虽然给他带来了痛苦，可也给他带来了难得的机遇，干吗要回避它呢？

聪明的育儿经

康熙皇帝无论老婆还是孩子，都是最多的。不仅如此，康熙帝教育子女的方法和手段也是所有清朝皇帝中最高明的。康熙帝究竟用什么方法教育他的子女呢？

在教育子女问题上，康熙帝思考了很长时间，最后决定采用理论和实践相结合的办法。这个办法，效果非常好。

这些理论包括读书、修身、为政、待人、敬老、尽孝、驭下以及日常生活中的细微琐事。举例子说明。

比如榜样的力量。大夏天面见群臣时，一定很热，但康熙帝坚持不许人给

清　礼仪装甲　头盔（包括颈背防御）

他扇扇子，这是最基本的要求，做出表率很重要。

比如看书，康熙帝要求子女们要看有用的书籍，别看那些下流的小说。而四书五经则一定要多读，烂熟于心。

比如经验，对于那些上了年纪的人，一定要讨教生活经验。

比如孝顺，康熙帝举了个例子，自己在某年某月是如何侍奉奶奶孝庄出巡的。从坐轿子、走路到嘱咐下人等方方面面，都细致入微，把奶奶都感动得落下了眼泪。

比如喝酒，康熙帝认为白酒对身体没有好处，因而自己从不喝白酒，也不让皇子们随意饮用。

比如走路姿势，康熙帝说过，走路时，千万不要回头和斜视，有这种毛病的人一般来讲心术不正，皇子们一定不要有这种毛病。

比如练书法，康熙帝主张皇子们多练书法，平心静气，会大有好处，而最大的好处，康熙帝认为不是成为一个书法家，而在于专心练书法有利于长寿。这真是一个独到的见解。

比如推己及人，康熙帝就晕高这件事为例说明。他教育皇子，自己晕高，每当看见勇士们登高杀敌，就会大加赞赏，并且给予特殊奖励。

比如不要捉弄残疾人。康熙帝特别教导皇子们，对那些有生理缺陷的人，千万不要指指点点，更不能嘲笑。不仅如此，还要特别照顾他们的感受，以此消除他们的自卑心理。

比如游戏不要过当，千万不要过分戏弄他人。像用癞蛤蟆、蛇等可怕的小动物吓人这些事情，要避免。

比如善待下人。那些跟随的王公大臣、侍卫、太监、宫女等，都是下人，但他们也都有自尊，皇子公主们不要因为自己一时不高兴，就随意打骂他们，使这些人心生胆怯自卑心理，那就不好了。

康熙帝的“比如”还有很多，举不胜举。总之一句话，康熙帝是因地制宜，因材施教，因人而教。不管什么时候，只要是有所启迪的事情，他都会耐心细致地讲给皇子们听，并且率先做出表率。

那么，康熙帝这种教学的效果怎么样呢？非常好，比如皇长子、皇太子、皇三子、皇四子、皇八子、皇九子、皇十子、皇十三子、皇十四子等，都是上知天文、下晓地理的专家型人才。

康熙帝从不娇惯皇子，即使在征伐噶尔丹等战争中，他也要让皇子参加，让他们知道幸福生活来之不易。在前线，他要求皇子们与士兵同甘共苦，坚决不允许他们得到特殊照顾。

他还放手让皇子们参与治理国家，每当他出巡时，除了带上一部分皇子，锻炼他们之外，还要把一些皇子留在京城，要他们练习怎样处理军国大事。

康熙帝的这些做法，后人推崇之至。雍正八年（1730年），雍正皇帝把父皇的育儿经整理出版，形成了一套完整的理论，叫作《庭训格言》。

康熙帝万寿庆典图

最大的失误

康熙帝有一套聪明的育儿经，让后人赞叹不已。可是，在培养皇子这件事上，并不是很完美，也出现过不小的失误。康熙帝出现过哪些失误呢？

康熙帝最大的失误，是他青年时期做出的决定。康熙十三年（1674 年），皇后赫舍里氏产下一子，这就是皇二子允礽（编者注：原名胤礽，雍正登基后为避讳改为允礽。为便于写作，本书统一写作允礽。其他类似情况后文不再说明）。可是，不幸也随之发生，那就是允礽的母亲赫舍里氏大出血，难产而死。康熙帝觉得对皇后有亏欠，于是做出了一个重要的决定，册立年仅二岁的允礽为皇太子。

康熙帝精心培养这个孩子，请来了最好的老师，教他文化知识和骑马射箭本领。允礽也很上进，很快学会了一身本领。康熙帝为了让他早日成才，便委以重任。每当自己出巡时，康熙帝就让允礽在家监国。允礽很聪明，以皇太子身份处理国政，不管是人事任用，还是治理黄河，抑或是案件处理，都是有条不紊，处置得当。王公大臣纷纷上疏康熙帝，对太子的才干大加赞扬。康熙帝

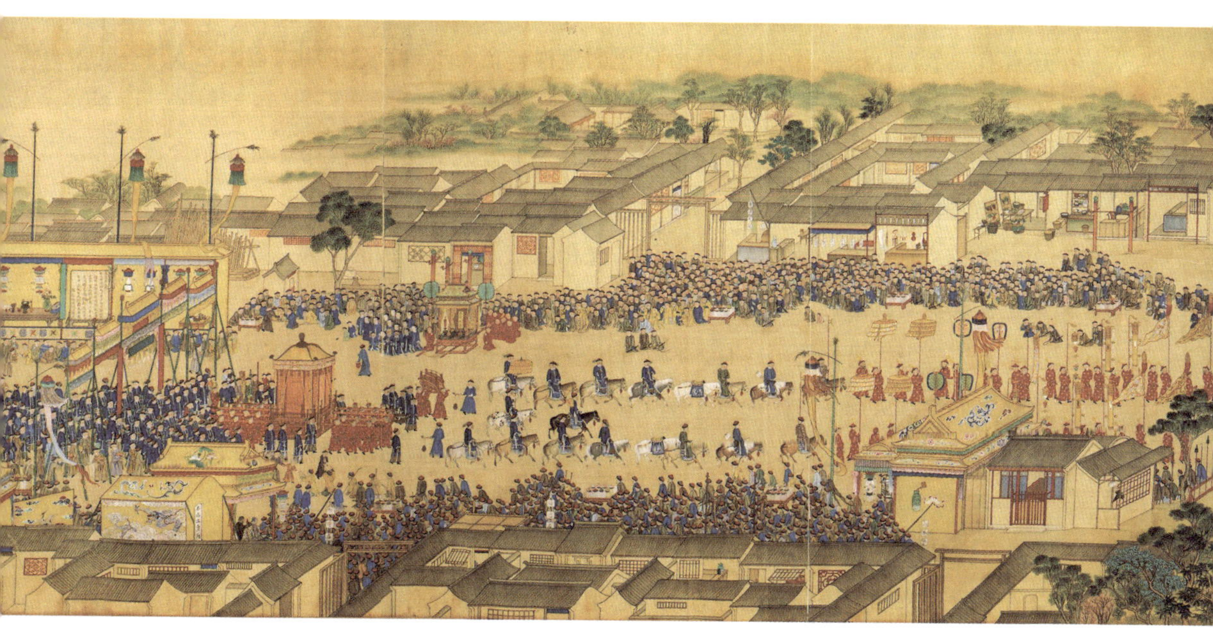

很满意。

本来，康熙帝培养出这么优秀的太子，应该很自豪，就等着百年之后，把天下交给太子。可接下来发生的事情，让康熙帝痛悔不已。

康熙四十七年（1708年），康熙帝已经55岁了，允礽也已经34岁，做了33年的太子。皇太子允礽突然做了大逆不道的事情，让康熙帝大吃一惊。

资料记载，这一年发生了两件大事。一件是皇太子无情无义，毫无手足之情。这一年，康熙帝带着众皇子出巡。年仅7岁的十八子允祄忽然患了急性腮腺炎，高烧不退。尽管太医使尽了浑身解数，最终还是死了。这让康熙帝伤心不已。尽管孩子已经死了，康熙帝还是把孩子抱在怀里，不肯放下来。在场的王公大臣也陪着哭泣，并在一旁劝解康熙帝节哀。可这个时候，康熙帝发现有一个人居然毫无悲伤之情，像什么事也没有发生一样，这个人就是皇太子允礽。这让康熙帝非常诧异。这不是无情无义之人吗？康熙帝对太子开始产生厌恶感。

另一件是皇太子想暗杀康熙帝。这件事很蹊跷，康熙帝开始并不相信。在出巡的日子里，有几天夜里，康熙帝总是睡不着觉，总有一种不祥的预感。甚至于每到夜里，都会感觉有一双可怕的眼睛在盯着自己。果然，后来被人告发，还真有一个人，深夜之中从帐篷外向里面窥视，企图不轨，这个胆大包天之人不是别人，正是皇太子允礽。

康熙帝大怒，立即命人拿下允礽。接着，王公大臣上报康熙帝，列举了允礽的几大罪状。

第一，非常粗暴。大臣们揭露说，允礽在京做实习皇帝的时候，经常凌辱大臣，动不动就暴打大臣，还不让他们说出去，以免康熙帝知道此事。

第二，生活腐化堕落。有人检举他，说允礽生活非常不检点，极为腐化堕落。比如他玩女宠，女宠经常出没于皇太子府邸。更让人难以理解的是，皇太子居然还玩男宠，这就很过分了。举报人说得有鼻子有眼，康熙帝都觉得脸红。

第三，极为不孝，惑乱人心。允礽居然对外大放厥词："世上哪有做40年太子的呢？"言外之意，我都做了这么多年太子了，老皇帝还不退位吗？

有这三宗罪，康熙帝已经忍无可忍了。自己精心培养的接班人，居然这么不仁不孝，白白浪费了几十年的心血不说，还让天下人耻笑。于是，这一年康熙帝垂泪废掉了太子。由于过度悲伤，康熙帝下谕旨的时候，“且谕且泣”。谕旨下完了，康熙帝就晕倒了。

可康熙帝对自己多年培养的太子并没有轻易放弃。被废之后几个月，他居然又恢复了允礽的太子之位。可允礽仍怙恶不悛，到康熙五十一年（1712年），康熙帝不得不再次将其废掉。康熙帝对太子允礽的两度废立，不仅耗尽了自己的心血，还遭到后人诟病。同时，更为重要的是，人们怀疑康熙帝的性格有问题，反复无常，有伤君德。

这就是康熙帝一生中最大的失误，也是康熙帝最伤心的事。这件事后，康熙帝身体每况愈下，疾病缠身。尤其是太子被废掉之后，诸皇子纷纷觊觎皇位，出现了“九子夺嫡”的恶性事件，这让康熙心灰意冷。直到这个时候，康熙大帝才想起了一句古语：“束甲相争，停尸不葬。”

这句话源于春秋时期，春秋五霸之一的齐桓公去世之后，他的五个儿子为了争夺王位，互相攻击，他们围着齐桓公的尸体互相攻打，乱箭都射在了齐桓公的尸体上了。这样，齐桓公去世之后67天没人给他下葬，尸体腐烂了，长满了蛆虫，爬到了窗户之上，真是凄惨之极。康熙帝知道这段历史，他想：自己将来会不会像齐桓公一样，被停尸不葬啊？

雍正帝

逆袭，逆转了命运

雍正是康熙帝第四个儿子，康熙六十一年（1722 年）十一月十三日，康熙帝去世之后，雍正帝意外继位。说他意外继位，是因为他继位出乎人们的意料。一时之间，雍正继位成为一个难解之谜。这也是清初三大疑案之一。

不过，这里我为什么用了“逆袭”这个今天流行的词汇呢？因为雍正本身经历了这样的过程，也就是说，雍正帝曾经有过一段昏暗的生活经历。

这件事源于康熙帝和四儿子雍亲王的一段对话。

康熙四十一年（1702 年）十一月，康熙帝接见皇四子胤禛，这一年，胤禛已经 24 岁了。康熙帝想，他会有什么事情呢？只听胤禛道：“父皇，今臣年近三十，居心行事大概已定。”康熙帝很纳闷，他为什么要说这件事呢？康熙帝突然想起来，早在十年前，他曾经给这个孩子下过一个评语，叫作“喜怒不定”。这句话的含义很明显，是说胤禛没有准脾气，喜怒无常。康熙帝说完这句话，也就忘了。可令康熙帝意想不到的是，胤禛非常在乎父皇的这个评价。胤禛几乎是寝食难安，日夜思考父皇这句话的含义和分量。胤禛为什么这么在乎呢？要知道，这句话几乎要了他的命。因为康熙帝不可能把皇位传给一个喜怒无常的人。

清　佚名　雍正读书像

雍正时期龙袍

所以，雍正拜见父皇，说明了自己的改正过程。他说：“十年来，儿臣殚精竭虑，日思夜想，一定要改正‘喜怒不定’这个坏毛病，转变父皇对儿臣的认识。父皇您看看儿臣是不是已经改正了啊？”康熙帝想了想，还真是这样，十年来，四阿哥一直很低调，几乎没有听到关于他什么不好的传闻，也没有看到他参与党争。要知道，这个时候，康熙帝已经对皇子们争夺储位，互相结党很是头疼了。而四阿哥没有，他专心学习，没有生出什么事端。看来，他是真的改正了。于是，康熙帝问道：“你想怎样呢？”胤禛赶紧叩头道：“父皇，既是如此，那就将‘喜怒不定’这四个字不要记录在档了吧。”康熙帝想了想，就答应了他：“好吧，那就恩免记载吧。”他也没有再往深处想，这个四阿哥何以这么在意这句评语的记录。胤禛听了父皇的话，马上叩头谢恩，额头上的汗都下来了，不过，这个细节，康熙帝并没有看到。

这就是雍正帝胤禛在自己成长道路上的第一次逆袭，他通过两个途径，达到了自己的目的。一是深居简出，在王府里面，规规矩矩做他的四阿哥，不出去惹是生非，不结仇怨，不引人注目。二是该出手时就出手，敢于说话。对于这个记录，必须重视，必须在适当的时候，抹去记录。怎么办呢？只有父皇康熙帝可以办到，可是，父皇的话是金口玉言，尤其是对皇子的评论，那可是丁是丁卯是卯，怎么可能轻易改动呢？胤禛思索再三，必须冒一次风险，成就成，不成再想其他的办法。这次冒险成功了。

可是，光有这次逆袭，雍正要想登上皇位，那是不可能的。于是，有了第二次逆袭。

康熙六十一年（1722 年）春天，精疲力竭的康熙帝接到了一封邀请函，这个函是他的四儿子雍亲王胤禛发来的。胤禛真诚地邀请父皇来王府赏花作诗，这个时候正是牡丹花盛开的季节。康熙帝接到邀请，非常高兴，正好前去消遣，放松一下心情。于是，摆驾雍亲王府。

胤禛精心布置，赏花之后安排自己的儿子弘历也就是后来的乾隆拜见爷爷。这一年，乾隆已经 12 岁了，还没有见过爷爷。康熙帝一见这个大孙子，就非常喜欢，长相好，又有才。于是说了一句话："这个孩子的福气将来会超过我。"这是非同小可的一句话，福气超过皇帝，那就意味着他将来一定要继承皇位的。康熙帝高兴之余，又命人叫来了弘历的母亲，也就是后来大名鼎鼎的熹贵妃。康熙帝看过这个儿媳妇，连连夸赞道："你真是个有福之人。"可以说，胤禛这次请父皇来狮子园赏花，弘历和他母亲为自己加了不少分。康熙帝心中留下了美好的印象后，后面的事情就水到渠成了。这是一次成功的逆袭。

雍正经过这两次逆袭，成功地清除了通往帝位道路上的障碍，胜利在望，成功在望。

儿子，别怪爹心狠

有一种说法，是雍正亲手杀死了皇三子弘时，那么事情到底是怎样的呢？

这个事件源于雍正的秘密立储。雍正元年（1723 年）八月十七日，中秋节刚过，雍正帝经过深思熟虑后，秘密立储，在乾清宫"正大光明"匾后面藏纳了储君的名字，也就是秘密立了皇太子。这本是一件天大的秘密，谁都不会

清人画雍正行乐图像册・刺虎

知道这件事。可后来雍正帝自己泄露了天机。据史料记载，三件事情最为明显：一是雍正元年（1723 年）康熙帝忌辰的时候，雍正帝派年仅 13 岁的皇四子弘历去景陵祭奠，这是代表皇帝去的；二是雍正二年（1724 年）的时候，同样派弘历去景陵，代表皇帝祭奠康熙帝；三是雍正三年（1725 年），雍正帝特别赏赐给弘历一块具有特殊意义的胙肉，给予特别关照。这些事情，雍正帝也许不是有意安排，却让皇三子弘时大为警觉，他认为“正大光明”匾后面的接班人名字非弘历莫属。于是，弘时大为恼火，他马上有了反应，他的做法让所有人都大吃一惊，都为他捏了一把汗。

弘时铤而走险，大肆攻击父皇，甚至同情雍正的政敌允禩，这大大刺激了雍正帝。雍正帝非常伤心，感觉自己对弘时的栽培全白搭了。大家想一想，弘时都二十岁了，已经结婚生子了，还没有分家单过，而是跟随父皇住在紫禁城；不仅如此，雍正帝还给他请了两位老师，教他文化知识，希望他有所长进，成为国家的有用人才，可谓是煞费苦心。可弘时居然和政敌勾结，大肆攻击父皇。雍正帝万般无奈，做出了一个狠心的决定。

雍正四年（1726 年）二月十八日，雍正帝将弘时逐出紫禁城，勒令他去做允禩之子，宣告父子之情已绝。可惜的是，弘时受到严惩后，并未改变立场，与父皇的关系愈加恶化。于是雍正帝对弘时的惩治进一步升级，雍正四年（1726 年）二月，将弘时撤去黄带，从玉牒除名，改由其皇叔允祹约束瞻养，因为这个时候，允禩已经遭到了严厉惩处。雍正五年（1727 年）丁未八月初六申时，仅仅挨过一年半，弘时便郁郁而终，终年二十四岁。

由此可看出，弘时不是父皇雍正帝杀死的，而是他自己做了不该做的事情，惹怒了父皇，而遭到惩处。遭惩之后的弘时，禁不住打击，抑郁而终，这就是历史的真相。

但是，尽管如此，我仍然认为雍正帝是下了狠心的。

第一，要他做允禩之子。允禩何许人？他是雍正帝的政敌，是要被清算的对象，名字被雍正帝改了叫“阿其那”，“阿其那”一说是猪狗不如的意思。不管怎么样，弘时也是自己的骨肉，雍正帝怎么忍心这么做呢？

第二，把他从玉牒中除名。这已经是很严厉的惩罚了。弘时是雍正帝非常宠爱的妃子齐妃李氏所生，齐妃早年入侍王府，比胤禛大两岁，属于姐弟恋，所以，雍正帝倍加珍惜齐妃，与她生育了三子一女，很是恩爱。无论是碍于爱妃齐妃的面子，还是从弘时本人已经成家立业，具有一定的社会地位等诸方面看，雍正帝都不能做得这么无情，这让本性直爽的弘时颜面扫地，再也没有活下去的勇气了。

不过，这对父子反目成仇，儿子弘时的责任更大一些。弘时没有原则，不顾父子亲情，说了不该说的话，做了不该做的事，遭到惩处，实为咎由自取。

总之，这对父子冤家，发展成这样一个结果，实在让人扼腕叹息。

金头之谜

如果说清朝什么最具传奇色彩的话，雍正之死不能不提，雍正之死是清初三大疑案之一。

龙凤呈祥墨饼

说到雍正暴亡，就必须看看这个皇帝的死亡时间。资料记载，雍正十三年（1735 年）八月二十日，雍正帝偶患疾病，但还照常召见官员，并没出现太多异样。二十一日，病情开始加重，但还是照常工作。到二十二日晚，病情突然恶化，皇子们侍奉在一旁，到二十三日子时去世。从得病到去世不到三天，真是太急了。以皇家的条件，有最好的大夫伺候着，有最先进的医疗设施服务着，怎么也不至于走得这么急啊。所以，雍正之死，确实比较可疑。

关于暴亡，不仅我们今天感到诧异，就是当时的人们，包括雍正帝身边的人，也有同样的感觉。比如雍正的近臣张廷玉在二十二日二更天被内监急促叫到圆明园，到雍正寝宫的时候，张廷玉用“惊骇欲绝”四个字来形容自己的心境，可见，一直陪伴雍正帝的张廷玉都感到了雍正暴亡的不可思议，不然怎么会这么惊诧呢？

雍正帝的死充满了谜团。有人说，雍正帝是无头下葬，没办法，朝廷便给他装了一颗金头，下葬到泰陵地宫之中，这就更引发了人们的猜想。那么，雍正帝为什么会是无头下葬呢？

最流行的一种说法，就是被吕四娘杀死后，割去了头颅。吕四娘是吕留良的孙女，吕留良因为文字狱，被雍正帝开棺戮尸，查抄满门。唯有吕留良 14 岁的孙女吕四娘侥幸逃生，成了漏网之鱼。这个吕四娘便肩负起了为祖上报仇雪恨的艰巨任务。于是，她苦练功夫，准备复仇。多少年之后，吕四娘功成，便打扮成宫女，潜入深宫，找了一个绝好的机会，杀死了雍正帝，砍掉了他的脑袋，离开了紫禁城。

还有一种说法，《红楼梦》作者曹雪芹的恋人竺香玉，长得很漂亮，能歌善舞，被雍正帝看上了，雍正帝把她收到宫里。他夺了曹雪芹所爱，于是曹雪芹就和竺香玉秘密联系，竺香玉虽然身在皇宫，心还想着曹雪芹，于是找了个机会，杀死了雍正帝。

《梵天庐丛录》的说法是，雍正帝是被一个宫女给勒死的。故事说宫女们不满雍正帝的残暴统治，便相约采用暴力手段，趁他熟睡之机，将其勒死。

这些离奇的传闻，很有吸引力，可细细分析，并不符合情理，就不在此一一驳斥了。近年来，史学家们依据大量史料，推测出雍正帝的死跟中毒或心脑血管疾病猝发有关。

丹药中毒。由于雍正帝非常喜欢道教，不仅在圆明园准备了大量的劈柴、铅砂等炼丹所用之物，还把老道士王定乾、张太虚、贾士芳等请进禁宫之内，讲经论道。雍正帝自己还煞有介事地写了一首《烧丹诗》。所以，雍正帝迷恋道教，喜欢丹药，认为服用丹药可以长生不老。这样，他不仅自己服用丹药，还大量赏赐给王公大臣，大学士鄂尔泰就曾经得到过皇帝赏赐的丹药。长期服用丹药，怎么可能不中毒身亡呢?

心脑血管疾病猝发身亡。雍正帝非常勤奋，是一个工作狂，不注意身体的保养。所以，长此以往，积劳成疾，加之他的饮食习惯不太好，极有可能诱发心脑血管疾病，导致猝死。

那么，雍正帝下葬时到底有没有头颅呢? 1980 年 4 月 8 日，经请示上级主管部门，专家对雍正帝之墓进行保护性清理。于是，万人瞩目，雍正帝金头之谜即将被解开。可是，正当工程进行之时，上级传来指示，终止发掘工作。这样一来，雍正帝有没有头颅仍然是个谜。

乾隆帝

神秘的出生地

乾隆帝是清帝中谜团最多的，其中一个大谜团就是出生地之谜。关于乾隆帝生于何处，有以下几种说法。

一是承德丑女所生，这是一个引人入胜的故事。雍正还是皇子的时候，陪着父皇康熙帝去避暑山庄打猎，猎获了一只梅花鹿。于是，雍正命人宰杀吃掉，而雍正还大口大口吸食了鹿血。鹿血能够壮阳，当时，雍正就把持不住了。为了解决燃眉之急，他和山庄的一名汉族李姓丑女发生了苟且之事，结果很凑巧，丑女还怀上了。第二年丑女在草棚里面生下了一名男婴，这就是后来的乾隆。这个传说流传非常广泛。承德出生说由此诞生。

二是出生在江南陈家。康熙五十年（1711 年）八月十三日，雍亲王府里一片欢笑，家里添了一个小孩。同一天，海宁陈家也添了一个小孩。这海宁陈家指的是浙江海宁的陈世倌家，人们称他陈阁老，在康熙年间曾入朝为官，并且和当时的皇四子雍亲王胤禛的关系十分密切。那时，雍亲王王妃和陈世倌的夫人都怀有身孕。不久，两家先后生了孩子，雍亲王生了一个女孩，而陈家生了一个男孩。过了几天，雍亲王让陈家把男孩抱入王府看看，陈家只好把孩子送进王府。可等孩子再送出来时，陈家的胖小子竟变成了一个小丫头。久在官场的陈阁老意识到此事性命攸关，不敢声张，不久就辞官带着全家回原籍去了。而那个被换入王府的男孩，就是后来的乾隆皇帝。这就是海宁出生说。据此小说家还进一步进行演绎，说乾隆六下江南，并到海宁陈家探望，就是这个原因。

三是出生在北京的雍亲王府。坚持这种说法的是道光皇帝，乾隆帝的孙子。嘉庆二十五年（1820 年）七月二十五日，嘉庆帝暴亡于避暑山庄。这件事得向全国发哀诏，还得向周边国家比如缅甸、暹罗等国家发国书。在军机大臣撰拟的国书中，谈到了乾隆帝的出生地，引用了嘉庆帝的说法，说乾隆生在避暑山庄的“都福之庭”。谁都没有想到，这种说法引起了新继位道光皇帝的高度重视，他立即以六百里加急的方式，追回了已经发出去的国书，将乾隆帝的出生地更改为雍和宫邸。道光的这种做法，使本来就很有争议的乾隆帝出生地问题，由地下争论，转变为公开的争论。乾隆的出生地被越描越黑，最终成了一个大谜团。

这个谜团的产生，其实不能怪别人，怪就怪乾隆帝本人。他曾经做过一件莫名其妙的事情，让人们对他的身世产生了怀疑。

这件事要从雍正继位开始讲起，雍正元年（1723 年），胤禛继位，按照惯例大封后宫。在《雍正朝汉文谕旨汇编》中这样记录，“格格钱氏封为熹妃”，这个“熹妃”就是乾隆帝的生母。毫无疑问，按照这个说法，他的母亲是一个姓钱的女子，而钱氏一定是汉女无疑。这种记述，在王闿运的《湘绮楼诗集》中有着明确记录，说乾隆生母出生在承德一个贫寒之家，印证了乾隆生母应该姓钱。可是，乾隆继位以后，整理雍正朝的实录，涉及这个问题的时候，乾隆帝居然动了手脚，把档案给篡改了。乾隆篡改之后的记载是“格格钮祜禄氏封为熹妃”，毫无疑问，钮祜禄氏是满洲八大姓，地位明显高于汉姓钱氏。

那么，乾隆帝到底出生在哪里呢？很明显，海宁陈家出生说完全无事实根据，不足为信；而雍和宫邸出生的说法，是道光帝坚持的说法，也是清代官方愿意承认的事实；而承德出生之说，没有更为确切的其他史料加以佐证，而故事又显得很荒诞，所以也不足为信。

自称“书呆子”

自古以来，人们对“书生”一词有着特殊的偏见：是书呆子，没有处事能力，不堪重用。总之，“书生”一词多为贬义。

但乾隆帝不这么认为，他十分喜爱“书生”这个词，竟然自诩“书生”。

清 郎世宁 乾隆皇帝大阅图

清　艾启蒙　百鹿图

他这样理解“书生”一词。

1.“读书以致用”。乾隆认为，读书是要学以致用，通过读书，人们掌握了大量知识，用来指导现实生活，再实用不过了。

2.“学于古训，乃有获”。学习古人的道理，对于为官之人太有用了，也太有收获了，它可以教你怎么施政，尤其怎样施行仁政。

3.“人无书气，即为俗气”。这句话太经典了。乾隆帝认为，一个人没有书生气，那就是市井的俗气。所以，乾隆帝认为自己如果能够被人认为是一介书生，那就太好了：“朕唯恐人不足当书生之称”，他是恐怕人们不把他当书生来看待。

4.“读书通大义”。乾隆帝认为读书能够懂得义理，懂得义理才能知道如何做一个合格的人。他把朝中的官员进行划分，筛选出那些通大义的官员，比如来保、陈世倌等都是通大义的好官僚。

5. 乾隆主张当官之人，先当好书生。他写过一首《改教诗》，在诗中他就提到了这个问题。他说你身为官僚，要先为人师表，看看自己做得怎么样了，再去教育和管理别人。如果你觉得自己不是

清 佚名 乾隆帝从薄围猎横轴

清 佚名 乾隆帝写字像轴

一个合格的官僚，那好，先去做一名教员吧，先做好书生再说其他。

所以，乾隆帝不仅自称为“书生”，还把他周围的王公大臣也看作是书生。他曾这样说：“朕自幼读书宫中，讲诵二十年，未尝少辍，实一书生也。王公大臣为朕所倚任，朝夕左右者，亦皆书生也。”

尽管乾隆帝这样说，但由于他出生在雍亲王府邸，并没有机会入宫读书，只是在 6 岁的时候，父王给他进行了启蒙教育。9 岁的时候，才开始入学读书，较之皇宫里的皇子，已经晚 3 年了。

尽管如此，让人没想到的是，乾隆的悟性很高，经史子集、四书五经无所不通，表现出了极高的天赋，这种知识的积累，后来果然用到了。乾隆帝 12 岁那年，也就是康熙六十一年（1722 年）春天，他在狮子园随父王觐见爷爷康熙皇帝，开始，爷爷就觉得这个孩子很可爱，没有其他的感觉。但当乾隆很流畅地背诵《爱莲说》的时候，那种感觉就完全不同了。康熙帝觉得这个孩子虽然有些书生气，但也正是这个年龄的孩子应该有的气质啊。于是，他被康熙帝赏识，接入皇宫，接受更为系统的教育。他的学业进步非常之快，到 14 岁的时候，已经能够写作了。

乾隆帝不愧是一个书生，一个高产的书生。据统计，他一生自著文集 3 部，为文 1400 余篇；诗集 5 部，收入诗篇 4 万多，成为我国古代诗文最多的帝王。

当然，乾隆帝的 4 万多首诗词质量平庸，佳作很少，也有其他人参与他的诗词创作，但不得不说，乾隆皇帝还是很有才华的。

创造了中国历史上两个“之最”

清朝共十二位帝王，分别是努尔哈赤、皇太极、顺治、康熙、雍正、乾隆、嘉庆、道光、咸丰、同治、光绪和宣统。这些满洲的帝王各有千秋，性格各异，情趣各异，因而他们在位时间和寿命差别很大。让人意想不到的是，就在这些帝王之中，居然有一位帝王做得非常成功，不仅长寿，而且掌握实权也最久，这两个指标都是帝王之最。值得提醒大家的是，这两个之最，不是清朝皇帝之最，而是整个中国封建社会中的帝王之最。这个帝王就是乾隆。

乾隆皇帝 25 岁登基，在位 60 年，又当了 3 年多太上皇，掌握实权达 64

清 罗汉 软玉

年之久，这两个指标创造了中国古代帝王的“吉尼斯”纪录。

先说寿命。按说帝王生活条件好，养尊处优，本应该长寿。可长寿的皇帝并不多。原因很多，如纵欲过度，操劳过度，等等。我们来给历代帝王的寿命做一个排序。

第一名乾隆帝，生于康熙五十年（1711 年）八月，卒于嘉庆四年（1799 年）正月，清朝第六任皇帝，入关后的第四任皇帝，死时 89 岁。

第二名南朝梁武帝萧衍，86 岁，生于 464 年，死于 549 年，建立了梁朝。梁武帝多才多艺，政治、军事才能也很突出。

第三名大周国皇帝武则天，81 岁。武则天（624—705 年），唐高宗李治皇后，后为大周则天皇帝，中国历史上唯一的女皇帝。上元元年（674 年），与高宗并称“天皇”“天后”。弘道元年（683 年），高宗去世，中宗李显即位，则天临朝称制。嗣圣元年（684 年），废中宗为庐陵王，立睿宗李旦，继续临朝称制。载初元年（690 年），废睿宗，自称圣神皇帝，改国号为周，定东都洛阳为神都。神龙元年（705 年）正月，张柬之、桓彦范、崔玄暐、敬晖等人联合右羽林大将军李多祚发动政变，逼武则天退位，迎中宗复位。同年十一月去世，谥大圣则天皇帝。

乾隆印迹 25 方

清　佚名　乾隆帝古装像

清　佚名　万国来朝图（一）

清　佚名　万国来朝图（二）

大清万年一统地理全图

大清一統地理全圖
大清一統地理全圖
大清一統地理全圖
統地理全圖
萬年
統
理全圖

第四名五代十国吴越国王钱镠，80 岁，钱镠，字具美，小字婆留，杭州临安人。父钱宽，母水丘氏。生于唐宣宗大中六年（852 年），卒于后唐长兴三年（932 年）。

第五名宋高宗赵构 80 岁，高宗，名赵构（1107—1187 年），字德基。徽宗第九子，钦宗弟，历史上有名的昏君，因不思收复北方故土，宠信奸臣秦桧和下令处死岳飞父子而背负恶名，为人诟病。北宋灭亡后，在南京即帝位。在位 36 年，让位后病死，终年 80 岁。

历史上，寿命超过 80 岁的帝王，就这么 5 位。他们之中，乾隆帝最长寿。下面再看看掌握实权最久的帝王都有谁。

第一名乾隆帝（1711—1799 年），在位 60 年，之后自动让位，做太上皇，嘉庆帝继位。但大权仍操纵在乾隆手里，3 年后去世，掌握实权达 64 年。

第二名康熙帝（1654—1722 年），他 8 岁继位，在位 61 年，是我国在位时间最长的帝王，但不如他的孙子乾隆掌握实权久。

第三名秦昭襄王（前 325 至前 251 年），在位 56 年。嬴姓，名则，战国时期秦国国君。早年在燕国做人质。公元前 307 年，秦武王去世，秦昭襄王与其弟争位，遂立。公元前 306 年至前 251 年在位。秦昭襄王在位初期，由其母宣太后当权，外戚魏冉为宰相，秦昭襄王五十六年（前 251 年），昭襄王去世，终年 75 岁。

第四名汉武帝刘彻（前 141—前 87 年），在位 54 年。汉武帝是中国历史上第一位使用年号的皇帝，他在位时期共使用"建元"等 11 个年号。16 岁继位，活到 70 岁。刘彻是一位具有雄才大略的封建君主，也是我国历史上一位杰出的政治家。

第五名西夏崇宗李乾顺（1083—1139 年），西夏第四位皇帝，1086 年到 1139 年在位，在位 54 年，西夏杰出的政治家。李乾顺即位时年仅 3 岁，母党专政，6 岁时灭梁氏而亲政。大德五年农历六月四日（1139 年 7 月 1 日）去世，享年 56 岁，庙号崇宗。

从以上分析可看出，算来算去，还是人家乾隆皇帝最厉害，掌权时间达到了 64 年。

所以，乾隆皇帝无论是寿命还是掌握实权，都是时间最长的。

嘉庆帝

最蠢笨的大赢家

如果说嘉庆帝是清朝帝王中最笨的一位，大家可能会有疑问，他怎么会是最笨的？其实这话，是嘉庆帝自己说的。既然他说自己笨，那么我们就来分析一下，他到底笨不笨。

嘉庆皇帝是清朝入关后第 7 位皇帝，父亲是乾隆皇帝，母亲是乾隆帝孝仪皇后魏佳氏。嘉庆帝生于乾隆二十五年（1760 年），属龙。嘉庆帝到底是一个怎么样的人？先听听他自己的说法。嘉庆帝在他的《清仁宗御制文初集》中这样说过："视彼前朝太子，偶一出阁讲学片时者，奚啻天壤之分哉。予悟性迟钝，乙酉年入学，从觉罗奉硕亭先生读书，至壬辰年而五经粗毕。"

他说自己悟性、反应很迟钝。嘉庆帝是不是谦虚呢？经过考证，嘉庆帝还真是一个很笨的人。比如册封皇后，他的第一位皇后孝淑皇后病逝之后，他相中了一个女子钮祜禄氏，便把她晋封为皇贵妃，主持后宫事务。可接下来，嘉庆帝犯了一个很蠢笨的错误。

嘉庆六年（1801 年），嘉庆帝居然把这个皇贵妃晋封为中宫皇后，这就大错特错了。为什么呢？因为早在两年前，他就已经立了道光为皇太子。可是，钮祜禄氏不是道光的亲生母亲。大家想想，一旦嘉庆帝驾崩，钮祜禄氏就升格为皇太后，太后会拥立谁为新皇帝呢？她有儿子，极有可能立自己的儿子，那不就乱了吗？康熙、乾隆在中宫皇后病逝后，一般不会轻易册立皇后，几十年后宫无主。可嘉庆帝没有想到这儿，还美滋滋的，觉得自己的家庭很完美呢。

清 佚名 嘉庆帝童年像

清　行乐图

清　五爪龙袍　脖子到下摆

果然，他暴亡之后，道光和太后之间发生了很多不愉快的事情，这些麻烦，都是嘉庆帝制造的。

可是，有一个问题，嘉庆帝既然不聪明，他怎么得到皇位的？难道他没有竞争对手吗？恰恰相反，嘉庆帝的竞争对手很多。

第一位是永琏。乾隆帝皇二子，生母是乾隆嫡皇后富察氏，满洲镶黄旗人，出身名门望族。永琏生于雍正八年（1730年）六月二十六日申时，生母富察氏与乾隆帝感情深厚，所以乾隆帝对他抱有很大希望。雍正帝也对他寄予厚望，亲自为这位孙子起名为“永琏”。琏者，宗庙之器也，古代祭祀时盛黍稷的尊贵器皿叫“琏”。永琏这个名字，显然暗寓承继宗庙之意。乾隆经常夸赞永琏：“为人聪明贵重，器宇不凡。”所以，乾隆帝即位不久，在乾隆元年（1736年）

七月初二，就迫不及待地办理了立储大事。他召集重臣，秘密立储，将永琏之名写于密书，藏于乾清宫“正大光明”匾额之后。可天有不测风云，乾隆三年（1738年）十月，永琏得了伤风，竟然一病不起，不久病逝，年仅8岁。乾隆帝闻此噩耗，悲恸不已，将乾清宫“正大光明”匾额之后的立储密旨取出，发表了一道上谕，正式册封永琏为皇太子，谥端慧，称之为“端慧皇太子”，并为之修建了豪华的陵墓，厚葬其中。第一次立储失败了。

第二位是永琮。永琮（1746—1747年），乾隆第七子。永琮生于乾隆十一年（1746年）四月八日子时，生母同样是皇后富察氏。皇七子甚得乾隆帝钟爱，乾隆认为他“毓粹中宫，性成夙慧，甫及两周，岐嶷表异”。永琮一出生，乾隆帝便欣喜异常，不久，永琮就被内定为皇位继承人。可永琮只活了20个月，于乾隆十二年（1747年）十二月二十九日出天花而夭折了。乾隆帝大放悲声，下谕旨：“先朝未有以元后正嫡绍承大统者，朕乃欲行先人所未行之事，邀先人不能获之福，此乃朕过耶！”乾隆帝把永琮之死归咎于自己失德，可见刺激之深。这次立储又告失败。

第三位是永璜。永璜（1728—1750年），乾隆长子，母为哲悯皇贵妃富察氏。富察氏出身卑微，仅是一名宫女，所以，永璜没有高贵的出身，立储本来是没有希望的。但在永琮去世之后，永璜对储位产生了想法，因为他的年龄最大。乾隆十三年（1748年），乾隆帝、孝贤皇后东巡泰山，孝贤皇后不幸病逝。乾隆帝悲痛异常，连下谕旨，要求王公大臣为皇后服丧。也正是这个时候，永璜出事了。他在办理孝贤皇后丧事期间，表现得不太得体，被乾隆帝大加斥责。原来，孝贤皇后病逝，永璜不但没有悲伤，反而窃喜，他认为“母后崩逝，弟兄之中唯我居长”，继承皇位，指日可待。乾隆帝得到奏报，大为震怒，下谕旨痛斥：“夫不孝之人岂可以承大统。朕以父子之情，不忍杀伊等，伊等当知保全之恩。”愤怒已极的乾隆帝甚至要杀掉永璜。永璜立储的希望就此破灭。

第四位是永璋。永璋，乾隆帝第三子，雍正十三年（1735年）五月廿五日生，母为弘历侧福晋即后来的纯惠皇贵妃苏佳氏。纯惠皇贵妃是很得宠的，永璋也因此而对皇位产生了想法。但很不幸，乾隆十三年（1748年），由于孝贤皇后的病逝，也由于永璜的失礼，使得乾隆帝在痛斥永璜的同时，也把永璋连带其中。《清高宗实录》记载：“至三阿哥，朕先以为尚有可望，亦曾降旨于讷亲等。今看三阿哥亦不满人意，年已十四岁全无知识。此次皇后之事，伊于人子之道毫不能尽，若谓伊年齿尚幼，皇祖大事之时，朕甫十二岁，朕如何克尽孝道之处，朕之诸叔及大臣内旧人，皆所亲见，亦曾如伊等今日乎。似此不识大体，朕但深引愧而已，尚有何说，此二人断不可承继大统。”永璋是没有希望继承皇位了。

第五位是永琪。永琪生于乾隆六年（1741 年）二月初七，乾隆帝第五子，生母为珂里叶特氏。永琪出生时，珂里叶特氏还仅仅是一名贵人，名不见经传。珂里叶特氏在宫中并不得宠，一生之中只有五阿哥一个孩子。永琪虽然生母地位卑微，但他多才多艺，乾隆帝曾想立其为皇储，《国朝宫史续编》记载：“朕观视皇五子，于诸子中觉贵重，且汉文、满洲、蒙古语、马步射及算法等事，并皆娴习，颇属意于彼，而未明言。”不幸的是，乾隆三十一年（1766 年），永琪病逝。乾隆帝立他为储的愿望再次破灭。

第六位永璂。永璂，乾隆帝第十二子。乾隆十七年（1752 年）壬申四月二十五日寅时生。生母为乾隆帝继皇后乌喇那拉氏。本来，作为皇后所生之子，永璂最有希望继承皇位。可他的母后在乾隆三十年随帝南巡中，自行剪发，忤逆了乾隆帝，乾隆帝因此把她打入冷宫，直到她死去，乾隆帝仍然余怒未消，仅以皇贵妃之礼，葬入别人地宫之中。永璂，也因此大受牵连，不仅竞争储位没有了希望，就连自己应该得到的爵位都成了泡影。乾隆四十一年（1776 年）丙申正月二十八日丑时，永璂抑郁而终，年 25 岁。

经过这六次立储经历，乾隆帝颇为苦恼，一度消沉，直到乾隆三十八年（1773 年），已过花甲之年的乾隆帝，才痛下决心，相中了令妃所生十五阿哥颙琰，秘密立其为皇太子。那么，精明的乾隆为何相中了这个有些“蠢笨”的嘉庆呢？两点原因。

一是爱屋及乌。乾隆帝非常喜爱嘉庆的亲生母亲令妃，宠爱到什么程度呢？宠冠后宫。

二是听话。在乾隆看来，什么也没有比听话更为重要的了。而嘉庆这个孩子，恰恰是乾隆众多皇子中最听话的。历史也证明了这一点，乾隆说什么是什么，即使嘉庆继位之后也是这样。甚至乾隆去世之后，嘉庆帝还是对乾隆制定的政策奉行不替。

惊险逃生

作为一个守成皇帝，一般不会有什么过激之举，仇人也少，但嘉庆在位时，遭遇刺杀，真是闻所未闻的事情。让人不解的是，嘉庆帝遭遇了两次惊险。

第一次行刺发生于嘉庆八年（1803 年）。

嘉庆八年（1803 年）闰二月二十日，当时，嘉庆帝东巡返京，一路的劳顿让他很疲惫，因为这次出行有谒陵活动，他准备进宫中斋戒养神。

他的銮驾从神武门进入，将要进入顺贞门时，突然有人持凶器冲向嘉庆帝的銮驾。很可惜，此人的行动稍微慢了一些，此时的嘉庆帝已经进入顺贞门了。这个人是谁？他怎么敢刺杀嘉庆帝？

刺客很快被抓住，经过审讯，此人叫陈德，47 岁，北京人，其父母原本是官宦人家的家奴。他幼时与父母随主家迁往山东，成年后也一直以在山东有钱人家当差为生。陈德 23 岁时娶妻生子，31 岁时因父母先后病故，他带着家人回到北京投靠亲戚，辗转在大户人家当差。案发前，陈德在一孟姓人家做厨役，其间他的媳妇不幸病故，留下 80 岁瘫痪在床的岳母和一对未成年的儿子，日子过得十分艰难。当年二月陈德又被孟家解雇，他只好投亲靠友，受人接济。

事情发生后，嘉庆帝震怒，他有两点疑问：一是陈德如何能够进入宫廷；二是保卫人员为何如此疏忽，让自己险遭不测。

嘉庆帝怀疑陈德受人指使，不然不会有此胆量，命有关部门彻查此案。于是，陈德遭到“彻夜熬审”“拧耳跪炼”“掌嘴板责”“刑夹押棍”等酷刑，持续了 4 天 4 夜，但陈德始终不说受谁指使，只说纯属个人行为。

实际上，陈德所供属实。陈德家境困难：夫人病故、岳母瘫痪在床、儿子年幼，这让陈德步履维艰，于是，他听信了巫术的签语，认为自己只要行刺嘉庆帝就可以有“朝廷福分”。于是，他铤而走险，做出了行刺之事。

陈德的莽撞，给自己和家人带来了毁灭性的灾难。嘉庆八年（1803 年）闰二月二十四日，嘉庆帝下旨将陈德凌迟处死，陈德的两个幼子陈禄儿和陈对儿被处以绞刑。实际上，按照大清律，陈德的两个幼子未满 16 岁，应发配边疆为奴。但嘉庆帝为了斩草除根，还是下旨将两个年幼的孩子残忍地杀害了。

据《清朝野史大观》记载，陈德就刑时从容自若。在菜市口刑场，陈德被绑在木桩上，两个儿子押来向他叩头，他闭目不视。行刑开始，“割陈德耳鼻及乳，从左臂鱼鳞碎割，次及右臂，以至胸背。初尚见血，继则血尽，但流黄水而已”。陈德受尽了难以想象的痛苦。

同时，陈德事件还使许多无辜的人受到了牵连。陈德的朋友王四、黄五福等都被追责，黄五福还被治罪杖一百、徒三年。当班的肃亲王永锡、副督御史万宁、副督统萨敏、神武门护军章京贤福等60多人，被分别治罪。

这是第一次，那么，第二次呢？

嘉庆十八年九月十五日（1813年10月8日），北京天理教首领林清发动起义，在京南黄村组织武装，以200人潜入城内，在入教太监引导下，里应外合，分别由东华、西华门攻进紫禁城。一路人杀到苍震门，聚集在隆宗门外，一路人冲入慈宁宫附近，形势岌岌可危。在这危急时刻，留守城内的道光，沉着指挥，用鸟枪等武器，击败义军。那么，嘉庆帝怎么样了呢？又一次幸免，因为他根本不在紫禁城，他在由承德返回紫禁城的路上，此时刚刚走到白涧行宫。这一次，嘉庆帝虽然没有受到生命威胁，但他仍然感到了莫大的恐惧：如果自己在紫禁城内，将会是怎样的危险呢？

经过这两次险情，嘉庆帝哀叹道：“这真是闻所未闻的事情。”虽然他有些鲁钝，还是知道应该下个“罪己诏”，检讨一下自己。

暴亡后的尴尬

嘉庆二十五年七月二十五日（1820年9月2日）嘉庆帝颙琰在承德避暑山庄突然去世，终年61岁。本来，嘉庆帝身体很好。他在遗诏中说：“朕体素壮，未尝疾病。”

这倒是实话，他的身体的确不错。嘉庆帝自己也期待能够像他的父皇乾隆帝那样，活到70、80、90岁，甚至规划，每到十年整寿的时候，为百姓蠲免一次钱粮。

据史料记载，嘉庆帝是一位很会养生的帝王。他在《养心室记》中写道：“夫饮食有时，起居有节。”并且，他还注意节制欲望，“远屏声色”。可见，

清　佚名　清仁宗嘉庆皇帝朝服像

嘉庆帝在养生保健上是有自己独到见地的。

但嘉庆帝很肥胖，他的儿子道光帝也说嘉庆帝“天体丰腴”。这样肥胖的身体，是否会给他的健康带来巨大影响呢？

嘉庆二十五年（1820 年）七月十八日，嘉庆帝自圆明园启程，前往避暑山庄。一周后，到达避暑山庄。二十五日不幸病逝。

从行程上看，嘉庆帝的确死得很突然。七月二十五日，嘉庆帝在毫无预兆的情况下，猝然离开了人世。嘉庆皇帝死后，热河行宫立即封锁消息，避暑山庄大门紧闭，限制人员出入。二十七日留京王公大臣才得此噩耗，八月初二，道光皇帝向内阁发布上谕。到底什么病使得他突然离世呢？说法众多。

一个说法是遭雷劈而亡。嘉庆帝到达避暑山庄后，率领满汉大臣和八旗劲旅，到木兰围场打猎。回宫路上恰遇变天，雷电交加，忽然，一个炸雷，击中嘉庆帝。这种说法很流行，因为当时正值雨季，山庄雷电又多，嘉庆帝身宽体胖，很容易被雷电击中。

还有一种说法，是被人刺杀身亡。有人附会说，嘉庆帝是被和珅的党羽刺杀身亡的。嘉庆帝亲政伊始，就把权臣和珅逮杀，并查抄了他的家产。但和珅

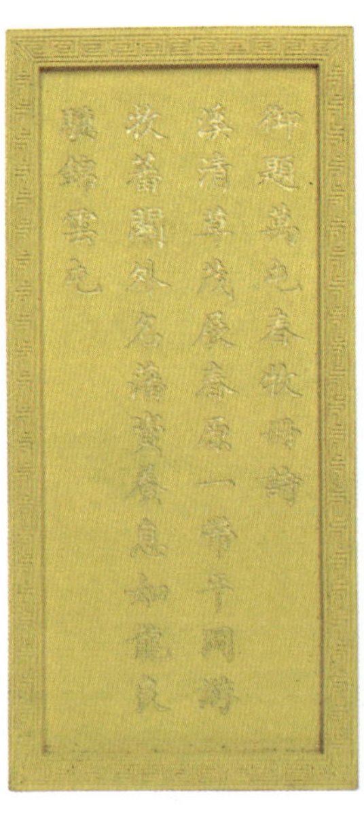

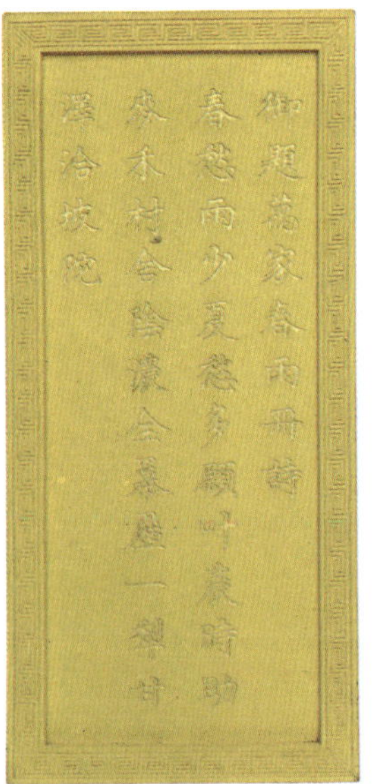

嘉庆时期御制“万春集庆”黄墨

在朝中经营多年，党羽遍及天下，他们恨死了嘉庆帝，总想伺机报复。这次，嘉庆帝出猎避暑山庄，正好给他们提供了一个难得的机会，刺客终于取了他的性命。

还有很多其他的说法。但这些说法都没有史料依据。经过分析，我们推测，嘉庆帝的暴亡，极有可能跟天气太热，中暑后突发心脑血管疾病有关。《清仁宗实录》记载“此次跸途，偶感暍暑”，证明嘉庆帝中暑了。不过，单纯的中暑不会死人，大概是由于年事已高，突发心脑血管疾病而暴亡。

清朝的皇帝即位后，要做两件神秘的事，一是选定万年吉地，就是找一处风水宝地，作为自己将来的葬身之地；二是秘密准备一口棺材。满族的棺材是一种很特殊的形状，棺头有葫芦，故而又叫葫芦材，也叫旗材。这些棺材的材质是有区别的，皇帝、皇太后、皇后、皇贵妃用金丝楠木，贵妃以下则用杉木。由于棺材的漆饰需要很长时间，所以，必须提前准备。

嘉庆帝在承德突然离世，大家手忙脚乱，除了找不到立储密旨外，还没有盛放尸体的棺材。当时，酷暑难耐，尸体很快就会腐烂，所以，必须马上找到一口合适的棺材，免得失去皇家的尊严。

这件事，最着急的就是嗣皇帝旻宁了。他焦急万分地说：“梓宫为万世闷藏之器，此间并无合制良材。”也就是说，这样神秘而重要的东西，在承德是没有的。怎么办呢？道光帝赶忙下达六百里加急特谕，命令留京王公大臣设法找到一口合适的棺材。

道光帝很快得到了消息。嘉庆帝死后第三天，即嘉庆二十五年（1820 年）七月二十七日，留京的王公大臣奏报，内务府存有一副乾隆年间的材板，为楠木材质，正好符合。道光帝得到奏报，马上下令运抵承德：“昼夜行走，能早一刻，务赶紧一刻。即将帮盖底拆平，用毡包裹，俟到此间，再行合成，均无不可，总以迅速为要，万勿刻迟。”为了方便，道光帝令三弟绵恺、五弟绵愉迅速赶往热河奔丧。

嘉庆帝的尸体终于在死后 7 天得以仓促大殓，大殓就是尸体被安放在棺材之中。从此之后，嘉庆帝的棺材称为“大行皇帝梓宫”。堂堂大清皇帝，居然在去世后一个礼拜，都找不到棺材，真是奇了怪了。

道光帝

好惊险的开端

道光的继位是一个谜。因为，史料表明，道光帝继位过程非常惊险。为什么这样说呢？因为道光继位之初，存在着很多隐患。

一是事发突然。嘉庆帝出巡承德，没想到暴亡于那里。二十四日闹病，第二天就死了。事发突然，道光没有任何心理准备。

二是找不到遗诏。这是最关键的事情了。虽然早就传闻嘉庆帝在嘉庆四年（1799 年）已经秘密立了储君，可毕竟需要文字证据。所以，找到立储的诏书最为关键。可事情就是不顺利，怎么也找不到。按说，这种诏书一般备两份，一份放在乾清宫“正大光明”匾后面，这是当年雍正帝留下的规矩；另一份则由皇帝随身携带，以防不测。可事情发生后，大家立即在嘉庆帝身上找诏书，就是找不到。这不是急坏了大家吗？

三是乾清宫“正大光明”匾后面也没有。这说明嘉庆帝根本就没有所谓的秘密立储诏书。这不麻烦了吗？

四是王公大臣无所适从。大家想一想，没有立储诏书，大臣们怎么办？于是，大臣们分成了泾渭分明的两个派别：一派以禧恩为首，坚决拥护道光继位。一派以军机大臣托津、戴均元为首，“非常犹豫”，其实就是坚决反对道光继位。也对啊，没有遗诏，你凭什么继位？这就存在隐患了。嘉庆帝健在的皇子共四位，他们分别是皇次子绵宁 37 周岁，皇三子绵恺 25 周岁，皇四子绵忻 15 周岁，皇五子绵愉 6 周岁。有这么多呢，要谁来继位，必须考虑清楚。

道光读书像

兵技指掌图说　清道光二十三年讷尔经额序　清绘本

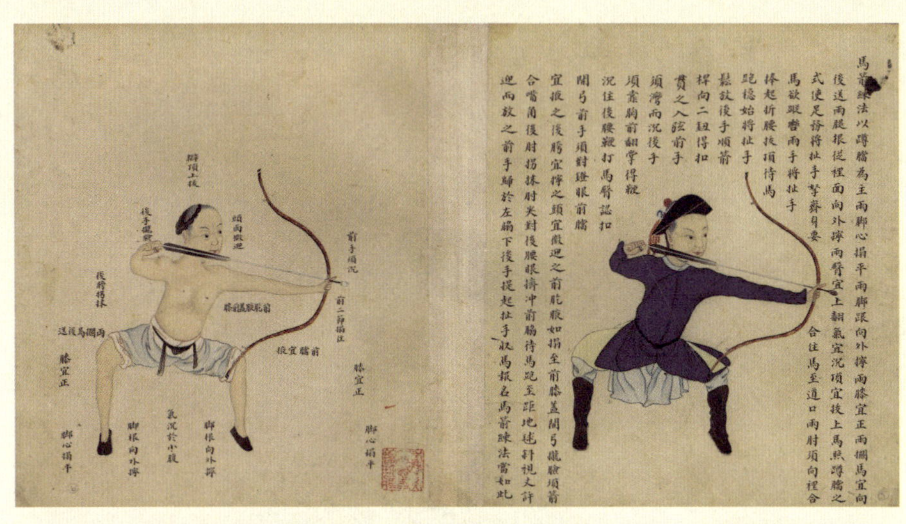

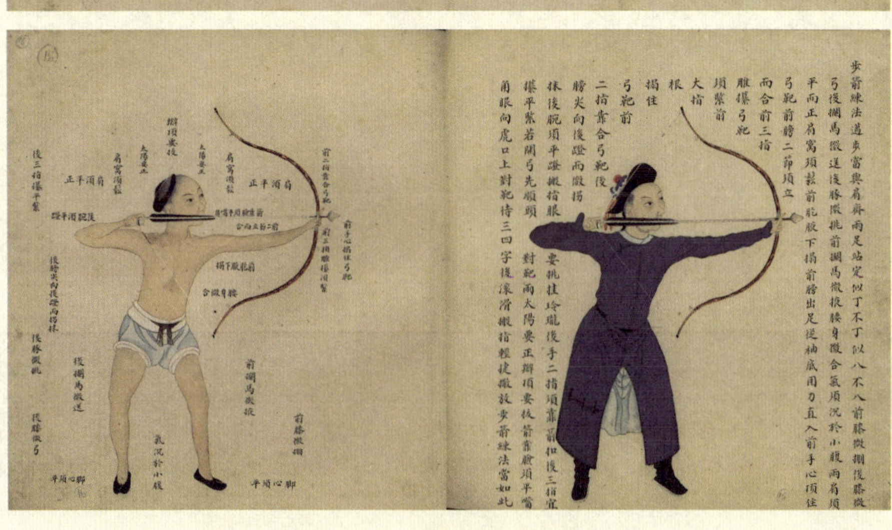

馬箭馬上肄法與地
上蹲踏肄之無異

馬槍馬上肄法與地
上蹲踏肄之無異

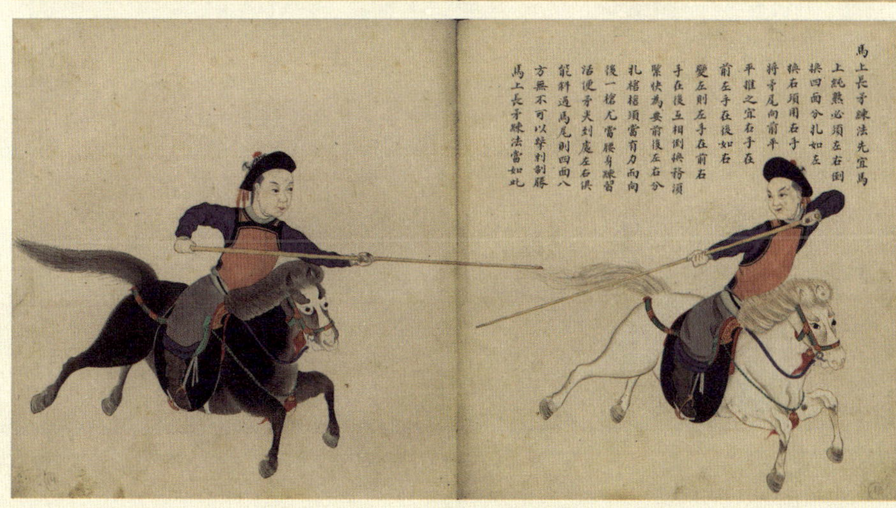
馬上長矛肄法先宜馬
上純熟必須左右倒
换四面分扎如左
换右須用右手
將矛尾向前平
平推之宜右手在
前左手在後如右
變左則左手在前右
手在後互相倒换務須
緊快為要前後左右分
扎槍槍須當有力兩向
後一槍尤當腰身肄習
活便矛尖刺處左右俱
能斜通馬尾則四面八
方無不可以擊刺制勝
馬上長矛肄法當如此

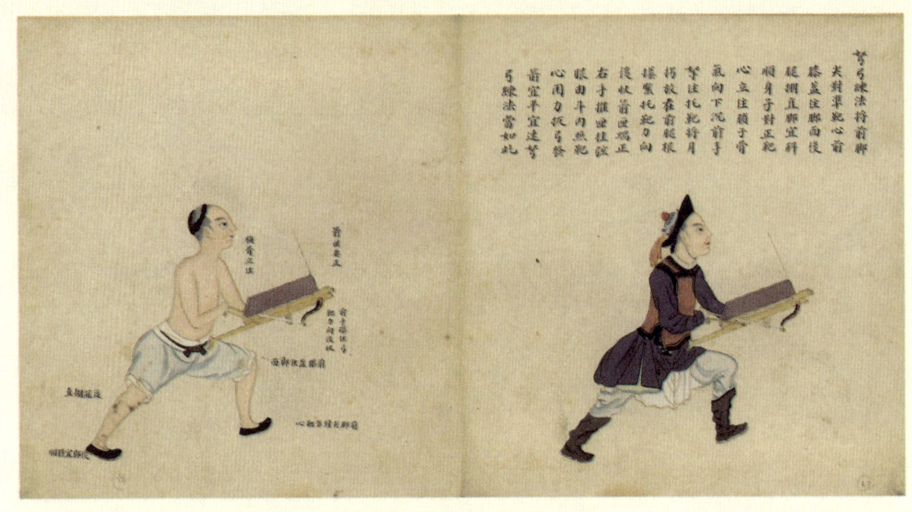
弩弓練法將前脚
尖對準靶心前
膝蓋注脚面後
腿挺直脚宜斜
順身子對正靶
心立注頸子脊
氣向下沉前手
弩注托靶將月
捋放在前腿根
攥緊托靶力向
後收箭要端正
右手推回往捩
眼由斗內照靶
心用力扳弓發
箭宜平宜速弩
弓練法當如此

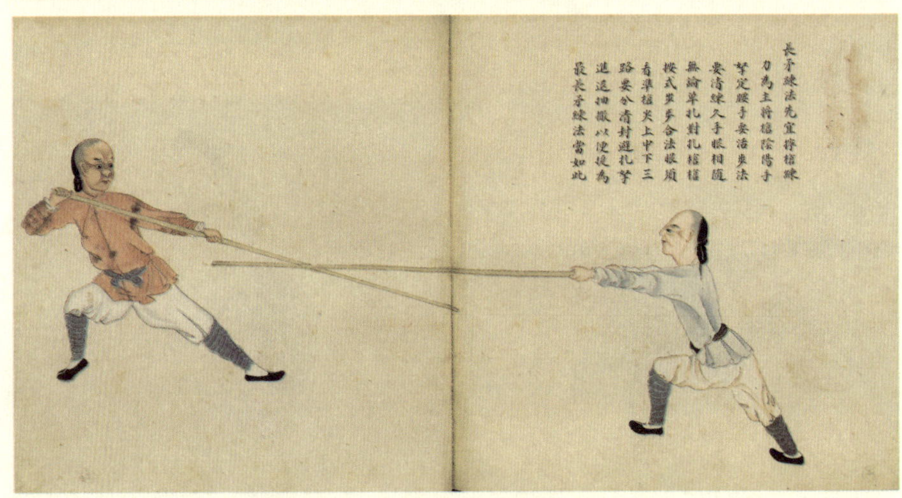
長矛練法先宜將槍練
力為主將槍陰陽手
架定腰手要活步法
要清練久手眼相隨
無論單扎對扎槍槍
換式步步合法眼須
看準槍尖上中下三
路要分清封避扎架
進退抽撤以便捷為
最長矛練法當如此

單刀練法須要
步法清楚身
腰活動刀
刀均要將
式扎砍劈
剁眼隨刀
轉進
退閃
躲避
快利
便練久則
氣不上壅
自然跳躍
便捷手眼
相應矣單刀
練法當如此

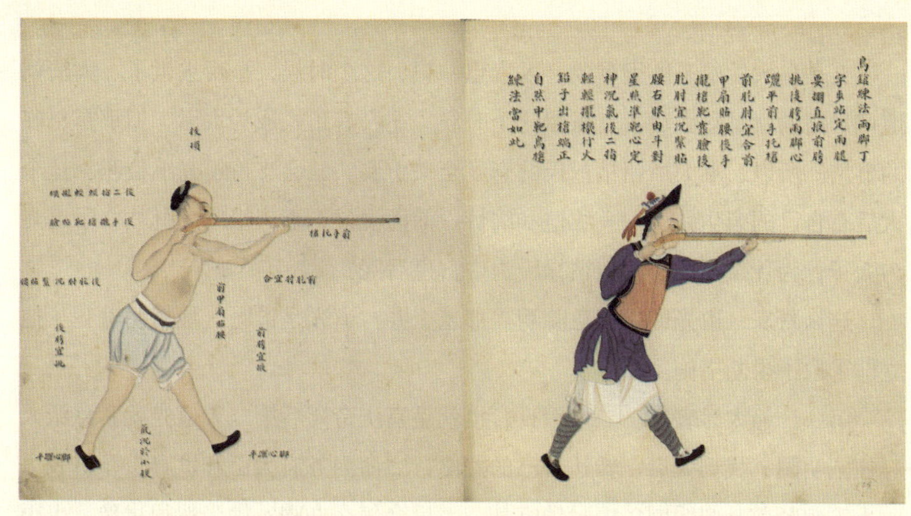

鳥鎗練法兩腳丁
字步站定兩腿
要綳直根前胯
挑後胯兩腳心
蹬平前手托槍
前肐肘宜合前
甲肩貼腰後手
攏槍靶靠臉後
肐肘宜沉緊貼
腰右眼由斗對
星照準靶心定
神沉氣後二指
輕輕攏機打火
鉛子出槍端正
自然中靶鳥槍
練法當如此

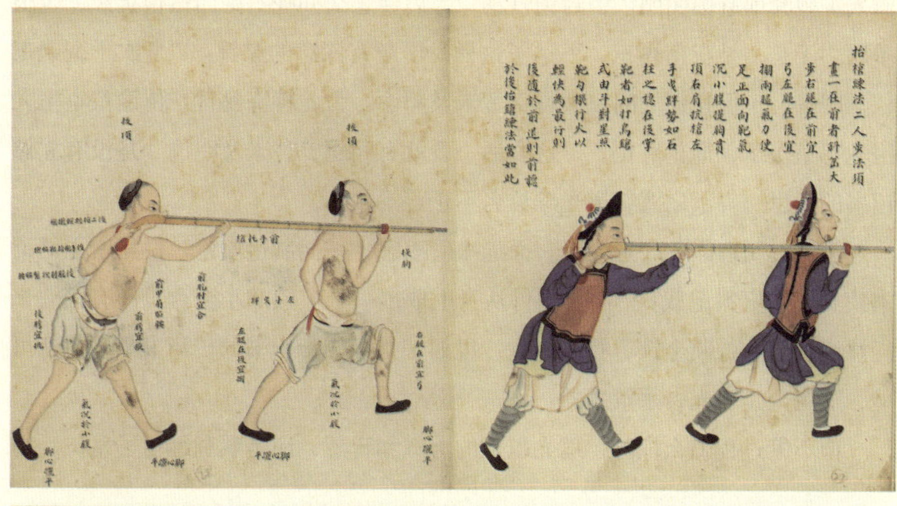

抬槍練法二人步法須
畫一在前者舒箭大
步右腿在前宜
弓左腿在後宜
綳兩腿氣力使
足正面向靶氣
沉小腹提胸貴
項右肩抗槍左
手弋鮮勢如石
柱之穩在後掌
靶者如打鳥鎗
式由斗對星照
靶勻機打火以
輕快為最行則
後隨於前退則前鎗
於後抬鎗練法當如此

一五百斤大銅礟分打連環以六十尊
分為四隊候令箭一調均挨
一字排定每隊
各十五尊礟兵
各隨礟立定候
令箭一押各隊
先將中間一尊並兩首
之各一尊掌火鼓發以
次每隅二字工夫從一首挨次徐徐接照
輪轉不斷礟聲即可相連要在司礟兵
丁轉膛裝藥速快大礟連環練法當如此
如大小銅
礟套打
連環仍
與分打
連環無異
一三十斤小銅砲分打連環以一
百尊分為四隊候令箭一調均
挨一字排定以四隊分為十排
每排各十尊候令箭一
押各排各由
首礟挨次接
照至第九尊止
輪轉不斷其各排第十
尊為接應聲音之礟
照放亦須連快礟聲
即可相連小銅礟分
打連環練法當如此
如大小銅礟套打連環
以小銅礟分排大礟之
兩翼每翼各五十尊照
放照分打連環練之無異

五是皇太后的态度很重要。大家想一想，这个时候，皇帝去世了，大清朝地位最高的就是皇太后了。虽然这个时候，还没有正式成为太后，但那是早晚的事情。所以，准太后钮祜禄氏的态度至关重要。她会支持道光继位吗？这个太后有自己的亲生儿子——绵恺和绵忻。前面说过，嘉庆很笨，既然立了道光为太子，为什么还要册立钮祜禄氏为中宫皇后呢？

这么看来，道光即位很危险啊。那怎么办？道光是谁呀，他精明着呢！他立即采取了果断措施。

第一，逼太后表态。二十六日，也就是嘉庆帝死后第二天道光就紧急派人赶往圆明园，找到太后，转达自己的意愿，“命内务府大臣和世泰带领首领太监人等驰驿前赴圆明园”，封锁宫禁。太后会怎么办呢？她当然很犹豫，也很矛盾。于是，她权衡再三，下达了这样一份颇有深意的懿旨：“皇次子智亲王仁孝聪睿……但仓促之间，大行皇帝未及明谕。为此特降懿旨，传谕留京王大臣驰寄皇次子，即正尊位。”这段话一看就有问题，“未及明谕”是没有立储诏书的意思，言下之意，道光继位名不正言不顺。

第二，制造假象。道光帝一面逼太后表态，一面制造舆论，说秘密立储诏书找到了。资料记载：“一名内侍从身上取出一个上锁的小金盒，没有钥匙，托津当众用力拧断金锁，打开金盒，里面正是嘉庆帝密书的传诏书。”怎么可能，这完全是道光一手策划的。

但不管过程怎么惊险，道光以他的勇气和智慧，还是顺利继承了皇位。

虚晃一枪

道光帝一继位，就先烧三把火。他宣布实行改革和新政，并马上公布了自己的执政纲领——《声色货利论》。在这执政纲领里，道光帝力陈他的治国理念：节俭、新政等。他要大张旗鼓地实行改革了。

道光帝在各个领域实行改革。首先从宫廷开始节俭。比如皇后过生日，道光帝只给提供了一碗打卤面；公主出嫁，大大减少嫁妆等。

有一个有趣的故事。《道咸以来朝野杂记》记载，皇帝的衣服旧了照样穿，有时还穿补丁裤子。大臣们也都换上了旧衣服，跟着皇帝学。这里面学得最好的，是大学士曹振镛。据《晚清帝国风云》记载，曹大学士朝会上穿的裤子，两个膝盖都打了补丁。而且，曹大学士每天上朝，都赶着一辆破旧的驴车。

在道光的带头下，改革风生水起。道光帝宣布要“清理陋规，整顿吏治”。也就是说，他要在政治体制内改革，整顿官场，惩治腐败。这是真的吗？反正文件是下发了。

可后来的结果，让人大失所望。

一是节俭是假的。道光帝不是带头穿补丁裤子吗？不好意思，我们知道，皇宫里面的衣物堆积如山，清宫有专门的机构为帝王后妃们制作衣物，比如江宁织造、杭州织造、苏州织造，最好的衣物都是它们进贡的。不要说补丁裤子，就是没有穿过的新衣裳也不知道有多少呢。而且，后来道光帝进行了一番调查，他那件补丁裤子，光补补丁就花费了 4 两白银，而这个数目，要比一个七品县官的月工资还要高呢。这让道光帝很尴尬。

还有一件事情，充分证明道光帝节约就是个幌子，那就是奢侈建陵。本来，按照制度，道光帝一继位就要在东陵建陵。他也这么做了，道光七年（1827 年），豪华的陵墓建成了，耗费了几百万两白银。可谁都没有想到，接下来，道光帝居然借口地宫渗水，拆毁了已经建好的豪华陵墓，又在西陵界内修建了非常奢靡的慕陵，这座慕陵又耗费了好几百万两白银。两者相加，道光皇帝花费了巨额资金建陵墓。这叫节省吗？

二是改革是假的。谁不知道改革得费力气啊，不仅需要勇气，还需要流血呢，不然，怎么可能改革成功呢？大家想一想，改革就要涉及既得利益集团，他们的势力很大，不动真格的，不流血是不会成功的。道光帝可好，他一遇到困难就退缩了。

他征求王公大臣的意见，问他们是否愿意改革。直隶总督、四川总督、吏部、户部、礼部、兵部、刑部、工部，几乎都反对。道光一看阻力这么大，马上改口说：“哎呀，这个事我没调查清楚。”于是，他下令停止改革。怎么办，他再次下达谕旨，“一切悉遵旧制”，照旧就是了。

这样看来，道光帝在位 30 年，毫无建树是有原因的。开始的时候，信誓旦旦地要改革旧制，要惩治腐败，那不过是试探而已，虚晃一枪就结束了。

折磨人的临终决定

对于皇帝来说，最大的事情，莫过于立储，选择接班人了，不仅非常重要，而且很难下决定。尤其是皇家，皇帝多妻多子，选择上是很困难的。道光皇帝同样面临着这样的问题。道光帝认为自己这一生中，最对不起三个人，看看都是谁。

第一个是他的大儿子奕纬。按说，他应该感谢这个儿子，为什么呢？因为没有这个儿子，他极有可能被废掉太子之位。道光结婚之后十几年都没有生育。嘉庆也很纳闷，儿子结婚都 13 年了，妻妾成群，为什么不生育呢？如果总不生育，将来我大清不就后继无人了吗？怎么办？嘉庆帝陷入迷茫。恰在这个时候，传来了好消息，道光的一个妃子生育了，而且是儿子。大家说，奕纬是不是道光的福星呢？可道光不喜欢这个孩子。直到道光十一年（1831 年），奕纬去世，还没有任何头衔。而且，传说奕纬是父皇道光给一脚踢死的。这样看来，道光对大儿子的确有愧疚之情。

第二个对不起的人，仍然是自己的儿子，这就是皇六子奕䜣。奕䜣非常优秀。首先，这个孩子长相好，天庭饱满，地阁方圆，很有气质；其次身体好，功夫也好，打猎的本领，皇子中谁都比不过；再次是聪明，奕䜣反应快，聪明伶俐；最后是出身好，他的母亲是静贵妃，这个女人很得道光帝喜爱，在道光帝后宫之中，她是唯一从没受过处分的妃子，道光经常召幸她，因而生育了很多子女。所以，我们看，对于道光来讲，奕䜣是很全面的，肯定是好的接班人选。可是，道光最终没有选奕䜣，直到他临终之际，仍觉得对不起这个儿子。

第三位对不起的人就是中宫皇后，也就是孝全皇后钮祜禄氏。要说这个女人一直很得宠。道光帝很喜爱她，她职位晋升很快，由妃子到贵妃到皇贵妃到皇后，一路顺风顺水。可是，大家知道有一句话叫“高处不胜寒”，孝全皇后后来遭到后宫一些人的嫉恨，陷入宫斗之中。道光二十年（1840 年）正月十一日，人们还在欢度春节时，孝全皇后暴亡于宫中。这件事，宫里讳莫如深，谁都不敢说，有一种说法是喜怒无常的道光帝派人杀了她，并要刽子手砍下她的脑袋。如果是这样的话，道光帝一定会自责。后来道光亲自给她上谥号，盖棺定论为“孝全皇后”，并且，一连半个月天天到孝全皇后的棺材前哭泣。大家认为是道光帝在忏悔，觉得自己不该那么冲动，杀了自己心爱的女人。

有了这么多感情因素，道光帝在选择接班人的时候，就显得异常艰难。咸丰和奕䜣这两个人，到底选择谁做太子，让道光帝纠结了十几年。选来选去，他自己也不明白，为什么会选中咸丰做接班人。选择咸丰做接班人，主要有两点原因。

第一，咸丰不忍杀生。关于他，有个故事叫“藏拙示仁”，就是咸丰知道自己论功夫肯定败给弟弟奕䜣，于是打猎的时候束手不动，道光问起的时候，回答说是不忍心杀生，这是老师杜受田指导的。第二，缄口不语。传闻，道光晚年，召见两个儿子，询问志向，以此为依据，确定储君。奕䜣滔滔不绝，讲了很多。而咸丰自知不敌，便以退为进。杜受田告诫他说：“阿哥如条陈时政，知识不敌六阿哥。唯有一策：皇上若自言老病，将不久于此位，阿哥就伏地流涕，以表孺慕之诚而已。”在道光面前咸丰一言不发，却跪在地上流泪，表达自己的孝心。他再次打动了道光。最后，他被确立为太子。

咸丰帝

麻子加瘸子

咸丰是瘸子，上文已经说了，现在说说咸丰为什么是麻子脸。

一个有生理缺陷的人会被相中吗？很难，被相中做皇帝就更难了。尽管如此，还是有被相中的。比如，康熙帝满脸麻子，还能当皇帝，而且做得很好。令人没想到的是，清朝中晚期，又有人相中了生理有缺陷的人，这个生理有缺陷的人便是咸丰。

《道咸以来朝野杂记》有这么一句话："跛龙病凤掌朝堂。"这个"跛龙"就是瘸子龙的意思，说的就是咸丰皇帝。那么，咸丰是怎么瘸的呢？资料记载，是两次事故造成的。第一次是继位之前，资料记载："文宗体弱，骑术亦娴，为皇子时，从猎南苑，驰逐群兽之际，坠马伤股。经上驷院正骨医治之，故终身行路不甚便。"说得很明确，他还是皇子的时候，本来身体不错，骑马的技术很高超，可一次到南苑打猎的时候，一不小心，从驰骋的马背上掉了下来，摔断了腿，造成了终身残疾。

第二次，则是继位之后的事了。咸丰二年（1852 年），咸丰帝去慕陵祭祀他的父亲道光，可就在回京途中，他又一次失足落马。这一次，他摔得不轻，他的右腿又一次骨折。为此，随驾前往的正红旗汉军副都统托云保，因护驾不力受到了惩罚。

还有就是，咸丰是个麻子脸。这里有个问题，清朝自从顺治帝因为出天花而去世之后，就非常重视这个问题。康熙继位之后，特地在太医院设立痘疹科，

咸丰皇帝朝服像

清　手镯

并且引进了先进的种痘技术，比如鼻孔吹痘技术，就是把痘苗从鼻孔吹进去，小皇子和小公主从很小的时候，就接受了这种种痘技术。所以，死在这上面的皇子该不多见了。那么，咸丰为什么还会脸上长麻子呢？难道他没种痘？资料记载，咸丰帝两岁时，接受了吹鼻种痘法，但那个时候，种痘技术并不成熟，仍然具有一定的风险。虽经御医精心调理，性命是保住了，可脸上留下了无法抹平的麻点。

像这样既是瘸子又是麻子脸的人做了皇帝，历史上是少有的。

居然和“狗”抢骨头吃

今天的史学家，对咸丰皇帝评价极低，为什么？因为他是一个酒色之徒。就像古代一位君王所说：“寡人有疾，寡人好色。”咸丰帝好色到什么程度，有资料说他面黄肌瘦，最后酒色过度而死。但咸丰帝继位之初，并非这么堕落，而是一个积极上进的青年。由于内有太平天国，外有英法联军的双重打击，咸丰帝回天无力，便开始堕落。

史料表明，咸丰有几个爱好：看戏、画画、女人。

先说看戏。咸丰爱看戏，而且，他爱看那种低级趣味的戏。咸丰六年的档案，记载了咸丰帝喜欢看的一出戏，叫《小妹子》。这是一部思春戏，原来是昆腔，曾经被收入清刻本《缀白裘》。这部戏的中心情节很简单，是一个被抛弃的妇人，哀怜地发出对负心郎的怨恨："当初呀，我和你未曾得手的时节，恁说道如渴思浆，如寒思衣，如饥思食。你便在我的眼前，说姐姐又长，姐姐又短，又把那甜言蜜语来哄我。"这段戏词，咸丰帝倒背如流，当戏子说错时，他马上就能指出来，并且还不时上台与戏子互动。当咸丰帝逃跑到承德的时候，在那里还特别招募戏子，听这出戏，直到去世的前一天，他都传戏子来唱戏。

接着说画画。咸丰帝喜欢画画，尤其喜欢画马。咸丰画的奔马，恣意奔放，非常有气势。民国时有人评论说，咸丰帝画的奔马，一点儿也不比名家画得差。不过，咸丰帝的传世画作并不多，这恐怕与他寿命不永有很大关系。

最后，我们说说咸丰帝喜好女色。

选秀女。咸丰帝对这个问题可是不含糊，早就等着这件事呢。制度规定，选秀女是由户部主持的，三年一次。可是，国家有大事，也可以推迟进行，或者取消选秀女。咸丰三年（1853 年），正是太平天国快速发展的年份，咸丰帝应该把主要精力放在镇压起义军上面，推迟选秀女的时间。咸丰帝心说早就等着这件事呢，可别推迟，于是，按期举行。

都说咸丰帝有四春娘娘，住在圆明园，都是汉女，长得分外妖娆。这四春是：杏花春、武陵春、海棠春和牡丹春。出于好奇，我查阅了一些史料，真是有了意外收获，原来咸丰帝的四春娘娘是真的，在档案中果有记录，不过，这四春不是汉女，而是满洲女子。还有人说，早年的兰贵人慈禧是第五春，就是"天地一家春"，因为慈禧曾经住在圆明园中的天地一家春。

咸丰帝还喜欢小脚女人。资料记载，他喜欢山西的一位寡妇，姓曹，人称"曹寡妇"。据说，咸丰帝居然把这位曹寡妇带进宫中，日夜淫乐。

最让人难以相信的是他还喜欢妓女。史料记载，咸丰帝喜欢上了一个妓女，叫朱莲芬。据说她长相俊美，皮肤诱人，同时也很有才，不仅精通诗书文画，还精通戏曲音乐，吹拉弹唱无所不精。这样的女子一旦沦落风尘，当然为达官贵人追捧了。朱莲芬就被好多官宦追捧，其中有一位陆姓御史就很喜欢她，经常出入朱莲芬的安乐窝。后来，陆御史发现朱莲芬被人包占了，再也不接纳他，便十分恼火。陆御史并不气馁，直到打听出来是当朝皇帝包占了之后，居然还

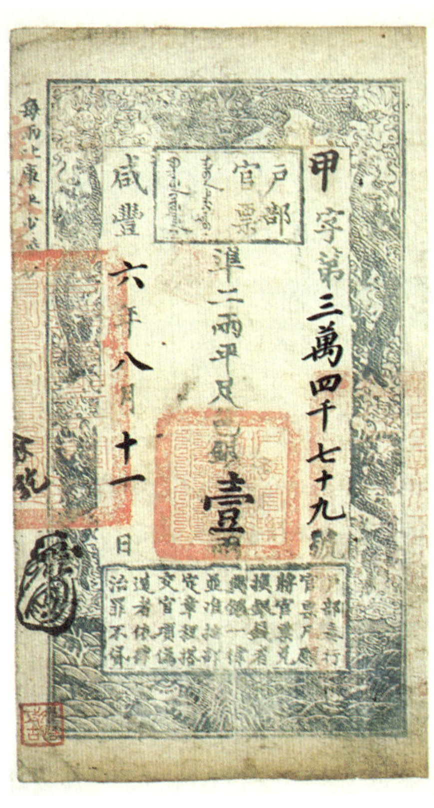

咸丰朝行用官票

咸丰五年（1855年）户部官票伍两

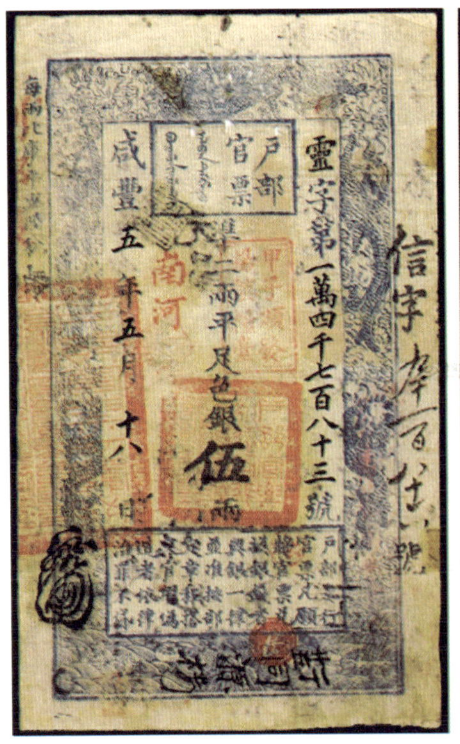

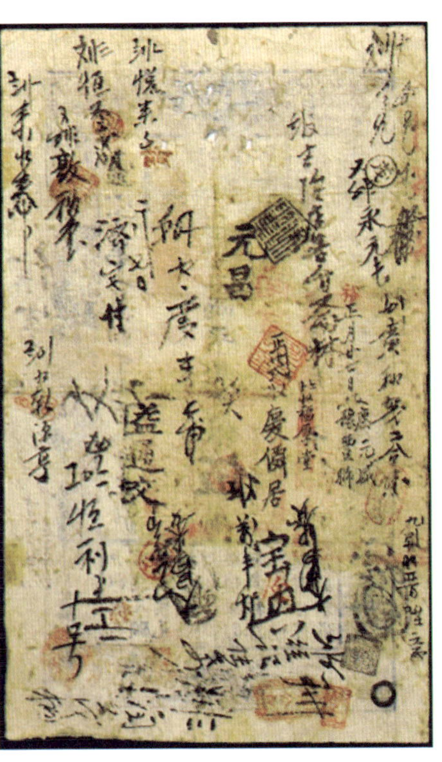

是不气馁。更可笑的是，陆御史居然想了个取巧的办法：写了一封万言书，洋洋洒洒，规劝皇上以国事为重，不要耽于酒色。大家想一想，咸丰看了之后，会做出怎样的反应呢？

咸丰帝看了这篇奏折之后，哈哈大笑，朱批道：“如狗啃骨，被人夺去，岂不恨哉？钦此。”真让人哭笑不得，皇帝居然和臣子抢妓女，真是荒唐至极。

最聪明的滑铁卢

“滑铁卢”这个词，代表了失败。咸丰是一个聪明的帝王。智商、情商都很高，不然怎么会以一个残疾人的身份，打败了强大的竞争对手，成为道光帝的接班人呢？就是这么一个聪明的帝王，咸丰十一年（1861 年）七月十七日，病逝于承德避暑山庄。临终之际，咸丰帝绞尽脑汁，机关算尽，终于为自己去世之后布了一个局。他自认为这个局非常完美。那么，咸丰是如何布这个局的呢？

首先，咸丰帝只有一个皇子活了下来，这就是大阿哥载淳，毫无疑问，必须把皇位传给他。本来，老皇帝去世，新皇帝继位，新老交接，权力自然会落在新皇帝手里，可咸丰儿子太小，年仅 6 岁，他自己无法行使皇帝职权。怎么办呢？咸丰帝不愿意重蹈当年顺治帝时多尔衮专权的覆辙，也不愿意看到康熙帝时辅政大臣鳌拜擅权的局面重演。于是，他别出心裁，采取互相制衡的办法。

由赞襄政务王大臣辅政。咸丰帝精心选择了八位大臣，都是自己的心腹，有宗室载垣、端华、肃顺和景寿、穆荫、匡源、杜翰、焦佑瀛等，共八位。咸丰帝临终托孤，所以，这八人称之为“顾命八大臣”：“祖制重顾命，姜姒不佐周。”（《独行谣》）这八个人，掌管着朝政，一切政命，均出于这八个人。可见，顾命大臣被赋予的权力极大。但咸丰帝担忧，这八个人一旦像当年鳌拜那样，自己的安排就会全盘皆输。于是，他思虑再三，又想出了一个办法。

那就是让自己的女人参与进来，就是安排慈安、慈禧参与政事，以此来制衡八大臣。怎么参与呢？咸丰帝绝对是动脑筋了。他把自己的两枚闲章“御赏”“同道堂”交给了慈安和同治帝，由于同治帝年龄太小，便由他的亲生母亲慈禧保管。干什么用呢？当然是盖章用，但不是在书画上盖章，而是在圣旨上盖章。他规定，凡是八大臣拟出的谕旨，不盖上这两个章，就不能生效。于

左　爱新觉罗·载垣　咸丰帝顾命八大臣之一

右　富察·景寿　清朝额驸　咸丰帝顾命八大臣之一

清　龙虎斗

是，慈安在开头盖章，慈禧在结尾盖章。

咸丰认为，这么一来，谁也别想专权。可咸丰帝万万没想到，他的这项聪明的安排很快被一场血雨腥风的政变给击得粉碎，政局急转直下，出现了这样的变化。

1. 八大臣灰飞烟灭。权力极大的八大臣在咸丰帝宾天后仅仅两个半月，就被逮捕法办，成为任人宰割的鱼肉。为什么会这样呢？轻视是主要的原因。他们轻视了两个女人慈安和慈禧的能量，还沾沾自喜，“自顾命后，至今十余日，所行均惬人意”（《近代史资料》），自以为是。轻视了恭亲王的力量，没有高度警惕他与慈禧的结合：“肃顺颇蔑视之，以为彼何能为，不足畏也。”（《庸盦笔记》）另外，他们忽视了兵权，大敌当前，他们却主动交出了兵权。所以，这八个人，最终的结局是，载垣、端华被赐令在宗人府空室自尽；肃顺最惨，“又不肯跪，刽子手以大铁柄敲之，乃下跪，盖两胫已折矣，遂斩之”；（《庸盦笔记》）至于其他几个人，则是被轻而易举地处理掉了。至此，咸丰帝临终精心安排的局灰飞烟灭。

2. 恭亲王风生水起。恭亲王奕䜣前期发展并不顺利。本来，他是位非常优秀的皇子，可道光错误地选择了咸丰作为继承人，这就使得奕䜣大为沮丧。接着，到咸丰帝即位，他的处境就极为尴尬。咸丰五年（1855 年），咸丰帝终于找个借口，处分了他：“上责王礼仪疏略，罢军机大臣、宗令、都统。”咸丰帝病逝后，咸丰在安排顾命大臣的时候，八个人中没有自己亲弟弟恭亲王奕䜣的名字。但奕䜣并没有就此沉沦，他紧紧抓住咸丰帝病逝，两宫太后与八大臣势同水火的嫌隙，利用一切有利于自己的政治势力，比如洋人的支持，使自己很快成为“北京派”的核心。奕䜣利用赴承德叩谒梓宫的有利时机，与慈禧密谋政变事宜：“邸力保无事，又坚请速归。”（《热河密札》）可以这样说，这次政变之所以成功，有一半功劳要归于奕䜣。有他的精心策划，政变才得以成功。政变成功后，奕䜣收获最大：“加号‘议政王’，赐食亲王双俸，复授军机大臣，兼任宗令，管宗人府银库。”（《清皇室四谱》）我们看到，奕䜣此时集政权、军权、族权、财权于一身。失落多年的他，此时找回了自我，大权在握，人生得意从此开始。

3. 那拉氏一夜蹿红。那拉氏就是慈禧，她本是一个名不见经传的兰贵人，但是，天赐良机，她怀孕生子，为咸丰帝养育了唯一成活的儿子。所以，位号也就提升为贵妃，到咸丰帝去世时，这个封号并没有改变。改变那拉氏命运的是两件事：一件是她的儿子即位，她被尊为皇太后：“皇太子践祚，尊为圣母皇太后，号‘慈禧’。”（《清列朝后妃传稿》）成为皇太后，就成了她以后夺取政权的资本。另一件则是她策划了政变。慈禧是一个有野心的女人，早在咸丰帝活着的时候，她就干预政事：“后窥状渐思盗柄，时于上前道政事。”（《花随人圣庵摭忆补篇》）这样，慈禧与同样掌有权柄的肃顺等人必然会产生矛盾。肃顺等人欲除之而后快：“大学士肃顺，曾密疏请文宗行钩弋故事。”（《崇陵传信录》）要咸丰帝临终之际，下旨除掉慈禧。这样，慈禧就与肃顺有了不共戴天的仇怨。所以，这场政变，她最积极。以利益为诱饵，说服慈安，以得到她的支持。利用奕䜣，与之密谋，策划大计。利用兵部侍郎胜保，提供军事支持。利用周祖培与肃顺的矛盾，撺掇御史董元醇上折，鼓吹太后垂帘听政。周祖培是大学士，是一个很有分量的重臣。她利用一切社会力量清除异己，为自己垂帘听政扫清了障碍。终于，政变成功，八大臣灰飞烟灭。这样，到咸丰十一年（1861 年）十一月初一，她如愿以偿地实现了她的政治抱负：“随孝贞显皇后御养心殿垂帘训政，时年二十七。”（《清皇室四谱》）这离咸丰帝逝世仅隔 103 天，从此她就由一位贵妃，升格为大权在握的太后，成为大清国炙手可热的政治明星，真可谓一夜蹿红。

所以，在咸丰帝病逝后仅仅几个月后，政治形势就来了个天翻地覆。他绞尽脑汁策划的三权分立、互为制衡的局面不复存在了。

同治帝

以稻草的形式出现

这里说的是咸丰帝的大阿哥载淳，也就是后来的同治皇帝。这个孩子出生于咸丰六年（1856 年）阳春三月，母亲是大名鼎鼎的慈禧，当时封号为懿嫔，姓叶赫那拉。有趣的是，这个并不起眼的孩子，居然成了很多人的救命稻草。

首先，他是咸丰帝的救命稻草，这完全是从生育这个角度上说的。如果皇帝多妻多子，有很多皇子，那就谈不上救命稻草了。不妨对比一下，看看大清皇帝都生育了多少子女：努尔哈赤生育子女 24 人，其中皇子 16 人；皇太极生育子女 25 人，其中皇子 11 人；顺治帝生育子女 15 人，其中皇子 9 人；康熙帝生育子女 55 人，其中皇子 35 人；雍正帝生育子女 14 人，其中皇子 10 人；乾隆帝生育子女 27 人，其中皇子 17 人；嘉庆帝生育子女 14 人，其中皇子 5 人；道光帝生育子女 19 人，其中皇子 9 人。

那么，咸丰帝有后妃 18 人，他生育了几个子女呢？资料显示，咸丰帝后妃不少，可咸丰帝仅仅生育了三个子女，其中皇子两个，慈禧生育一个，玫贵妃生育一个；公主一个，是丽妃所生。可惜，玫贵妃所生的皇二子很快就夭折了。这样，慈禧为他生育的这个大阿哥，不管素质如何，都是咸丰帝唯一合法的接班人。载淳也就成了他唯一的救命稻草。

其次，这个孩子是慈禧的救命稻草。当年，她进宫的时候，被封为地位极其低下的兰贵人，那是后三等的级别，也就是比宫女稍强一些而已。当她怀孕的时候，被晋封为懿嫔，而当她生下大阿哥载淳的时候，地位马上就发生了变

清穆宗载淳同治朝服像

化，由懿嫔升为懿妃，而第二年，又因为这个孩子而晋升为懿贵妃。咸丰十一年（1861 年）七月十七日，咸丰帝病逝，载淳继位，懿贵妃母以子贵，一跃而成为皇太后，地位至尊。别看载淳不咋的，可是没有他，慈禧纵有天大本领，也是白搭。所以，载淳是慈禧的救命稻草。

载淳是八大臣的救命稻草。大家想一想，载垣、端华、肃顺、景寿、穆荫、匡源、杜翰、焦佑瀛等八大臣，能够被咸丰帝看中，任命为顾命大臣，那一定是非常信任的大臣。也就是说，这些人是咸丰朝最得宠的大臣。对于这八个人来说，这本是好事，可是，一旦咸丰帝去世，新皇帝继位，这些得宠的老臣就会遭遇不测。清朝宫廷的历史证明了这一点，比如顺治帝亲政之后的多尔衮，遭到开棺戮尸；比如康熙帝亲政之后的鳌拜，被囚禁至死；比如乾隆去世之后的和珅，被嘉庆帝杀掉；等等。很显然，八大臣也会顾虑这一点，所以，他们也想寻找一根救命稻草，载淳就承担了这个角色。但是，八大臣为了解除后顾之忧，曾在咸丰帝面前提到了一个要求，那就是要咸丰帝效仿汉武帝立子杀母的做法，杀了载淳的母亲慈禧。汉武帝刘彻晚年立钩弋夫人赵氏之子刘弗陵为太子，之后，就找了个借口，除掉了刘弗陵的生母钩弋夫人赵氏。赵氏死后，汉武帝在清闲无事时询问身边的人，对赵氏之死有什么看法。左右回答说：“皇上说将要立她的儿子，为什么除去他的母亲呢？”汉武帝说：“对，这不是一般尔辈愚人所能懂得的。从古到今，国家起内乱往往是因为人主年小而母亲年壮。女主人独断骄横，淫荡放肆，没有人能阻止她。所以，要杀掉她。”可是，柔弱善良的咸丰帝不是汉武大帝，他没杀慈禧，这样，八大臣的救命稻草就变成了他们的克星。果然，咸丰去世之后几个月，这八个人的命运就发生了逆转。

类似平民

清朝有一位帝王，他的一举一动一言一行，大失水准，完全不具备高贵的气质。这个人就是同治皇帝。

先从学习上看。要说同治帝有那么好的条件，请天底下最好的老师肯定没问题，学习环境当然也是最好的。可万万没有想到，这个孩子如此顽劣，不可教导。同治帝老师翁同龢的日记，真实记录了同治帝的学习状况。

同治时期龙袍

同治四年（1865 年）十一月，翁同龢奉两宫太后懿旨，在弘德殿行走。身为小皇帝师傅的翁同龢，对于好玩好动、不学无术的同治帝极为焦灼。《翁文恭公日记》中留下了同治帝学习时的记录。

同治五年（1866 年），载淳 11 岁。

正月初九，“是日读书微倦，略有戏”。

正月十一日，“辰正，上至，午初一刻退，讲书颇有戏动”。

正月二十二日，“上至书斋，时刻仍如昨，是日精神不聚”。

二月初八日，“卯正，上至，读不甚勤，数进诤言”。

二月十五日，“是日，上读书尚勤，唯多嬉笑”。

二月十七日，“是日，上读无倦容，无嬉戏，为今年第一日。唯讲书时言勤，不做抗词争，仍微讽焉”。

二月二十五日，“卯正，上至。是日多戏言，龢与诸公急切谏，读当勤”。

同治十年（1871 年），载淳 16 岁。

正月二十五日，“看折时精神极散，虽竭力鼓舞，终倦于思索”。

二月二十日，“晨读极涩，总振不起，不过对付时刻而已……多嬉笑，直是无可如何！”

二月二十七日，“两宫谕问书房功课，极细。有‘不过磨工夫，见书即怕，认字不清，以后须字字斟酌，看折奏要紧’等语”。

三月十六日，“嬉笑意气皆全，功课如此，至难着手”。

五月二十七日，“慈禧皇太后谕旨：‘书房功课耽误，书既不熟，论多别字，说话不清……上年已十六，亲政不远，奈何所学止此？’督责之词至严至切”。

七月二十四日，“精神不聚，读熟书不顺，兰荪颇有声色”。

九月十三日，“上近日神思不属，每讲论如未闻，故进益更少”。

九月二十六日，“两宫又论功课，极言上未能用心，昨令读折不成句，又讲《左传》则不了了，若常如此，岂不可虑！”

《翁文恭公日记》仅记了两个年份的几个日子，就将一个顽皮、好说、好动、倦勤的小皇帝活灵活现地摆在我们面前。这样的皇帝，不就像一个普通百姓吗？

然而，同治帝给我感觉更像普通百姓的还是他的生活和爱好。首先，他非常滑稽。比如，他喜欢看戏，也喜欢扮演角色。可让人没想到的是，他喜欢的角色居然是灶君，就是灶王爷，这哪是一个帝王应该崇拜的角色啊？他不仅喜欢，还喜欢扮演灶君，留下了不少笑话。其次，同治帝喜欢看下流的书。还有呢，他还喜欢和宗室兄弟乔装打扮，穿着一袭黑衣，去妓院酒肆这些下三烂的地方，结果可想而知，最后，他得了令人难以启齿的毛病。

难以启齿的死因

同治帝的死因，是一桩迷案，历来众说纷纭。

同治帝去世的时候，年仅19岁。那么，他究竟死于何因，历史上有多种说法。

死于天花。同治十三年（1874年）十月三十日下午，御医李德立和庄守和诊断："发热头眩，胸满烦闷，身酸腿软，皮肤发出疹形未透，有时气堵作厥。"这正是天花的早期症状。同治帝老师翁同龢也记录："闻穿蟒袍补褂，圣躬有天花之喜。"慈禧太后还为此奖赏了宠臣荣禄官衔，以为冲喜。

死于慈禧太后的刺激。这就涉及前文所述，同治帝和阿鲁特氏谈及皇储问题，慈禧侦知，大怒，撕碎同治帝遗诏，并厮打皇后阿鲁特氏。这就深深刺激了重病的同治帝，导致他病情突然加重，不治身亡。

死于皇后的纵容。这也是《满清外史》的记载："载淳之寝疾也，病稍愈矣。一日，忽欲往凤秀女宫中，以语阿鲁特氏，阿鲁特氏不可，载淳固求之，至长跪不起，阿鲁特氏不得已，乃钤玺传谕，载淳始欣然往。次晨，遽变症，召御医入视，疾已不可为矣，阿鲁特氏颇自悔。"

死于慈禧的霸道抢权。就在同治帝病重期间，慈禧太后在同治帝病房召见王公大臣，她不关心儿子的病情，反而十分关注谁来"裁决政事"。她的反复追问，大臣们看清了，于是，奏请仍由太后垂帘听政。而慈禧乘胜追击，要大臣拟出奏折，奏报给同治帝，要他亲口说出来，才名正言顺。同治帝十分生气，病情加重，不久病逝。总之，同治帝在生病的36天中，病情反反复复，也有好转的时候，但终因他的生母慈禧太后的刺激，而加重了病情，导致不治身亡。

上述记载，都比较正统。但对于滑稽而又放荡不羁的同治帝来说，关于他的死还有一种说法，那就是死于梅毒。

同治帝与其父相近，生性风流。其生母慈禧太后只重抓权，不注重儿子的健康成长。加之有些企图邀宠的人，一意引导，同治帝便不顾帝王之尊，频频出入烟花柳巷。据《清朝野史大观》记载：

“穆宗朝有翰林侍读王庆祺者，顺天人，生长京师，世家子也；美丰仪，工度曲，擅谄媚之术。初直南书房，帝爱之，至以五品官加二品衔，毓庆宫行走，宠冠同侪，无与伦比。日者有一内监见帝与王狎坐一榻，共低头阅一小册。太监伪为进茶者，逼视之，则《秘戏图》，即丰润县所售之工细者。两人阅之，津津有味，旁有人亦不觉。此内监遂出而言于王之同列，同列羞之，相戒不与王齿。或又曰，帝与王同卧起，如汉哀董贤故事。”

这段记录虽然载于野史，但就在同治帝宾天后 9 天，慈禧太后处置了王庆祺：“王庆祺着即行革职，永不叙用，以肃官方。”这道谕旨载《光绪朝东华录》，说得意味深长。

由于同治帝不敢去京师中著名妓院，怕在那里撞见嫖妓的王公大臣，便专去那些肮脏的小妓窟中淫乐，可是，同治帝是怕什么来什么，就在他冶游八大胡同之时，居然撞见了熟人——兵部尚书毛昶熙。毛昶熙看见皇帝，先是大吃一惊，接着派出了十几个军人，暗中对皇帝进行保护。这让同治帝愤怒又难堪。几天后，同治帝见到毛昶熙，大加责备，说他多管闲事。不久，同治帝染上了性病。

御医李德立在脉案中说，到十一月初二日，同治帝出现“腰疼胸堵”“由毒滞熏蒸肺胃，阴分不足”的症状，这说明同治帝肾虚，毒火因此而内陷。到十一月十六日，御医诊断：“肾虚赤浊，余毒夹湿，袭入筋络，以致腰软重疼……”同治帝这些症状，有专家判断，是天花和梅毒夹杂的症状。

《清朝野史大观》中同样有所记录：“久之毒发，始犹不觉，继而见于面，盎于背，传太医治之。太医一见大惊，知为淫毒，而不敢言，反请命慈禧是何病症，慈禧传旨曰：‘恐天花耳。’遂以治痘药治之。不效，帝躁怒，骂曰：‘我非患天花，何得以天花治？’太医奏曰：‘太后命也。’帝乃不言，恨恨而已。将死之前数日，下部溃烂，臭不可闻，至洞见腰肾而死。”

但这种记载与清宫档案所记多有抵牾，孰是孰非，恐怕已成千古之谜。

光绪帝

慈禧的失误

慈禧很精明，对于权力，是紧紧抓住，毫不放松，从没失手过。就在同治十三年（1874 年）十二月初五日，亲生儿子同治帝去世之后，慈禧开始琢磨，要谁来继位呢，不管怎么样，一定要有利于自己掌权，继续垂帘听政才好。她就是本着这样的目的，寻找合适人选。短暂悲伤过后，她立即找到了合适人选。这个人就是我们熟悉的光绪皇帝，这一年他年仅 4 岁，非常有利于慈禧垂帘听政。

那么，慈禧为什么要选择这个孩子呢？

一是这个孩子的父亲听话。他的父亲就是慈禧的小叔子，醇亲王奕譞。在慈禧眼里，奕譞最听话了。主要是这个人小心谨慎，做事从不张扬。举个例子，慈禧赏给了他一顶杏黄色轿子要他坐，其实是在试探他，看他有没有这个胆量。奕譞没坐，他把这顶轿子供了起来，慈禧这才放心了。再比如，光绪继位后，慈禧担心奕譞作为光绪的父亲，会以太上皇的身份把持朝政。奕譞怎么办呢？他马上写了个折子，叫《预杜妄论》，文中奕譞向慈禧做了保证，谁敢蛊惑他或者皇帝，要他干预朝政，那就是乱臣贼子，自己绝对不接受。为了让慈禧放心，奕譞宣布自己提前退休了，不再上班。这样的人，慈禧能不放心吗？

二是这个孩子的母亲是自己的妹妹。慈禧姐妹两个，妹妹嫁给了醇亲王奕譞。自从姐姐的儿子继承了皇位，姐姐成了当今炙手可热的皇太后，慈禧的妹妹在王府中的地位就很高了。谁敢小瞧这个福晋呢？很自然，慈禧妹妹成了王府中的嫡福晋。虽然奕譞有很多女人，但是慈禧的妹妹是最有地位的。所以，

慈禧扮观音图

这个女人生育也最多，她居然生了5个孩子，但是很可惜，这些孩子大多都夭折了，只有一个活了下来，那就是光绪。

“同道堂”与“御赏”二玺

尽管如此，慈禧还是遇到了麻烦，居然有人敢上书，反对慈禧让光绪继位。谁这么大胆子，敢于对抗慈禧呢？这个人就是吏部主事，叫吴可读。吴可读饱读诗书，看出了问题的严重性。有什么问题吗？当然有，光绪不能够继位，因为辈分不对。光绪和死去的同治帝是平辈，同治帝叫载淳，光绪帝叫载湉，都是“载”字辈。而大清家法不是兄终弟及而是子承父业。慈禧这么做无非就是保持自己皇太后的地位，继续垂帘听政罢了。但是谁也不敢说啊。实际上吴可读也不敢说，他怕慈禧一发怒杀了他。于是吴可读趁着同治帝大葬、入土为安的日子，写了一封绝笔书，也就是遗书，准备上书慈禧，为同治帝争名分。吴可读是在蓟县的一个破庙里面完成这件事的，完成之后，他仰药自尽。遗书被发现后，报到慈禧那里，慈禧也知道自己做得不对，而且吴可读已经自杀了。这件事就这样不了了之。

慈禧很庆幸，觉得强权就是真理，自己做得不对，谁也不敢反对，反正掌权就是实惠，管其他做什么！可慈禧没想到，自己冒天下之大不韪做的这件事，居然存在一个天大的隐患。什么事呢？那就是光绪帝本身有问题。

光绪帝性格有问题。大家想一想，男孩子遗传谁的基因多一些呢？一定是母亲。无论长相还是性格，都会遗传母亲多一些。相反，女儿会遗传父亲的基因多一些。光绪帝真的遗传了母亲的基因。他的长相，非常帅气，随了母亲。但这不是主要的。重要的是光绪帝的性格怎么样，他会如慈禧所愿吗？虽然慈禧做了充分的准备，从小就培养光绪帝，要他叫自己“亲爸爸”，以便将来控制他，可光绪帝的性格随他母亲。光绪母亲的性格怎样呢？她和姐姐慈禧很接近，专横得很。在王府她说一不二，而且很固执，谁的话也不听。所以，光绪帝的性格也是如此。这可就糟了，尤其是光绪帝长大之后，不甘心于慈禧的控制，不想做傀儡帝王，于是，想通过变法，废掉慈禧自立，结果他谋略不足，酿成了悲剧。不过，这件事对慈禧打击之大是可想而知的，她后悔，自己当初为什么会看上他？

大意失荆州

人们常说一句话，叫“大意失荆州”，什么意思呢？三国时期，名将关羽由于傲慢、粗心、大意而失去荆州三郡，即南郡、武陵、零陵三郡。那么，光绪帝作为一代君王，一生都没有掌握实权，是大意造成的吗？我认为是。

对慈禧大意。开始的时候，慈禧和光绪母子关系非常好，那当然，是慈禧自己册立的帝王，还能不喜欢吗？慈禧就说过，外面都说我们母子不和，怎么会呢？我把他 4 岁抱进宫，精心照料。慈禧说的这些话是真的，无论从哪个角度，慈禧这么做都合情合理，她没有必要虚构。可后来这对母子之间的关系发生了根本性的变化，是光绪帝太大意了，他没有很好地利用这种关系，相反，他产生了逆反心理，对慈禧安排的事情基本排斥，比如婚姻，慈禧能不恼怒吗？

对维新派大意。光绪帝仰仗的改革派，就是康有为、梁启超、谭嗣同等，还有就是光绪帝的老师翁同龢，再就是身边的珍妃这些宫闱人员了。这些人都是没有兵权的书生，他们既没有经济实力，也没有地方势力，更没有军事力量做后盾。依仗这些人，怎么可能成功？枪杆子里才出政权啊。太相信维新派，才酿成后面不可收拾的局面。

对后宫很大意。光绪帝的后宫有一后二妃，皇后叶赫那拉氏是慈禧的侄女，是慈禧用来控制光绪帝的。可光绪帝太大意了，他认为喜欢不喜欢是自己的事情，别人无权干涉。就像当年顺治帝一样，他要自由恋爱。可光绪帝忽略了一个事实，顺治帝母子也好，慈禧和同治帝母子也罢，再怎么着都是亲生母子，而他和慈禧不是。所以，大意的光绪帝一意孤行，自己的女人跑到慈禧那里去告密，什么事都瞒不住，与自己离心离德，怎么可能摆脱得了慈禧的掌控。

对自己太大意了。戊戌变法失败，光绪帝处境岌岌可危。其实，慈禧对光绪帝早就很失望了，变法失败，废掉这个傀儡皇帝是早晚的事。可光绪帝对此

清　载湉读书像

光绪时期御袍

清　挂链

认识并不充分，他觉得以自己和慈禧的血缘关系，不至于此。此后，发生了两件大事，才使他觉醒。一是册立大阿哥溥俊，端郡王爱新觉罗·载漪次子，母亲为慈禧的弟弟叶赫那拉·桂祥之女。戊戌变法失败后，以慈禧太后为首的顽固派想废黜光绪帝，于是在光绪二十五年十二月二十四日（1899年1月24日）召集王公大臣开会，决定立溥俊为“大阿哥（皇储）”，预定庚子年元旦光绪帝举行让位礼，改元“保庆”。此举遭到国内外各派势力的强烈反对，慈禧被迫停止废立计划，光绪二十七年（1901年），慈禧等回銮。途中，以载漪纵容义和团，获罪祖宗，其子溥俊因父获罪不宜做“皇储”，宣布废除“大阿哥”名号。二是自己被人下毒致死，光绪三十四年（1908年）十月二十一日，光绪帝去世，近年来通过对其遗物进行科学检测，证明是砒霜中毒身亡，光绪帝真是太大意了。

光绪帝这么大意，也难怪变法失败，自己被人害死。

原子荧光检测结果震惊世人

光绪帝作为傀儡皇帝，究竟是怎么死的呢？

光绪三十四年十月二十一日（1908年11月14日），38岁的光绪皇帝，在中南海瀛台涵元殿离开了人世。第二天下午，他的母后及政敌、操纵晚清政权达半个世纪之久的慈禧太后，也死在中南海仪鸾殿，终年74岁。

光绪帝死了，而且死在了慈禧去世的前一天，世间有这么巧的事情？有人认为光绪帝之死很蹊跷。曾经是清宫御医的屈贵庭说，在光绪临死前三天，他最后一次进宫为皇上看病，发现光绪本已逐渐好转的病情却突然恶化，在床上乱滚，大叫肚子疼。没过几天，光绪便死了。于是，关于光绪之死有多种说法。

1. 被慈禧害死的。这种说法流传最为广泛，因为慈禧扼杀了戊戌变法，杀害了光绪帝的宠妃珍妃，两个人之间的仇恨很深，慈禧惧怕自己死后，光绪帝翻旧案，所以，眼看自己不行了，赶紧杀害了光绪帝。恽毓鼎的《崇陵传信录》、徐珂的《清稗类钞》、濮兰德·白克好司的《慈禧外传》、德龄的《瀛台泣血记》、许指严的《十叶野闻》都有类似的记载。慈禧控制着光绪的一切，包括就医。比如《十叶野闻》记载了陈太医给光绪看病时的情形：“太后乃代述病状，皇帝时时颔首，或说一二字以证实之。殿廷之上，唯闻太后语音。”光绪帝连述说自己病情的权力都没有，还能活命吗？

2. 被袁世凯害死的。溥仪在《我的前半生》一书中谈到，袁世凯在戊戌变法时辜负了光绪的信任，在关键时刻出卖了皇上，他担心一旦慈禧死去，光绪不会轻饶他，所以就借进药的机会，暗中下毒，将光绪毒死。

3. 被李莲英害死。毫无疑问，李莲英是奉了太后之命。因为慈禧要害死光绪帝，李莲英平时和光绪帝积怨已深，万一太后去世，光绪帝定会加罪李莲英。所以，李莲英和慈禧密谋，赶紧除掉光绪帝。李莲英便借助进药之机，毒死了他。

4. 自然死亡。《德宗实录》《光绪朝东华录》《清史稿》等史籍内，均载光绪系正常死亡。从光绪帝的脉案中也确实觉得他已经病入不治，光绪帝在无奈中屡次责怪御医。光绪三十四年（1908 年）五月二十六日，他说：“屡易方药，仍属加重。”七月十七日，他责备御医无能：“服药非但无功，而且转增，实系药与病两不相合，所以误事。”八月初七日，他更申斥御医：“每次看脉，忽忽顷刻之间，岂能将病详细推敲？不过敷衍了事而已。素号名医，何能如此草率！”这样，到十月二十一日子刻，光绪帝进入弥留之际，脉案记载：“皇上脉息如丝欲绝，肢冷气焰，二目上翻，神识已迷，牙关紧闭。午刻，目直视，唇反鼻扇，阳散阴涸，酉刻，龙驭上宾。”

进入 21 世纪，光绪之死再次引起了人们的关注。北京市公安局刑事侦查总队、法医检验鉴定中心、中国原子能科学院、清西陵文管处的同志运用中子活化实验方法，将采集来的光绪头发、衣物等，放到原子荧光之下，进行“中子活化”“X 射线荧光分析”“原子荧光光度”“液相色谱 / 原子吸收联用”等检测，结果震惊世人：光绪两缕头发中的砷含量远远高于普通人。经过了反复的检验和缜密的分析研究后，得出“光绪帝系砒霜中毒死亡”的检验结论。

宣统帝

慈禧最后的错误

光绪三十四年（1908 年）十月二十一日，光绪帝走完了他的生命历程，年仅 38 岁。他一死，大权在握的慈禧也已经病入膏肓了。这个时候，虽然她已经体力难支，却并没有糊涂。慈禧这个时候居然还能毫不含糊地安排接班人。其实，她早就安排好了接班人，她决定由年仅 3 岁的溥仪继位。慈禧此言一出，朝野上下一片哗然，那为什么慈禧会看上溥仪？

溥仪能够继位，和慈禧有两层关系。一是和慈禧的妹妹有关系。溥仪的奶奶实际上不是慈禧的妹妹，因为慈禧妹妹所生的孩子，除了光绪帝成活之外，其余的全都死了，因而也就没有孙子，而溥仪的奶奶是奕譞的侧福晋刘佳氏。尽管如此，溥仪的嫡祖母仍然是慈禧的妹妹。不管怎么说，溥仪仍然和慈禧有一定的亲缘关系。二是溥仪的母亲和慈禧有关系。溥仪的母亲瓜尔佳氏，名字叫幼兰（1884—1921 年），满洲正白旗人，大学士、军机大臣荣禄之女，慈禧太后的养女，载沣的嫡福晋，因此也被称为醇亲王妃。

精明的慈禧没有料到，自己在生命的最后时刻，拥立这个小孩子继承皇位，是一个大错误，无论对溥仪本人，还是对大清朝，她都犯了大错误。

首先，不应该再立幼君。慈禧也不想想，整个大清朝，幼年继位的几个君王实际上都面临过巨大的政治风险。顺治帝 6 岁继位，出现了多尔衮专制，帝位岌岌可危；康熙帝 8 岁继位，出现过鳌拜专制，如不是康熙帝极具韬略，后果将不堪设想；同治帝 6 岁继位，慈禧顾命大臣争权；光绪帝 4 岁继位，母子

清　佚名　孝钦显皇后（慈禧）朝服像

清　发饰

之间抵牾不断，直到光绪帝去世。让小孩子继位，存在太大的风险。

其次，慈禧既然自知将不久于人世，就更不应该再立幼君。大家想一想，之前的几个小孩子继位，宫里都有亲近的掌舵人：顺治帝，有母后孝庄掌舵；康熙帝，同样是精力充沛的奶奶孝庄掌舵；同治帝和光绪帝是精明的慈禧太后掌舵。那么这次，3 岁的溥仪继位，会由谁来掌舵呢？

慈禧还真做了安排，她在临终遗嘱中说：“大事秉承隆裕太后，平时则由载沣做监国摄政。”说得倒是挺好，但细细一想，慈禧犯了不可饶恕的错误。一是她高估了隆裕太后的能力，这个女人可不比姑姑慈禧，她是心有余而力不足，就是才智不够，没有能力垂帘听政。光绪帝在世的时候，她连家庭关系都处理不好，夫妻反目，她怎么有能力处理国家大事呢？二是慈禧高估了溥仪父亲载沣的能力，这个王爷对政治根本不感兴趣，所以，当他放下权力，回家过普通人日子的时候，比什么都高兴。

所以，溥仪继位，无论从哪个角度分析，慈禧都犯了不可饶恕的错误。处在风雨飘摇中的大清王朝离灭亡也不远了。

七位母亲

一个人有一位母亲，可是，末代皇帝溥仪却有很多母亲，这是怎么回事呢？

由于溥仪是从王府进宫做皇帝的，便有了 3 位父亲：亲生父亲载沣，两位皇帝爸爸同治帝载淳和光绪帝载湉，实际上，这两个皇帝爸爸和他有什么关系呢？因为溥仪继承了皇位，坐在了皇帝的宝座之上，就成了人家的儿子。这三位父亲的夫人就成了溥仪的母亲，于是就有了 7 位母亲。

这 7 位母亲分别是同治帝的瑜妃、珣妃、瑨妃，光绪帝的隆裕皇太后、瑾妃，亲生母亲幼兰和庶母邓佳氏。7 位母亲除了幼兰是亲生母亲外，其余都是溥仪的后母。

隆裕在世的时候，由于她是皇太后，便成了溥仪正牌的母后和母亲。可是，由于不是亲生的，母子感情淡漠。隆裕对这个小皇帝并不勤加照顾。加上当时国事纷繁，隆裕很心烦，也没有心思照顾他，溥仪的日常起居便都落在太监身上。可那帮太监只是应付，导致溥仪饮食失常，常常暴饮暴食，落下胃病。1913 年，隆裕病重，临终前，身边只有溥仪和世续。隆裕伤感地说：“孤儿寡母，千古伤心。”很明显，隆裕把溥仪当作了自己的亲生儿子，才说出了“孤儿寡母”这样的话。接着，隆裕伤心地看着年仅 7 岁的溥仪说：“汝生帝王家，一事未喻，而国亡，而母死，茫然不知。吾别汝之期至矣，沟渎道途，听汝自为而已。”隆裕很是伤感，这是我们并不多见的关于隆裕太后动情的描述，就这样，隆裕太后很伤心地宣布了退位诏书，这也是隆裕太后顺应历史潮流，做的最有意义的事。退位第二年，即民国二年正月十七日（1913 年 2 月 22 日），隆裕太后在西六宫之一的长春宫病逝，享年 46 岁。

同治帝的三位妃子，数瑜妃最漂亮，也最有才华，琴棋书画无所不精，可惜嫁到帝王之家，做了多年的寡妇。由于这个儿媳妇长相俊美，又侍奉有礼，慈禧太后也很喜欢她。溥仪进宫的时候，慈禧命溥仪交给隆裕抚养，瑜妃便到慈禧面前哭诉，争溥仪的抚养权。由于慈禧比较喜欢瑜妃，也就答应了她的要求，瑜妃于是和隆裕一起负责溥仪的生活起居。

可是，慈禧去世后，发生了一件令瑜妃意想不到的事情。隆裕命令同治帝三妃和光绪帝瑾妃在她面前必须称“奴才”。别人不说话，而瑜妃心生不满，她要找个机会理论。慈禧奉安陵寝的时候，同治帝三妃和瑾妃都参加了。大典之后，大家都回去了，只有同治帝三妃不肯回去。载沣派载振前往迎接，瑜妃据理力争，要求晋封为太妃，不称奴才。载沣没有办法，只好答应了她们。

瑜妃为了笼络溥仪，便和醇王府的人暗相往来。她特别恩准溥仪的祖母和母亲来宫里会亲，并赏赐她们礼品。瑜妃处处效仿慈禧，派头十足，她派太监去溥仪处监视，引起溥仪反感。

光绪帝瑾妃也不示弱，她不但允许溥仪祖母和母亲进宫会亲，还和溥仪亲生母亲幼兰密谋，争取各方力量，为溥仪复辟做准备，并对溥仪的日常生活横

清　佚名　玉粹轩通景画

女夏袍

加干涉。溥仪对瑾妃也很反感，甚至发生过争吵。

溥仪虽然有7位母亲，可由于她们站在不同的立场，为了各自的利益，互相倾轧，溥仪根本享受不到应有的母爱。那么，溥仪亲生母亲怎么样呢？

溥仪亲生母亲幼兰能成为载沣的嫡福晋，纯粹是慈禧太后的决定，慈禧为了报答荣禄的恩情，便把荣禄女儿收为养女，并为她的前途做了周到的安排。当时，载沣已经定了亲。可慈禧将幼兰指婚给载沣后，载沣母子不得不退掉原来的婚事，还违心地向太后叩头谢恩。

幼兰结婚后，很得载沣宠爱，二人生育了5个孩子：长子溥仪，次子溥杰，长女韫媖，次女韫和，三女韫颖。

溥仪3岁进宫，离开了自己的亲生母亲。毫无疑问，幼兰很想念自己的儿子。可由于溥仪身份特殊，幼兰很难看到他。溥仪由于从小就没有亲生母亲照顾，对母亲印象很模糊，因而感情也不是很深厚。

可是后来，宫里发生了一件事情，把溥仪母子联系在了一起。

据溥仪回忆，有一天，端康（瑾妃）下了一道命令，把太医院的御医范一梅开除了。在这件事情上，溥仪和端康发生了激烈冲突，双方争吵不休。溥仪甚至做出了惊人的举动，当面去质问她，问她为什么开除了范一梅。要知道，溥仪的这个举动深深刺激了端康。端康也不示弱，双方争吵起来。接着，溥仪又做出了更加离谱的决定，他竟然当着端康的面粗暴地扬言，不承认端康是自己的母亲。这就严重了，双方僵持不下。

裕隆太后画像

端康为了压服溥仪，盛怒之下，把他的祖母刘佳氏和生母瓜尔佳氏叫到宫里来，并迁怒于她们，严厉地斥责了她们。经过一番“斗争”，溥仪还是屈服了。他为了息事宁人，不得不向端康跪下认错。

由于幼兰出生在将相之家，生活条件优越，难免会有大小姐脾气。要知道，她从来没受过这种窝囊气，包括自己的丈夫，都没有给过自己气受，从宫里回去之后，幼兰便吞食鸦片自杀了，死时，年仅37岁。

溥仪虽然有这么多母亲，却非常缺乏母爱。

三个爸爸

溥仪有三位爸爸，其中亲生爸爸是醇亲王载沣，另外两位是同治皇帝载淳和光绪帝载湉。

对于亲生父亲载沣，溥仪刚入宫的时候，还是很依赖的。不然，在继位大典上，怎么会让载沣抱着他呢。可慢慢地，溥仪和亲生父亲渐行渐远，大概是由于溥仪的缘故吧，他以皇帝自居，亲生父亲自然会远离他。直到1924年，溥仪出宫，不得不到醇王府去，他们父子才再度见面。可是，不管怎么说，溥仪和亲生父亲的关系并不是很亲密。

溥仪的这两个皇帝爸爸是怎么来的呢?

同治十三年（1874年），同治帝去世。同治帝没有皇子，有谁来继承皇位?按照大清家法，应该在宗室中过继一位“溥”字辈的人，成为同治帝的继子，然后继承帝位。可慈禧太后不干，因为一旦“溥”字辈的做了皇帝，同治帝遗孀阿鲁特氏就成了皇太后，自己就变成了太皇太后，那样，就不便再垂帘听政了。这对嗜权如命的慈禧太后来说根本没办法接受。慈禧经过精心策划，选中亲妹妹所生的载湉做了皇帝，这样就破坏了大清子承父业的家法，改成了兄终弟及。从此，同治帝就没有后嗣接续了。

光绪五年（1879年）三月二十六日，同治帝奉安大典结束，随行的所有官员都回到了京城。但有一个人悄悄溜了出来，这个人就是吏部主事吴可读。吴可读来到蓟县马伸桥三义庙住了下来。在夜间，吴可读写了两个文件：一个是给慈禧太后的奏折，一个是给家里的遗书。在奏折中，吴可读力劝太后为同治帝立嗣，将来光绪帝一旦有了皇子，这些皇子也是同治帝的后代。准备完这

穿着冬装的清朝朝臣肖像

宣统帝（站立）和父亲与弟弟

與皇帝得以退處寬閒優游歲月長受國民之優禮
親見郅治之告成豈不懿歟欽此

宣統三年十二月二十五日

內閣總理大臣臣袁世凱
署外務大臣臣胡惟德
民政大臣臣趙秉鈞
署度支大臣臣紹英假
學務大臣臣唐景崇假
陸軍大臣臣王士珍假
署海軍大臣臣譚學衡
司法大臣臣沈家本假
署農工商大臣臣熙彥
署郵傳大臣臣梁士詒
理藩大臣臣達壽

一切，吴可读又在墙上写下一首绝命诗：

回头六十八年事，往事空谈爱与忠。
坯土已成皇帝鼎，前星预祝紫微宫。
相逢老辈寥寥甚，到处先生好好同。
欲识孤臣恋恩所，惠陵风雨蓟门东。

然后，吴可读便仰药自尽。慈禧太后看到吴可读的奏折后，下旨：“其继大统者，为穆宗毅皇帝嗣子。”基本上采纳了吴可读的建议。很可惜，光绪帝在位 34 年，活了 38 岁，也没有一儿半女。吴可读白搭了一条性命。这样，直到光绪帝去世，同治帝和光绪帝都没有后代。

光绪三十四年（1908 年），就在光绪帝去世之际，慈禧太后择立载沣之子溥仪为皇帝，她颁下懿旨：“摄政王载沣之子溥仪着入继大统为嗣皇帝，承继同治帝为嗣，兼承光绪帝之祧。”慈禧这道懿旨真是一箭双雕，溥仪做了皇帝，他既是同治帝的子嗣，又兼祧光绪帝为嗣。所以，溥仪有了两个皇帝爸爸。

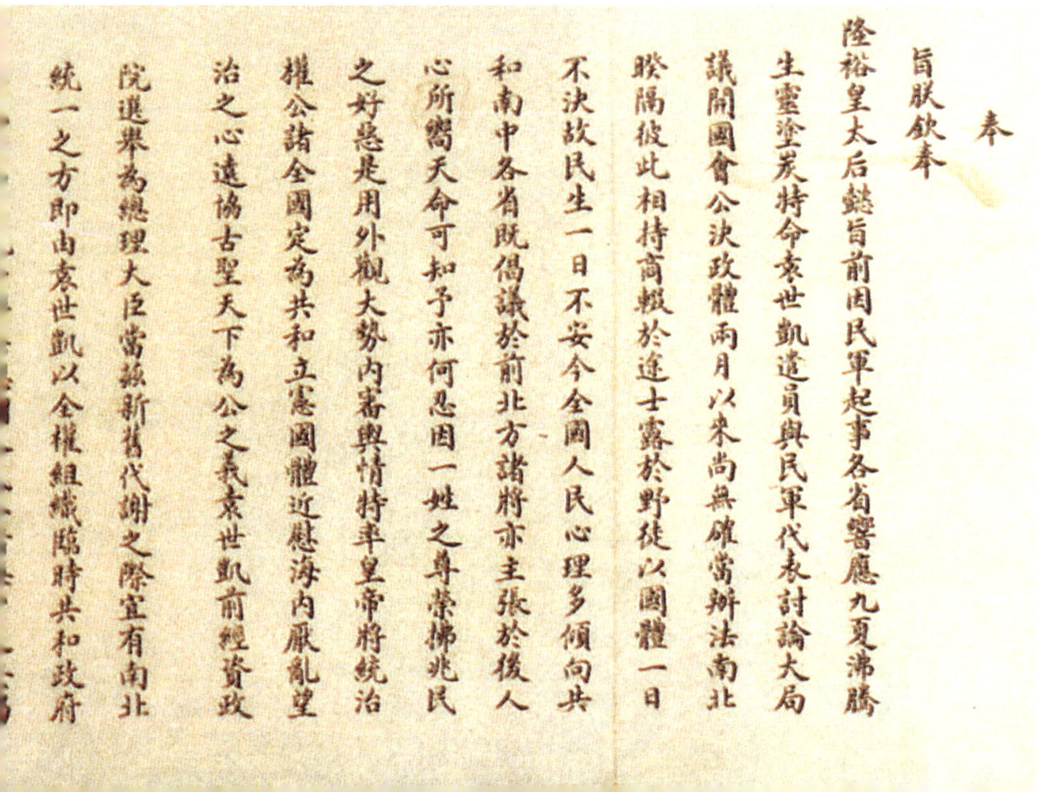

奉
旨朕欽奉
隆裕皇太后懿旨前因民軍起事各省響應九夏沸騰
生靈塗炭特命袁世凱遣員與民軍代表討論大局
議開國會公決政體兩月以來尚無確當辦法南北
暌隔彼此相持商輟於途士露於野徒以國體一日
不決故民生一日不安今全國人民心理多傾向共
和南中各省既倡議於前北方諸將亦主張於後人
心所嚮天命可知予亦何忍因一姓之尊榮拂兆民
之好惡是用外觀大勢內審輿情特率皇帝將統治
權公諸全國定為共和立憲國體近慰海內厭亂望
治之心遠協古聖天下為公之義袁世凱前經資政
院選舉為總理大臣當茲新舊代謝之際宜有南北
統一之方即由袁世凱以全權組織臨時共和政府

清帝退位诏书

接近清朝权力核心的女人，她们的悲欢愁喜谁人知晓？

清朝这些朝堂之上正襟危坐、高高在上的皇帝，在后宫之中和他们的妻妾儿女过着怎样的家庭生活？接近权力核心的清宫嫔妃们，真的是“一朝入选帝王宫，万千宠爱于一身”吗？

贰

后妃·图档

皇太极娶姑侄三人

顺治帝皇后七年守活寡

康熙帝连克三皇后

雍正帝『甄嬛』真面目

乾隆帝看上儿媳妇

道光帝皇后春节中暴亡

慈禧害怕咸丰帝

宣统帝大婚之夜逃离洞房

努尔哈赤

被亲生儿子杀死的衮代

在清宫史中，有一件很龌龊的事，那就是亲子弑母，儿子杀死亲生母亲，为人所不齿。那么，努尔哈赤的这位大妃真的是被亲子杀死的吗？

衮代，富察氏，努尔哈赤的继室，后人称为太祖继妃，也叫大妃。实际上，这个衮代嫁给努尔哈赤之前，已经结过婚，她的老公是努尔哈赤的堂兄弟威准，夫妻两个生育了一个男孩，叫昂阿拉。这就很奇怪了，既为堂嫂，何以再嫁给努尔哈赤呢？明万历十三年（1585 年），衮代的前夫威准病逝，于是衮代依当时女真社会兄死弟妻其嫂的风俗带着孩子，改嫁与努尔哈赤。这个风俗在当时的女真社会，非常流行，叫“收继婚”。通俗点儿说，就是“肥水不流外人田”。所以，衮代二婚嫁给努尔哈赤，不算丢人的事情，是合法的。

那么，婚后的衮代境遇如何呢？三个字概括，“非常好”。地位很高，成为大妃，后宫中的大小事情，都由衮代做主。在努尔哈赤心目中，衮代的地位是别人无法取代的。举个例子。1593 年，海西四部纠合东蒙古及其他部落组成九部联军，共同征讨建州，形势危急。当时，陪伴在努尔哈赤身边的正是衮代。这天夜里，努尔哈赤正在熟睡，探子侦察到这个消息后，赶紧报告老汗王，好早做准备。可是，身边臣仆无一人敢去惊动，努尔哈赤的脾气他们是知道的。这个时候，只有衮代能够唤醒努尔哈赤，她不顾一切地抓住努尔哈赤，使劲摇撼，喊道：“敌人已经大兵压境，打到家门口了，你还睡觉。你是吓糊涂了吗？”衮代的地位由此可见一斑。衮代嫁给努尔哈赤，生育了三个子女，做大妃长达

明清时期　错金银双羊尊

30余年：1587年，生努尔哈赤第五子莽古尔泰，1590年生努尔哈赤第三女莽古济，1592年生努尔哈赤第十子德格类。

可是，花无千日好，人无百日红。后金天命五年（1620年），对于衮代来说是个灰色年头。接连发生了两件大事，让大妃衮代命丧黄泉。一件事是被丈夫努尔哈赤逐出家门。努尔哈赤一直很宠爱这个女人，何以如此无情？原来事出有因。衮代作为后宫之主，居然偷盗金帛，被人告发，努尔哈赤一怒之下，把衮代休弃，逐出家门。这真是太不幸了，虽然衮代做了不该做的事情，但努尔哈赤做得有点绝情。第二件事，就是衮代做梦都没有想到，她接着遭到了更大的不幸，那就是，被亲生儿子莽古尔泰杀死。

关于这件事，是皇太极在天聪五年（1631年）与莽古尔泰的一阵对骂中透露出来的。天聪五年（1631年）八月十三日，皇太极与莽古尔泰因事发生争执，两人几乎拔刀相向，结果莽古尔泰的弟弟德格类竭力阻止。但皇太极不依不饶，破口大骂："尔弑尔生母，邀功于父，汗父遂令附养其末生子德格类家。而众岂不知乎？尔何得砍我耶？"

关于莽古尔泰弑母一事，史学界争论很大。有人说是皇太极的污蔑，以这件事打压莽古尔泰，降低他的威信。这种说法有一定的道理，当时，莽古尔泰还是四大贝勒之一，以其地位，可以与皇太极分庭抗礼，皇太极通过这件事来攻击莽古尔泰，也是情理之中的事情。可是，以莽古尔泰的莽撞个性，其急躁不安的性格特征，为了自己的前途，而做出弑杀亲母的事情，不是不可能的。

大喜大悲像是过山车

这里讲的这个女人是努尔哈赤的大妃阿巴亥。

阿巴亥，乌拉部贝勒满泰之女，清太祖努尔哈赤第四任大妃，清太宗皇太极继母。孝慈高皇后去世后被立为大妃，为努尔哈赤生下三子，即第十二子英亲王阿济格、第十四子睿亲王多尔衮、第十五子豫亲王多铎。后金天命十一年（1626年）被逼殉葬，享年37岁。

阿巴亥虽然出生在贵族之家，可在那个动荡不安的年代，阿巴亥尝尽了心酸。1596年，她的父亲满泰在一次意外事件中被杀，年仅7岁的阿巴亥失去了父亲，不得不投靠叔父布占泰，过起了寄人篱下的日子。她虽然年龄小，但是已经感到了前景黯淡，她将经历怎样的人生呢？可以用四个字来形容，“大喜大悲”，而且是多次大喜大悲，感觉就像过山车一样。

第一次大悲大喜。万历二十九年（1601年）十一月，叔父布占泰考虑自己的前景，做出了一个不近人情的决定，把阿巴亥嫁给努尔哈赤，这对阿巴亥来说太残酷了。大家想一想，阿巴亥得多不愿意嫁给这个人啊。首先，努尔哈赤是自己的仇人，当年，九部联军攻打建州，双方你死我活，父亲险些被杀害。其次，年龄相差太远，努尔哈赤比她大 31 岁，阿巴亥才 12 岁，非常漂亮，谁愿意嫁给老头子呢？而且，努尔哈赤早已有七位妻妾，自己命运难卜。这不是大悲的事情吗？可让大妃意想不到的事情发生了，就在她嫁入汗王宫仅仅两年后，大妃孟古姐姐病逝，汗王宫没有了女主人。这个时候，努尔哈赤会让谁来主持汗王宫呢？令人没想到的是，努尔哈赤居然把这个重要的位子给了年纪轻轻的阿巴亥。阿巴亥做梦都不敢想的事情发生了。

第二次大悲大喜。后金天命五年（1620年），有人举报阿巴亥与代善偷情。谁这么大胆子，竟然敢睡汗王的女人呢？这个人不是别人，正是努尔哈赤的次子，四大贝勒之首的代善，努尔哈赤确定的接班人。这件事，是努尔哈赤的小福晋代音察和晋德因举报

清　银镀珊瑚松石朝冠顶

皇后夏朝服

後式

皇后冬朝服

前式

的。开始努尔哈赤并不相信，觉得他们没那个胆子。可当他派出的调查组成员额尔德尼向他报告“情况属实”的时候，努尔哈赤感觉五雷轰顶，一时之间气血上涌。最后，他做出了一个决定：休离阿巴亥，废掉代善太子之位。阿巴亥这个时候，遭遇了前所未有的困境，不得不离开汗王宫，要么去娘家，也就是叔父布占泰家，又不是亲生母家，万万去不得；那就只有到自己的长子阿济格家里了，幸亏有他，看来，今生不会有好日子过了。可让她没想到的是，这种日子并没有持续多久，一年后，当努尔哈赤攻下辽阳之后，立即决定接回阿巴亥。阿巴亥喜出望外。令她没想到的是，努尔哈赤还恢复了她的大妃身份，继续主持汗王宫事务；不仅如此，努尔哈赤还给予大妃更大的空间，允许她参与部分政务，比如出席东京城的奠基典礼，奔赴广宁前线慰问，随大汗为垦地开边出行等。大妃又一次经历了惊心动魄的大悲和大喜。

第三次大喜大悲。天命十一年（1626 年）八月初七，努尔哈赤病情加重，从温泉返回盛京，到浑河的时候，眼看不行了，大家决定赶紧安排后事，于是，问他想见谁。谁知道，这个关键时刻，努尔哈赤谁都不见，只见大妃阿巴亥。在努尔哈赤临终前的最后 4 天，努尔哈赤是和他的大妃阿巴亥一起度过的。大妃悲喜交集，非常感慨，这么多年的夫妻终于换来了回报。努尔哈赤在生命的最后时刻，不见别人只见大妃，这是一种莫大的荣幸。所以，大妃异常兴奋，她甚至幻想着，老汗王过世，可不可以由自己的儿子继位呢？天命十一年（1626 年）八月十一日，努尔哈赤死了。大金国一片缟素，全国致哀。这个时候，一个天大的阴谋正在酝酿，大妃正面临着最大的危险，有人要她立即殉葬。果然，第二天，皇太极等人逼迫大妃殉葬。大妃对这个阴谋浑然不觉，当噩耗传来的时候，她很天真地进行了抵抗，但一切都晚了。大妃迅速由大喜转为大悲，她以弓弦勒颈，结束了 37 岁的宝贵生命。

第四次大喜大悲。发生在顺治七年（1650 年），重权在身的多尔衮征求朝臣的意见，为生母阿巴亥正名。很重要的一件事，就是追封为皇后。他觉得，当年皇太极继位，马上就追封生母为皇后，自己如今大权在握，也要这么做。于是，他追封阿巴亥为“孝烈恭敏献哲仁和赞天俪圣武皇后”，并将牌位放置在太庙中，接受众臣的拜祭。这个消息，对于阿巴亥来讲来得迟了一些，她已经去世 24 年了。但毕竟有了说法，可以慰藉其在天之灵了，可谓大喜。可是，仅仅四个月过后，多尔衮病逝，顺治皇帝追论多尔衮之罪，废除之前的封号，阿巴亥的孝烈武皇后的封号一并追夺，她的神牌也一并被无情地扔出去了。

阿巴亥经历了四次大喜大悲，人生就像过山车，命运一次次捉弄了她，即使她去世之后，也不得安宁。

死不瞑目的皇后

这里说的是清朝第一位皇后，努尔哈赤的大妃孟古姐姐，皇太极的生母叶赫那拉氏。说到这个女人，她的人生有一个显著特点，就是前后有着天壤之别。开始不错，到最后人生境遇非常糟糕，简直让这个女人难以接受。

孟古姐姐的人生开始不错，大致有几个阶段。

一个是幼年漂亮。一般来讲，小孩子的时候，看不出漂亮来，都说没长开，怎么能够看出漂亮与否呢？还有说女大十八变，是说女孩子长大之后，会变得越来越漂亮。可是，孟古姐姐与众不同，刚刚 8 岁的她，就已经远近闻名，谁都知道叶赫部的杨吉努的小女儿像天仙一样漂亮。也正因为这样，努尔哈赤英雄爱美，来到叶赫部求婚。杨吉努很为难，不想嫁女。努尔哈赤责怪道："既然想和好，为什么不联姻呢？"杨吉努说出了原因："我不是舍不得女儿，是因为我的大女儿不漂亮，配不上你；我小女儿虽然漂亮，但是她太小了，还不能出嫁啊。"杨吉努说得对，努尔哈赤也理解。可以说，这个时候的孟古姐姐太美了，就像公主一样，被大家宠着。

一个是遂心嫁夫。过了 6 年，当孟古姐姐 14 岁的时候，出落得更加美丽，关键是这个女子端庄大气，有国母之风，还有她说话从来不带脏字。这样倾国倾城的美貌女子，素质又高，谁不喜欢呢？提亲之人络绎不绝。但孟古姐姐只钟情于大英雄努尔哈赤。万历十六年（1588 年），孟古姐姐的父亲杨吉努已经过世，便由她的哥哥纳林布禄护送，来到了建州，嫁给了心仪的努尔哈赤。努尔哈赤很重视，杀猪宰羊，热情款待大舅哥，给足了孟古姐姐娘家人的面子。可以说，这次出嫁，孟古姐姐是心甘情愿的。

一个是遂心生育。孟古姐姐嫁过来 3 年，到万历二十年（1592 年），生

点翠头饰的清代女性

点翠簪

育了一个皇子，努尔哈赤非常喜欢，给他取了个很中意的名字，叫皇太极。从此，孟古姐姐更加得宠。

但接下来，孟古姐姐的人生遭遇了让她难以预料的事情。

万历二十一年（1593 年），就在她生下皇太极的第二年，她的娘家叶赫部纠集哈达、辉发、乌喇等组成九部联军三万余人，分三路大举进攻建州。这件事情让孟古姐姐很难做，因为叶赫部不仅参与了九部联军，而且是组织者，是主力。这次战役，建州非常被动，不仅人数少，势单力薄，而且敌兵来势凶猛，大有一举灭掉建州的气势。这真的是一场恶战，建州岌岌可危。在这危急关头，努尔哈赤并没有乱，他机智灵活，从容布阵，凭借险要的地势，滚木礌石齐下，一次次击败联军的进攻。可以说，努尔哈赤凭借智慧，取得了抗击九部联军的胜利。危险过去了，孟古姐姐舒了一口气。可让她没有想到的事情发生了，这件事情让她寝食难安。这是什么事情呢？

是她的堂兄布寨被俘获。不过俘获的不是活人，而是一具死尸。布寨是军中主帅，本领很大。战斗中，布寨被木桩绊倒，乱箭穿身，死于非命。努尔哈赤得到了布寨的尸体，抬回了建州。叶赫部怎么能置之不理呢？他们便向努尔哈赤索要布寨的尸体。可努尔哈赤不给，经过交涉，努尔哈赤居然将布寨劈成两半，只将一半归还。从此，建州和叶赫部成了死敌。这样的窘况，让孟古姐姐怎么安心呢？她日夜焦虑。

这场战争之后，孟古姐姐就郁郁寡欢，精神不振。挨过了10年，到万历三十一年（1603年），她似乎支持不住了。眼看不行了，努尔哈赤询问孟古姐姐有什么心愿未了。孟古姐姐说："我最大的愿望，就是在临死之前见母亲一面。"努尔哈赤含泪答应，并赶紧派人前往叶赫部。按照常理，娘家人会积极回应，她的母亲也会不顾一切前来看望病危的女儿。要知道，孟古姐姐已经15年没有看到自己的亲生母亲了，思念之情可想而知。可是，最令孟古姐姐伤心的事情发生了，她的哥哥纳林布禄不允许母亲前往，他还在记恨前仇。就这样，孟古姐姐在盼望中失望了，她伤心欲绝地流下了思念的眼泪。孟古姐姐离开了人世，年仅29岁。虽然她闭上了双眼，可实际上，她死不瞑目。

皇太极

残忍休妻

我们听得最多的是努尔哈赤休妻，其实，他的儿子皇太极才是休妻老手。

皇太极的一位继妃乌喇那拉氏，嫁入建州，给努尔哈赤的四贝勒皇太极做继室。实际上，这是一门政治婚姻。因为，这个女人的侄女，恰恰是努尔哈赤的大妃阿巴亥。努尔哈赤出于政治上的考虑，让自己的儿子娶乌喇部的首领之女，有利于政治联盟。不过，这个女人的辈分很高，从努尔哈赤的大妃阿巴亥那里论辈儿，皇太极应该叫姑姥。可是，不管怎么样，皇太极乐得其所，因为这是父汗的主意。

这个女人曾经一度很得宠，皇太极很重视她。她也很争气，资料记载，那拉氏生育了三个孩子，其中两个儿子。万历三十七年（1609 年）生皇长子豪格，仅过两年，万历三十九年（1611 年）生皇二子洛格。也就是说，皇太极的前两个孩子是那拉氏所生，生豪格的时候，皇太极年仅 17 岁，是他第一次做父亲。而皇太极的皇长女固伦公主也是那拉氏所生，这一年是天命六年（1621 年）。从这里我们看出，皇太极的皇长子、皇长女都是这个女人所生。这对她来说，是无比荣耀的事情。所以，乌喇那拉氏心里也是这么想的，觉得自己很了不起。其实，这种想法在一般家庭里面没什么，可在帝王之家，有这样的想法，就会很危险。

果然，那拉氏在这种心情的驱使下，就逐步产生了致命的弱点，那就是傲慢无礼。那拉氏仰仗自己入宫较早，又接连生育得宠，便在宫中颐指气使。这让皇太极的其他妃嫔们很讨厌。这倒无所谓，同行是冤家嘛，本来后宫之中，宫斗就很激烈，不足为奇。可那拉氏的傲慢也被自己的公公，大汗努尔哈赤感受到了，其间发生了一件改变那拉氏命运的事。

天命七年（1622年），一个寒冷的冬日，那拉氏坐着狗拉的拖床，悠闲地去拜见公公努尔哈赤。也许是天气太冷了，也许是觉得自己生了那么多孩子，有功于婆家，她便一路坐着拖床，经过代善门前不下床，经过阿济格门前不下床，她甚至一直坐着拖床，进了努尔哈赤的汗王宫。努尔哈赤大吃一惊："是谁这么大胆子，竟敢擅闯汗王宫！"努尔哈赤大声惊呼，惊动了很多人，到此时，那拉氏才猛然惊醒，自己可能闯下大祸了。当努尔哈赤看清是自己的儿媳妇时，尤其是这个名声很大、傲慢十足的那拉氏，他大皱眉头。努尔哈赤心想：这个女人果然傲慢，居然把谱摆到我这里来了。于是，老汗王似乎没有看到儿媳妇的拜见，坐在那里，一言不发。这场不愉快的会见，就在这种极度尴尬中结束了。努尔哈赤拂袖而去，那拉氏悻悻而归。

很显然，老汗王努尔哈赤余怒未消，看皇太极的时候，脸色都不对了。怎么办呢？皇太极要怎么办啊，这件事来得太突然了。他不知所措，但他要采取果断措施。因为此时他正与代善争夺汗位继承人，这种时候绝不能因为一个女人，而断送了自己的前途和事业。于是，皇太极做出了连自己都不敢相信的决定，他跑到父汗那里去表白：休弃继妃乌喇那拉氏。令皇太极没想到的是，父汗居然大加赞赏："对，休了她，这种女人！"哪有这样的父亲啊？皇太极一咬牙，不管那么多了。于是，皇太极狠心休了自己的妻子。

可怜的乌喇那拉氏，自以为功劳很大，却因为性格问题，被休回娘家。让那拉氏更为伤心和绝望的远不止这些，最重要的是自己去年刚刚生育的大公主，才那么小，母亲就要离开了，不是回娘家，而是被休弃。可见皇家无情，皇太极更无情。

居然把老婆赏给别人

一般来讲，男人对女人有占有欲，不允许自己的女人和别的男人有苟且之事。可皇太极很特别，他居然两次把自己的女人赏赐给其他男人，一般男人可做不出这样的事情。

清　嫁衣

一位是叶赫那拉氏。这个女人嫁给皇太极前曾有过婚嫁，她的丈夫是正黄旗包衣喀尔喀玛，夫妻俩生有两个儿子。天命四年（1619 年），喀尔喀玛在战斗中被努尔哈赤俘获，努尔哈赤处死了他，“太祖皇帝让乌努春之母进了太宗皇帝的院子。”（《满文老档》）这里的“乌努春之母”就是喀尔喀玛的福晋叶赫那拉氏。可以看出，叶赫那拉氏是作为战利品，被努尔哈赤赏赐给了皇太极，皇太极虽然不喜欢，但这是父汗的赏赐，是一定不能拒绝的。这是叶赫那拉氏第一次改嫁。10 年后，那拉氏为皇太极生下了五子硕塞。历史证明，硕塞非常优秀，屡立战功，后来被封亲王，是清初八大铁帽子王之一。可这一切，那拉氏都没能看到。不久，她的命运发生了戏剧性的变化。那就是，必须改嫁他人。果然，皇太极即位后，他有了权力处理这个他并不喜欢的女人，他要这个女人出宫改嫁。但是，皇太极出于政治因素考虑，不能叫她随便嫁人，不然，皇宫的秘密不就大白于天下了吗？于是，那拉氏被指定的对象是皇太极的内大臣占・土谢图。要知道，内大臣是自己的身边人，把叶赫那拉氏赏赐给她，占・土谢图定会感激不尽的，这是一种多么高规格的赏赐啊。但那拉氏很不幸，占・土谢图不久在跟随皇太极行围打猎时，被老虎咬伤身亡。孤苦无依的那拉氏被迫再次改嫁。这次改嫁，应该是自愿的，她为了生存，要找个男人作为依靠。她的第四任丈夫是达尔琥。达尔琥曾任镶黄旗轻车都尉，那拉氏后来在他家去世。

另一位是博尔济吉特氏。博尔济吉特氏是扎鲁特蒙古贝勒代青之女，长得漂亮，又很贤良，远近闻名。后金天聪六年（1632 年）二月，消息居然传到了皇太极耳中。皇太极此时正好缺东宫福晋，于是，他给代青下旨：“我召来观之，中则留于宫内，不中则遣之还。”（《满文老档》）博尔济吉特氏奉命来到盛京城外，皇太极亲临相看。两人见面时，皇太极被博尔济吉特氏的美貌所吸引，立即迎入皇宫，“册为东宫福晋”。（《清太宗实录》）这个东宫福晋入宫后，一度很是得宠。连续的生育最能说明问题了。天聪七年（1633 年），东宫福晋生下皇六女，天聪九年（1635 年），生下皇九女。实际上，她是这一时期皇太极后宫中生育子女最多的后妃。但就在东宫福晋尽享人生之乐时，形势急转直下，突如其来的谕旨，把正在坐月子的东宫福晋打蒙了。这天正是东宫福晋生下皇九女第 11 天，十月初七，已经是寒冷的冬天。窗外刮着瑟瑟的北风，她虚弱的身体还没有恢复。可她不得不爬起来接旨：“不合汗意，改适叶赫部德勒格尔台吉之子南褚。”（《天聪九年档》）这简直是晴天霹雳，东宫福晋甚至不敢相信自己的耳朵。我们也是不敢相信，这太不合常理。大家可能要问，南褚是什么人？皇太极为什么要把福晋赏给他？《八旗满洲氏族通谱》显示，南褚姓叶赫那拉，皇太极的姥姥家人，是皇太极的表侄，官至巴牙喇纛章京，相当于护军统领，正二品武官。南褚在招降林丹汗旧部时，立有功劳，皇太极大赏功臣时，南褚位列其中。皇太极为了表彰南褚的功绩，特将自己这位正在坐月子的东宫福晋赏给了他，使自己的老婆变成了侄媳妇。

姑侄三人嫁一夫

在皇太极的婚姻中，有一个很奇怪的现象，那就是姑侄三人共嫁一夫。这种情况，在今天看来不可思议。可在那个年代，是很正常的事情了，因为连儿子，都可以将后母接收为自己的女人。

在这里需要特别说明的不是这个，是两个特别的问题。一个是为什么皇太极重视与科尔沁蒙古博尔济吉特氏女子结为夫妻；二是最先进宫的哲哲为什么极力把自己的两个侄女拉进皇太极的后宫之中。搞清这两个问题，皇太极后宫之中的姑侄三人嫁一夫这个问题就迎刃而解了。

先说第一个问题。

皇太极为什么重视与科尔沁蒙古博尔济吉特氏结成婚姻关系呢？因为这个蒙古家族是一个令人羡慕的黄金家族。据考证，这个姓氏来源于蒙古族第十世祖先的名字“孛儿只斤”，后来译为“博尔济吉特”。这个姓氏突厥语的意思是“蓝眼睛的人”，1206年春天成吉思汗建立大蒙古国，称自己的家族为黄金家族，所有姓博尔济吉特的兄弟子侄都是黄金家族的成员。元朝灭亡后，博尔济吉特氏被视为成吉思汗的后代，在蒙古人心目中享有崇高地位，甚至会被神化。基于此，努尔哈赤、皇太极才对这个姓氏的女子格外垂青，尤其皇太极，很想娶进这个黄金家族的女子。

当然，皇太极的家族爱新觉罗氏也是黄金家族。尤其是努尔哈赤创立八旗制度，统一女真各部，称汗建制，爱新觉罗便成为黄金姓氏。所以，两个黄金姓氏结合在一起，那才叫般配，才叫门当户对。

接下来说第二个问题。

孝庄文皇后便服像

先说哲哲进宫。皇太极的后宫中，第一个进宫的博尔济吉特氏女子是哲哲。1614年6月，莽古斯贝勒亲自送16岁的女儿哲哲来到建州，与皇太极成亲，皇太极亲自迎接，大宴成婚。哲哲与皇太极的婚姻实际上是政治婚姻，是努尔哈赤的政治安排，因而，在皇太极的家庭里面，哲哲地位很高。可后来，哲哲安排了自己的两个侄女先后嫁给自己的丈夫皇太极，着实让人摸不准哲哲究竟在想什么。

哲哲有一个很大的心病，那就是她与皇太极婚后七八年都未能生育，这让她焦急万分。尤其是皇太极接班的呼声很高，哲哲更加不安，要知道，她的前任已经生育了皇太极的长子豪格。如果自己不能生皇子，将来皇太极一旦去世，豪格接班，自己就会寄人篱下。怎么办呢？她决定让自己年轻貌美的侄女布木布泰进宫，嫁给丈夫皇太极。后金天命十年（1625年），吴克善护送年仅13岁的妹妹布木布泰来到后金，经过一番别具满洲风情的礼节之后，布木布泰嫁给了比她大20岁的姑父皇太极，这就是大名鼎鼎的庄妃。庄妃年轻貌美，机灵得很，她辅佐姑姑打理后宫，姑姑很满意。

可是，哲哲仍然心存顾虑，庄妃的进宫，还是没能消除她的担心，相反，压力越来越大了。怎么回事呢？原来，哲哲和她的侄女庄妃两个人的肚子都不太争气，都没生育皇子。直到天聪八年（1634年），皇太极都坐了7年天下了，哲哲生育了3个公主：天命十年（1625年）生育皇二女，天聪二年（1628年）生育皇三女，天聪八年（1634年）生育皇八女。而庄妃也是一样，到天聪八年（1634年）生育了三个公主：天聪三年（1629年）生育皇四女，天聪六年（1632年）生育皇五女，天聪七年（1633年）生育皇七女。大家看，这姑侄两个，接连生育，可都是女孩子，这让哲哲焦急万分，再这样下去怎么办啊？哲哲万般无奈，又做了一个重要决定，让自己另外一个侄女海兰珠进宫，一定要生出皇子。就是这种情况下，哲哲另外一个侄女，庄妃26岁的姐姐海兰珠在天聪八年（1634年），由哥哥吴克善护送，风光嫁给皇太极。

至此，皇太极的后宫之中，就有了姑侄女三人——哲哲、布木布泰和海兰珠——共侍一夫的事情。

不爱江山爱美人

真有“不爱江山爱美人”这种人吗？答案是肯定的，皇太极就是这样的帝王。他爱的这个美人不是别人，正是庄妃的姐姐海兰珠。

海兰珠入宫其实是一个政治安排，这个操盘手不是别人，是皇太极的正宫哲哲。哲哲和她的小侄女布木布泰入宫多年后，只生女孩不生男孩，所以她担心将来会遭冷落，便再让大侄女海兰珠进宫。可海兰珠这个时候已经26岁了，这在那个年代，一定有过婚嫁。你想，她这么漂亮，又有地位，而且，按照风俗，女孩子在十二三岁的时候，就已经嫁人了，到十六七岁还没嫁人，那已经是大龄了，何况她已经26岁了呢？那么，一个二婚的大龄女子，皇太极会喜欢吗？

令人没想到的事发生了，皇太极非常喜欢，可用一见钟情来形容。海兰珠天聪八年（1634年）进宫，使已经42岁的皇太极眼睛一亮，他觉得这才是自己想要的女人，非常宠她。

一是破格赐封号。海兰珠位居东宫之主，成为后宫的第二号人物，仅次于中宫皇后。所居住的宫殿赐名为关雎宫，意义深远。这个名字来源于《诗经·国风·周南》中的首篇《关雎》。而海兰珠的宫中封号叫“宸妃”，其中，“宸”字意思是帝王的宫殿。皇太极这些颇具深意的安排，奠定了海兰珠在宫中的地位。

二是破格定“皇嗣”。崇德二年（1637年）七月，宸妃生下皇八子，很凑巧，这个孩子和皇太极一样，都排行第八，因而皇太极欣喜若狂，宣布：“关雎宫宸妃诞育皇嗣。”（《清太宗实录》）“皇嗣”，人们认为就是继承人之意。皇太极做了许多逾制的事情：1. 颁诏大赦。宸妃之子诞生，皇太极特颁“大赦令”，前所未有。2. 各地上表。各地风闻，纷纷上表，以示庆贺。3. 朝鲜国上表。朝鲜国上表：“上皇太子笺文，并献皇太子礼物。”（《清初内国史院满文档案译编》）在表文中，公然称之为皇太子。皇太极想通过上述做法，将宸妃襁褓里的婴儿皇储地位合法化。这无疑是为了讨好和感动宸妃。

然而，海兰珠的这孩子不遂人意，仅活了7个月就过世了，这让满怀希望的宸妃悲痛欲绝。崇德六年（1641年）九月十八日，海兰珠一病归天。这种情况下，皇太极怎么做呢？

先是抛开前线战事返回盛京奔丧。崇德六年（1641年）九月，正在前线指挥与明军作战的皇太极，接到宸妃病重的消息，他居然匆忙返回盛京。大家知道，皇太极历来都是以国事为重，此时的松锦对决，正是一场关键的战争。而皇太极不肯耽搁一点儿回京的时间，海兰珠的重要可想而知。看到海兰珠的遗体，皇太极特别悲痛，皇太极“恸甚，昏迷伏地”。（《清列朝后妃传稿》）都哭得昏死过去了，那是一种什么样的感情呢？不仅如此，皇太极几天不吃不喝，终于出了大事：“是日午时，忽昏迷，言语无序。”（《清列朝后妃传稿》）把那些王公大臣和妃嫔们吓得不知所措。他后来说过这样的话：“就是我爸去世的时候，也没这么哭过。”更让人觉得过分的是，皇太极居然把宸妃的丧事定为国丧，全国致哀。清代，一般只有帝后的丧礼才可称之为国丧，全国举哀，丧期内，不许剃头，不许娱乐，妃嫔之丧则不是。可皇太极向全国宣布，宸妃丧期为国丧，谁敢违制就惩罚谁。资料记载：“札哈纳值国丧歌舞作乐。”（《清列朝后妃传稿》）。为此，皇太极处置了一大批人，其中就有位高权重的郡王阿济格：“阿济格值国丧期歌舞作乐，在伊帐内复弦歌为戏，拟阿济格夫妇俱幽禁。”而且，皇太极的悲痛情绪一直弥漫，挥之不去，甚至带到工作之中。松锦大捷后，洪承畴、祖大寿等一大批明朝将领投降清朝，皇太极亲自到崇政殿召见洪承畴等人，但没有参加宴会就闷闷不乐地回到宫里去了。为了解除洪承畴等人的顾虑，便派人特意向他们解释，说：“朕今日未服视朝衣冠，又不躬亲视宴，非有所慢于尔等也。盖因关睢宫敏慧恭和元妃之丧，未过期故耳。”

可能皇太极太在意宸妃，就在宸妃病逝后两年，皇太极“无疾崩”。（《清史稿·太宗本纪》），说他坐着就在清宁宫东暖阁的火炕上死了。人怎么可能没病就死呢？专家考证，是皇太极对宸妃之死始终不能释怀，导致病发死亡。

清　屏风（牡丹）　软玉红木底座

清 龙袍

顺治帝

16 岁天子坚决废后

顺治十年（1653 年），清宫里发生了一件震惊朝野的大事，那就是顺治帝废掉了中宫皇后。这件事非同小可，因为皇家废掉皇后不比民间休妻，皇后是国母，要废掉她，将会震动朝野。顺治帝为什么要废掉中宫皇后呢？原来，他有万不得已的苦衷。

一是这个皇后是包办的。他和中宫皇后博尔济吉特氏是包办婚姻。大家可能觉得顺治帝做得不对，那个时候可不就是“父母之命，媒妁之言”吗？但这个包办人不是他的父母，而是他的叔叔多尔衮。多尔衮我们知道，顺治帝恨死他了，他不仅和自己母后传出了“太后下嫁”的丑闻，让自己难以做人；更重要的是，多尔衮觊觎皇位，根本不把顺治帝放在眼里，甚至有取而代之的想法。所以，多尔衮一旦去世，顺治帝亲政，这门亲事怎么能维持下去呢？

二是这是一桩由母后导演的政治婚姻。这个中宫皇后，是福临亲舅舅的女儿博尔济吉特氏。皇后的父亲是孝庄的哥哥，长兄吴克善。顺治八年（1651 年），吴克善亲自送女儿到京师，与福临举行大婚典礼，成为中宫皇后。孝庄有自己的如意算盘，她受姑姑哲哲的影响，想进一步巩固自己家族博尔济吉特氏在宫中的地位，把黄金家族的结合看得非常重。因而，她先后为儿子至少安排了 6 位蒙古族后妃。其中，中宫皇后就是自己的亲哥哥吴克善的女儿。所以，舅舅吴克善护送女儿准备进入宫廷，引起了顺治帝的极大不满。他追求自由恋爱，和自己不爱的人结婚，他宁愿去死。怎么办呢？顺治帝决心抵抗，和母后大吵

清 佚名 清世祖顺治皇帝爱新觉罗·福临像

大闹。但孝庄要说服他，给他讲亲上加亲的大道理。顺治帝怎么能听呢？他下了一道冷冰冰的谕旨："大婚吉礼，此时未可遽议，所奏不准行。"（《清世祖实录》）但孝庄岂能屈服于他。不过，孝庄内心也有了一丝震撼，这个孩子虽说年仅 14 岁，如此叛逆，竟然敢于顶撞自己。这是她没有想到的，这也就更加强了她的决心，一定要在母家选择皇后，不然，将来就更不好控制了。双方产生了严重的对立。大婚典礼有条不紊地进行：顺治八年（1651 年）六月十八日"定大婚礼物，行纳彩礼"（《清世祖实录》）；八月十三日，举行大婚典礼；八月十四日，感谢母后，加上徽号为"昭圣慈寿恭简皇太后"（《清世祖实录》）；八月二十日，大赦天下，颁发恩诏。

可顺治帝有自己的反抗之法：分居。自从结婚之后，就一直分居。他连看都不看中宫皇后一眼，让她孤守空房，守活寡。孝庄听说之后，大吃一惊，问责顺治帝。顺治帝毫不示弱，列举了这个女人的种种劣迹。

第一，心术不正。就是心眼儿不好："乃处心弗端。"（《清列朝后妃传稿》）您说，我怎么会喜欢一个心术不正之人呢？第二，忌妒心强。容不下别

清 玛瑙坠

人："嫉刻甚，见貌少妍者即憎恶，欲置之死地。"（《清列朝后妃传稿》）看见漂亮一点儿的妃嫔甚至宫女，就要置之死地而后快，这还得了？第三，猜疑心重："虽朕一举动，靡不猜防。"（《清列朝后妃传稿》）您说，连我她都像防贼一样，这哪里是中宫皇后的样子呢？第四，太奢侈。顺治帝举了两个例子：一个是穿的，"凡诸服御，莫不以珠玉绮绣缀饰"；一个是用的，"当膳时，有一器非金者，辄怫然不悦"（《清列朝后妃传稿》）。顺治帝说了，我朝家法，历来注重节俭，皇后这么奢侈，还不把后宫给带坏了吗？

最后，顺治帝做出了一个惊人的决定：废掉这个皇后。此言一出，朝野震惊，孝庄也是极为惊讶。怎么办呢？赶紧让大家出来阻止吧。于是，各位大臣出来劝顺治帝不要冲动。

第一位是大学士冯铨等。冯铨等引用前朝废后的故事，劝顺治帝要"深思详虑，慎重举动"（《清世祖实录》）。这些身居高位的大学士引用了前朝三位皇帝废后的实例，汉光武帝刘秀废掉郭皇后，很凑巧，宋仁宗赵祯废掉的也是郭皇后，明宣宗朱瞻基废掉胡皇后。这些皇帝都是一代贤良的明君，却因为废后事件"终为盛德之累"（《清列朝后妃传稿》），就是受到了废后事件的牵累，皇上您可要小心啊。第二位是礼部尚书胡世安。胡世安是明朝旧臣，崇祯元年（1628年）进士，在清朝接着做官，还做到这么大的官，肯定老于世故。胡世安讲了两点，一是劝皇帝要"慎重详审"（《清列朝后妃传稿》），不要莽撞行事；二是要大家一起商量。这不是废话吗？他也太圆滑了。其实，也难怪胡世安这样。这件事，他很清楚，如果措辞激烈，惹恼了皇帝，搞不好自己这个前朝臣子是要掉脑袋的，何苦呢？第三位是孔允樾。孔允樾乃孔圣人后裔，他上了一篇长长的奏折，阐述坚决不能废掉皇后的理由。孔允樾指出："皇上天下之父，皇后天下之母。父有出母之议，为人子者，即心知母过，尚不免涕泣以谏；况绝不知母过之何事，又安忍缄口！"（《清列朝后妃传稿》）讲得情真意切，切中要害。顺治帝看后，虽然极为不满，但碍于他是孔子的后裔，也无可奈何。第四位是宗敦一等14位御史。宗敦一等人风闻上奏："皇后未闻失德，忽而见废……伏乞皇上收回成命。"（《清列朝后妃传稿》）就是说，我们不知道皇后错在哪里，请皇上不要废后。第五位是诸王公大臣合议。郑亲王济尔哈朗召集王公百官，再次讨论，请求不要废掉皇后，但同时，他们又提出了一个折中办法："皇后正位中宫，即命礼臣考据典礼，选立东西两宫。"（《清列朝后妃传稿》）就是说，皇后还是皇后，再另立东宫、西宫。

而顺治帝态度十分坚决，就是坚决废掉她。于是，顺治十年（1653 年）九月，下诏废后："废为静妃，改居侧宫。"（《清皇室四谱》）中宫皇后就这样被废掉了。大家想一想，这个娇贵的大小姐还会待在宫中吗？她一定受不了。于是，她回到了家乡科尔沁大草原，在那里寻找属于她的真爱。

清 孝惠章皇后青玉册

清 玉质孝惠章皇后之宝

七年活寡，一生看人脸色的中宫皇后

这一篇要讲的这个人是顺治帝的第二任皇后。这个女人的婚姻很不幸。

这是一个被人绑架的婚姻，她 12 岁就被指婚给了姑父顺治帝。之前，姑姑是遭废的中宫皇后。进宫开始，她就有不祥的预感。那么，这个女人进宫之后究竟怎么样呢？

她的预感是正确的，顺治帝不喜欢她，开始就与之分居。所以，这个女人再次成为包办婚姻的牺牲品。令她没有想到的是，她和姑姑一样，遭遇了残酷的废后风波。

顺治十五年（1658 年）正月，皇太后出天花，不得不出宫，到南苑去避痘。没想到，她这一走，顺治帝得到了一个千载难逢的机会，那就是可以自由废后了，他要废掉第二个皇后。消息传来，她惊慌失措，赶紧告诉孝庄太后。

孝庄太后听到这个消息后，当然是大吃一惊了，她万万没有想到，她的儿子竟然故技重演，还要废后。这不成笑话了吗？后人会怎么看？于是，她冒着生命危险，拖着病弱之躯，急速回宫，她要不顾一切阻止悲剧再次发生，也绝对不能容忍皇帝胡作非为。这一次，太后态度极为坚决。她直接召见顺治帝，阐明自己的立场，不准顺治废后。

清 玉质孝惠章皇后之宝印文

清　孝康章皇后朝服像轴（孝康章皇后，康熙帝生母，佟佳氏）

其实，这次顺治帝之所以故技重演，就是为了董鄂妃。董鄂妃一进宫就得到了顺治帝的照顾，封号一路直升，一个月之内，由妃子升格为皇贵妃，这在清宫历史上是绝对没有的。还不只如此，顺治帝想废掉中宫皇后，让董鄂妃取而代之。顺治帝简直太过分了，但是谁敢说话呢？董鄂妃是什么态度呢？让人没想到的是，董鄂妃非常通情达理，她坚决反对皇帝这么做。她说："如果皇上一定这么做，废掉皇后，那我就没法活了。"她跪在地上苦苦为皇后求情。

顺治帝面临两大阻力：一个是母后的坚决态度；一个是爱妃的拼死相劝。这种情况下，顺治帝只好借坡下驴：好吧，母后我不再废后，爱妃我不再废后。这样，这场废后闹剧草草收场，这第二任皇后才侥幸没有被废。不过，顺治帝说："即使不废掉，也要给她处分。"给了这个女人什么处分呢？顺治帝把中宫皇后的签字权给收回去了，她等于就是一个僵尸皇后。顺治十八年（1661年）正月初七，顺治帝去世，皇后孤守空房足足7年。

皇帝去世，皇后刚刚21岁，正是花样的年华，却成了寡妇。按照常理，虽然皇帝在的时候不得宠，但毕竟有丈夫。这次完了，丈夫去世，皇后更加孤苦伶仃。她有两个担忧：一个是身边没人，自己一生没有生育，孤苦无依，加上深宫寂寞，后来的日子怎么打发呢？二是新皇帝继位，那是人家的儿子，自己虽然被尊为"仁宪皇太后"，但是皇帝有亲生母亲，那才是真正的皇太后呢，自己不过是徒有虚名而已，关键是，万一皇帝不孝敬自己，那该怎么办呢？总之，这个时候的她忧心忡忡，非常迷茫。

可这个女人运气极好，她遇到的是一个非常不一般的皇帝，是一个非常孝顺的皇帝，那就是康熙大帝。

康熙帝怕她寂寞，就特别把自己的一个皇子交给太后抚养。这样有很多好处：一是排解寂寞，小孩子在身边，肯定非常热闹；二是让太后也尝尝做母亲的滋味，很明显，小孩子是需要照顾的，这就锻炼了太后的耐心和细心。太后非常高兴，感谢康熙帝的细心安排。

康熙帝怕太后寂寞，还会带着太后回娘家看看。这简直太幸福了，一般来讲嫁到皇宫里的女人，是没有机会回娘家的。太后没想到，自己守寡之后，皇帝会带着自己回到阔别几十年的科尔沁大草原。康熙三十七年（1698年）七月二十九日，康熙帝亲奉皇太后孝惠出巡塞外，一同前往的还有皇长子、皇三子、皇五子、皇七子、皇九子、皇十子、皇十三子及王公大臣等。他们经密云越长城，通过承德进入科尔沁草原。这是孝惠离别家乡 40 多年后第一次踏上故土，她倍感幸福。

所以，顺治帝的第二任皇后，虽然丈夫不爱，守了 7 年活寡；可由于康熙帝孝顺，她活得挺幸福的。康熙五十六年（1717 年）十二月初六，孝惠病危，当时康熙帝身体也不好，双脚浮肿得几乎走不动。他用手帕缠裹双脚，乘软舆来到宁寿宫，跪在嫡母榻前，双手捧着嫡母的手说道："母亲，我在此。"此时，孝惠身体极弱，已经不能说话了，她一手握着康熙帝的手，久久望着他，嫡母眼神里充满对康熙帝无限的眷恋与感激之情。这天晚上，皇太后幸福地死去，走完了 77 年的人生之路。

要命的宠妃

既然是皇帝的宠妃，那么，就一定会给皇帝带来快乐。这一篇谈的这个宠妃，确实给皇帝带来了无尽的快乐，但这个妃子却是要命的，她几乎成为皇帝生命的全部，一旦这个妃子出了什么问题，这个皇帝也难以活命。这个皇帝就是顺治帝，这个宠妃就是董鄂妃。

顺治帝对女人的要求很苛刻，他不满意就会废掉；而且，顺治帝追求自由恋爱。那么，这个妃子为什么会得到顺治帝的宠爱，她有什么独到之处吗？据考证，董鄂氏比顺治帝小一岁，从年龄上符合顺治帝的要求。更主要的是据说这个女人的长相符合顺治帝的心理预期，身材瘦弱是最明显的特征，就是一个宫廷版的林黛玉。还有她的气质很独特，有资料说，董鄂氏具备满汉两个民族女子的优秀基因。原来，董鄂氏是内大臣鄂硕在跟随多铎大军南下的时候，与一个江南女子生的孩子，所以，董鄂氏不仅非常漂亮，具有满洲女子的豪爽利落，还具有江南女子那种多情、文雅、温柔的特质，所以，顺治帝对她是一见钟情，喜欢得不得了。

按理，那些妃嫔的晋升非常缓慢，有的一辈子也不会有一次晋升。可董鄂氏一进宫就被封为妃子，34 天后，一跃成为皇贵妃，位置直逼皇后，这真是千古未有之事，不仅皇太后想不到，就连董鄂氏自己也吃惊不小。

清　裙子（金属丝）

皇子的特殊待遇。董鄂氏生了皇子，顺治帝大喜过望，先是破例大赦天下，再称自己的这个皇四子为“皇嗣”，“皇嗣”就是接班人的意思啊。更让人难以接受的是，这个排行老四的皇子，顺治帝居然称之为“第一子”。这让其他皇妃怎么想，其他皇子怎么想？顺治帝爱屋及乌，什么也顾不上了。

企图立为皇后。前面我们说过，顺治帝两度废后，当然只成功了一次。不管怎么样，个性很强的顺治帝是不会受人摆布的。他宠董鄂妃，与之一起谈古论今，参禅悟道。

可好景不长，董鄂妃的皇四子仅仅活了 104 天就夭折了。这是董鄂妃全部的希望，他死了，董鄂妃郁郁寡欢，到顺治十七年（1660 年）八月十九日，董鄂妃一病归天。

顺治帝如此宠爱董鄂妃，她死了，顺治帝还能活吗？果然，顺治帝做了一些非常过分的事情：追封皇后，死后哀荣。还让二三品大臣给董鄂妃抬棺材，这种事以前绝对没发生过，就连皇帝去世也不行。让大学士给董鄂妃写传，自己还为之写“行状”，洋洋洒洒几千言。这都不算，顺治帝居然想出家，都找大和尚给他剃发了。折腾了四个月后，到顺治十八年（1661 年）正月，已经骨瘦如柴的顺治帝不幸染上了可怕的天花，到初七日，人们还在欢度春节的时候，顺治帝死了。看来，顺治帝的这个宠妃董鄂妃，还真是一个要命的妃子。

不愿意嫁给皇帝的女子

都说“一入宫门深似海”，说的是女子不愿意嫁入深宫。还听说皇帝后宫三千宠爱，佳丽难得一见。总之，是说皇帝女人多，皇帝滥情，不能嫁给皇帝做老婆。这是通常人们理解的女子心态。其实，根据资料，那些进入清宫中的女子大部分是心甘情愿的。大家想一想，那个时候，进入宫廷，最起码吃喝没问题。何况，嫁给皇帝，万一生个一儿半女，就更有福享了。这一篇要讲的这个女子，她是一个汉女，她是真不愿意嫁给皇帝，到底是什么原因呢？

这个女人就是孔四贞。孔四贞是定南王孔有德之女，孔有德是明朝驻守辽东的将领，后来，他渡海投降清朝；尤其是清朝入关后，孔有德在镇压抗清斗争中，为清朝立下了汗马功劳，因而，被封为“定南王”，这是难得的殊荣。顺治七年（1650 年），孔有德率军进入广西，不幸被农民军李定国部所败，被围困于桂林城内。孔有德走投无路，只得先逼迫妻儿自尽，然后自己焚烧了府邸，再拔剑自刎。桂林城破，孔氏一门满门被杀，孔有德的小女儿孔四贞却成了漏网之鱼。她当时不在府邸，因而侥幸逃生。桂林收复后，清廷了解了孔家的遭遇，便命人把孔四贞护送进京，把她交给孝庄太后抚养。孝庄非常喜欢这个小女孩，赏给孔四贞白银 2 万两，作为日常生活费用。

入宫之后的孔四贞听到很多新鲜事，更重要的是，她感到这些事与自己息息相关。

一是孝庄的一道严厉懿旨。为什么叫严厉懿旨呢？懿旨的内容是“有敢以汉女入宫者斩”，孝庄命人把这道懿旨挂在神武门上。真的是很严厉的懿旨啊，孔四贞就是汉女啊，她就进入宫廷了啊，难道孝庄要杀掉她吗？孔四贞不寒而栗。当然，孔四贞想多了，孝庄针对的不是她，针对的是那些想入宫给顺治帝当妃子的汉女。

二是皇帝对婚姻不满。孔四贞进宫的时候，正是皇帝娶中宫皇后的时候。可孔四贞听说，皇帝不喜欢中宫皇后，一进宫，两个人就闹别扭。皇太后每天长吁短叹，没有丝毫办法。

三是让孔四贞惊出一身冷汗的新闻。什么事呢？顺治帝居然看上了孔四贞，要纳她为妃。也难怪，孔四贞出身名门，长相俊美，娴于骑术，加上她那脱俗的气质，深深吸引了顺治帝。而顺治帝本来就喜欢汉女，曾经想让汉女充斥后宫，所以太后才把“有敢以汉女入宫者斩”的懿旨挂在神武门上，阻止汉女入宫。

这可怎么办？孔四贞慌了。皇帝看上了自己，本是一件莫大的好事。可孔四贞不太接受，有两大原因。

一是孝庄反对。孝庄最讨厌汉女进宫为妃，就想用种种办法阻止。发生了这样的事，自己怎么面对太后，太后会不会顾虑重重？

二是自己有难言之隐。早年，父亲已经把孔四贞许配给了他的部将孙龙之子孙延龄。她和孙延龄青梅竹马。而且，父母之命媒妁之言，一般是不能违抗的，况且，父亲殉国，整个家族唯有自己苟且偷生，已经让她汗颜了，怎么可能再违背亡父的心愿呢？但顺治帝是皇上啊，怎么能违抗圣旨呢？

不过，孔四贞非常机灵，她先找太后谈。孝庄正等着她呢。孔四贞跪下，先请太后原谅她的不忠。太后一言不发，听她说。孔四贞诉说了自己的不幸遭遇，更主要的是自己早年已经和人有婚约，因为父亲已经殉国，不好更改。孝庄一听，顿时哈哈大笑：“原来如此，本宫不会为难你。皇帝那里，你放心，我去说。”孔四贞千恩万谢。

其实，孔四贞心里明白，孝庄太后就想要这个结果，还好孔四贞明白这个道理，婉言拒绝了这门亲事，给自己也给皇家都找回了面子。

康熙帝

四对姐妹嫁一夫

康熙帝后宫之中，有四对亲姐妹。这真的很有意思。我们看看都有谁。

第一对，是赫舍里氏姐妹。姐姐是孝诚仁皇后，13 岁嫁给 12 岁的康熙帝，属于姐弟恋，她是从大清门进来的中宫皇后。这个女人给康熙帝生育两个皇子，康熙十三年（1674 年），生皇子时大出血，难产而死，年仅 21 岁。妹妹是平妃，虽是亲姐妹，她在宫中的地位却远不如姐姐，直到康熙三十年（1691 年）正月二十六日，生下一个皇子，叫允禨，她都没有一个正式的宫中封号，三个月后，允禨夭折，五年后皇后的妹妹去世，被康熙帝追封为平妃。

第二对，是钮祜禄氏姐妹。姐姐是康熙帝的孝昭皇后，孝昭皇后出身名门，父亲是辅政大臣遏必隆，这样的家庭让她在宫中很有面子。不过，孝昭皇后也有遗憾事，那就是她的皇后是继任的，如果孝诚仁皇后不死，她一辈子也做不了皇后。另外，她一生没有生育，不生孩子对于一个女人来讲，是不幸的，尤其在钩心斗角的宫廷之中。后来她虽然继任成为皇后，也是郁郁寡欢，仅仅做了半年中宫就死了。妹妹是遏必隆的小女儿，年轻貌美，尤其有一头秀发，深深吸引了康熙帝。这个女人入宫后，就比她的姐姐幸运，康熙二十年（1681）就已经被册封为贵妃，过了两年，居然生育了一对儿女：康熙二十二年（1683 年）生皇十子允䄉，过了两年，也就是康熙二十四年（1685 年）又生育了十一公主，可见康熙帝对她的宠爱。可这个女人不长寿，康熙三十三年（1694 年）十一月初三日，贵妃病逝。康熙帝为她举行了隆

清　佚名　孝昭仁皇后常服半身像（康熙帝第二任皇后）

清　佚名　孝诚仁皇后朝服像

重的葬礼，她头戴凤冠，身穿龙袍，身上盖着捻金线织成的团龙棉被下葬，很是风光，也算是死后哀荣吧。

第三对，佟佳氏姐妹。姐姐是康熙帝的亲表妹，因为康熙帝的母亲孝康章皇后是这个女人的亲姑姑。按现在的婚姻法，他们是不能结婚的，属于近亲结婚，对后代子女不利。姐姐和康熙帝生育了一个公主，就是皇八女。但这个女人身体不好，一直有病，为了给她冲喜，康熙二十八年（1689 年）七月初九，康熙帝破例封她为中宫皇后，可惜，第二天还是死了。妹妹比较长寿，虽然和康熙帝结婚几十年都没能生育，但是，她心很宽，性格很好，所以，康熙帝给她找了个差事，带一带年幼的乾隆。这个女人历经康雍乾盛世，直到乾隆八年（1743 年）才去世，活了 76 岁。

第四对，是郭络罗氏姐妹。姐姐是康熙帝的宜妃，宜妃长相俊美，但她个性很强，说话很直率，不会绕弯子。不过，康熙帝还是很喜欢宜妃，经常召幸，皇帝出巡的时候，也带着她。所以，宜妃生了三个皇子：康熙十八年（1679 年）生允祺，二十二年（1683 年）生允禟，二十四年（1685 年）生允禌。康熙帝越发宠爱她，也使她养成了桀骜不驯的性格。妹妹也是早年嫁进皇宫的嫔御，也为康熙帝生育了一对儿女：皇六女和一位皇子。可康熙帝对她并不感兴趣，一直没有合理的封赠，她的封号仅仅是贵人而已。

康熙帝后宫中这四对亲姐妹，虽然同为后妃，其地位却迥然不同，有人说“六宫粉黛千百媚，可叹落到帝王家”，果然不假。

康熙克后

康熙克后，就是康熙帝克死皇后的意思。资料记载，康熙帝一共有四个皇后，其中，三位是康熙帝在世的时候册封的，即孝诚仁皇后、孝昭皇后、孝懿皇后，而孝恭皇后则是她的儿子雍正继位后尊封的皇太后，其实，她没有做过真正的皇后。康熙帝认为，这三位他自己册封的中宫皇后都是他克死的。果真如此吗？我们一个一个看。

第一位是他的孝诚仁皇后赫舍里氏。赫舍里氏是辅政大臣索尼的孙女，索尼是孝庄太后的坚定拥护者，无论当年顺治继位，还是顺治帝去世之后康熙继

清　孝诚仁皇后谥册

清　孝诚仁皇后之宝

位，都是皇室坚强的支持者。所以，孝庄把他的孙女选为中宫皇后。孝诚仁皇后先后生过两个皇子，可以说，为康熙帝立下了汗马功劳。可是，在生第二个皇子允礽的时候，很不幸，她大出血，血崩身亡，年仅 22 岁。据说，这个女人去世之后，一直睁着眼，无论怎么做，就是不合眼。于是，康熙帝在她面前发誓，一定要立她的儿子允礽为太子，她这才合上眼。几十年后，康熙帝废太子的时候，想起这件事，说太子生而克母。

第二位是孝昭皇后钮祜禄氏。孝昭皇后有一个非常煊赫的出身，她的父亲遏必隆战功卓著，他用过的一把刀被康熙帝命名为“遏必隆刀”。可惜的是，这个女人终身不育。但康熙帝不以为意，觉得她端庄秀美，应该册立她为皇后，主持后宫。于是，在孝诚仁皇后死后 4 年，康熙十六年（1677 年）八月，册封其为皇后，可仅仅过去半年，她就去世了，这让康熙帝大感意外。我们测算，这个时候的孝昭皇后也就 25 岁左右，这么年轻就去世了，实在可惜。

第三位是孝懿皇后佟佳氏。前两个皇后都是二十多岁去世的，这引起了康熙帝的警觉，难道仅仅是巧合吗？是不是有什么问题啊？那个时候的人是很迷信的。所以，康熙帝有一种不祥的预感，于是就不再册立皇后。但得有人主持后宫事务啊，怎么办呢？康熙二十年（1681 年），他册立了自己的表妹佟佳氏为皇贵妃，代替皇后主持后宫事务。果然，持续了近十年的时间，后宫相安无事，他认为自己做对了。可是，正当他扬扬自得之时，康熙二十八年（1689 年）七月，传来佟佳氏病危的消息，这让康熙帝一下子乱了分寸，册封皇后是死，这不册封也是死啊，到底怎么做才对呢？于是，他决定采用民间最流行的做法——冲喜，那就还得册封皇后，用这种办法冲喜。可刚刚册封为皇后仅一天，佟佳氏就一病归天了。康熙帝后悔不迭，他这才认为自己真的克后。

康熙帝决定不再册立皇后。从康熙二十八年（1689 年）七月佟佳氏病逝，一直到康熙六十一年（1722 年）十一月十三日康熙帝崩逝的 33 年间，康熙帝的后宫没有中宫皇后。俗话说皇帝为一国之主，皇后为后宫之主，没有中宫皇后，等于后宫不完整，家庭不完美。可康熙帝就在 33 年的时间里过着家庭不完整的生活。

尽管如此，我们认为康熙帝 33 年没有册立皇后，不仅仅是他有克后的心结，他还有一个难言之隐，那就是为皇太子着想。因为无论册立谁为皇后，她都不是皇太子的亲生母亲，这就会留下一个大隐患。一旦康熙帝崩逝，皇后会成为皇太后，这个皇太后会支持太子继位吗？如果不支持，万一作乱，那该怎么办呢？于是就不立皇后。

生育冠军

在康熙帝后宫，有一位生育冠军，她就是德妃乌雅氏。德妃乌雅氏久宠不衰，一直到她去世。乌雅氏比康熙帝小 6 岁，生于顺治十七年（1660 年）。她的出身并不煊赫，父亲威武是一个正四品的武官参领，这个出身，在后宫之中并不占优势。可她为什么深得康熙宠爱呢？

这个女人会生育。康熙帝后宫，妃嫔如云，皇帝会喜欢谁呢？今天唯一可以判断的标准，就是她们的生育情况。乌雅氏进宫时间不明确，当她 19 岁的时候，也就是康熙十七年（1678 年），居然有了第一次的生育，是个男孩，也就是后来的雍正帝。这是她生育的开始，以后，一发而不可收，康熙十九年（1680 年）生育了一个，康熙二十一年（1682 年）生育了一个，康熙二十二年（1683 年）生育了一个，康熙二十五年（1686 年）生育了一个，康熙二十七年（1688 年）生育了一个。从时间看，乌雅氏生育期整整 10 年，从十七年到二十七年，从胤禛到允禵，这 10 年，乌雅氏几乎是连续生育。

乌雅氏从 19 岁生到 29 岁，此后就再也没有生育了。那时乌雅氏还不到 30 岁，生育是没有问题的。那么，康熙帝是不是不喜欢她了？

两个例子说明康熙还是很喜欢她的。一个是康熙三十六年（1697 年）康熙帝第三次亲征噶尔丹，征战在外，战歇之余，康熙帝突然想起了自己的爱妃德妃乌雅氏。于是，他马上写信给宫里面："出来的时候，德妃身体不好，现在怎么样了？速报上来。"大家看看，战事倥偬，军务繁忙，还想着一个小妃子的健康情况，说明了什么？第二个例子，还是在这次战争中，一天深夜，康熙帝正在休息，他突然坐起来，挑灯夜书，在给一个人写信呢。什么内容谁也不知道。不过写完之后，他把信装在信袋里，写上了收件人是"永和宫"，永和宫的主人正是德妃乌雅氏，而且康熙帝还叮嘱，如果德妃回信，马上给我递进来。由此可见，康熙帝对德妃的爱并没有结束。

清　佚名　清圣祖康熙孝恭仁皇后像

还有个例子，也能说明德妃久宠不衰。康熙四十六年（1707 年）第六次南巡，康熙帝还带着已经 48 岁的德妃乌雅氏，目的是让她离开深宫，领略江南美景，游山玩水去了。可德妃身体一直不好，尤其是她患有严重的哮喘病。从北方到江南，她不适应那里的气候，病情越发严重。康熙帝顾不上游玩，一路小心照料，已经让德妃很感激了。更让她意想不到的还在后面。回銮的时候，康熙帝给了她一个惊喜。当身体虚弱的德妃走下船舱的时候，放眼一看，自己的两个儿子胤禛和允禵在那里等着呢。出去几个月了，德妃很想念他们，怎么会在这里见到思念的儿子呢？原来，这是康熙帝特意安排的，他写信给儿子，要他们前来迎驾，以便给他们病中的母亲一个惊喜，冲淡她旅途的劳累。果然，德妃非常高兴，病情一下子好了很多。德妃都差不多 50 岁了，还这么得宠。所以，直到康熙六十一年（1722 年），康熙帝去世，德妃都是很得宠的。

这就难怪了，后来发生了一件非常奇怪的事情。康熙六十一年（1722 年）十一月十三日，康熙帝病逝，德妃的儿子胤禛继位，这就是雍正帝。按说，德妃应该高兴异常，自己成为皇太后了，将有享不尽的荣华富贵。可是，万万没有想到的事情发生了，德妃做出了两个决定：不接受封号，不当太后；不搬家，太后有自己的寝宫，要比永和宫豪华多了，但德妃不同意搬家。这让雍正帝大为惊诧，更让他惊诧的事情发生了，德妃居然想为康熙帝殉葬。这还了得？虽然几经劝解，没有实现，但一年后，就在康熙帝即将入葬地宫的时候，德妃还是追随而去了，有资料说，她是撞柱而死，终年 64 岁，真是一个痴情的女子。

雍正帝

意想不到的皇后

我们大家都看过《甄嬛传》，里面的那位中宫皇后大家印象深刻。她是怎样的性格呢？大致有四个特点：一是表里不一，说一套做一套，比如她和华妃的关系，本来很不好，可是每次见面都是嘘寒问暖，假装维护华妃；二是忍性很大，这个皇后不管受了多大的气，都能忍下来，给人一种顾全大局的感觉；三是拉帮结派，玩弄权谋，比如她拉拢齐妃，收买安陵容等，总是搞小团体；四是手段阴狠，比如她害死纯元皇后，经常用麝香害人，让其他妃嫔不能怀孕，等等。

那么，雍正帝的中宫皇后真的是这样的吗？史料表明，中宫皇后完全不是这样的。真实的她有以下几个特点。

第一，非常仁慈。这个皇后姓乌喇那拉，内大臣费扬古之女。费扬古是一品大员，所以她出身名门。乌喇那拉氏最大的特点是仁慈，她入宫成为皇后之后，对待后宫妃嫔像亲姐妹一样，从不弄权，谁有困难就帮助谁，大家像一家人一样。

第二，肚子争气。她生育了雍正帝的第一个皇子，时间是康熙三十六年（1697 年），胤禛乐坏了，第一个儿子，所以取名“弘晖”，“晖”是日光的意思，表明雍正帝对他抱有很大的期望。

第三，母仪天下。乌喇那拉氏有母仪天下之风，她不仅长相端庄，而且气质非凡，还有很高的文化素养。总之一句话，就是这个女人符合了封建社会对女子的要求，温良恭俭让，仁义礼智信，什么优点都具备了。

正因为如此，雍正帝对这个皇后非常满意。于是，雍正想了个办法，以中宫皇后为模特，绘画十二幅美人图，这十二幅美人图中表达了雍正帝对后妃的要求，要她们都像图中画的那样，修身，养性，持家。这十二幅美人图是《美人照镜》《美人观雪》《美人倚门》《美人赏花》《美人品茗》《美人展书》《美人赏蝶》《美人捻珠》《美人持表》《美人缝衣》《美人鉴宝》《美人观鹊》，各自表达不同的含义，让妃嫔们向皇后学习，做皇后式的好女人。

那么，皇后是怎么死的呢？《甄嬛传》中是被甄嬛气死的。实际上，雍正的中宫皇后是病死的，是因伺候病中的雍正帝而患病身亡。

对于皇后的死，雍正帝非常悲痛，他做出了超出常人的举动。

第一，要去见皇后最后一面。王公大臣极力阻止，不让他去见。没有道理啊，皇帝去见死去的皇后，很正常啊，为什么不让去呢？雍正说："我们 40 多年的夫妻了，我一定去见最后一面。"王公大臣不让他去，原来，雍正要做一件事情，那就是为皇后含殓，也就是把一颗大珍珠放到她嘴里，压舌头。可是，这种事皇帝不能做，因为迷信的人认为这样很晦气，死人最后一口气会喷在人身上，极为不利。雍正帝当时正是病魔缠身，没有去成。

第二，给她一个最好的谥号。谥号就是盖棺定论。雍正帝非常重视这件事，他为皇后圈定的谥号是"孝敬"两个字。我们知道，对于女人，在那个时代，孝敬是最好的评论了，而且我们中华民族的传统美德也是"孝敬"，更为重要的是清朝的治国方略是"以孝治天下"，那么，皇后死后被盖棺定论为孝敬，对死者来讲可谓是最高贵的奖励了。

这就是雍正帝中宫皇后的真实面貌。

甄嬛的真面目

看过《甄嬛传》的人，都会问一个问题："历史上真有甄嬛这个人吗？"或者问："如果没有甄嬛，那么，雍正后宫中甄嬛的原型是谁呢？"那么，电视上的形象与历史上的真实情况到底相差多远呢？不妨来看一下。

第一，长相问题。《甄嬛传》中的甄嬛为大众熟知，那么，历史上的甄嬛

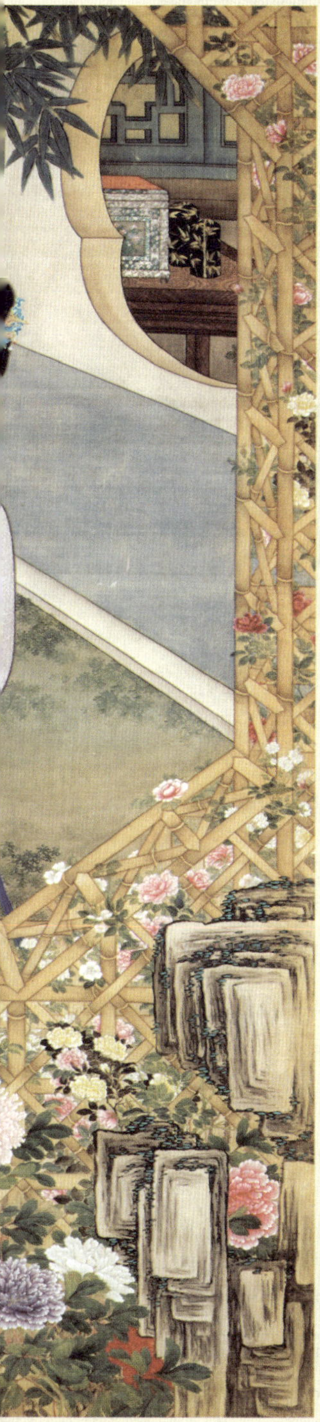

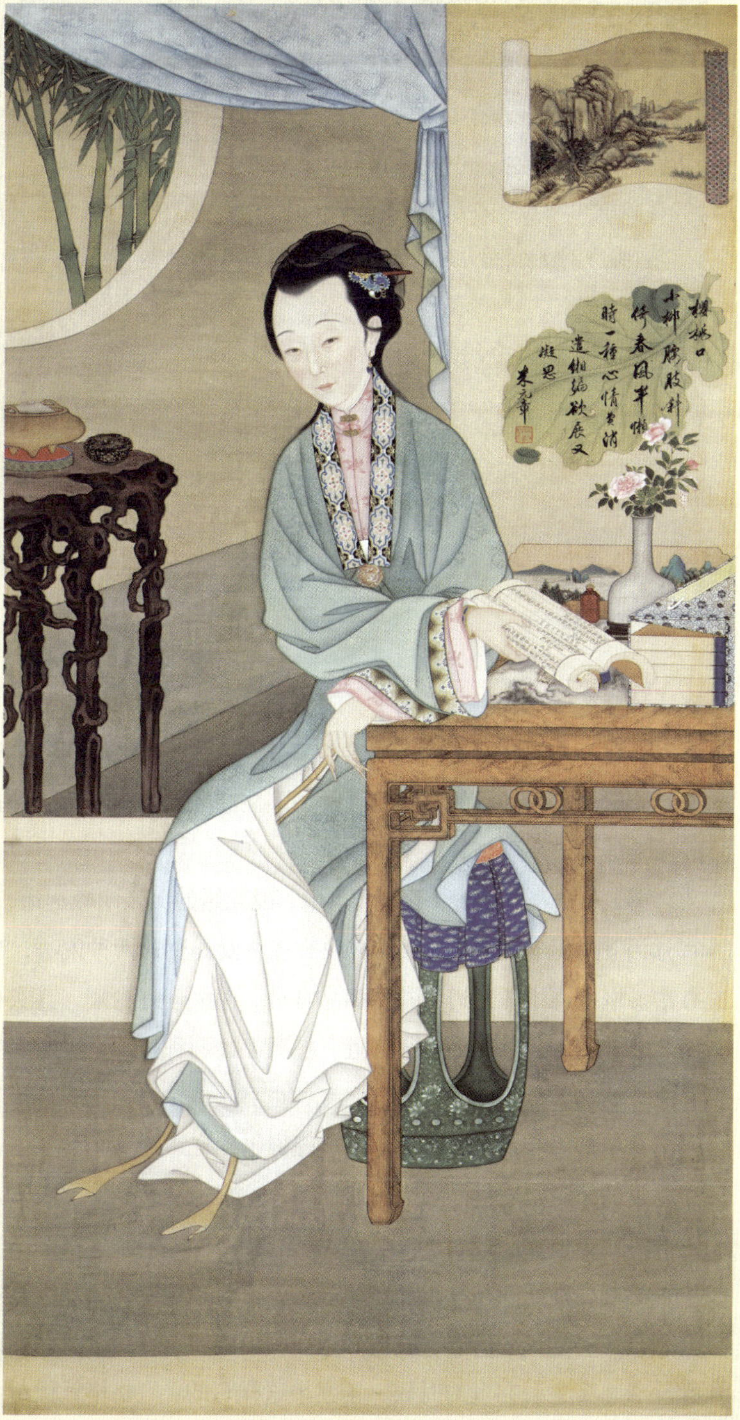
櫻桃口
小柳腰肢斜
倚春風半懶
時一種心情費消
遣緗編欹展又
凝思
米元章

清　孝圣宪皇后之宝

究竟是什么样呢？相差太远了。画像上的甄嬛方盘大脸，浓眉大眼，简直就是女人男相，和漂亮根本就不沾边儿。按说，这还是经过润色之后的呢，你想，这是甄嬛做太后之后的画像，画师还不往漂亮上画啊。所以，真实的甄嬛会比画像上的甄嬛还要难看。

第二，出身问题。《甄嬛传》中，说甄嬛的父亲叫甄远道，是大理寺少卿。官方档案中另有说法："四品典仪官凌柱女。"这两种说法，当然是档案中的靠谱。电视剧中甄远道为礼部四品官员。而大理寺少卿，其实也是主管类似于刑名之类的四品官，倒也很接近。按照上述两种说法，甄嬛出生在一个四品官之家，相当于今天的厅级干部之家，也算是一个富裕的贵族了。可是，《湘绮楼集》中却另有说法，作者考证说甄嬛出生在承德一个贫寒之家，家里买酱油醋之类的，甄嬛不得不亲自去店铺买。这个记载，与史实相差甚远，但可和雍正的一些传说相印证。

第三，姓氏问题。很显然，既然没有甄嬛这个人，那么甄嬛的"甄"就不会是真实的姓氏。所以，我们必须查阅历史，看看这个大名鼎鼎的熹贵妃到底姓什么。雍正帝在世的时候，档案中这样写的："格格钱氏封为熹妃。"这就是雍正帝继位之后，大封后宫时公布的信息。大家知道了，这个甄嬛的原型姓钱。可是，乾隆帝继位之后，却把这份档案给改成了这样：“格格钮祜禄氏封为熹妃。”前后相差也太远了，钱氏，一定是个汉姓；钮祜禄氏，则是满洲八大姓之一，在那个时代，属于名门大姓。这样看来，这个谜应该是乾隆造成的，到底哪个是真，哪个是假，只有乾隆和他母亲“甄嬛”知道了。

第四，生育问题。《甄嬛传》里甄嬛生育了 3 个孩子。那么真实的熹贵妃到底生育没有呢？查阅史料发现，历史上的熹贵妃真的有过一次生育。康熙五十年（1711 年）八月十三日，甄嬛生下一个男孩子，这就是雍亲王的四阿哥弘历。不过，《甄嬛传》中的甄嬛所生皇子不叫弘历而叫弘瞻，有意混淆了历史，弘瞻实有其人，不过他的生母是雍正帝的谦妃，不是熹贵妃。

第五，甄嬛与允礼的婚外情问题。其实，历史上，满洲人和汉族在婚姻观上是不同的，传统的满洲人追求自由恋爱。所以，甄嬛与小叔子允礼之间的婚外情有可能发生。历史上就发生过小叔子和嫂子之间的婚外情，这就是著名的“太后下嫁”。但雍正时期，满洲已经急速汉化，封建化的程度很高，尤其在皇宫里面，小叔子允礼根本没有机会见到嫂子甄嬛，特别是乾清宫家宴，是皇帝与妃嫔们一起用膳的场合，已经分家分府单过的小叔子是没有机会出现在这里的。所以，电视剧中甄嬛和允礼的婚外情是不可能发生的，是作者为了吸引人而虚构出来的故事。

原来华妃很羸弱

《甄嬛传》里面，华妃个性最鲜明，性格最强势。具体表现在以下几个方面：一是飞扬跋扈，个性极为张扬，依仗自己娘家的势力，在众人面前，不管是妃嫔，还是皇后和皇帝，她都无所顾忌。二是阴狠毒辣，电视剧中，这个女人策划了一个又一个阴谋，杀害福子、淳贵人，打残夏冬青，等等，无不说明这个华妃是一个手段阴狠的女人。三是干预朝政，跑进养心殿，替哥哥年羹尧求情；请求皇帝除掉政敌安比槐，等等。这些举动明显是干预朝政，这在大清家法中是绝对不允许的事情。这种霸道行径，不像是一个妃子，倒很像一位皇太后。那么，真实的华妃究竟是怎么样的一个人呢？

清　佚名　清世宗雍正孝圣宪皇后朝服像

封号之谜。《甄嬛传》中的女二号就是华妃，历史上真有这个人吗？雍正帝的后宫档案中，没有华妃这个人。可是，电视剧中提到华妃的哥哥是年羹尧。再查档案，年羹尧还真有一个妹妹进宫，成了雍正帝的妃子。不过，她在宫中的封号不是华妃。这个女人先进入雍王府，被封为侧妃，雍正元年（1723 年）被封为年贵妃，雍正三年（1725 年）晋封为皇贵妃，病逝之后，谥号为敦肃皇贵妃。这就是这个女人在宫中的名号。我们清楚地看出，她既不是华妃，也不是年妃，雍正一继位她就是贵妃，起点非常高。

性格之谜。她性格真的强势？我查阅了一些档案，发现了她根本不是电视剧中那样的性格。一是档案中说她对皇后的态度，特别提到非常恭敬，小心侍候。这完全符合历史真实，因为皇后是后宫之主，她应该也必须这么做。但是，接下来的一条史料中的行为就不一定是必须的了。这第二条史料记载的内容是："偶有家书，必先呈御览。"意思是娘家人来信，她自己不敢拆封，一定要让皇帝先看了，自己才敢看。这就过分小心了。娘家人给的家书，她是有权利看的，何况是贵妃呢？但我也理解年贵妃的小心翼翼，她是为了避嫌，毕竟她的娘家权势太大。

华妃生育之谜。《甄嬛传》里说，华妃终身没有生育，原因是包括皇帝在内，很多人都惧怕她内外勾结，尤其是生育皇子之后，窃夺皇权，于是，让她麝香附身，总不怀孕，当华妃知道事情真相之后，气得撞墙而死。实际上，恰恰相反，年氏有很好的生育经历，从康熙五十四年（1715 年）开始，一直到雍正元年（1723 年），雍正帝的后宫只有年氏在生育，她连续生育了四个子女，其中三个皇子，一位公主。她是雍正帝所有后妃中生育最多的女人，可以称得上是一位"英雄母亲"。

雍正帝对华妃的态度之谜。《甄嬛传》中雍正帝对华妃非常提防。那么，历史上这对夫妻真正的关系怎么样呢？还是用史料说话。雍正帝最爱的女人就是华妃。比如对她生的三位皇子，雍正帝用"福"字起名，分别叫福宜、福惠、福沛，以此为年贵妃祈福，而其他的孩子则一律以"弘"字开头，比如弘历。年贵妃病重，雍正帝一面把她破格晋封为皇贵妃，一面自我检讨，他说三年来，贵妃的病一直由太医医治，我对她关心太少了，所以才病成这样，都赖我。这对于一个堂堂皇帝来讲，实属不易，尤其是自负的雍正帝，换了别人，那是不可能的。种种迹象表明，年氏是雍正帝最爱的女人。

这就是历史上华妃的真面目。

乾隆帝

生育两个太子的皇后

在乾隆帝的后宫之中，有一个女人最受乾隆帝尊敬，这就是他的原配皇后，即孝贤皇后富察氏。乾隆帝是个很挑剔的人，他怎么会对这个女人那么感兴趣呢？原来，这个女人非常优秀。

富察氏出身名门大族，努尔哈赤时期，她的祖先旺吉努就追随努尔哈赤，屡立战功；曾祖父哈什屯做到内大臣、太子太保；祖父米思翰做过户部尚书、议政大臣；父亲李荣保是察哈尔总管；伯父马齐是保和殿大学士；另一位伯父马武做到都统、领侍卫内大臣。这样煊赫的家族，在后妃中是不多见的。尽管如此，富察氏却没有养成娇气的恶习，她非常简朴，不用金银器皿，不披金戴银，她的荷包都是鹿羔绒的，表示不忘本色。而且，最关键的是富察氏懂得珍惜与乾隆的感情，她认真经营两个人之间的情感。比如，她知道照顾乾隆。有一年，乾隆身上长了一个大疖子，太医说要静养百日。富察氏怕乾隆不听话，便搬到乾隆寝宫外面，一面照料，一面监督，直到乾隆完全康复，她才搬了出去。这让乾隆帝很感动。而且，富察氏长相端庄秀美，落落大方，大有母仪天下的风范。

当然了，这一切都还不是关键，最关键的是富察氏为他生育了两个太子。一个是永琏，富察氏在雍正五年（1727 年）与乾隆结婚，第二年就生下一个女儿，雍正八年（1730 年）生下一个皇子，公公雍正帝起名为“永琏”。乾隆继位之后，在乾隆元年（1736 年）七月初二，秘密立储，把他的名字藏在乾清宫“正大光明”匾的后面。乾隆帝准备精心培养这个孩子，等到将来继承大业。可上

清　佚名　清高宗乾隆孝贤纯皇后朝服像

清 华冠永瑢像轴（乾隆帝第六子）

清 郎世宁 乾隆骑马像

天不作美，乾隆三年（1738 年），永琏得了一场感冒居然就病逝了，年仅 9 岁，这让乾隆非常痛心。但乾隆帝并没有亏待这个孩子。他一面公布早年立太子的秘密诏书，让天下皆知，他已经做了三年的皇太子；一面为这个孩子修建豪华的陵墓，在清东陵旁边的朱华山，选择了一处风景优美之地，修建了豪华的端慧皇太子园寝。

永琏死了，富察氏并没有灰心。她继续努力，她有一个心愿，一定要圆乾隆帝一个梦，那就是给他生一个优秀的皇子，将来接班。果然，到乾隆十一年（1746 年）四月初八，生下了一个皇子，排行第七。大家都非常高兴，乾隆帝给他起名为永琮，暗示他将来要接班。可到第二年大年三十深夜，人们都在守岁吃饺子，这个永琮却因为出天花死了。这简直是晴天霹雳，富察氏不能接受，当时就病倒了。

那么，大家最关心的是，乾隆作为丈夫是什么态度呢？

第一，隆重安葬永琮。虽然仅仅两岁，乾隆帝还是公布了自己的想法，说自己曾想立他为太子。所以，在丧事上，嘱咐要超过一般皇子，要隆重些。

第二，自责。乾隆帝深深自责，说这都是我做得不好，福分没到，没有实现立嫡的愿望。本来，他想实现前人没有实现的愿望，立皇后所生之子为太子，可惜，两个都夭折了。乾隆帝感到既灰心，又惭愧。

第三，安慰皇后。乾隆帝知道，这个时候，最难受的不是自己，是这个孩子的母亲，中宫皇后富察氏。那是她的亲骨肉啊。而且，最关键的是，富察氏没有了希望。这个时候她已经 36 岁，还能不能再生皇子，已经没有把握了。所以，乾隆帝百般宽慰，决定带她出去散散心。乾隆十三年（1748 年）二月初四，春寒料峭，乾隆帝带着皇后去山东游玩，登泰山，游趵突泉。三月初八回銮。乾隆帝为了让皇后开心，到德州的时候，别出心裁，改陆路为水路，坐着龙舟从运河北上。可是，意想不到的事发生了，三月十一日晚上，皇后禁不住阴冷的寒气，病逝于船上。

失控的皇后

在乾隆帝后宫，有一位特殊的皇后，这就是乾隆第二位中宫皇后乌喇那拉氏，之所以说她特殊，因为有争议，无论皇宫还是民间，都有争议。

她是最满意的后宫主人。谁最满意呢？皇太后最满意，她是皇太后看上的女人。乾隆十三年（1748 年）三月十一日，孝贤皇后病逝，皇太后就开始物色接班人。结果，太后看上了乌喇那拉氏。当时，她仅仅是一名贵妃，也没有生育过。太后看上了，马上找皇帝，讨论这件事。乾隆开始细心审视她，还真是发现她有很多优点，怎么看怎么好看，以前怎么就没有发现呢？大有情人眼里出西施的感觉。于是，这个女人的好运来了，就在孝贤皇后的 27 个月丧期一过，那拉氏被如期晋封为中宫皇后。从此，那拉氏真的是好运连连，在后宫之中说一不二，太后宠着，皇帝宠着，妃嫔们敬着，真是如鱼得水，万事如意了。而且，她居然在 5 年内，连续生育了三个子女：乾隆十七年（1752 年）生永璂，乾隆十八年（1753 年）生皇五女，乾隆二十年（1755 年）生永璟，很难想象，那拉皇后自己都不敢相信，仅仅五年就生了三个，之前入宫快 20 年了，一个都没生育。真是顺风顺水，春风得意啊。

可是，天有不测风云，就在她如日中天之时，她的运气急转直下，迅速成为最不受欢迎的人。乾隆三十年（1765 年）正月，乾隆帝第四次南巡，皇太后、皇后跟随，到杭州的时候，皇帝忽然传出话来，皇后成为最讨厌的人，她被迫提前回京。

为什么她会被勒令提前返回？皇太后讨厌她。皇太后说她不孝顺，在太后面前举动失常。另外，皇帝也不满意她，有人说皇帝和皇后两口子大打出手，皇帝还打了皇后，皇后一气之下没有忍住，竟然将自己的一头秀发剪去，惊呆了在场所有的人，也激怒了皇太后和乾隆皇帝。

现在看来，皇后失控的举动就是剪发，怎么剪发会这么激怒皇帝母子呢？原来，这是满族人最忌讳的事了。他们在关外的时候，实行殉葬制度，可是入关后，觉得殉葬太残酷，就废除了殉葬制度，而以发代头，用剪头发的形式表明孝心。这次，由于话不投机，皇后居然剪掉头发，等于在诅咒皇太后或皇帝早死。皇太后悔恨交加，当初不该推荐这个女人做中宫皇后；乾隆帝悔恨自己出去旅游就不该带着这个女人，真是扫兴。

那么，究竟什么事刺激了皇后，使她愤然剪发呢？有三种说法。

一说乾隆风流，激怒了皇后。这是野史的说法。说乾隆一行到杭州后，乾隆帝与宫外的女人勾搭。于是有人告诉皇后，皇后便用家法宫规的形式，力劝乾隆帝改过收心。乾隆帝不依她，反而变本加厉，于是皇后失控剪发。

一说皇后疯了，对太后不孝顺。这是乾隆帝的说法。乾隆对外界公布，皇后在南巡途中，突然疯了，胡言乱语，不能再跟随了。因而，乾隆帝命令额驸福隆安护送她，提前回北京了。这年皇后 48 岁，正是更年期，突然胡言乱语，看起来有点道理。

一说乾隆另立新欢，激怒了皇后。这个新欢就是我们《还珠格格》里面的令妃，这种说法没有得到乾隆帝的认可，却在乾隆四十一年（1776 年）的一份军机处档案中被披露出来。当年，有一个小人物叫严譄，他委托大学士舒赫德给乾隆上折子，要乾隆立后、立储、纳谏等等，乾隆大怒，严审严譄。严譄才说出十年前那起震动朝野的那拉皇后的案子，他的话，道出了那拉皇后失控剪发的原因，是乾隆帝要强行另立新欢，这个新欢就是令妃。我们查阅了一下档案，果然如此，就在那拉皇后被打入冷宫的时候，令妃晋升为皇贵妃，主持后宫事务。

那拉皇后失控剪发，看来真的大有隐情。

并不贤惠的令妃

看《还珠格格》的时候，认识了一位贤淑女性。她年轻漂亮，她善解人意，心地善良，上上下下都喜欢她。这个万人迷就是乾隆帝的令妃魏佳氏。

令妃出身寒微，父亲是一个五品衔的管领，还是一个包衣。这样的出身，在宫廷里面实在是太寒酸了。她入宫的时候，极有可能就是地位低下的宫女，而在一个很偶然的机会，成了乾隆帝的嫔御。身份低下，却能获得上下一致认可，说明她机灵，善于察言观色，善于揣摩人的心理。

太后喜欢她。由于令妃出身低下，见到太后，会有一种诚惶诚恐的表情。同时，由于她是皇帝的低级嫔御，卑下的封号，会使她在太后面前毕恭毕敬，侍奉太后会很得体，很周到。太后就喜欢这样的儿媳妇，谁不喜欢听话而又侍奉周到的人？

皇帝喜欢她。乾隆帝非常喜欢令妃，是有原因的。一是年龄合适，她比乾隆帝小 16 岁，这个年龄的女人乾隆帝太喜欢了，既懂得风情，又年轻漂亮。二是性格温柔，令妃在乾隆帝面前肯定是非常温柔的，乾隆在多个场合一再说令妃是一个“柔嘉”的女人。看来是令妃的年龄和温柔打动了乾隆帝。得到乾隆帝的喜爱，收获肯定不小。

一是封号一路飙升。魏佳氏初入宫的时候，仅是一个地位低下的贵人。经过努力，封号稳步上升：乾隆十年（1745 年），被封为令嫔；乾隆十四年（1749 年），晋升为令妃；乾隆二十四年（1759 年），晋升为令贵妃；乾隆三十年（1765 年），晋升为令皇贵妃。最后，她的封号已经是最高的了，因为到乾隆三十年（1765 年），她晋封为皇贵妃的时候，皇后在第二年去世，那么，直到乾隆四十年（1775 年）魏佳氏去世，这 10 年的光景，后宫之中没有皇后，她就是宫中的老大。

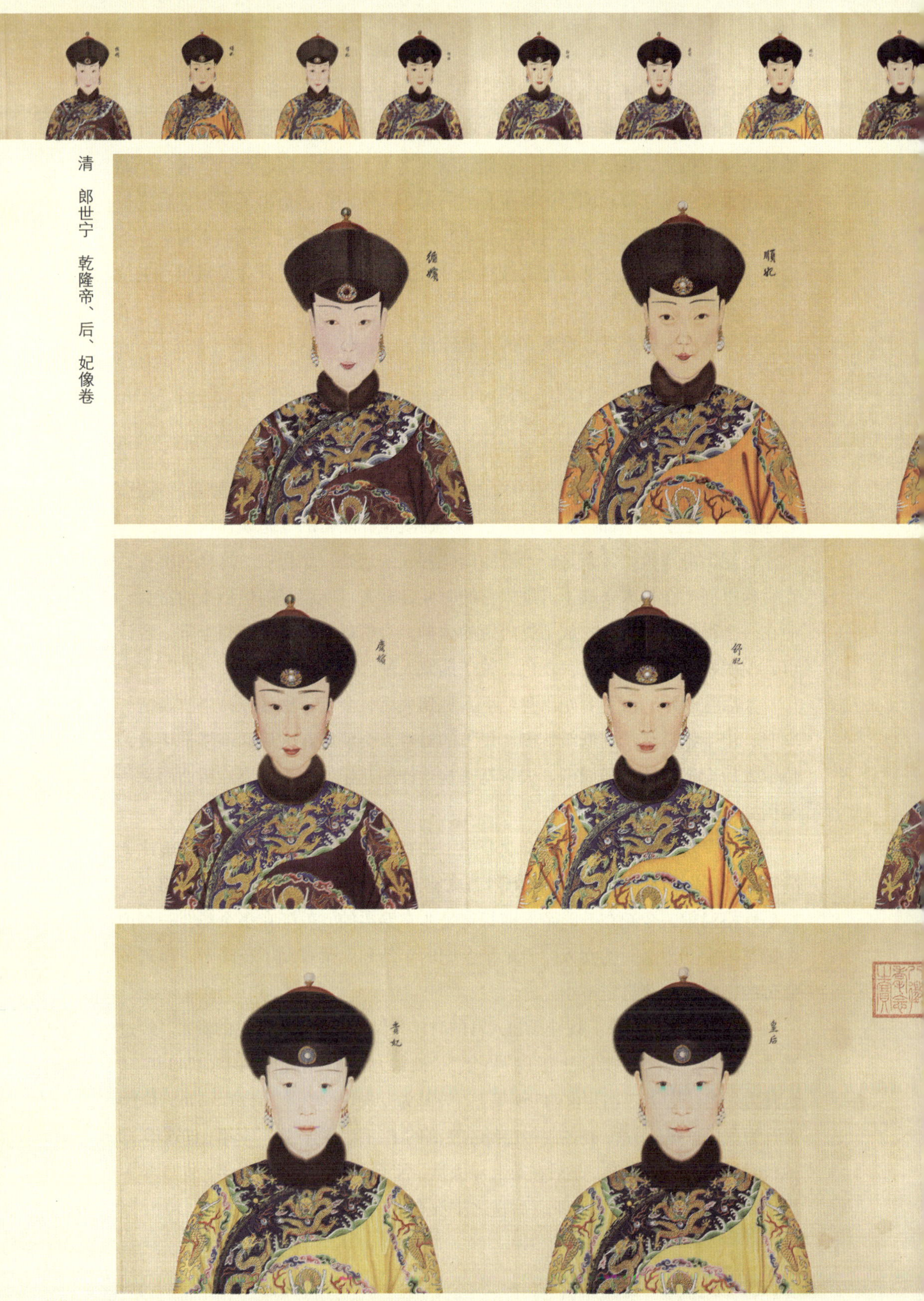

清 郎世宁 乾隆帝、后、妃像卷

愉妃
忻嫔
颖嫔
令妃
嘉妃
纯妃
乾隆元年八月吉日

二是宠冠后宫。宠冠后宫的标志就是，魏佳氏与乾隆帝生育了6个孩子。乾隆帝的后宫，妃嫔成群，也有更为年轻的女子，只有她和乾隆帝生育最多，说明乾隆还是很宠爱她的。我们看看她的生育情况：乾隆二十一年（1756年），生皇七女；乾隆二十二年（1757年），生十四子永璐；乾隆二十三年（1758年），生皇九女；乾隆二十五年（1760年），生十五子颙琰；乾隆二十七年（1762年），生皇十六子；乾隆三十一年（1766年），生十七子永璘。我们从魏佳氏生育的年份看，从乾隆二十一年（1756年）开始，乾隆帝46岁，魏佳氏30岁，一直到乾隆三十一年（1766年），乾隆帝56岁，魏佳氏40岁，他们之间保持了10年的生育期，也就是在这10年里，魏佳氏最为得宠，这在宫中十分难得。可以看出，在这段时间里，魏佳氏宠冠后宫，是乾隆帝在这段时间里最爱的女人。

但是，这个女人是有问题的，她是踩着别人的肩膀上去的。首先，她乘人之危，看着那拉皇后接近50岁，年老色衰，皇帝不太喜欢，不是善意劝导皇帝，而是有意调唆，其中，也包括在太后面前，趁着皇后更年期的时候，调唆关系，使得帝后之间、婆媳之间关系紧张。其次，她挑起宫斗，鼓动太后晋封自己为皇贵妃，同时，唆使皇帝玉成此事。其实，她心里清楚，按照大清家法，只要中宫皇后健在，是不会轻易册封皇贵妃的，理由很简单，免得皇后有压力。可她明知山有虎，偏向虎山行。就在乾隆三十年（1765年）春季南方旅行途中，她提出了此事，致使皇后失去理智，酿成事端。之后，皇后被打入冷宫，令妃如期晋封为皇贵妃，她在宫斗中大获全胜。

可以说这个万人迷令妃以她机灵、漂亮的外表，迷惑了太后，迷惑了乾隆皇帝，也迷惑了琼瑶阿姨，其实，她并不贤惠。

香妃真相

清代妃嫔中，最具传奇色彩的就数香妃了，这个女子名气非常大。为什么呢？因为香妃身上有很多难解谜团。不妨来看一下。

第一，入宫之谜。香妃入宫的时间是乾隆二十五年（1760年），这一年她已经27岁了。这很奇怪，一般来讲，那个时代的女子在十二三岁就已经结婚了，像努尔哈赤的大妃阿巴亥12岁进宫，孝庄13岁进宫，而香妃27岁进宫，有点匪夷所思。有人说她是叛乱头目霍集占的王妃，乾隆帝仰慕她的容貌，命令大将军兆惠把她带进宫中。其实，香妃是她的哥哥图尔都带进宫的。

第二，名号之谜。“香妃”这个名号，其实根本不存在。我们遍查清宫档案，官方资料中根本没有香妃之名。那么，这个名字究竟是怎么来的呢？在现存史料中最早用到“香妃”之名的是一个叫萧雄的人，在其诗作《西疆杂述诗》中有“香娘娘”三个字，时间是光绪十八年（1892 年）。在此之前，从来没有这个说法。但当时香妃之名没有火起来。真正叫响这个名号，是在民国年间，香妃和清初三大疑案一样，迅速蹿红。经过考证，香妃就是乾隆帝的容妃。

清　无款油画像框（香妃）

第三，死因之谜。电视剧中说香妃是被太后赐死的，因为香妃性格暴烈，不顺从乾隆帝，皇太后担心皇帝有危险，便赐死了她。根据清宫档案，香妃在宫中很得宠，乾隆帝特许她穿回族朝服，还给她准备了小食堂，回民厨师努尼马特给她特创了两道菜：古伦杞和嫡菲亚则，她的民族信仰得到了充分尊重。乾隆帝出巡的时候，还经常带着香妃。到香妃晚年，当庆贵妃、令懿皇贵妃去世之后，香妃的排位已经很靠前了。乾隆五十三年（1788 年），香妃病逝，终年 55 岁。

第四，葬地之谜。一直以来，香妃葬地有三种说法。一说新疆喀什，其实那是建于明崇祯十三年（1640 年）的香妃家族墓，香妃既为皇帝妃嫔，死后就不会回到娘家墓地，那里至多有香妃的衣冠冢，不会是香妃的葬地。第二种说法是北京陶然亭，这种说法没有任何依据。第三种就是遵化的裕妃园寝，这里是乾隆的妃子墓地，香妃就葬在第二排的东边第一个宝顶下面。

第五，体香之谜。有一种说法叫“玉容未近，而香气袭人”，说的就是这个香妃，说她的身体能够释放特殊的香味来。1979 年 10 月 2 日，香妃墓地宫塌陷，经批准，进行清理。研究人员对香妃的头骨、体骨、肢骨经过科学检测，发现她是维吾尔族人，血型为 O 型，她的身体不能发出香味。至此，香妃体香之谜揭开。

第六，画像之谜。到目前为止，香妃的画像满天飞，有旗装像、洋装像、戎装像、容妃神像、威弧获鹿、宝月尝荔等。据考证，这些画像大部分是假的。只有容妃神像和威弧获鹿画的是真正的香妃。

嘉庆帝

嘉庆帝的怨妇

这个“怨妇”说的就是嘉庆帝的嫡后喜塔拉氏，也就是嘉庆帝的第一个中宫皇后，死后称为孝淑皇后。要说这个女人的一生，过得应该是非常不错的。

一是不错的家境。喜塔拉氏出生于官宦人家，她的父亲和尔经额是总管内务府大臣、副都统。所以，喜塔拉氏家里很富裕，什么也不缺，她过着优裕的富家小姐生活。

二是她幸运入宫。乾隆三十九年（1774 年），就在嘉庆刚刚被册立为皇太子还不到半年时，乾隆帝就给儿子指婚，这一年嘉庆刚刚 14 岁。乾隆帝相中了服务于内务府的和尔经额的女儿。和尔经额谢天谢地，谁不知道乾隆帝非常宠爱令妃啊，当年，她挑起宫斗，打败了中宫皇后乌喇那拉氏，成为皇贵妃，主持后宫事务，这个嘉庆就是她所生的皇子，由于乾隆宠爱她们母子，嘉庆极有可能继位，这样，自己岂不成了国丈。所以，和尔经额高兴，喜塔拉氏高兴，全家人都为这门婚事高兴。

更让喜塔拉氏和她的家人兴奋不已的还在后面呢，婚后六年，她居然连生三个子女：乾隆四十五年（1780 年）生一个公主，乾隆四十七年（1782 年）生旻宁（即后来的道光帝），乾隆四十九年（1784 年）又生一个公主。五年生三个，可见她很得宠爱，肚子也很争气；尤其是乾隆四十七年（1782 年）出生的道光，小皇子大庭饱满，地阁方圆，嘉庆和乾隆都很喜欢。所以，喜塔拉氏心里美滋滋的，觉得自己是世界上最幸福的女人了，很快会成为皇后，并且

清　佚名　孝淑睿皇后朝服像

清　道光元年　孝淑睿皇后上尊谥碧玉册

清　道光三十年　“孝淑睿皇后”青玉册

想着册封为皇后的壮观场面了。

可喜塔拉氏做梦都没有想到，接下来，她的前途出了问题，让她几乎透不过气来。

一个是不许颁发恩诏。就是说皇后册封不许大赦天下。之前，不是这样的。因为皇后册封是宫中很大的事情，不仅要隆重庆祝，还要大赦天下，让普天之下的老百姓都记住是皇后给大家带来的喜庆。所以，喜塔拉氏就盼着这件事呢。可就在嘉庆继位之前，礼部官员向老皇帝乾隆请示，乾隆断然拒绝，说从今天开始，皇后册封不颁发恩诏了，真是一件意想不到的事情。不仅如此，打击一个接着一个，接下来，又发生了一件意想不到的事。

二是不搞重大庆典。皇后册封，那是大事，皇帝要郑重册封，皇后还要升宝座，接受文武百官的朝贺。更重要的是，那些六宫妃嫔都要朝拜皇后，年节都要向皇后行礼。谁都清楚，皇后那可是仅次于皇帝的主子啊。可是，老皇帝乾隆又给取消了，满怀喜庆的事情瞬间化为乌有。

喜塔拉氏真是沮丧极了，这是她万万没想到的事情。这个时候，她的内心极为灰暗，消沉极了，她太无助了。她想力争，一定要讨个说法。于是，她找嘉庆理论。让她没想到的是，老公并不给她做主。嘉庆淡然地说："一切听从父皇的吧。"喜塔拉氏愤怒之极："凭什么？！"可是，这一切都没用，她的怒火只能自我消化，没有谁会理睬她。喜塔拉氏绝望极了，她自己念叨着，这样的皇后有什么当头，这样的日子还会持续多久。果然，她坚持不住了，她病了，日渐沉重，13 个月后，喜塔拉氏黯然离世。

太上皇看中儿媳妇

在皇家，公公看上儿媳妇，这绝对是真事。乾隆皇帝对女人有自己的评判标准，他喜欢什么样的女人呢？从他对儿媳妇的态度上就能看出端倪。今天讲的是乾隆帝看上了嘉庆帝的第二任皇后钮祜禄氏。

其实，这真的是一个意外。按理，皇帝对自己儿媳妇是有要求的，什么样的女人，什么样的出身和家境，肯定有要求，也讲究门当户对。可是，清朝的皇帝，也只是关注儿子的正妻，也就是嫡福晋，以下的女人皇帝就不关心了。

但乾隆对嘉庆的婚事则是一个例外，他不仅包办了嫡福晋喜塔拉氏，还看上了另外一个女人，钮祜禄氏，特别指示让她做嘉庆帝的侧室福晋。这真是奇怪了，乾隆为什么要这么做？乾隆说出了自己的理由。

第一，出身好。乾隆说光这个姓氏我就喜欢，钮祜禄氏，满洲八大姓之一。乾隆确实喜欢这个姓氏，当年，他一继位，就给母亲改为钮祜禄氏。这个女子的父亲是开国元勋额亦都的后代，做过礼部尚书。

第二，长相端庄。这是肯定的，乾隆在秀女中一眼就看上她了。而且，乾隆认为这个女子的年龄也合适，她整比嘉庆小 16 岁。乾隆自己就喜欢这个年龄的女子。令妃就比他小 16 岁。

乾隆果然没有猜错。这个女人一入宫，就深得嘉庆喜爱，还在嘉庆继位之前，就生育了两个孩子：乾隆五十八年（1793 年）生育一个公主，乾隆六十年（1795 年）生育一个皇子。

乾隆帝退位前，遇到了一件不愉快的事情，这件事是谁干的呢？就是嘉庆帝的嫡福晋喜塔拉氏。由于乾隆下旨取消了册封喜塔拉氏正位中宫的典礼，也取消了册封皇后的大赦恩诏，引起喜塔拉氏的强烈不满，流言蜚语传到乾隆耳朵里。乾隆帝能痛快吗？还好，这个皇后很快就死了。乾隆帝余怒未消，下令不许在紫禁城内停灵，不许按照国丧办理，不许宫里披麻戴孝，皇帝批章不许用蓝笔，等等，就是用这种方式表达出自己对儿媳妇的不满意。

就在喜塔拉氏去世之后，已经是太上皇的乾隆找来儿子嘉庆帝，说出了自己的心里话："既然皇后已经去世，中宫不可久缺，赶快立一位皇后吧。"按说，这件事无需乾隆管，因为嘉庆已经继位，如果是皇子的时候，你可以说话，现在就大可不必了。可令嘉庆意外的是，他不仅要管，还提出了皇后人选，说我已经看上了一个人，就是钮祜禄氏，说她挺合适的。这真是太过分了，管到家了。乾隆帝说出了自己的理由："钮祜禄氏有两个大优点，一是伺候我好，周到，很孝顺；二是这个女人有领导才华。"

嘉庆帝想了想，既然喜塔拉氏已经过世，也没有更好的人选，就听从了太上皇的意见。

道光帝

春节期间暴亡的皇后

皇帝妃嫔成群，能够成为最爱，实在不简单。那么，这个女人是谁呢？

这个女人是钮祜禄氏，三等承恩公颐龄之女，满洲镶黄旗人。她比道光帝小 26 岁，入宫后，一度宠冠后宫，成为令人侧目的人物。之所以这么得宠，除了年龄的关系外，还有她特有的气质。钮祜禄氏“幼时随宦至苏州，明慧绝时。曾仿世俗所谓七巧板者，斫木片若干方，排成‘六合同春’四字，以为宫中新年玩具”。因为生长在苏州，江南文人气息熏染了她，使她聪明机警，心灵手巧，成为具有江南美女气质的满洲女子。一入宫，就深深吸引了道光帝。当然，钮祜禄氏也收获不小。

第一，封号直线上升。钮祜禄氏入宫后，在宫中的发展十分顺利。道光二年（1822 年），晋封为全嫔，年 15 岁；道光三年，晋封为全妃，年 16 岁；道光五年，晋封为全贵妃，年 18 岁；道光十三年（1833 年），晋封为全皇贵妃，年 26 岁；道光十四年（1834 年），册立为皇后，年 27 岁。至此，钮祜禄氏仅仅用 12 年的时间，就将自己的封号晋封到山顶。尤其是道光十四年（1834 年），被晋封为中宫皇后，

清　道光三十年　孝全成皇后青玉册

清　佚名　宣宗孝全成皇后朝服像轴

清　佚名　清宣宗孝穆成皇后朝服像

清　道光三十年　孝穆成皇后碧玉册

距离她的前任皇后孝慎成皇后去世，仅仅过去了18个月，而清朝家法规定，皇后丧事为国丧，要过27个月，钮祜禄氏才可以晋封为皇后，提前了9个月的时间，这是一种特殊的恩宠吧。

第二，不错的生育状况。道光五年（1825年），钮祜禄氏生下第一个孩子三公主。当年夏天，她再次怀孕，第二年，即道光六年（1826年），生下四公主。密集的生育，说明她在道光帝心目中的地位。尤其是道光十一年（1831年），全贵妃生下皇四子奕詝，也是道光帝的长子，母以子贵，地位日隆。

可是，天有不测风云，幸福的时光很快过去。道光二十年（1840年）正月十一日，正当人们欢度春节之际，钮祜禄氏却突然离世，暴亡于宫中。皇后暴亡，年仅33岁，可谓英年早逝。

关于皇后之死，有一种普遍的说法，那就是钮祜禄氏利令智昏，获大罪。第一，干预朝政。钮祜禄氏干政，在历史上是有记载的。她曾经与宗室禧恩勾结："禧恩自道光初被恩眷，及孝全皇后被选入宫，家故寒素，赖其资助，遂益用事。"（《清史稿》）钮祜禄氏家族得到禧恩的资助，当然不会白拿人家的银子。于是，内外勾结，禧恩在钮祜禄氏的关照下，成为道光朝炙手可热的人物。第二，毒害奕䜣。《清宫词》中有"如意多因少小怜，蚁杯鸩毒兆当筵"之句，大概讲的是，钮祜禄氏为了保证自己的儿子做皇太子，做了糊涂事，企图下毒，毒死最有竞争力的皇六子奕䜣，奕䜣生母为静贵妃。奕䜣、奕詝为同父异母兄弟。

由于这两条大罪，使得钮祜禄氏最终走上了不归路。那么，是谁处死了她呢？一般认为是她的婆婆孝和太后。关于钮祜禄氏被婆婆治死，有两种说法。

一是被逼自杀。钮祜禄氏获罪，据传孝和太后使用家法，传旨皇后，要她自尽。可是，孝全皇后不想死，太后便指使宫女在皇后门前日夜哭泣，逼得孝全皇后走投无路，投缳自尽。

二是道光帝残忍地杀害了她。《清稗类钞》记载："道光中，某夜，宣宗在乾清宫，盛怒，厉声呵斥，立召值班侍卫王某入宫门，授以宝刀，令一宫监带至某宫第几室，于床上取一宫眷首覆命，不知其为何事也。”这个女人究竟是谁？为什么会被道光帝如此残忍地杀害？猜想一下，钮祜禄氏果真做出有碍皇家子嗣的事情来，道光帝一翻脸，把她处死的可能性是很大的。

大家看，钮祜禄氏由最受宠爱到被杀害，之间的反差多大啊。可见，伴君如伴虎，危险随时都有可能发生。

白瞎了辛苦的静贵妃

静贵妃博尔济吉特氏，蒙古族。道光帝喜欢这个小女人。为什么称她为“小女人”呢？

这个女人进宫的时候年龄小。静贵妃进宫的时候 14 岁，虽然符合秀女进宫的年龄，但是，道光皇帝的年龄大了，他 39 岁做皇帝，道光五年（1825 年）就 44 岁了，所以，两人相比，静贵妃比道光帝小 30 岁，在道光帝的面前，她可不就是个小孩子吗？另外，就是静贵妃出身寒微，她的父亲花郎阿那就是一个员外郎，不过是一个六七品的小官儿，这样人家出身的女儿进到宫里，不就是地位低下的小女人吗？

不过，这个小女人进宫不久，就像一颗耀眼的明星，分外抢眼。她 14 岁入宫，当年就怀孕了，第二年也就是道光六年（1826 年），她开始了第一次生育，生了一个皇子，叫“奕纲”，道光给予厚望；道光九年（1829 年），她再次生育，居然还是一个皇子，道光帝起名“奕继”，这可是带有鼓励的含义；接着过了一年，即道光十年（1830 年），她生育了一个公主；道光十二年（1832 年），她再次生育，又是一个皇子，这就是大名鼎鼎的奕䜣。大家看看，这个小女人刚刚 21 岁，就生育了 4 个孩子，其中三个皇子，一个公主，儿女双全，当然很抢眼了。

频繁生育，换来的当然是待遇的提高。道光皇帝对这个小女人太满意了，当然不会亏待她。

一是封号飞速晋升。14 岁为贵人，15 岁晋升为静嫔，16 岁晋升为静妃，22 岁晋升为静贵妃，29 岁晋升为皇贵妃，主持后宫事务。从道光二十年（1840 年）开始，一直到道光三十年（1850 年），道光帝去世，静贵妃以皇贵妃的身份，做了 10 年的后宫之主。

清　佚名　宣宗孝慎成皇后常服像

清　玉质孝慎成皇后之宝

二是委以重任。道光二十年（1840 年）正月十一日，孝全皇后钮祜禄氏突然暴亡于宫中，道光皇帝便找到静贵妃，要求她带这个年仅 10 岁的孩子，并且，一再叮嘱静贵妃，一定要不分薄厚，像对待自己亲生孩子一样，使他快乐地成长。

这个时候，静贵妃太得意了，她认为以目前的状况，自己将来做皇后肯定没问题，甚至自己还极有可能做皇太后，因为自己所生的皇六子奕䜣不仅相貌堂堂，还很有才干，皇帝也很喜欢，继承皇位应该没什么问题。于是，她等待着这一天的早日到来。

可是，道光三十年（1850 年）正月十四日，道光帝弥留之际，打开了当年秘密立储的匣子，看看谁将继承皇位呢？“皇四子奕詝立为皇太子。”就是这个结果，奕䜣只能当亲王。静贵妃简直不敢相信，这是真的吗？千真万确，现在还保留着这道谕旨呢。静贵妃五内俱焚，自己辛辛苦苦代行皇后职责，10 年的艰辛，又给他带了孩子，而且奕䜣比咸丰优秀一百倍，到头来，居然是这个结果。静贵妃伤心极了。看来，后半生的日子要看人脸色了。果然，自己辛苦带大的这个咸丰。在继位之后，恩将仇报，静贵妃母子寄人篱下，受尽了苦楚。

第一，自己受尽了窝囊气。按理，咸丰继位，就应该考虑养母的功劳，10 年的养育之恩，没功劳还有苦劳呢，晋封为皇太后理所应当，可咸丰帝迟迟不办，直到她病情加重，眼看就不行了，咸丰帝才不得不给她尊封为皇太后，可惜 7 天后她就离世了，终年 44 岁。更可气的是，养母去世后，咸丰在各个方面减杀太后丧仪。比如谥号只有 8 个字，不给太后建陵，不亲自送太后棺材，等等，都属于违制行为。

第二，儿子受尽了窝囊气。就是静贵妃的儿子奕䜣，也是咸丰的六弟。奕䜣很优秀，当年，道光在咸丰和奕䜣之间犹豫不决，最终以咸丰仁慈而立储。咸丰即位后，当养母静贵妃还在世的时候，咸丰帝不得不做出重用的姿态。可养母一去世，咸丰帝立即罢免奕䜣的重要职务，从此，奕䜣不被重用，被排除在咸丰王朝的权力核心之外，直到咸丰十一年（1861 年）七月，咸丰帝病危之际，他临终托孤，选了八位顾命大臣，都没有自己这位年轻有为的弟弟奕䜣。

到这里，大家可能看明白了，静贵妃辛辛苦苦带大的养子咸丰，并不像他父皇道光帝看到的那样善良，他对自己的养母都敢于违制，做出不孝顺的事情来，实在不算是一个孝顺的儿子。

咸丰帝后妃：慈禧（上）

出生地之谜

近年来，不知道出于什么心态，好多地方都说慈禧出生在自己的家乡。慈禧出生地出现了多种版本。那么，慈禧太后到底出生在哪里呢?

一说慈禧出生在山西长治。这种说法非常奇怪，1989 年，山西长治市方志办刘奇在《长治日报》发文《慈禧太后是长治人》，列举了好多证据，说明慈禧出生在山西长治。更有趣的是，说慈禧不是满族而是汉族。她出生在一个王姓的贫寒之家，取名叫王小慊，4 岁时，家境贫寒，母亲又病逝，被卖给家境殷实的宋家，改名叫宋玲娥，不料她 11 岁那年，宋家遭难，她又被卖给了潞安府的知府惠征家做丫头，改姓叶赫那拉。

二说慈禧出生在安徽芜湖。这种说法很广泛，我们看过《火烧圆明园》，里面描述了慈禧刚一进宫的时候，由于封号低，无法接近咸丰帝，便以一首南方小曲吸引了皇帝。由此，咸丰帝日夜召幸，怀孕生子。所以，人们津津乐道，说慈禧出生在安徽芜湖，其时，慈禧的父亲惠征正在安徽做官，是宁池太广道的道员。慈禧既然出生在南方，便非常熟悉南方小调，歌喉婉转，动人心弦。

三说慈禧出生在内蒙古呼和浩特市。慈禧的父亲惠征确实在道光二十九年（1849 年）任职山西归绥道，也就是今天的内蒙古呼和浩特市。更加让人感到离奇的是，今天，在呼和浩特市还有“落凤街”，更有人绘声绘色地说出慈禧当年的保姆是谁，像真的一样。

清　佚名　孝钦显皇后（慈禧）朝服像

后妃册宝钥匙牌（慈禧、慈安）

四说慈禧出生在浙江乍浦。这种说法是在官媒出现的，1993 年 8 月 22 日的《人民日报》报道了慈禧出生地，说道光十五年（1835 年）至十八年（1838 年）间，慈禧的父亲惠征被外放到浙江乍浦为骁骑校尉，是一介武官。而实际上，慈禧恰恰出生在道光十五年（1835 年）。

五说慈禧出生在北京。这种说法首先考证了慈禧的母亲是佟佳氏，她母亲是满族人。她的父亲惠征一直在北京任职，由吏部笔帖式做起，到主事，到员外郎，到郎中，到监督，道光二十九年（1849 年）外放到山西归绥道任道员，咸丰二年（1852 年），调任安徽宁池太广道任道员。不久，太平天国攻克武汉，危及安徽，惠征带着粮饷印信，弃城脱逃。说来说去，这与慈禧有什么关系呢？专家们进一步论证，在道光二十九年（1849 年）之前，惠征一直在北京任职，没有离开过京师。直到道光二十九年（1849 年）四月，才被外放为四品道员。

这样，依据档案记载，慈禧出生在北京是毫无疑问的。那么，她究竟住在哪里呢？一份档案记载，慈禧的娘家是咸丰帝赏的宅院，地点是西四牌楼劈柴胡同。

这样看来，关于慈禧的出生地要做一个结论了。山西长治说靠不住，故事性很强，但是没有史料做支持；浙江乍浦说靠不住，慈禧的父亲没有做武职骁骑校尉的经历，他一直是文职；内蒙古呼和浩特市的落凤街一说也靠不住；至于安徽芜湖说，则与慈禧出生的时间对不上，这个时候，惠征在安徽任职没错，不过慈禧已经入宫了，而不是刚刚出生。所以，说来说去，慈禧还是出生在北京，具体地点是西四牌楼的劈柴胡同。

过河拆桥

慈禧喜欢过河拆桥。这对于普通人来说，都是一个非常不好的习惯，对大权在握的慈禧太后来讲，就更不好了，这让很多曾经为她卖命的人胆寒。举几个例子。

胜保是一介武将，字克斋，苏完瓜尔佳氏，满洲镶白旗人，咸丰十一年（1861 年），擢兵部侍郎，骁勇善战。咸丰十一年（1861 年），对胜保是一个关键的年份。咸丰帝去世，小皇帝载淳以及慈安、慈禧两宫皇太后受制于掌权的载垣、端华、肃顺等八大臣。胜保立即上书：“昌言将入清君侧，肃顺等颇忌惮之。”胜保明确表示了自己的立场，坚决支持慈禧太后执掌大权，公开支持太后垂帘听政。这对于渴望权力的慈禧来说太重要了，因为胜保手握兵权，属于实力派。所以，慈禧太后发动政变就成功，胜保功不可没。开始的时候，慈禧还是感激这个大功臣的，同治二年（1863 年）授钦差大臣，督办陕西军务，委以重任。后来，慈禧得到密报，说胜保居功自傲，有不法行为。更重要的是胜保自恃在政变中立有功绩，散播内部机密。所以，慈禧认为胜保已经由功臣变成了心腹大患，想除掉他。这年十二月初四日，慈禧密诏多隆阿率部前往陕西，以“讳败为胜，捏报战功，挟制朝廷”等多条罪状，将其治罪，押送回京，次年七月令其自尽。

恭亲王奕䜣。奕䜣是慈禧的小叔子，对慈禧来讲，奕䜣最重要。咸丰帝病逝，慈禧儿子载淳继位，慈禧急于扳倒八大臣，抢班夺权，没有人支持怎么能够成功呢？其中，最得力的支持者，就是奕䜣。奕䜣在承德就与慈禧密谋，准

慈禧画像

慈禧皇太后之宝

备发动政变，奕䜣告诉慈禧，要想制服八大臣，必须回到北京才能进行。所以，整个政变过程，在奕䜣的精心谋划下，有条不紊地进行，最终，慈禧和奕䜣胜利。慈禧为了回报奕䜣，封他为议政王，并食亲王双俸。可这种局面仅仅维持了4年时间，后来慈禧觉得奕䜣妨碍了自己专权，就开始找借口，准备踢开奕䜣。终于，她利用蔡寿祺的奏折，指责奕䜣贪墨、骄盈、揽权、徇私，要拿奕䜣开刀了。经过一番激烈的角逐，最终奕䜣不得不向慈禧屈服，跪在那里痛哭流涕，表示悔罪，才被允许进入军机处，不过他的议政王头衔还是被拿下了。这次斗争给了春风得意的恭亲王以当头棒喝。之后，他们叔嫂分分合合，慈禧一步步拿掉了奕䜣手中的权力，到最后，奕䜣认识到慈禧就是一个过河拆桥，卸磨杀驴的人，对慈禧毕恭毕敬，唯命是听。

赵舒翘（1847—1901年），字展如，号琴舫，陕西长安（今西安市）人。赵舒翘幼年丧父母，由叔母董氏抚养。同治十二年（1873年）中举，翌年又中进士，光绪二十一年（1895年）升任江苏巡抚，光绪二十三年（1897年）内召入京，任刑部左侍郎兼礼部左侍郎，次年晋升为刑部尚书。光绪二十五年（1899年）升任总理各国事务衙门大臣、军机大臣兼管顺天府尹事。光绪二十五年（1899年）义和团运动爆发，清廷命赵舒翘与刚毅调查回奏，他本认为“拳匪不可恃”，但屈从大学士刚毅之意，提出“抚而用之，统以得帅，编入行伍”，以便“因势利导”的政策，慈禧太后接受了这一建议。翌年（1900年）七月，八国联军攻陷北京，赵舒翘随慈禧太后逃到西安。侵略者同清廷代表谈判时，把赵指为支持义和团的“祸首”，威逼清廷严惩赵舒翘。本来，对于慈禧来讲，赵舒翘是她很信赖的大臣，多次委以重任，并多次赏赐其绸缎、貂皮等物。尤其在戊戌变法中，赵舒翘坚决站在慈禧一边，主张对变法派的谭嗣同等人，无须审判，立即处斩，故而，深得慈禧赏识，为巩固慈禧的统治立下了大功。可这个时候，慈禧要过河拆桥了。她向侵略者交出了赵舒翘。先是交部严处，帝国主义不答应；接着，改为斩监候，还是不答应；最后，慈禧下了决心，改为斩立决；最终，慈禧给予照顾，改为令其自尽。光绪二十七年正月初三（1901年2月21日），赵吞金及砒霜均未死，监刑人、陕西巡抚岑春煊再三催逼，赵的亲眷只好以绵纸遍糊其七窍，再灌酒而闷煞，反复数次始亡。

此外，还有许多这样的人，被慈禧利用，最终又被她一脚踢开。

也好风雅

清代帝王大都好风雅，喜欢书画。慈禧作为晚清的实际统治者，喜好书画，做些风雅之事，也是情理之中的事情。慈禧喜好书画，有三个原因。

一是兴趣。兴趣一般来讲是与生俱来的。慈禧出生于官宦之家，父祖辈都是读书有功名之人，这类人都会对书画有一定的兴趣。所以，慈禧作为深闺中的女性，也会仰慕这种风雅，爱好书画也就是情理之中的事了。

二是疏解寂寞。毫无疑问，慈禧作为独裁者，比之皇帝来讲会更加寂寞。她27岁守寡，40岁丧子。如果是帝王，听政之余，回到寝宫，和自己喜爱的妃嫔娱乐，和自己的子女娱乐，是不会太寂寞的。可慈禧不同，即使她有这个能力，可以去寻欢作乐，终究不会像皇帝那样自在。所以，每当下朝，回到自己寝宫，孤独和寂寞就会包裹着她。而这个时候，练练书法，画些花鸟，是再合适不过的事情了。

三是工作需要。慈禧作为大独裁者，是不加冕的帝王，所以，她会像帝王一样，对臣下有所赏赐。其中，赏给臣下字画就是一种工作需要。尤其是春节赏赐，慈禧会把自己书写的“福”字和春联赏赐给大臣，大臣也会感到无比荣幸。

慈禧的风雅之作，大体分为两类：画作和书法。

画作。慈禧的画作很多，画牡丹、画葡萄、画梅花、画菊花、画松鹤、画桃子、画瓶插、画虫鸟等。慈禧画作的内容以祥瑞为主，反映出慈禧的内心世界，比如“海屋添寿”“灵仙祝寿”“富贵寿考”等。这些画作的顶端，会端端正正地盖上慈禧的大印，或“慈禧皇太后之宝”或“慈禧皇太后御笔之宝”。人们也正是根据这些印章，判断是慈禧的画作。

书法。慈禧的书法也很多，《清宫遗闻》记载，光绪中叶以后，慈禧喜欢做“擘窠大字”，字体非常大。主要有“福”“寿”“龙”“凤”“美意”等。这些字同样反映出慈禧的内心世界。她喜欢这些字，写好这些字之后，赏给王公大臣。但这些字那么大，慈禧怎么能够完成呢？慈禧想了个办法，找人代笔。下旨从全国找女画家进宫服务。缪嘉蕙就应选进宫。

缪嘉蕙，字素筠，1841年出生于昆明一个书香世家。缪嘉蕙自幼习书画，

慈禧太后御笔画

由于训练有素，勤奋好学，才华过人，年轻时她便已在云南、四川一带小有名气。其作品笔墨清新，设色典雅，形神毕肖，尤以花鸟工笔画为佳；她也工小楷，字迹秀拔刚健，超凡脱俗。缪嘉蕙15岁时嫁给昆明人陈瑞并随陈瑞到四川做官。可惜陈瑞在缪嘉蕙怀孕之际便去世了，留下缪嘉蕙回到昆明娘家生下孩子，靠卖画抚育幼子。后来云南爆发了起义，为避战乱，缪嘉蕙迁往四川，投靠在四川西充做官的哥哥缪嘉玉。在四川，缪嘉蕙仍以卖画为生。大约1889年，慈禧下诏各省选送女画家入宫，缪嘉蕙得以入选进宫。缪嘉蕙于48岁进宫，慈禧对其钟爱有加，经常和她一起研究探讨绘画技巧，缪嘉蕙也是极尽心力教授，慈禧大有长进。慈禧令其居储秀宫，除封其为御廷女官，年俸白银两千八百两，还免其跪拜大礼。后又升为三品女官，追加白银一万两，并赐红翎一顶。缪嘉蕙日日勤奋绘画，除教慈禧绘画，主要是代慈禧作画，以花鸟画为主，也画山水、人物及扇面等。缪嘉蕙在皇宫中待了19年，1908年慈禧去世后离开皇宫，1918年，缪嘉蕙在北京去世，享年77岁。

慈禧的书画水平，专家认为并不高。尽管如此，我们从慈禧的画作和书法中，仍能看到慈禧性格的另一面，这是研究慈禧的宝贵实物资料。

咸丰帝后妃（下）

慈安暴亡真相

清宫有一大疑案，那就是“慈安暴亡”。对这个疑案，先看看民间和野史怎么说。野史认为，慈安是被慈禧害死的。这符合逻辑，因为慈安暴亡前，慈禧和慈安之间发生了几次不愉快的事情。

一次是同治八年（1869 年）七月，慈安和恭亲王奕䜣联手，处死了慈禧的宠监安德海。安德海是慈禧的总管太监，与慈禧之间关系极为密切，尤其是辛酉政变期间，安德海立有功绩，慈禧越发宠信他。而安德海也借此飞扬跋扈，就连同治皇帝也不放在眼中，因而朝野内外，都恨他。同治八年（1869 年），安德海请求慈禧安排他去南方采办龙衣。慈安紧紧抓住这个有利时机（太监不许出宫），与奕䜣商量，令山东巡抚丁宝桢处死了安德海。这无疑与慈禧结了仇怨。

一次是慈禧风流被抓。慈禧 27 岁守寡，寂寞难耐，太监李莲英看在眼里，便想法给她解闷儿。有一天，李莲英借着一个机会，令琉璃厂的一个长相俊美的厨子给慈禧送外卖，慈禧一见果然喜欢，便留宿过夜。这个厨子被留宿了近一个月时间。有一天，正当二人玩耍之时，被前来探视的慈安撞见。慈安大怒，要动用家法处置慈禧。

事情也很凑巧，慈安去世的时候，朝野内外发出很意外的声音。比如军机大臣左宗棠、太医薛福辰都大惊失色。薛福辰说：“天地间乃竟有此事，吾尚可在此乎？！”连御医都这样说，看来慈禧害死慈安，似乎成了铁案。那么，真相究竟如何呢？还是要依据史料说话。历史资料表明，慈安身体真的很有问

清　玉质“慈安端裕皇太后之宝”

清　同治十一年　“上慈安皇太后徽号”玉册

题，她曾经有过三次发病经历。

第一次是同治二年（1863年）二月初九，这天，慈安突然晕厥，倒在地上，不能言语。这次病的时间很长，前后长达24天，才得以痊愈。不过，这次病症，并没有引起足够的重视。这一年，慈安28岁。

第二次是同治八年（1869年）十二月初四，这天，慈安旧病复发，而且，比上次更严重了。资料记载，此次慈安晕厥过去，时间长达一个小时，才苏醒过来。当时，慈安不省人事，四肢冰冷。不过这次，仍然没有引起足够的重视，因为慈安并没有请御医进行根本性的诊断和治疗。

第三次就是光绪七年（1881年）三月了。这次发病，没有任何征兆，三月初九，慈安还在召见军机大臣。据左宗棠回忆，慈安问答如常，只是两颊有点儿赤红而已。第二天，也就是三月初十，慈安暴亡。终年45岁。

由此，专家判断，慈安死于心脑血管疾病。这种病发病有两个特点：一是一次比一次严重，二是病发前征兆不明显。由此看来，慈安极有可能死于脑出血，前两次没有及时对症治疗，再加上政务繁忙，用脑过度，第三次发病就再也没有苏醒过来。

当然，我们并不能排除慈安被慈禧害死的可能性，但我们要实事求是地下结论，不能武断。

慈禧怕咸丰

慈禧很霸道，她曾经说过："谁要我一时不痛快，我就叫他一世不痛快。"所以，经过几次较量，心狠手辣的慈禧一次次杀人，一次次清除政敌，可能很多人都认为，所有人都怕慈禧，慈禧不怕任何人。实际上，慈禧也有怕的人，而且她终生都怕这个人，那就是她的老公咸丰帝。史料有这方面的记录。

第一次是光绪二十年（1894年），慈禧就珍妃事件说话。珍妃由于卖官鬻爵，被慈禧抓到了把柄，因而动用家法，暴打珍妃。慈禧就说："从来后妃不许干政，珍妃大胆，竟敢卖官肥己。"不过，慈禧说这通话，内心也有顾虑，她担心别人背后议论，说她不正在干预朝政吗？于是她这样说道："我18岁入宫，认真服侍文宗皇帝，丝毫不敢干政，我站在他旁边伺候，目不斜视，都不敢乱看。后来，文宗皇帝政务繁忙，尤其是军报堆积如山。文宗皇帝忙不过来，要我给他分分类，他看着好方便，仅此而已。”不过慈禧觉得这段话没说透，她接着说：“虽然仅仅是分类，但我在这些活动中，也增长了不少见识。”言外之意，今天我垂帘听政是有很足够的功底的。大家看看，慈禧批评珍妃的同时，并没有忘记抬高自己。

第二次就是咸丰十一年（1861 年），肃顺眼看着咸丰帝的身体一天不如一天，而且，将来咸丰帝一旦驾崩，继位的只有这个年仅 6 岁的载淳了。肃顺很担忧，怕将来会出大事。什么事呢？他秘密拜见咸丰帝，阐明自己的观点，一定要心狠，不然局面不好收拾。要学汉武大帝，当年汉武帝立年幼的如意为太子，就把他年轻漂亮的母亲钩弋夫人杀掉了。当有人问到原因的时候，汉武帝回答：“子少母壮，将来定会祸乱国家。”肃顺认为目前的状况和汉武帝时期一样，一定要杀掉载淳的生母慈禧。但是，咸丰帝不是汉武大帝，他非常善良，怕杀死慈禧，儿子成了孤儿，那多可怜啊。所以，他没有痛下决心。他安排了八位大臣辅政，也给了慈安一些权力，以防慈禧专权干政。但他的如意算盘打错了。但不管怎样，慈禧当时是吓坏了，她非常害怕咸丰帝会杀掉她。

第三次是咸丰帝去世之后的事了。资料记载，每当咸丰帝生辰这天，也就是六月初九，和忌辰七月十七日，即咸丰帝去世这天，慈禧都要隆重准备，先是吃斋，后是素服，接着是下跪，跪在咸丰帝的画像和神牌面前，双手合十，念叨一番。每年都这样，从不间断，宫里宫外的人们都知道，这两个大日子不要打搅慈禧，她一定要隆重祭奠，风雨无阻。

由此可见，这个掌管晚清朝政长达近半个世纪的慈禧太后，也有惧怕的人，那就是她的老公咸丰帝，即使他已经去世多年，也是如此。

丽妃真相

有一部电影叫《垂帘听政》，里面有一个非常恐怖的镜头：咸丰帝去世后，慈禧上台执政，咸丰帝非常宠爱的丽妃倒霉了，慈禧狠狠地折磨她，砍掉了她的手和脚，把她做成了“人彘”，然后扔进猪圈里，在痛苦中死去。这是真的吗？明辨真相前，先了解“人彘”的真正含义。

人彘源于西汉宫廷。刘邦死后，吕后专制，她极其残忍地迫害曾经非常得宠的戚夫人，砍掉她的手和脚，挖去她的双眼，熏聋她的耳朵，毒哑她的喉咙，然后，把她扔进猪圈，这就是所谓的“人彘”。电影中把这段西汉宫廷历史演绎到了丽妃身上，那么，历史上真正的丽妃是怎样的呢？

资料显示，丽妃和慈禧年纪差不多。她比慈禧小两岁，同时选秀女，同时入宫，自然年轻的丽妃会占优势。丽妃比慈禧更漂亮，慈禧皮肤并不细腻，还有些粗糙，这远远比不上细腻诱人的丽妃。

果然，同时入宫的两个女子，一个被封丽贵人，一个被封兰贵人，两个贵人中，丽贵人更加吸引咸丰帝。进宫后丽贵人先于兰贵人一年怀孕，咸丰四年（1854 年）怀孕，咸丰五年（1855 年）生下个公主，这是咸丰帝第一次做父亲，因而非常高兴，生下公主后三天，咸丰就晋升她为丽妃，这比兰贵人慈禧晋升早了一年时间。

按照这样的逻辑演绎下去，丽妃和戚夫人真有可能有相似的结局，被做成“人彘”。然而，慈禧毕竟不是吕后，丽妃不但没有被制成“人彘”，反而得到慈禧特殊的关照。

一是破格晋升封号。咸丰帝一去世，同治帝继位，慈禧垂帘听政，特别关照丽妃，晋封她为“皇考丽皇贵妃”。这让丽妃感激涕零，由一名普通的妃子，一跃而升为皇贵妃，跨过贵妃的等级，实在让她意想不到。而且，自己没有生育皇子，封为皇贵妃已经到顶了，不能再晋封了。同治十三年（1874 年）十一月，再次被晋封为“皇贵太妃”，可见慈禧对丽妃并不差。

二是她的女儿得到特别关照。丽妃生的公主，是咸丰帝唯一的公主，所以，慈禧很关照她。同治五年（1866 年），慈禧亲自安排这个公主的终身大事，给她找了个好人家，是一等雄勇公苻珍，苻珍出身名门，很得慈禧信任。还不只这些，大公主出嫁后，慈禧仍然想着她，在同治九年（1870 年）晋封她为荣安固伦公主。按清朝典制，只有皇后所生之女才可封为固伦公主，而丽妃不过是一个妃子，她的女儿却可以受封固伦公主，这完全得益于慈禧的照顾。

三是提高丽妃在陵寝中的地位。在咸丰帝的妃子墓中，埋葬了咸丰帝的 15 位妃嫔。这座妃子墓地分三排，共 15 个宝顶。其中，丽妃在第一排最中间，这也是慈禧特别关照的。

由此可见，咸丰帝去世之后，丽妃非但没受到慈禧处置，反而得到了特别关照，这就是历史真相。

清 女性礼袍

同治帝

婆媳失和

民间经常会有婆媳失和的事情发生，而皇家后宫也存在这样的矛盾。有清一代，同治朝的婆媳失和最为明显。为什么会这样？因为同治帝有一个厉害的妈，不管谁做她的儿媳妇都会出现这种状况。具体看看，这对婆媳之间发生了什么。

不祥的身世。同治帝的皇后阿鲁特氏是蒙古族，父亲崇绮为尚书，按说已经很有身份了。可阿鲁特氏还有一个特殊的身份，那就是她是郑亲王端华的外孙女。这可就非同小可了，这个端华是慈禧的死敌，当年咸丰帝去世，临终托孤的八位大臣里面，端华位居第二，与慈禧有着切齿仇恨。所以，政变之后，慈禧下旨处死了这个亲王。命运开了个玩笑，多年后，端华的外孙女阿鲁特氏竟然进宫，成了慈禧的儿媳妇。所以，阿鲁特氏一进宫，就有一种不祥的预感。

不好的开端。同治帝与阿鲁特氏的婚姻，开头就不好，不仅阿鲁特氏的身世大触慈禧的霉头，更让慈禧不安的还在后头。我们知道，当时是两宫太后慈安和慈禧垂帘听政，而慈安地位高于慈禧，所以这件事还要先听听慈安的意见。让慈禧大为失望的是，慈安非常喜欢阿鲁特氏，慈安认为，阿鲁特氏比皇帝大两岁，很合适，而且这个女人文化素质很高，等等，总之就是很满意。同治皇帝和慈安一样，也很满意。说来说去，就慈禧一人不满意。但慈禧是皇帝的妈，她不愿意，那还好得了吗？

不驯服的性格。这对婆媳失和的一个重要原因是，阿鲁特氏不驯服的性格。她敢于顶撞慈禧。举个例子，慈禧喜欢看戏，尤其喜欢看荒诞戏。慈禧看戏时，

清　佚名　穆宗孝哲毅皇后朝服像

清　玉质孝哲毅皇后之宝

清　光绪元年　“上孝哲毅皇后谥”碧玉册

需要同治帝的后妃们陪着看。阿鲁特氏不止一次陪慈禧看戏。久而久之，阿鲁特氏发现慈禧看的戏很荒谬，尤其是那些男女亲昵镜头，让她感到难为情，于是，便产生了抵触情绪。但她又不敢违逆，便把头扭过去，不看，也不附和。慈禧知道这件事之后，便对皇后产生厌恶心理，总想找机会处罚她。

不争气的老公。慈禧与阿鲁特氏婆媳失和，要想缓和，只有同治帝本人努力才可以实现，这就看他的水平了。民间也是一样，婆媳矛盾，都要儿子来调节。可慈禧和阿鲁特氏之间的矛盾，同治帝能够肩负起这个调节的重任吗？答案是否定的。慈禧对阿鲁特氏非常反感，不让同治帝去她那里过夜，阿鲁特氏是没有办法的，可同治帝不但不知道劝解母后，反而去得更多，这就让慈禧更为恼怒了。她不想把气撒在儿子身上，就把怨气全部撒在了儿媳妇身上。同治帝越是宠爱皇后，慈禧的怨气就越大。大家看看，这个同治帝根本没有能力处理婆媳矛盾，他只能激化矛盾。

慈禧与儿媳之间的矛盾，是由多种因素造成的。这本来是一般的婆媳矛盾，应该不会激化成大的事端。可是，同治十三年（1874 年）底，同治帝病逝前后，两个关键人物居然把阿鲁特氏送进死胡同。

一个是同治帝的老师李鸿藻。在同治帝临终之际，同治帝叫来最信任的老师李鸿藻，向他口授遗诏，安排接班人，同治帝征求皇后的意见，两个人心有灵犀。这种事，李鸿藻应该严守秘密，他知道怎么做对阿鲁特氏有利。可李鸿藻为了自身安全，出卖了同治帝和阿鲁特氏。慈禧大怒，阿鲁特氏遭到凌辱，计划也随之破产。

一个是阿鲁特氏的亲生父亲，就是崇绮。这个时候，女儿的处境他应该最清楚，也最担忧。阿鲁特氏也是这么想的，所以，在最关键的时候，皇后毫无主见，便潜入娘家征求父亲崇绮的意见。这个时候，崇绮据说写了一个“死”字回复女儿，结果，走投无路的阿鲁特氏自杀身亡。

这就是婆媳失和最严重的后果，阿鲁特氏惨败，慈禧获得了全胜。

没有生育的真相

作为皇帝，最重要的事情，就是择立储君，而储君来源于皇帝所生之子。皇帝要三宫六院，定期选秀女，就是为了多生皇子。这样，皇帝会有很多皇子，以备选择。我们看看清朝皇帝都生了多少子女：努尔哈赤生育 24 个子女，皇子 16 人；皇太极 25 个子女，皇子 11 人；顺治帝 15 个子女，皇子 9 人；康熙帝 55 个子女，皇子 35 人；雍正帝 14 个子女，皇子 10 人；乾隆帝 27 个子女，皇子 17 人；嘉庆帝 14 个子女，皇子 5 人；道光帝 19 个子女，皇子 9 人；咸丰帝子女 3 人，皇子 2 人。之后的清朝皇帝就再也没生育过皇子。说起来，这种尴尬事情还是从同治皇帝开始的。那么，他究竟为什么没生孩子呢？

先看看同治帝的婚姻状况。同治十一年（1872 年）二月初三，同治帝大婚，这一年他 17 岁。进宫的后妃有皇后阿鲁特氏，19 岁；慧妃富察氏，14 岁；珣嫔阿鲁特氏，16 岁；瑜嫔赫舍里氏，19 岁；瑨贵人西林觉罗氏，17 岁。大家看看，同治帝大婚的时候，有一后，一妃，二嫔，一贵人，共五位妃嫔，不少了。按理说，这个年龄的帝后妃们，正是生育的最佳时期，生育几个孩子一点儿问题都没有，可实际上，这些妃嫔们却是两腹空空，原因何在？

一是皇帝不懂事。同治皇帝真是一个长不大的孩子，康熙到他这个年龄，早就干成大事情了。他贪玩，去酒肆划拳，去琉璃厂玩，去妓院玩。据说，有一次他还碰到了大臣毛昶熙，弄得毛昶熙尴尬万状，不得不迅速逃离，还调来了大批兵丁保护皇帝，而同治皇帝极为恼火，责怪毛昶熙多事。还有资料说同治帝喜欢穿黑色衣服，微服私访，去八大胡同，干些不干不净的事情。更有传闻，说他后来不幸感染了梅毒，下体溃烂不堪，这哪像一个皇帝呢？

二是后妃宫斗厉害。同治帝的后宫一开始就充满了宫斗，皇后与慧妃之间，

载淳（同治）游艺怡情图像

慧妃与珣嫔、瑜嫔之间，到处都是矛盾。她们各有靠山，互不相让：皇后有慈安支持，慧妃有慈禧支持，争风吃醋。这让并不成熟的同治帝难以应付。所以，同治帝一想到这些，头都大了，不知道应该去哪里，似乎去哪里都有错，干脆自己独住，哪里也不去，这些妙龄的妃嫔只好孤守空房了。

三是两宫太后互不相让。从一开始，慈安与慈禧就争论不休，慈安喜欢阿鲁特氏，慈禧喜欢慧妃，这就埋下了矛盾的祸根。慈禧甚至一直鼓励慧妃，让她努力，将来生个一儿半女，就让她做皇后。而且，慈禧竟敢在同治十三年（1874 年）十一月晋封慧妃为皇贵妃，给皇后以极大的心理压力。所以，这么多的矛盾，同治帝的后妃怎么能够生育呢？

不过，也有人说，中宫皇后阿鲁特氏在同治帝去世之前，已经怀孕了。所以，同治帝临终之际，对皇后寄予厚望。当皇帝驾崩，有人建议秘不发丧，等皇后生下孩子，看看是男是女再说，如果是男孩，那自然继位；是女孩，再另做打算。但慈禧坚决不同意，她惧怕真生下男孩来，自己变成太皇太后，就不能垂帘听政了。这样，慈禧发狠，逼死了皇后。

总之，不管同治帝的后妃们出于什么原因，婚后两年多的时间，都没能生育出孩子来，对于大清皇室都是一件极为尴尬的事情，而同治帝本人则成了爱新觉罗家族的罪人。

光绪帝

最错误的婚姻

慈禧把持晚清政局达半个世纪之久，她机关算尽，在权力角逐中，很少失算。可在光绪帝身上，却屡屡失策，让她大伤脑筋。首先，失策的是错误地立了光绪做皇帝。之前讲过，光绪的性格和慈禧差不多，执拗执着，认准的事情就会坚持下去，不会改变。

其次，慈禧错误地安排了光绪帝的婚姻，这是一场迟来的大婚。本来，皇帝大婚一般是以 14 岁作为界限的，顺治帝、康熙帝都在 14 岁之前就大婚，大婚意味着成年，成年就要亲政了。所以，皇帝大婚具有双重含义。也正因为这样，嗜权如命的慈禧太后唯恐失去权力，便有意拖延光绪帝大婚时限。直到光绪帝已经 19 岁了，再也不能向后拖了，才于光绪十五年（1889 年）正月，为他举办了大婚典礼。可光绪帝的这场婚姻，注定是一场悲剧。

第一，操纵选秀。光绪十四年（1888 年），慈禧做总导演，安排了几个傀儡评委，比如荣寿固伦公主等；安排秀女位置，把自己的侄女静芬放在第一排，遥控光绪帝必须选静芬。而当光绪帝想把如意递给德馨的两个女儿时，慈禧便大声呵斥，也就是说，光绪帝的婚姻是没有自由可言的。

第二，不祥的预感。就在婚礼前 40 天的一天深夜，正当人们准备入睡之际，紫禁城内的太和门、贞度门和昭德门突然起火，迅速蔓延，火光冲天，这些砖木结构的建筑顷刻间化为废墟。距离大婚仅有一月了，这里尤其太和门是举办婚礼的重要活动场所，怎么办呢？最终按照原样大小，扎了一道太和门，为大

清　佚名　清德宗光绪孝定景皇后朝服像

清　宣统上孝定景皇后谥玉册

清　玉质孝定景皇后之宝

婚应急之用。这真是一个不祥之兆啊。

第三，并不喜欢的大表姐。慈禧选中的中宫皇后是慈禧弟弟桂祥的女儿静芬，她比光绪帝大三岁，是光绪帝的大表姐。早年，慈禧就有这个打算，便有意安排两个人见面。可惜，光绪帝不喜欢。这次慈禧是下了决心的，要让自己母家的侄女成为中宫皇后，将来皇后生子继位，叶赫那拉家族的地位就巩固了，这是典型的政治婚姻。光绪帝不喜欢，他要自由恋爱，寻找自己的真爱。

慈禧认为当年孝庄安排康熙帝的婚姻，那也是政治婚姻，不是也很幸福吗？可是，大家想想，慈禧不是孝庄，孝庄并不看重权力，没有垂帘听政，所以，康熙帝对她并不反感；同时，光绪帝也不是康熙帝，光绪帝非常固执，他不喜欢的人，你是无法勉强的。所以，对于大表姐，光绪帝非常冷淡，甚至连面子都不给。

关键是，这个大表姐皇后也和光绪帝一样，固执得很。更让光绪帝不能接受的是，这个大表姐一味听从慈禧的摆布，只做慈禧的眼线，经常打小报告，这就更加影响了两个人之间的感情。光绪帝有时候甚至动手打皇后，连慈禧也无可奈何。

所以，到后来，慈禧也认识到，自己不仅立错了皇帝，也立错了皇后，这真的是一桩错误的婚姻。

“珍妃该打”

光绪二十年（1894 年）十月二十八日，清宫里面发生了一起恶性事件，大清几百年来从来没有发生过这样的事件，那就是一名妃子遭到暴打。这就是慈禧暴打珍妃，珍妃被打得奄奄一息。对于这件事，一般人都是同情珍妃，认为慈禧太残暴，珍妃是无辜的。那么，真相究竟如何呢？

实际上，珍妃刚入宫的时候，慈禧对她的印象是不错的。这主要源于进宫前的那次选秀女，光绪帝意外地看上了巡抚德馨的两个女儿，慈禧很担心，她怨恨光绪帝，也怨恨德馨的一对女儿。相比之下，站在最后面的两个相貌平常的小姑娘他他拉氏显得很规矩，也很可人。所以，慈禧下令这两个女孩子入选，这就是后来的珍妃和瑾妃。当年，珍妃 13 岁，还是一个没有长开的小姑娘。

瑾妃像

慈禧对珍妃没有戒心，也没有厌恶心理，相反比较喜欢，认为自己的侄女不会输给这个小姑娘。可慈禧万万没有想到的事情发生了。

这个小姑娘可不简单，慈禧看走眼了。珍妃是个有思想、有才华、很开放的姑娘。她从小和大伯父长善生活在广州，那里是中国最早开放之处，珍妃接受了很多西方国家的思想；而且，长善后来又给她请了才华横溢的文廷式作为老师，给了珍妃很多有意义的辅导。这样，珍妃爆发出了极大的能量，震撼了慈禧，也震撼到了皇帝。

一是打乱了慈禧的计划。珍妃的表现使光绪帝大开眼界。光绪帝做梦都没想到，自己还会遇到这么遂心的人。珍妃活泼开朗，知识丰富，视野开阔，这对于心理极为封闭的光绪帝来说太有吸引力了。于是，光绪帝深深地爱上了她，天天召幸，白天还隔三岔五地去。两个人无话不谈，成为人生知己。珍妃宠冠后宫。这就打乱了慈禧的计划，慈禧想让她的侄女宠冠后宫，而不是让珍妃得宠。真是怕什么来什么，她最担心的事情还是发生了。

二是扰乱了宫廷秩序。珍妃入宫前，宫里面一片死寂，毫无生气。可她入宫后，把一些新鲜事物通通带进来。比如照相，她自己照，给太监照，也给宫女照，还敢于坐在宝座上照。比如她敢于穿高跟鞋，敢于跳舞，敢于和皇帝换着衣服穿，等等，这些离经叛道的事情，珍妃都敢做。这就扰乱了宫廷秩序，这是慈禧不能容忍的事情。

三是干预朝政。珍妃思想进步，接受新鲜事物，尤其是西方资本主义的思潮影响了她。关键是珍妃把这种思想和观念传输给了光绪帝，影响了光绪帝，使他倾向于革新变法，这是慈禧最不能容忍的事情。

可是，仅仅如此，慈禧是不能也不敢暴打珍妃的，因为老祖宗的家法从来不允许使用廷杖来打皇帝的女人。从努尔哈赤到光绪，几百年过去了，还从来没有发生过。所以，慈禧即使怨恨珍妃，应该也不至于打她。可慈禧敢于肆无忌惮地使用廷杖，暴打珍妃，到底发生了什么事情呢？原来，珍妃做错了事情，被慈禧抓到了把柄：珍妃竟然敢于卖官鬻爵，而且还被慈禧找到了证据。比如，珍妃以四万两白银，把上海道卖给了一个叫鲁伯阳的人，这次的收入还记了日记。证据确凿，慈禧师出有名，使用家法，可怜珍妃被打得奄奄一息，慈禧出手真是太重了。这还不算，慈禧还把珍妃姐妹的封号由妃级降为嫔级。

宣统帝

逃离洞房

结婚可是终身大事，需要高度重视。可末代皇帝溥仪面对自己的大婚，却做出了让人意外的事情：逃离洞房。这究竟是为什么呢？

在婚姻大事上，溥仪给人的感觉确实与众不同。比如，在选秀女时，溥仪就有与众不同之处。一是根据衣服选女人。一大堆照片让他挑选，溥仪无从入手，怎么办呢？就看衣服好看不好看，旗袍的花色、款式是他选秀女的标准，这可太奇怪了，衣服怎么能够成为相女人的标准呢？二是随意性很强。溥仪开始觉得，同治帝敬懿太妃推荐的文绣顺眼，便在文绣的照片上画了个圈。可这就引起了瑾妃的不满，她说文绣长得不好看，家境也一般，力推婉容。溥仪心中焦躁："心里想，你们何不早说，好在用铅笔画圈不费什么事，于是，我又在婉容的相片上画了一下。"（《我的前半生》）大家看，溥仪的随意性有多强。不仅如此，溥仪一再表示：我不想结婚。说实话，溥仪确实不想结婚。当大家建议由婉容来做皇后的时候，还建议同时纳文绣为妃子，溥仪觉得大可不必："我想，一个老婆我还不觉得有多大的必要，怎么一下子还要两个呢？"（《我的前半生》）最终，溥仪娶婉容为皇后，文绣为淑妃。一般皇帝都是三宫六院，溥仪连两个都嫌多，看来，他是真的不想结婚。

所以，溥仪的大婚之夜就可想而知了。皇帝大婚，最关键的礼仪是合卺礼。就是帝后在女官侍奉下，在坤宁宫吃子孙饽饽，喝交杯酒，吃长寿面，等等。行完这些繁文缛节，溥仪会就范吗？面对这个大婚洞房，溥仪居然有这样的

伪满洲国时期的溥仪

感受：

1. 很憋气。溥仪住惯了大房子，坤宁宫这个仅有10米见方的喜房他不适应，他的感觉是“很憋气”。

2. 很晃眼。溥仪面对的是一片红色：红帐子、红褥子、红蜡烛、红衣服等等，一片红色，到处都一样，他觉得不太喜欢。

3. 很陌生。平时就很不安分的溥仪，这时感觉有些说不出的紧张。他面对的是一个陌生的面孔，第一次见到婉容，没有什么感觉，只有不自在。这样，溥仪的决定让所有人都大吃一惊：“我感到很不自在，坐也不是，站也不是。我觉得还是养心殿好，便开开门，回来了。”（《我的前半生》）大婚洞房中的婉容，很委屈，被孤零零地扔在喜房之中。当然，他肯定也不会去文绣的喜房，这两个可怜的女人就这样度过了大婚之夜。

在大婚过程中，溥仪还做过让人啼笑皆非的事情，那就是他在这么喜庆的日子里，居然命令戏班子演唱《霸王别姬》。我们知道，皇宫里面演戏，一般都要经过选择。选择的标准，当然要符合两条：一是主子们喜欢看的，二是符合要求的戏，千万不要犯忌讳。溥仪大婚期间，前两天戏的剧目还可以，最后一天，溥仪居然点了《霸王别姬》。很明显，在溥仪大婚之际，这出戏不合时宜。于是，有人建议溥仪不要点这出戏。但溥仪说没有关系，还是决定上演了。（《晚清宫廷生活见闻》）有人认为，这是不祥之兆。

溥仪的大婚居然如此另类，另类选秀女，另类大婚夜，另类唱大戏，那么，溥仪婚姻的结局也一定是另类的了。

休掉皇帝

封建社会，一个普通男人被女人休弃，就已经很没面子了，如果是帝王被休，那就更没面子了，溥仪就被他的淑妃文绣给休弃了。

先说文绣与溥仪的感情。说实在的，溥仪虽然不懂风情，但开始时对文绣特有感情，大有一日不见如隔三秋的感觉。其中最主要的原因，是文绣的才华吸引了溥仪。文绣不仅诗文俱佳，还懂英文，与溥仪经常在一起切磋，久而久之，溥仪对她有了感情。花前月下，卿卿我我，令人羡慕。这让中宫皇后婉容非常忌妒。

面对这样一个复杂的家庭关系，需要男人溥仪来平衡。但溥仪能做好吗？

溥仪的失误。资料表明，溥仪基本没有治家能力。不仅如此，他还存在一个重大失误，那就是处事不公正。溥仪本来对文绣很有感情，但慢慢两个人之间发生了分歧，比如文绣反对他投靠日本人，就引起了溥仪不满。溥仪转而冷淡文绣，出去参加重要活动，只带皇后婉容，不带文绣。文绣发现后，力争，溥仪还奚落文绣。平常休息的时候，溥仪也不去文绣的房间，而只是和婉容两个人在一起玩。后来文绣自己倒苦水，说她和溥仪从1922年结婚，到1931年，长达9年的时间里，还是一个处子之身。

婉容的错误。其实，不管溥仪怎么样，皇后婉容的作用很关键，也很重要，

清　荣惠皇贵妃印玺

她毕竟是女主人。可婉容也不具备持家之才。婉容对文绣犯了几个错误。一是忌妒心作怪。毫无疑问，溥仪和文绣的感情，引起了她的忌妒，于是伺机调唆，这种心理是非常危险的。二是盛气凌人的态度。在文绣面前，婉容总是摆着一副皇后的架子，这让文绣难以接受。很显然，已经民国了，宫里那套行不通了，文绣反感很正常。三是虐待文绣。这是文绣最不能容忍的，婉容居然让太监去申斥文绣，逼得文绣甚至要用剪刀割喉自杀，这不是没事找事吗？有了这样的皇后，文绣与溥仪之间的关系能处好吗？

当然，溥仪和文绣的婚姻走到尽头，文绣也有责任，她不注意培养和婉容之间的感情，也不给婉容面子。比如，婉容给她书信的时候，文绣发现了一些错别字和知识性的错误时，就不留情面地直接指出，令婉容十分难堪。

这样，三个人错误地组成的这个家庭就面临解体。1931 年 8 月，文绣离家出走，并向天津高等法院提出离婚申请，末代皇帝溥仪万分难堪又很被动地应诉。两个月后，他们达成了离婚协议，淑妃文绣成功休弃了皇帝溥仪，创造了妃子休掉皇帝的纪录。

全面展示第一家庭生活画卷，生动再现宫禁女人悲欢离合。
帝王上朝君临天下，退朝回宫妻妾成群。在后宫里面，有无数女人争宠的无声战场，也有锦衣玉食的金枝玉叶，有千方百计地讨主子欢喜的太监，也有步步惊心的深宫宫女……

叁

宫闱·图档

清宫选秀女遭遇尴尬事　嘉庆为儿选亲看走眼

顺治信佛雍正崇道　康熙帝幸运登基靠一场痘

慈禧生病找名医　深宫规制母以子贵子以母贵

后宫金枝玉叶锦衣玉食　太监和宫女步步惊心

清帝选秀女

秀女的两个出路

清宫选秀女，是顺治帝首创。顺治十年（1653年），顺治帝力排众议，坚决废除了中宫皇后博尔济吉特氏，这虽然引起了孝庄太后的不满，但不管怎么样，顺治帝实现了自己的意愿。可孝庄岂能甘心，又操持为他立新的皇后。顺治帝这次提出了自己的想法："应该在满洲和蒙古两个民族官僚家族中选择优秀的女子。"就这样，选秀女开始了，虽然选出来的皇后还是很不如意，但不管怎么样，也是选出来的，而不是某个人强行安排的。

按照顺治帝的想法，选秀女就是给自己选老婆。可发展到后来，就不是那么简单了。经过户部选择的秀女，有两条出路。

一是进宫，成为皇帝的老婆。尤其是那些即位后成年大婚的帝王，这种选秀女的目的非常明确。比如顺治帝之后的康熙帝、同治帝、光绪帝等，他们的大婚选秀女活动，自己是做不了主的，完全操纵在太后手中。康熙帝选秀女由孝庄做主，同治帝选秀女由慈安做主，光绪帝选秀女由慈禧做主。所以，这些秀女的命运也就操纵在这些太后的手中。比如康熙帝，选进的秀女，谁做皇后，谁做妃子，皇帝说了不算，那要由孝庄做主。孝庄根据政治形势，安排了索尼的孙女赫舍里氏为中宫皇后，而遏必隆的女儿则只能屈居人下了。比如同治帝的几位秀女，慈安喜欢阿鲁特氏，就由她做了中宫皇后，其他的几位只能做妃嫔了。光绪帝则由慈禧安排了。不过，这些秀女的出路，也会随着时间的推移而发生变化，比如康熙帝的几位秀女，到康熙十三年（1674年），孝诚仁皇后去世，康熙帝开始按照

清　女式礼袍　重要场合和仪式穿戴

自己的意愿安排接班人，之后的两位皇后孝昭皇后和孝懿皇后都是他自己决定的。

还有一种情况，就是成年皇帝选秀女，则完全由自己做主。制度规定，每三年选秀女一次，由户部主持。这些进入后宫的女子，充斥了皇帝的后宫。但皇帝需要多少后妃嫔御，并不是完全按照成宪规定，变化很大。比如康熙帝的嫔御就大大多于规定的数目；雍正帝、嘉庆帝、同治帝、光绪帝就大大少于规定的数目。这主要取决于两个因素：第一，取决于皇帝的兴趣。历史记载，康熙帝对女人的兴趣很浓厚，在十一二岁的时候，就有很多侍奉的女子怀孕了，再不结婚就有伤君德了，所以，在康熙帝 12 岁的时候，孝庄急急忙忙安排了皇帝大婚。而雍正帝则完全相反，他无比勤政，几乎无暇到后宫去，他的主要精力都花在处理政务上，所以，后宫的女子相对较少。第二，取决于皇帝的权力，如果皇帝自己做不了主，事事听命于别人，他的后宫妃嫔的数量就会大受影响，比如同治帝和光绪帝，他们的女人甚至不如王公大臣多。当然，环境也会影响到皇帝的妃嫔数量，比如咸丰帝，非常好色，却由于战争连绵而不敢过于奢靡。

二是进入王府，成为皇子王爷们的女人。每三年一度的大选秀女，不可能只供皇帝选妃嫔，很重要的用途，是为皇子们选择女人。尤其那些 50 岁以上的老皇帝，选秀女的主要目的就是为皇子们选择女人了。对于皇子们的女人，皇帝最关心的就是正妻，这要由皇帝亲自选择并指婚，其他的女人，皇帝一般听之任之。以康熙帝的两个皇子为例说明。

皇太子允礽。他的正妻是瓜尔佳氏，康熙帝经过精心考察，相中了瓜尔佳氏，认为她再合适不过了。至少两点合格：第一，出身名门，她的父亲石文炳是正白旗汉军都统，一品大员；第二，瓜尔佳氏素质很高，康熙帝亲自考察这个女子，认为她淑慎贤良，聪颖过人，完全符合标准。

皇八子允禩。允禩的正妻是郭络罗氏，这个女人也是康熙帝亲自选中的，因为康熙帝喜欢允禩的才能，对他寄予厚望，希望给他找一个贤妻辅佐他。于是，选中了郭络罗氏作为允禩的正妻。康熙帝看中郭络罗氏主要基于两点：第一，出身王室贵族之家，郭络罗氏的外祖父是安亲王岳乐，母亲是郡主；第二，郭络罗氏精明能干，远近闻名。

清宫选的秀女有两个基本出路， 是进紫禁城，成为皇帝后妃；二是进王府，成为皇子们的女人。

汉女入宫者斩

“汉女入宫者斩”，这句话听起来很血腥，为什么要斩杀汉女呢？她们入宫也是给皇帝当老婆啊。仔细查看这句话的来源，发现这句话大有来头。一个是来源于清朝开国之初的婚姻政策，那就是“满蒙联姻”，即满洲和蒙古族联合。努尔哈赤也好，皇太极也好，顺治帝也好，他们的后宫有很多蒙古人。主要是政治需要，满洲和蒙古联合，构成坚强的政治联合体。军事上也是一样，军事的联合，就决定了婚姻上的联合。最明显的就是皇太极的婚姻，他的几位重要后妃，几乎是清一色的蒙古族，这其实都是明显的政治婚姻。一个是孝庄的主意。孝庄的儿子顺治帝大婚之时，孝庄就打算着，一定要让自己本家博尔济吉特氏的女子入主中宫，将来生子接班，掌握大清朝的政治命运。所以，孝庄惧怕汉人女子进宫，那样他们的民族血统就不纯粹了，这是典型的“血统论”，所以，孝庄提出了“汉女入宫者斩”，并把这个懿旨挂在神武门上，吓唬人。

可孝庄的如意算盘打错了，她的儿孙们并不遵守她的这道懿旨，或是表面上遵守，实际上违背。我们看看具体情况。

顺治帝。顺治帝喜欢汉女大致有两个因素：一是受汉文化的影响，喜欢汉女；相反，母后安排的5位蒙古女子却不喜欢，他基本与这些蒙古女子分居，所以，和蒙古族后妃一个孩子都没生。二是叛逆，反对他母亲的安排。顺治帝甚至想让汉女充斥后宫，不过这是不可能的。尽管如此，他的后宫汉女并不少，像恪妃石氏，以及唐福晋唐氏、庶妃陈氏、庶妃杨氏都可能是汉女。这完全违背了母亲的意愿。

康熙帝。康熙帝最听奶奶的话了，因为奶奶给了他政治生命。可奶奶去世之后，尤其是康熙多次南巡，他喜欢汉文化的那种文人情怀，不时流露出来。所以，在康熙帝的后宫之中，便涌进大批汉女。比如顺懿密妃王氏，以及高氏、董氏、石氏、陈氏、李氏、袁氏、张氏、易氏、刘氏等，都是康熙帝南巡时带回来的江南女子。而顺懿密妃王氏最得宠，居然给他生育了三个皇子。

雍正帝。雍正帝的后宫中，汉族女子也很多，比如齐妃李氏、谦妃刘氏、宁妃武氏、懋嫔宋氏、李贵人李氏等，大概都是汉族女子。这里面，有一个人的身份不得不说，那就是大名鼎鼎的甄嬛原型，也就是后来的孝圣宪皇后。关于这个女人，之前我们讲过，乾隆继位之后，她的姓氏有过变化：雍正朝，姓钱；乾隆继位，改为钮祜禄氏。如果她真的姓钱，那么，这个甄嬛就一定不是满族，而是汉族女子了。这个问题，民国年间清史专家王闿运专门考证过，认为她是承德人钱氏后人。

至于后来的乾隆帝、嘉庆帝、道光帝、咸丰帝等，他们对汉女的兴趣不会减弱，只能更加强烈。尤其是乾隆，乾隆帝风流倜傥，仿效爷爷康熙帝六下江南，他的后宫汉女当然不少；咸丰帝则不仅喜欢汉女，连汉女中的寡妇或者是妓女他都敢涉猎。后来，他的儿子同治帝继位，也学他的父皇，出入烟花柳巷，那些汉族妓女毁掉了他的龙体。

孝庄所谓“汉女入宫者斩”，其实不过是一句吓唬人的口号而已。

选秀女的尴尬事

清朝的皇帝在选秀女的时候，会遇到很多尴尬事。举几个皇帝的例子吧。

乾隆皇帝的尴尬事。乾隆皇帝 25 岁继位，在位 60 年，又做了 3 年 4 个月的太上皇。那么，这个长寿皇帝在选秀女的时候，遇到了哪些尴尬事呢？

理屈词穷，瞎狡辩。关于选秀女，清朝明文规定，八旗女子满 14 岁的，就要参加每三年一度的选秀女。但是，也明确规定，那些有病的身体不合适的女子，尤其是患有传染病的女子，就要等病好了再参加选秀女。这里面有一个问题，因为是三年一次选秀，如果本次错过，到下一次的时候，就已经是 17 岁以上了，在那个时候就算超龄女子了。所以，只要到了选秀年龄，就赶紧参加，免得下一次超龄。女子一变成大龄就不好办了。所以，乾隆六年（1741 年），发生了这样一件事。闽浙总督德沛和两广总督马尔泰分别上书，要求双方儿女成婚。这里主要是马尔泰，他的女儿已经超过 17 岁，看来是选秀女的时候正在患病，没有经过选秀女，就想嫁给闽浙总督的儿子恒志。乾隆一看奏折，勃然大怒，批驳马尔泰说：“你女儿没经过选秀就嫁人，你还有良心吗？即使她超龄了，那也怨不得我，谁让你不及时参加选秀女呢？”马尔泰说：“当时有特殊情况，不然肯定不会错过了。”乾隆大怒道：“你什么也不要说了，赶紧

清　裙子　丝绸刺绣

来北京，我要当面训斥你！”大家看，乾隆帝显然理屈词穷，瞎狡辩。

关于乾隆帝，还有一件选秀女的尴尬事。乾隆四十三年（1778 年），有个锦县生员金从善，在乾隆帝东巡途中，拦住乾隆的轿子，上书一封，乾隆一看，非常尴尬，说的什么内容呢？两点建议：一是为当年那拉皇后事件下诏罪己，二是大选秀女，从中选立一位优秀的做中宫皇后。乾隆帝倍感尴尬，他说：“我都 68 岁了，年过花甲，还要选秀女，还要立皇后，这不让人笑话吗？”乾隆帝在尴尬之余，决心重重处置这个大胆的金从善，他下令把金从善斩立决。

道光帝选秀女的尴尬事。大家知道，道光帝 39 岁继位，在位 30 年，69 岁去世。道光帝在选秀女这个问题上，最大的尴尬事就是他选择了一群比自己小几十岁的孩子入宫为妃，因而，非常难处。我们先看看他的妃子情况，都比道光帝小很多：孝全皇后小 26 岁，孝静皇后小 30 岁，庄顺皇贵妃小 40 岁，彤贵妃小 35 岁，佳贵妃小 34 岁，成贵妃小 31 岁，祥妃小 26 岁，常妃小 26 岁，顺嫔小 27 岁，豫嫔小 34 岁，李贵人小 45 岁，那贵人小 43 岁，等等。大家看看，这些女孩子，比道光帝小那么多，有的甚至比孙女还要小很多，这些人和道光帝相处，多尴尬啊，关键是他们之间有代沟，怎么能有共同语言呢？这也难怪，道光帝经常和这些女孩子们生气，以至于她们都遭到过道光帝的降级处分。

咸丰帝选秀女的尴尬事。咸丰三年（1853 年），咸丰帝如期大选秀女。其间，发生了一件尴尬事。秀女们都无奈地站在冷风中等待着选看。可是，不知什么原因，咸丰帝就是不出来。这时，一个胆大的秀女大声说："南京已经沦陷了，大清半壁江山已经沦陷，祖宗创业艰难，皇上在这国难当头之时，不干正事，反而大选秀女，只顾自己快乐，对得起列祖列宗吗？"领班太监一听这话，吓坏了，赶紧去捂她的嘴，怕被咸丰帝听见，挨罚受打。也巧了，咸丰帝正好经过，他会惩罚这个大胆的女子吗？尴尬之余，咸丰帝非但没处罚女子，反而召见她，并给她做了周到安排。

清帝大婚

大婚皆悲剧

什么叫“大婚”呢？这可是一个专门用语，专指皇帝结婚，其他人可不敢使用。不过，不是所有的皇帝结婚都是大婚。那些成年继承皇位的帝王，他们结婚的时候，并不是帝王，就不能叫大婚了。比如入关之后的雍正帝，45 岁继位，结婚多年了；乾隆帝，25 岁继位，结婚多年了；嘉庆帝，36 岁继位，早就结婚了；道光帝 39 岁继位，早就结婚了；等等。他们结婚的时候，因为只是皇子，所以他们的婚姻只叫作结婚。

清朝被称作“大婚”的帝王，一般来讲，不算末代皇帝溥仪，只有四位：顺治帝、康熙帝、同治帝、光绪帝。这四位帝王，都是少年继位，亲政前大婚，表示成年，可以乾纲独断了。按理，大婚的帝王，风光无限，肯定幸福得不得了。可据史料记载，这些清朝大婚的帝王却都是以喜剧开始，最终以悲剧结束。一起来看看吧。

顺治帝的悲剧大婚。顺治帝 6 岁继位，到顺治八年（1651 年）14 岁，母后孝庄开始安排大婚事宜。他大舅的女儿博尔济吉特氏从大清门进来，大婚完成，成为从大清门进来的第一位中宫皇后。可是，这个女人高高兴兴进来，2 年后，也就是顺治十年（1653 年）八月，被顺治帝拼死废掉，博尔济吉特氏不堪凌辱，凄凉地回到了她的娘家。紧接着，过了半年，顺治十一年（1654 年）六月，又一个女人博尔济吉特氏从大清门进来，成为顺治帝的第二位皇后，可悲的是，顺治帝仍然非常不喜欢她，认为这是一桩政治婚姻，不仅不和她同房，而且到顺治十五年（1658 年），顺治帝故技重演，企图再度废后，不过孝庄极力阻止，没有能够实现，顺治帝只收回了她的签字权。从此之后，这个可怜的女人在冷宫中空守岁月，直到顺治十八年（1661 年）正月初七，顺治帝死去，她整整守了 7 年活寡。

康熙帝的悲剧大婚。康熙帝 8 岁继位，康熙四年（1665 年）九月，刚刚 12 岁的康熙帝举行大婚典礼，比他大一岁的赫舍里氏从大清门走进紫禁城，成为康熙帝的中宫皇后。可是，这个看似美满的婚姻，出现了一系列悲剧，这些悲剧事件，都和她的生育有关。第一次悲剧是皇子承祜出生后，年仅 5 岁即夭亡，赫舍里氏一度卧病在床；第二次悲剧是康熙十三年（1674 年），再次生育的时候，临盆待产，却不幸遭受了一次刺激，那就是假朱三太子杨起隆火攻京城，受到惊吓的赫舍里氏难产大出血身亡，年仅 21 岁。赫舍里氏与康熙帝青梅竹马，两小无猜，加之长康熙帝一岁，使赫舍里氏通情达理，落落大方，深得康熙帝宠爱。赫舍里氏的不幸去世，令康熙帝悲痛欲绝。

同治帝的悲剧大婚。同治帝 6 岁继位，慈安、慈禧两宫太后垂帘听政。按照祖制，皇帝 14 岁即应该大婚亲政。可贪权的慈禧太后不想交权，同治帝大婚一拖再拖。直到同治十一年（1872 年），同治帝已经 17 岁了，慈禧不得不宣布将为之举行大婚典礼。同治十一年（1872 年）九月，比同治帝大两岁的阿鲁特氏从大清门走进紫禁城，高高兴兴地成为坤宁宫地主人。可这个涉世未深的女孩子不知道，她走进了紫禁城，就等于走上了一条不归路，因为她的婆婆和对手是强大的慈禧太后。果然，同治十三年（1874 年）十二月初五，同治帝病逝，之后仅仅 75 天，不堪凌辱的阿鲁特氏吞金身亡，结束了自己年轻的生命。

光绪帝的大婚悲剧。光绪帝 4 岁继位，慈禧太后继续垂帘听政，光绪帝是一个地道的傀儡天子。期盼大婚亲政的愿望一次次落空，直到光绪十五年（1889 年）正月，他已经 19 岁了，才举行大婚典礼。可这真正是一桩悲剧性的大婚。先是政治婚姻让光绪帝深恶痛绝，他从来不到皇后的寝宫去，因为皇后是慈禧的侄女，帝后二人一生抵牾。接着，通过大婚成为光绪帝女人的珍妃，因为得到帝宠而被慈禧嫉恨，在光绪二十年（1894 年）十月，遭到褫衣廷杖，打得奄奄一息；到光绪二十六年（1900 年）七月，慈禧和光绪西逃之前，又被慈禧狠心扔进井中淹死，年仅 23 岁。所以，光绪帝的大婚，是真正的悲剧大婚。

意料之外的婚姻

清朝皇帝中，雍正皇帝的婚姻出人意料。雍正做皇子的时候，就已经结婚了。不过，他 45 岁才继承皇位，他的婚姻就是皇子的一般婚姻。雍正的婚姻有什么出人意料之处呢？

康熙帝大感意料之外。雍正什么时间结婚的，史料没记载，不过，史料明确指出是康熙帝赐婚的。这很好理解，因为康熙帝规定，他的成年皇子的正妻，必须经过他来选择，侧福晋他就不怎么管了。这样，四阿哥到了结婚的年龄，康熙帝相中了内大臣费扬古的女儿乌喇那拉氏，作为四阿哥的正妻，两个人结婚了。婚后，到康熙三十六年（1697 年）三月二十六日，那拉氏生育了胤禛第一个儿子，这个孩子被康熙寄予厚望，取名叫弘晖。可让康熙帝大感意外的是，这个孩子仅仅活了 8 岁，就殇逝了。这让康熙帝非常失望。之后，这个女人一直没有生育，直到康熙晚年，她已经四十多岁，大概丧失了生育能力。这个儿媳膝下空空，康熙帝除了意外，就是失望。那么，雍正帝对这个皇后更有感到意外之处，那就是这个女人的身体居然如此糟糕。雍正八年（1730 年），自己得了一场大病，本来皇后一直在旁伺候，没想到第二年，自己逐步康复了，皇后却一病归天。雍正帝大感意外之余，居然想前往见最后一面，给她去压舌，不过，大臣们极力阻止，没有成行。

除了对那拉氏失望和感到意外之外，雍亲王的婚姻也曾让康熙有意外的大收获。那就是康熙六十一年（1722 年）春季，那正是牡丹花盛开的季节，康熙帝被邀请赴胤禛府邸赏花作诗，很浪漫、很温情的一次游玩。这次游玩，让康熙帝居然有两个大大的收获。

一个是遇到了 12 岁的孙子乾隆。康熙帝到这个时候，儿孙成群，孙子不知道有多少了，所以，乾隆已经 12 岁了，康熙帝居然没有印象。第一次见到，便紧紧盯住，都不舍得移开目光了。太喜欢了，这孩子长得天庭饱满，地阁方圆，又很聪明，非常流畅地背诵了周敦颐的《爱莲说》，声音洪亮，吐字清晰。康熙帝说出了令在场人大吃一惊的话："这个孩子的福气将超过我。"

二是遇到了一个意想不到的儿媳妇。康熙帝因为惊讶于乾隆的才貌，而命令把他的母亲叫来，想一睹芳容。可是，当乾隆生母跪在他面前的时候，康熙

清　佚名　弘历采芝图

何來瀟灑清都客逍遥為愛雲
烟碧筠籃滿貯仙巖芝芒鞵不
踏塵寰迹人世蓬萊鏡裏天霞
中彷彿南華仙誰識當年真面
貌圖入生綃屬偶然
長春居士自題

弘瞻　雍正帝第六子

帝忍不住，几乎失声笑出来，太意外了。这个女人怎么长成这个样子？方盘大脸，浓眉大眼，女人男相。可是，康熙帝作为公公，怎么能失态呢？于是，他灵机一动道："有福之人，有福之人。"化解了这场尴尬。

乾隆的生母，也就是大名鼎鼎的熹贵妃，在雍正帝继位之后，帮了雍正帝不少忙。

第一，这个女人很有能力，很有担当。熹贵妃由熹妃，晋升为熹贵妃，一路走来，稳扎稳打，从不失手。在雍正三年（1725 年），年贵妃去世，她升为后宫二把手，辅佐皇后；雍正九年（1731 年）九月二十九日，中宫皇后病逝，她以熹贵妃的身份打理后宫事务，雍正帝非常放心，没有再立其他女人，对她的能力给予充分肯定。

第二，这个女人身体太好了。这让雍正帝非常意外，也非常欣慰。熹贵妃似乎没闹过什么毛病，一直身体倍儿棒，吃得饱，睡得着，身体真的是很好。直到雍正帝去世，她还健康地活着，到乾隆继位，她成为皇太后，爱好旅游，到杭州、泰山、盛京、五台山游山玩水。直到乾隆四十二年（1777 年），她以 86 岁高龄谢世。

所以，雍正的婚姻，是令康熙帝和雍正帝本人都大感意外的婚姻。

看走眼的婚姻

嘉庆帝不聪明，这不是别人说的，嘉庆帝自己曾这么说过，说自己"赋性鲁钝"，不能灵活处事。从嘉庆帝安排嫡子道光的婚姻大事上看，他确实脱离不开"鲁钝"这两个字。后来，嘉庆帝自己都觉得确实看走眼了。

道光是他早就相中的接班人，因为他是嘉庆原配喜塔腊氏，也就是孝淑皇后所生，排行又在前面，所以立他没有问题。紧接着，嘉庆帝还要为道光以后的事着想啊。所以，嘉庆帝在位期间，积极安排这个储君的婚姻大事，以便实现自己往下传位的既定目标。

嘉庆帝遵照父祖雍正帝和乾隆帝的做法，道光的正妻一定要选好，最应该重视的就是要出身名门望族。经过慎重选择，名门大户出身的钮祜禄氏中选，她是满洲镶黄旗人，户部尚书兼步军统领布彦达赉的女儿，这可太门当户对了。嘉庆元年（1796 年）正月二十一日，嘉庆帝给他们举行了隆重的婚礼。嘉庆

嘉庆时期洋彩御制诗文海棠式绿地茶盘

清　佚名　满女寿像

帝心里明白，这个迎娶的儿媳就是将来的中宫皇后了。可是，接下来，嘉庆帝懊恼不已，他沮丧地意识到，让他沾沾自喜的这桩婚姻看走眼了。

第一，这个女人不生育。大家想想，嘉庆帝这么重视钮祜禄氏的目的，就是要她生出皇子，将来接班啊。可令他大失所望，这个儿媳结婚多年，肚子一直没有动静，一直到嘉庆十三年（1808 年），大家想想，道光多大了，26 岁了，还膝下无人，这可怎么办啊？选了半天，这个女人还不能生育，嘉庆帝懊恼不已。

第二，这个女人还短寿。钮祜禄氏不仅不能生育，还非常短寿。到嘉庆十三年（1808 年），她居然一病归天，就这样死了。没办法，嘉庆还得好好送这个儿媳上路啊。要不怎么说嘉庆帝厚道呢，他特地叮嘱，这个女人的棺罩要用黄色。大家一看就明白了，黄色那是皇帝和太子专用的颜色，这不明摆着吗？他向世人泄露了储君到底是谁。

为了这个女人，嘉庆帝可说是绞尽了脑汁，选名门，高待遇，可还是让他大失所望。接下来，他还得继续选啊！接着给道光选继妃，目的不还是生孩子吗？还是那个标准，出身要高贵，名门望族。终于找到了，这位是佟佳氏，满洲镶黄旗人，杭州将军舒明阿之女，无论出身还是门第，都可谓门当户对。嘉庆十三年（1808 年），钮祜禄氏一死，过了几个月，就把佟佳氏迎娶进来。嘉庆帝再三祈祷，这个一定不要让我失望，一定要生出皇子来。可这只是嘉庆帝的一厢情愿，直到结婚 5 年后的嘉庆十八年（1813 年），她终于临盆，可嘉庆帝还是很失望，生下的不是皇子，而是女儿，从此之后，嘉庆再也没能看到佟佳氏怀孕生子。嘉庆帝再次感到失望，又看走眼了。

这个时候的嘉庆帝，一直在怀疑自己的眼光是不是有问题。自己选中的这个道光本身是不是有问题？你想，他身边美女如云，都结婚 13 年了，他的女人一个都没生孩子。嘉庆帝甚至怀疑，道光会不会不能生育啊，要是那样的话，可坏了，大清可能要绝嗣。他非常着急，怕出问题。当然，道光也忧心如焚，他一看正室不能怀孕生子，赶紧另想办法，就和那些伺候他的宫女们好上了。一努力，果然不负众望，到嘉庆十三年（1808 年）四月，正当嘉庆帝懊恼不已的时候，传来了一个天大的好消息，一个那拉氏的宫女生下一个男婴，这就是道光的长子奕纬。嘉庆帝这才如释重负，自己选中的接班人道光没有问题，是自己看上的两个女人出了问题。

清帝生育

皇帝幸宫的秘密

关于皇帝幸宫，是一个大家非常感兴趣，又很神秘的事情。那么，清朝皇帝究竟怎么样幸宫呢?

首先是幸宫妃嫔。皇帝的后宫按照规定，配有一定数量的妃嫔。究竟什么时间召幸什么人，有一些规定。比如每年的大年三十、正月初一、正月初二，皇帝必须在皇后寝宫中过夜。可皇帝毕竟是皇帝，他有至高无上的权力，这种宫闱秘事究竟怎么样，还是皇帝自己临时做主。那么，除了这三天法定要求之外，皇帝召幸哪些妃嫔就不受制度的约束了，最主要的要看皇帝的心情了。皇家实行两餐制，晚餐一般在下午 3 点左右。吃完晚餐，皇帝按例要看绿头牌，绿头牌上书写着妃嫔的年龄、旗籍、封号等，皇帝看着牌子，回忆着每个人，喜欢谁就翻谁的牌子。总管记下牌子，便通知某人做好准备。当然，有些特殊状况的妃嫔，比如有病，来好事儿的，都要撤下牌子，不再呈递给皇帝。所以，这件事，把关的是皇后，她负有这方面的职责。

其次是幸宫地点。我们看过一些文艺作品，皇帝喜欢谁，就会去谁的寝宫，这是不可能的事情。皇帝天子至尊，不会去女子的寝宫，因为去了女子寝宫，会降低皇帝的威严。还有就是安全问题。妃嫔虽然居住在东西六宫，但毕竟居所分散，安全问题不好解决。所以，这些召幸的女子一律到皇帝的寝宫。顺治帝和康熙帝在乾清宫。雍正之后，雍正帝出于更多考虑，把皇帝寝宫移到养心殿去了。当然，皇帝并不是总待在紫禁城内，每年大部分时间会在圆明园或者避暑山庄度过。如果在行宫里面，当然会不管这些制度了。有文章记载，咸丰帝不上朝，总在慈禧寝宫寻欢，慈安就顶着祖训，跪在寝宫外面，大声诵读，咸丰帝一听，便匆忙穿上衣服，上朝去了。这其实是作者虚构的情节，皇帝如果在紫禁城里面，绝对不会到慈禧寝宫里面去，这不符合祖制。

最后是皇帝幸宫的细节。有文章说，皇帝幸宫某妃嫔，得到通知的妃嫔便脱光衣服，太监用毯子包裹，抬到养心殿去，之所以这么做，就是为了皇帝的安全。妃嫔赤裸裸来，一丝不挂，皇帝绝对安全。但这是不可能的事情。清朝的皇帝非常务实，也没有人们想象的那么腐败，他们很尊重女权，不会如此不顾妃嫔们的感受。还有就是，皇帝幸宫完事之后，太监或总管问“留不留”，皇帝答“留”则留，否则，由专门人员按穴位挤出精液。这绝对是虚构的。皇帝十分重视后妃的生育，不管是皇子还是公主，都要精心抚养，他们的母亲因为生育还会得到赏赐，或晋升。

总之，皇帝幸宫无论地点还是方式，都不神秘，文艺作品大多为吸引人眼球而任意虚构，不可相信。

康熙时期人物花瓶

生育差别

清朝皇帝的生育，有两个现象：一个是正常现象，那些寿命长的，在位时间长的皇帝，生的孩子就多，比如康熙和乾隆，比起那些短命皇帝来讲，他们的子女多；二是反常现象，比如末代三帝，同治帝、光绪帝、宣统帝竟然一个孩子也没有，这可真是奇怪。

不妨分析一下，清代这些帝王在生育方面都有哪些差异，进而分析这些帝王表现出来的性格特征。

首先，分析一下清初三帝，努尔哈赤、皇太极和顺治帝。努尔哈赤一生17个后妃中，11个有生育，共生育了24个子女。但只有一个庶妃生育了5个子女，反映出努尔哈赤无暇顾及后宫，常年征战在外的生活状况；皇太极则恰恰相反，14个后妃中，几乎都有生育，只有一个康惠淑妃博尔济吉特氏没有生育，那是她本人确实有问题，因为她嫁给皇太极之前，是林丹汗的妻子，也没有生育；顺治帝的生育情况，则需要好好分析一下，他虽然仅仅活了24岁，只有10年的婚姻，可顺治帝的后妃人数却达到了32人，这充分说明当年汤若望批评他好色是有依据的。尽管如此，顺治帝的后宫却有一个非常奇怪的现象，32位后妃中，仅有12位生育了孩子，20位后妃没有生育。这就怪了，顺治帝年纪轻轻，又有好色的传闻，却有这么多后妃没有生育，只能说明一个问题，顺治帝是很叛逆的。他的女人大部分是母后孝庄选择的，顺治帝很反感，因而故意不去召幸她们。一个例子很明显，6个蒙古族后妃中，没有一个生育孩子，这说明他不满母后的干预。

其次，我们看一下盛世三帝，康熙帝、雍正帝和乾隆帝。这三位帝王的后宫中，最有规律可循了，那就是盛世帝王，必有可圈可点的后宫。第一，产生了3位生育冠军，康熙帝两个冠军：一个是荣妃马佳氏，这个女人生育了5个皇子和一个公主，其中，最著名的就是康熙帝皇三子允祉；一个是德妃乌雅氏，生育了3个皇子和3个公主，其中，最著名的就是雍正帝和十四王允禵。乾隆帝一个冠军，那就是孝仪皇后魏佳氏，她生育了4个皇子和2个公主，其中最著名的就是嘉庆帝颙琰。第二，产生了三个老寿星，康熙帝、雍正帝、乾隆帝各一个：康熙帝定妃万琉哈氏，活了97岁；雍正帝纯懿皇贵妃耿氏，活了96岁；乾隆帝婉贵妃陈氏，活了92岁。不仅如此，我们从这三位帝王后妃的生育中，也能看出他们的性格特征。康熙帝55位后妃中，30位有生育，占了一半以上，说明康熙帝的后宫生活基本和谐；雍正帝25位后妃中只有7位有生育，绝大多数没有生育，说明了雍正帝勤政工作，无暇顾及后宫的说法是真的；乾隆帝41位后妃中，只有10位有生育，31个后妃没有生育，充分说明乾隆帝具有冷漠无情的性格特征。

再次，看看清朝的中衰二帝，嘉庆帝和道光帝。这两个帝王的后宫，一如他们的执政水平，有两个明显特点：一是生育平淡，嘉庆帝生育了14个子女，道光帝生育了19个子女，以帝王后妃如云的情况分析，比较正常，没有产生生育冠军；二是后妃名气比较小，也没有产生老寿星，犹如嘉庆、道光的政绩一样，平淡无奇。

最后，咸丰皇帝，清朝仅有的一位风流天子。因为风流，他自食其果：一是寿命短，31岁咯血身亡；二是子女少，18位后妃中，只有三位生育，其中的两位皇子也只活了一个——慈禧的儿子载淳。咸丰是清朝所有帝王中子女最少的一位了。他的早逝，最直接的后果就是，把皇位交给了6岁的儿子，也就等于交到了慈禧手里，大清从此江山改姓叶赫那拉了，这难道不是咸丰帝的罪责吗？

可怜的孩子们

按说，皇子和公主出生在帝王之家，简直太幸福了。生活无忧，呼奴唤婢，吃的、用的都是人间极品。可当我们真正走近这些皇子王孙、金枝玉叶的时候，却有很大反差，甚至感觉他们就是一群可怜的孩子。走进他们的生活看看。

第一，不许吃母乳。现在生小孩子，大夫会告诉你，一定要吃母乳，什么好的贵的奶粉，也不如母乳的营养好。我们今天的老百姓都知道，那个时候的老百姓也知道，一定要吃自己母亲的奶水，才对孩子的健康有利。可清宫的皇子公主们却例外，他们一生下来，就要被抱走，皇帝会配给他们很多乳母，喂孩子吃奶。而产妇则要另行安排了，御医会马上行动，按照惯例，给产妇配制回乳汤，就是不让她们产奶。今天想来，应该是照顾皇帝，一是怕产妇身体走

清初 犀角雕葡萄杯

形，二是怕陪着皇帝不方便，所以，干脆不让她们产奶。大家想想，小孩子多可怜，不能得到母爱。他们最亲近的人不是亲生母亲，而是那些乳母了。乳母的选择是有讲究的，一定要刚刚生产过第二胎的，相貌端庄的年轻旗人少妇。乳母和小孩子建立起深厚的感情，这样的例子有很多，比如顺治帝的乳母李氏，顺治帝尽管很叛逆，不听王公大臣母后孝庄的话，可要是乳母出面，那就不一样了。顺治十六年（1659 年），郑成功反攻大陆，势如破竹，顺治帝吓坏了，他先是想逃跑，回到东北去，在遭到孝庄的痛斥后，又想御驾亲征，这可急坏了大家，谁劝都不听，最后大家把乳母李氏叫来，顺治帝急躁的情绪得到了缓解，尽管最终没起到决定作用，但还是很管用的。

第二，像应对高考一样苦读书。清朝皇子们的少年生活非常苦，真像我们今天备战高考的孩子们一样。皇子们入学的年龄很小，六虚岁就要进入上书房读书了。皇子们要几点起床去学习呢？清人赵翼在《檐曝杂记》中曾有描述：“本朝家法之严，即皇子读书一事，已迥绝千古。余内直时，届早班之期，率以五鼓入，时都院百官未有至者，唯内府苏拉往来。黑暗中残睡未醒，时复依柱假寐，然已隐隐望见有白纱灯一点入隆宗门，则皇子进书房也。吾辈穷措大专恃读书为衣食者，尚不能早起，而天家金玉之体乃日日如是。”赵翼没有夸张，皇子们不仅要早起，还要坚持很长时间，就是“卯入申出”，也就是早晨5点至下午3点，共计10个小时。读书时要正襟危坐，夏天不许摇扇子，午饭由侍卫送上来，老师先吃，皇子们吃完不休息，继续做功课。皇子们的假日更是少得可怜，只有元旦、端阳、中秋、万寿（皇上的生日）、自寿（自己的生日）共5日，除夕也不放假。学习这么辛苦，会累坏小皇子们。康熙皇帝回忆说，他5岁开始读书从不间断，累得咯血，仍然坚持。每日老师指定这一段要念120遍，之后再背诵一段新的内容，直至把《大学》《中庸》《论语》《孟子》完全背下来。

第三，嫁出去的姑娘泼出去的水。一般来讲，女儿是父母的贴心小棉袄，最亲近莫过于女儿了。可清宫的金枝玉叶，却有难言之隐。最关键的，她们要承担政治任务，不能随便嫁人，要听从政治上的安排。比如，清朝讲究满蒙联姻，清宫的大部分成年女子，都要远嫁塞外。那个时候，交通、通信很不发达，她们这一走，就可能一辈子见不到父母。孝庄病重期间，就曾要求见见自己多年未见的女儿，幸亏康熙帝有心，她才见到。另外，公主嫁出去之后，要回到紫禁城见自己的父母，也要经过批准，不可擅自进入。康熙帝的大公主出嫁后，就曾因擅自回宫而遭到康熙帝申斥。

从上面的叙述来看，清宫的皇子公主们也不容易啊。

清帝的信仰

不吃狗肉

满族有两个习俗，一是不吃狗肉，二是飨鸦雀。

先说不吃狗肉。在清代，满族不吃狗肉，有几种说法。

一是感恩说。一种说法是努尔哈赤脚上有红痣，被明辽东总兵李成梁所忌，欲杀之。努尔哈赤在李成梁小妾的帮助下骑青马带犬逃出，明兵随后追来，先射杀青马，努尔哈赤逃入河边芦苇中，因过度疲劳而睡去。明兵找不到努尔哈赤，就放火烧荒，那狗见汗王不醒，就跳到河中浸透全身，再跑到他身边，把苇草淋湿，狗反复这样做，汗王得救，而狗累死。汗王发誓，再不食狗肉。另一种说法是萨尔浒大捷后，汗王努尔哈赤大宴群臣将士，其叔龙敦早有篡权野心，乘机将汗王灌醉后送回大帐，龙敦见汗王大醉，周围又无人，拔钢刀欲杀之，此时，汗王养的一条大黄狗，忽然蹿到帐内，先咬醒汗王，再向龙敦扑去，咬伤龙敦后，被龙敦所杀，但汗王已醒，很快杀死了龙敦。于是老汗王厚葬了黄狗，并下令不准再吃狗肉、穿戴狗皮。

二是风俗说。满族人在长期生产生活中，形成的生活习惯。那个时候的满族人认为狗对他们实在太重要了。例如，狗可以看家护院，指引道路，保护主人，等等。不过，专家们进行考证后发现，满洲的前身女真人的宴桌上有狗肉，既可以燔烤，又可以烹煮，还可以生吃。由于满洲的前身女真人吃狗肉，这样，满洲人不吃狗肉就不是一种流传有序的风俗了。

三是图腾说。《满族大辞典》中说道：“狗是满族氏族制时期图腾崇拜之

睒星狼贊

臣梁詩正恭撰

稟靈乎斗精猲獢之英原平艸淺疾馳若驚訝赤曜之西流儵欻電之東騰洵殊姿之莫耦孰猛相之堪衡永無憲乎尾壹睽奎光而共明

霜花鷂贊

臣汪由敦恭撰

誰鋤松根劚茯苓脩毫白望如雲停長叉緩口蹄結鈴左牽執緤惟所令軒然如鷂翻霜翎從肩趂兎空郊坰寒光掣地風泠泠渠叟西旅咸来庭

清　艾启蒙　十骏犬图册

墨玉螭贊

臣梁詩正恭撰

黳然而靜若烟之沐黝然而深若雲之族非絲非羅翔螭是卜乃振於淵乃驤於陸春郊麀定翠罕交屬弓怒猶韔矢躍猶箙騁足前驅百獸惴伏騰波駭龍描山越谷

驀空鵲贊

臣汪由敦恭撰

秦獹晉獒韓盧楚獷儼彼宋鵲維古之良云何驀空爪牙踴張促耳峻削豐顱昂藏腹舒素月脊凝元霜蹙蹤指使陵巒越岡頻伸振迅應龍騰驤錫之鏤鍐三驅從王

蒼水虬贊

臣梁詩正恭撰

魚鱗之屋久蘊德踰波砉起勢莫測躨跜厥姿蒼厥色盛氣震涌牛可食春蒐秋獮時不忒馴擾材官養全力登高縱緤忽迅邁若乘風雲往無外

斑錦彪贊

臣汪由敦恭撰

從野麇隨長楊劃虓雷捷飛黃擠厥拗怒閃爍生光豈嘗皮予如馬孰委質兮同羊擊百獸而凌遼辟萬騎而陸梁迴闤闠以獨立煥炳蔚之文章

雪爪盧贊

盧之名来自韓奚層
邱竦崇巒盧之生肇
北極驕以鷹望如墨
盧之行蹄結鈴厥爪
素踏雪輕盧之馳凌
青霞鳥争駭獸不譁
盧之息足猶逸旋蜺
跧校獵畢

臣梁詩正恭撰

金翅獫贊

北國之獫如榴之音熏
精於斗嬰氣於金睛
状星炯牙粹戟森鬈身
若畫鉤爪為鐸特扼標
狡超踰嶽岑猛兕窠
崖趯貌為林淩雲鵠舉
騁陞騮騻嫖彼茹黃用
驅前禽

臣汪由敦恭撰

漆點獀贊

盧重鋂齊風傳氣剽
勁疾如湍錫爾名宜
為獀望若墨超層巒
張四距霜戈攢朝而
饑撑所餐志昨需寧
顧貊吼鬬徽衛周垣
飽鮮肥承渥歡雄百
族莫敢干

臣梁詩正恭撰

茹黃豹贊

南山之霧兮七日其潤
文章以成兮超越斯駿
粲粲金英兮維色則中古
有茹黃兮錫名載同
甫田吉日兮從
皇行狩搏獸於教兮
祁祁孔有

臣汪由敦恭撰

臣嵇璜敬書

动物，故部人不得服其皮，食其肉。”但这种说法遭到了质疑。有专家认为，如果说满族的忌食狗肉的风俗源于氏族制时期的图腾崇拜的话，那不应该始于满族，而应该始于满族的祖先。按现在通行的说法，肃慎、勿吉、挹娄、女真分别是满族的祖先在不同时代的称呼，女真之后改称为满洲，而女真人至少在阿骨打时期是食狗肉的。所以，也不会到皇太极时期，就突然终止了已有的风俗。

说来说去，为什么清代满洲人不吃狗肉，目前尚无定论。

再就是清代满洲人飨鸦雀的习俗。清代满洲人建立的寺庙前面，或者一些民居前面，会看到有索罗杆子，这是满族人家在院内常年竖立的祭祀杆子，杆长六七尺，顶端有一木斗，内盛五谷及其他食物，装上猪的碎肉、下水等物，以飨乌鸦。据说是老汗王努尔哈赤留传下来的习俗。

那么，清朝满洲人为什么飨鸦雀呢？

专家考证，鸦雀具有指示方向的本领，它们飞翔于高空之中，视野开阔，按照它们的指引，完全可以找到主人想要找的东西；鸦雀是黑色报警鸟，是喜神，在宁古塔流传着关于沙克沙的神话：天神看见人间灾患，一点也不懂得预防，就派沙克沙下界预报一些吉凶祸福，他通过感孕投生在一个老猎户家中，是一个半人半鹊的形象，并在喜鹊窝里长大，终日和喜鹊为伴。他预报了洪水、瘟疫，使部落幸免于难，他识破了耶鲁里的迷魂阵，救出了族人，因而被满族奉为喜神。每逢添丁进口，修建新房，久病得愈，出兵打仗平安回来，满族都要祭喜神。所以，有专家认为，清代满洲人的图腾不是狗，而是鸦雀。

顺治信佛

清朝十二帝中，有一位帝王信佛很虔诚，他就是顺治帝，尤其是顺治十七年（1660年）八月十九日，他的宠妃董鄂妃病逝之后，他万念俱灰，吵着闹着要出家做和尚。后来，还传出了康熙帝三赴五台山寻父的故事，讲得绘声绘色，非常吸引人，就连清东陵孝陵没有被盗掘，也有人附会，说是因为顺治帝出家做和尚去了，地宫是空的，因而没有被盗掘。总之，顺治帝喜欢佛教，已经达到了痴迷的程度，这究竟是为什么呢？

第一，受母后的影响。毫无疑问，孝庄出生在科尔沁蒙古的黄金家族，而

自在观音铜像

这个家族是信奉佛教的。有一张著名的孝庄礼佛像，孝庄身穿佛袍，手持念珠，很明显她信奉佛教。孝庄的贴身侍女苏麻喇姑终生信奉佛教，晚年患病很严重的时候，都不肯服用药物，即使康熙帝都不能说服她。这些人的信仰，对顺治帝是有很深影响的。

第二，顺治帝有厌世情绪。这种情绪和他的傀儡地位有关系。多尔衮专制，独揽朝中大权，皇帝形同虚设，尤其后来传出太后下嫁的传闻，让少年天子无地自容。然而，身为皇帝却无力回天。这种情况下，顺治帝消极情绪与日俱增，难免对佛教产生兴趣。大家知道，佛教教人向善，教人戒除欲望，对年轻气盛的顺治帝具有一定的舒缓作用。所以，压抑的环境会迫使顺治帝喜欢佛教，借以超脱现实。

第三，大和尚的影响和引导。顺治帝有很多朋友是大和尚，比如木陈忞、憨璞性聪、玉林琇等，这些人经常在他面前讲一些佛教方面的知识，引起他极大的兴趣。比如憨璞性聪对顺治帝说："皇上即是金轮王转世，夙植大善根、大智慧，天然种性，故信佛法，不化而自善，不学而自明，所以天下至尊也！"憨璞性聪的这番话，使得顺治帝飘飘然，对佛教心生向往，恨不得马上出家做和尚。有一次他对老和尚说道："朕想前身一定是僧人，所以一到佛寺，见僧家窗明几净，就不愿意再回到宫里。要不是怕太后挂念，那我就要出家了。"顺治帝说的是心里话。

第四，受董鄂妃的影响。董鄂妃是对顺治帝影响最大的人，他和这个女人一见钟情。顺治十三年（1656 年），董鄂氏一入宫，便被破例封为妃子，在不到一个月的时间里，又迅速晋升为皇贵妃，真是集万千宠爱于一身了。关键是，董鄂妃信奉佛教。他们在一起研习琴棋书画，研习书法，更重要的是在一起谈经论道，探讨佛教相关内容。当董鄂妃病逝之后，顺治帝精神崩溃，痛不欲生。他亲自为董鄂妃作传，其中，谈到董鄂妃临终之际，是坐着呼喊着佛号去世的。这更让他坚信佛道是解救他超度转世的最好途径。于是，顺治帝坚毅地剃了头发，做好了出家做和尚的一切准备。

当然，顺治帝的这个愿望没有实现，他的母后孝庄极力阻止，并请来大和尚玉林琇出面阻止。万般无奈之下，顺治帝蓄发还俗。可他仍然向往佛界，对现实生活失去兴趣。就在董鄂妃去世之后仅仅四个月，顺治帝不幸染上了可怕的天花，顺治十八年（1661 年）正月初七，病逝于养心殿，年仅 24 岁。

雍正崇道

清朝皇帝中，雍正帝信奉道教，很专心，也很痴迷。那么，大家一定很想知道，精明的雍正帝为什么会痴迷道教呢？有几个原因：一是迷惑他的父皇。康熙帝最厌烦皇子们争夺储位，可事与愿违，还是形成了“九子夺嫡”的局面，这让康熙帝大伤脑筋。雍正虽然对储位大有想法，但他韬光养晦，每日参经论道，研习道教的真谛，既增加知识，又给人一种与世无争的感觉，号称“天下第一闲人”。二是乞求长生的心理。雍正帝喜欢道教，很重要的一个原因，就是道教中的丹剂能够让人长生不老，他笃信道教长生不老之术是存在的，因而喜欢炼丹。三是雍正相信道士能够通过面相预知未来。雍正觊觎储位由来已久，所以，他和其他皇子一样，总在请道士相面预测，他曾让自己的属人戴铎在赴福建上任途中请道士给主子算命，预卜一下自己的前程。此事虽然做得很神秘，但还是留下了历史记录。这些都是雍正帝信奉道教的原因。

那么，雍正帝痴迷道教有哪些表现呢？

首先，访求道士。雍正八年（1730 年）春，雍正闹了一场大病。为治病，他命令百官访求名医和术士。很快，四川巡抚宪德写折子说，当地有个人叫龚伦，有长生之术，86 岁时还得了个儿子。雍正立即谕令此人进宫，但此时龚伦死去了。为此，雍正十分惋惜。浙江总督李卫密奏说，民间传闻河南道士贾士芳有神仙之称，特推荐此人进京为皇上治病。贾士芳原是北京白云观道士，后来浪迹河南。贾士芳进宫初期，雍正还觉得治疗挺见效，可后来他渐渐发现，贾士芳用按摩、咒语等方术控制了自己的健康。天子岂能容他人摆布，雍正于是下令将贾道士斩首。雍正虽然杀了贾士芳，但他并没有因此失去对道士的信任。据清宫档案记载，雍正从闹病到死去的大约 5 年时间里，他一直频繁地参加道教活动。此外，他还在主要宫殿安放道神符板，甚至在御花园建了几间房子让道士娄近垣等人居住。雍正还在苏州给道士定做了法衣，一次就是 60 件。

其次，开始炼丹。一切准备就绪后，雍正帝在圆明园内开始秘密生火炼丹。大道士张太虚和王定乾被选入圆明园炼丹。清宫活计档里面披露了雍正炼丹的一些情况。最早的记载是在雍正八年（1730 年）：十一月十七日，内务府总管海望和太医院院使刘胜芳一同传令，往圆明园秀清村送去桑柴750公斤，白炭200公斤；十二月初七，海望、刘胜芳传令，往圆明园秀清村送去口径一尺八寸、高一尺五寸的铁火盆罩一件，红炉炭100公斤；十二月十五日，海望、刘胜芳和四执事执事侍李进忠一同传令：往圆明园秀清村送去矿银十两，黑炭50公斤，好煤100公斤；十二月二十二日，海望和李进忠又一同传令：圆明园秀清村正在炼银，要用白炭500公斤，渣煤500公斤。档案中提到的秀清村位于圆明园东南角，依山傍水，是一个进行秘事活动的好地方。档案记载，在一个多月的时间里，往秀清村送的木柴、煤炭就有两千多公斤。从活计档中发现，从雍正八年（1730年）到十三年（1735年）这5年间，雍正先后157次下旨向圆明园运送炼丹所需物品，其中光炼丹用的煤炭就有234吨，此外还有大量矿银、红铜、黑铅、硫黄等矿产品，由此可以想见几年间秀清村炼丹的情景。

再次，服食丹药。雍正帝既然对丹药抱有希望，便尽情享受丹药的乐趣。当他吃了王定乾等炼的丹药时，大感舒畅，于是，对道士大加赏赐。而且，雍正帝还把丹药赏赐给亲近大臣。第一次是三月二十一日，内大臣海望交丹药四匣，按雍正旨意，分别赏给署理大将军查郎阿、副将张广泗、参赞穆登、提督樊廷等四位大臣。第二次是四月初一，内大臣海望交丹药一盒，按雍正的旨意，用盒装好赏赐给散秩大臣达奈。

最后，丹药中毒。现代研究表明，炼丹所用的铅、汞、硫、砷等矿物质都具有毒性，对大脑和五脏侵害相当大。雍正帝长期服用这种有毒物质，使身体受到了侵害。《雍正起居注》记载：雍正十三年（1735年）八月，雍正皇帝住在圆明园，八月十八日那天他与大臣们商量处理少数民族事务，八月二十日召见宁古塔的几位地方官员，第二天仍然正常办公，说明这时他的身体仍然很好。但到了八月

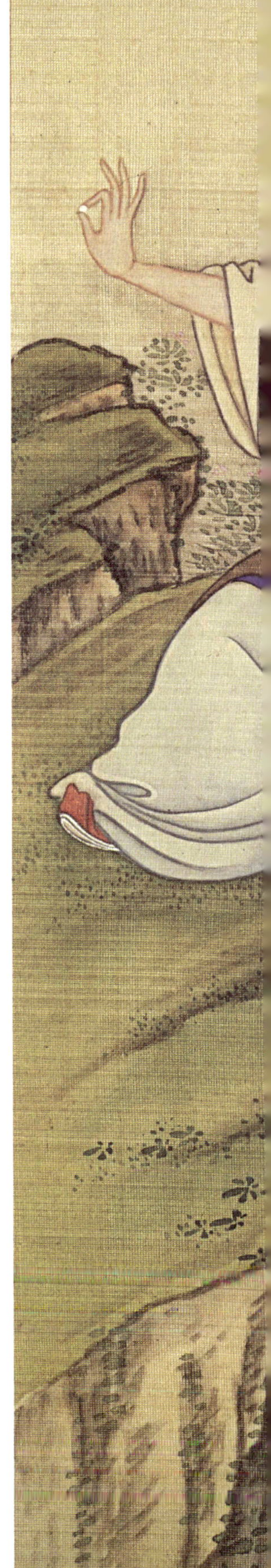
清人画雍正行乐图像册·道装像

二十二日，他却突然得病，当天晚上，已经奄奄一息的雍正便宣布传位给儿子乾隆。第二天即八月二十三日，雍正帝去世。

文殊菩萨大皇帝

文殊菩萨，为佛教四大菩萨之一，一般称文殊师利菩萨，与普贤菩萨同为释迦佛之胁侍，文殊菩萨被称为智慧之佛；而文殊菩萨所乘之坐骑狮子，又象征其威猛和法力无边，所以，文殊菩萨是智谋与威武的化身。

乾隆皇帝与文殊菩萨有着很深的渊源。相传，康熙五十年（1711 年）八月十三日这天傍晚，雍亲王胤禛打猎回来，在山弯里影影绰绰见到一头狮子，背上驮着一个穿兜肚的小孩儿，大吼一声，擦身而过。雍亲王一愣神，只见眼前一片金光，小孩和狮子转眼间不见了。雍亲王回到府邸，只见一个小太监前来报喜，说福晋生了个胖小子。胤禛大喜，前去观看，不禁大吃一惊，这个孩子怎么和刚才看到的那个骑狮子的小孩长得一模一样。太神奇了。这件事很快传开了，人们纷纷说这是佛光普照，骑狮子的正是文殊菩萨，那个小孩一定是文殊菩萨转世了。而这个孩子，正是胤禛的第四个儿子弘历，也就是后来的乾隆。从此，乾隆是文殊菩萨转世的说法不胫而走。乾隆继位之后，更是被称之为“文殊菩萨大皇帝”。

对于这个称呼，乾隆帝非常喜欢。所以，乾隆极力把自己包装扮成文殊菩萨的样子，时时处处向文殊菩萨靠拢。

比如乾隆一生让人绘制过多幅自己的佛装像，就把自己打扮成文殊菩萨。下面一幅画面正中为乾隆帝中年形象，面目清秀，留须，双目凝视。头戴班智达帽，身着僧衣，右手结说法印，左手结禅定印，上托法轮，全跏趺坐于莲花托须弥座上。最上方示现其修行本尊的三座坛城。第二层正中为上师三世章嘉，章嘉小像的左右两侧分别描绘出诸佛菩萨。乾隆像背光四周环以藏传佛教历代先师，空当处填绘繁密的花朵及花枝。座下两侧集结着以空行母、金刚亥母为主的佛母、菩萨等。

比如，乾隆帝一生曾经六次参拜五台山，只因为五台山是文殊菩萨的作法道场。乾隆十一年（1746 年）九月下旬，他陪着母后“甄嬛”第一次瞻礼五台山，于菩萨顶建醮讲经，并朝拜了中台、西台，赏赐了罗睺寺、显通寺、塔院寺、

清　乾隆皇帝佛装像

清 青铜文殊菩萨像

殊像寺、碧山寺等各寺匾额。乾隆十五年（1750年）二月，他再次陪着母后"甄嬛"瞻礼五台山，又于菩萨顶焚香礼拜，瞻谒金容，为皇太后祈福安宁。乾隆二十六年（1761年）二月，他第三次陪着母后"甄嬛"拜谒五台山，为皇太后七旬万寿，诣显通寺拈香礼拜，祈祷皇太后万寿无疆。旨在宣扬孝道，康福长寿，最关键的是表达自己和文殊菩萨的"关系"。母后"甄嬛"去世之后，乾隆帝于乾隆四十六年（1781年）二月、五十一年（1786年）二月、五十七年（1792年）二月，分三次西巡五台山，躬谒金容，朝拜菩萨，进一步确立自己是文殊菩萨大皇帝的至高地位。

比如避暑山庄的两座寺庙，一个殊像寺，一个普宁寺。避暑山庄与乾隆关系太紧密了，那是他出生的地方，就是在这里，他的爸爸胤禛看到了那个骑狮子的小孩。所以，乾隆帝在避暑山庄修建了两座意义非同寻常的寺庙：殊像寺和普宁寺。普宁寺建于乾隆二十年（1755年），这年五月，清政府平定厄鲁特蒙古准噶尔部达瓦奇的叛乱，十月，乾隆帝建普宁寺，寺内供奉乾隆扮文殊菩萨像；殊像寺建于乾隆三十九年（1774年），主殿供奉的文殊菩萨像，就是仿乾隆帝的容貌塑造的，体现了乾隆帝与文殊菩萨之间的渊源。

比如清东陵裕陵地宫中的文殊菩萨雕像。这尊雕像，在第一道石门的东扇门，头顶莲花佛冠，下身穿羊肠大裙，身披随风飘舞的长巾，双手掐西番莲，右手托宝剑，能驱除邪恶，左手托起经卷，象征智慧无穷，佛法无边。

乾隆帝终生追求的就是做这样的文殊菩萨大皇帝。

清帝的克星——天花

避不过去的天花

在清代，天花最可怕，不像今天，根本不会因为出天花死人。那个时候，人们一旦染上天花，就面临着死亡的威胁。据有关资料统计，清代感染天花病毒的人，有 50% ~ 60% 的人会死亡，也就是一半以上的人过不去这道鬼门关。所以，那个时候，人们“谈花色变”。按照资料记载，清朝有两个皇帝最惧怕天花：一个是皇太极，一个是顺治帝。

先说皇太极。皇太极成年继位，小时候没出过天花，因而是“生身”——出过天花的人是“熟身”。皇太极继位之后，最怕出天花，千方百计避痘。他都采取什么办法呢？

选择僻静处避痘。每当天花流行，皇太极就紧张，赶紧找地方避痘。一般来讲，他要远离人群。先是在深宫中避痘，可是，深宫中也不安全，做皇帝的找的人肯定多，避不开，于是，他到寺庙里去，那个地方清净，最终，他选择了沈阳市的一个叫“长宁寺”的庙宇，那里很清净，几乎没有人到他那儿去。有的时候，皇太极也会出去打猎，到深山密林中，带着干粮，就那么几个人，很安全。

隔离出痘人。不见出痘人，出天花的家属，他也不见。比如二哥代善的第五子巴喇玛出天花病逝，按理，他应该慰问。可是，他害怕，怎么办呢？不慰问说不过去啊，于是，皇太极决定出城见面，在城外 10 里处所，与代善简单会面，慰问一下。后来，皇太极下令，凡是正在出天花的人，弄到百里之外避痘。这

清 医学插图 生天花的孩子们

不过分吗？一般来讲，出天花的老百姓没有医疗条件，再被弄出去那么远，没人照顾，必死无疑。病人家属不满意，又改为60里，还不满意，又改为40里，最后改为20里。更可笑的是，有很多误诊的人也被隔离出去，比如那些感冒发烧、风疹疥疮的症状与天花相似，这些人都被隔离了。

可见，皇太极真的是被天花吓坏了。不过，他的避痘效果不错，他一辈子生身，没有出过天花。可他的儿子顺治帝就没那么幸运了。

顺治帝受父皇的影响，一辈子躲避天花病毒的侵袭。他处处模仿父皇的做法，躲避，躲避，再躲避。顺治帝的做法有时甚至超过其父。

一是不理朝政。顺治帝每遇天花流行，就会躲起来，干脆不见人。他会去南苑避痘，那里清净没人，把一切政务交给王公大臣，自己则一概不管。有时候，他也会学皇太极，出去打猎避痘。有一年冬季，北方流行天花，顺治帝便匆忙出京，跑到几百里外的遵化山区避痘。大冬天的，天寒地冻，他跑到荒无人烟的地方去躲避瘟疫，心里有多恐慌可想而知。

二是可笑的“三毋”。真是怕

什么来什么，顺治帝最惧怕的东西就是天花，可天花偏偏找他，因为他身体虚弱，尤其是顺治十七年（1660 年）八月十九日，爱妃董鄂妃病逝之后，他身体极为虚弱，结果天花病毒找到了他。顺治十八年（1661 年）正月，他不幸感染了天花病毒。顺治皇帝害怕极了，他匆忙向全国下达了一个十分可笑的圣旨，那就是“三毋”：毋炒豆，毋点灯，毋泼水。真是可笑之极，老百姓不炒豆子可以，但是，不点灯、不泼水，能做到吗？

染上天花以后，发病很快，正月初七，顺治帝遂致弥留，一病归天。

天花夺去了机会

清宫中，天花不仅夺去了很多人的生命，还夺去了他们的各种机会。我们看看都是哪些人被夺去了机会。

第一，丧失了继位的机会。清朝有两位皇子，因为天花而丧失了继位的机会。第一位是顺治帝第四了荣亲王，这个孩子的生母是顺治帝最为宠爱的董鄂妃。这个孩子生于顺治十四年（1657 年）十月初七，董鄂妃刚刚入宫一年，顺治帝就与之生了这个孩子。顺治帝欣喜若狂，宣布了三件事：一是排行老大，称之为“第一子”，其实排行是老四；二是大赦天下，这可从来没有过，只是生育了一个皇子，就大赦天下，太过分了；三是立为皇嗣，这更是过分之举，刚刚生下来的皇子，就立为太子，哪有保证呢？可惜，这个孩子很倒霉，第二年正月二十日就因为出天花而殇逝了，仅仅活了 100 天，这个可怕的天花，不仅夺去了荣亲王的性命，也使他失去了继位的大好机会。第二位是乾隆帝第七子永琮，这个孩子的生母是孝贤皇后富察氏。孝贤皇后的第一个儿子永琏在乾隆元年（1736 年）被册立为皇太子，秘密诏书被放在“正大光明”匾后面的镉匣中，可惜，这个孩子 9 岁就殇逝了。孝贤皇后非常伤心，决心和乾隆帝共同努力，再生一个儿子。乾隆十一年（1746 年）四月，生了一个儿子，叫永琮。乾隆决定找个机会，再次秘密立其为储君。可惜，到第二年的大年三十，这个永琮出天花病逝了，闹得孝贤皇后郁郁寡欢，年都没过好，到第二年三月十一日，孝贤皇后也一病归天了。

第二，丧失了亲政的机会。这个人就是同治皇帝，他 6 岁继位，两宫皇太后慈安慈禧垂帘听政。他的生母慈禧太后对权力欲望十足，一直不肯放手，一再推迟他的婚期，直到同治十一年（1872 年）才为他举办大婚典礼。而且，大婚之后并没有让他亲政，到同治十二年（1873 年）正月二十六日，慈禧才放权给他，同治帝终于亲政了，来之实属不易，可仅仅过去一年，到同治十三年（1874 年）十一月初十日，由于同治皇帝出天花，慈禧慈安再次垂帘听政，直到一个月后，同治帝病逝。所以，同治皇帝好不容易得到的权力，被天花无情夺去了，清朝权柄再次落入慈禧手中。

第三，天花让皇子们丢掉了美好前景。清宫中的皇子成活率极低，大部分婴幼年就夭折了。比如顺治皇帝，他的八个皇子有四位幼年夭折，有专家考证，大部分死于天花，使他们丧失了宝贵生命和大好前程。不仅如此，那些成年的皇子们对天花也同样没有免疫力。比如多尔衮的同母弟弟豫亲王多铎，一生驰骋疆场，健壮无比，可是，到顺治六年（1867 年）三月十八日，北方天花流行，已经 36 岁的多铎没能逃过此劫，不幸感染天花病毒，发病凶猛，很快就病逝了。多铎的命运如此，难怪顺治元年（1644 年），多尔衮令政敌肃亲王率军入关，出发前，豪格害怕地对人说：“我还没有出痘呢，这次出征，恐怕是凶多吉少了。”可见，天花已经给这些皇子们留下了阴影。

孝庄伤心避痘

顺治十四年（1657 年），是孝庄太后一生中最伤心的一年。因为，这一年的十一月她面临着生与死的考验，她不幸染上了可怕的天花。天花病毒在冬季和春季最爱流行，这一年可怕的天花病毒终于侵染了她的身体。因为病情危急，这时候，她最亲近的人都来了。

皇帝来了，顺治皇帝最惧怕天花病毒，但在以孝治天下的思想指导下，他一刻都不敢离开，生怕母后什么时间就离开人世。王公大臣来了，不仅爱新觉罗宗室的王公轮番入内，就连两黄旗大臣鳌拜、遏必隆等也昼夜服侍。这使面临生死考验的孝庄略感欣慰。可她在与病魔做斗争的时候，却倍加伤心，这是为什么呢？

不喜欢的人总在眼前晃动。这个人是谁呢？总在她的眼前晃动干什么？这个人就是董鄂妃。孝庄最不喜欢这个女人了，因为这个女人打乱了自己的全盘计划，尤其是她刚刚过满月，生下了顺治帝的第四子，顺治帝立即宣布大赦天下，并将他立为皇储，自己苦心经营的顺治帝婚姻化为泡影。她太讨厌这个女人了。可是，身体虚弱的董鄂妃不顾感染天花病毒的危险，昼夜侍奉，自己能说什么呢？只能伤心而已。

喜欢的人就是不来。这个时候，孝庄最想见的人是她一手册立的中宫皇后，也就是自己的侄孙女博尔济吉特氏。当时，为了让她进宫，孝庄绞尽脑汁，都得罪了顺治皇帝。可即使这样，在这个最关键的时候，都不来探视婆婆，这难道不让孝庄伤心吗？那么，皇后为什么不来侍奉婆婆孝庄呢？皇后不去探视婆婆除了惧怕传染之外，当然还有一个重要原因，顺治十二年（1655 年）皇后出天花的时候，婆婆和皇帝等人都没来探视，那时候自己一个人多伤心啊。要不怎么说孩子小不懂事呢？这个时候的皇后仅 14 岁，还是个孩子。

最让孝庄伤心的事还是顺治帝趁火打劫。正在这个关键时刻，顺治帝居然在顺治十五年（1658 年）正月悍然废后，这不是捣乱吗？自己虽然病情有所好转，但毕竟没有痊愈。废后那可是天大的事情，当年，因为废后，闹得满朝风雨，朝野内外可以说是鸡犬不宁。这个中宫皇后虽然有些不太懂事，但那是自己精心安排的啊。孝庄伤心之余，决定强力干涉，于是，她拖着病弱之躯，召见顺治帝，表明自己的态度，绝对不允许废掉皇后。最终，顺治帝勉强听从了太后的建议，但还是把皇后的签字权收回了，实际上这个皇后就没什么权力了。

孝庄留下了后遗症。孝庄的天花后遗症倒不是满脸的大麻子，而是痊愈之后得了皮肤病。这是让她没有想到的事情。皮肤病发作的时候，瘙痒难耐，寝食不安。所以，她不得不定期前往温泉疗伤。尽管如此，病情时有反复，所以，这成为她的心病。这个皮肤病伴随了她三十多年，直到康熙二十六年（1687 年）十二月，这个疾病发作，夺去了她的生命。

清宫太医院

提心吊胆的太医

太医，是指封建社会专门为帝王后妃等上层统治阶级服务的医生。清宫的太医院建于顺治元年（1644年），有院长，五品；副院长也叫左院判，六品；御医，八品；下面还有吏目、医士、医生等，从九品。这些人待遇不一样，但统称为太医，大概有一百人，都是汉人。

给皇帝看病，看起来非常风光。可是，这些人一旦成为太医，就面临着严峻的考验，有时甚至面临生命的威胁。因为，这些人不仅仅需要懂医术，最主要的是他们经常被迫卷进政治斗争。所以，御医们总是提心吊胆地生活着。举几个例子。

比如说同治帝之死。同治皇帝是同治十三年（1874年）十月三十日患病的，太医院院判李德立和御医庄守和诊断的情况是："系风瘟闭束，阴气不足，不能外透之症，以致发热头眩，胸满烦闷，身酸腿软，皮肤发出疹形未透，有时气堵作厥。"其实，这些御医早就看出来同治帝得的不是天花，而是梅毒，但是，堂堂天子得了梅毒，怎么能够说得过去呢。所以，御医们很是为难，不知道怎么办。如果实话实说，慈禧肯定不会饶恕他们，没准一发怒，还会杀了他们。但如果按照太后的说法，按照出天花来治疗，一定会耽搁病情。真是左右为难，整日提心吊胆。最后，还是慈禧说了算，慈禧愿意说是出天花，那好吧，太医们就开出了治疗天花的药单子。

再比如说光绪帝之死。官方公布的死因很复杂，无非是光绪帝身体一向虚弱，有遗精肾亏之症，再加上风湿，等等，最后是多病复发，六脉已绝而死。

御医杜钟骏有《德宗请脉记》传世，其中，有很详尽的诊脉记录。他怎么号脉，怎么与光绪帝对话，怎么和其他御医商量，怎么下药，等等，都有详细记录。从这里看，光绪帝一定是病逝的。可是，我们通过其他史料发现，杜钟骏没说实话，名医屈桂庭在《诊治光绪帝秘记》记载光绪死前三天“在床上乱滚”“向我大叫，肚子痛得了不得”，且“面黑，舌焦黄”，很明显，曲桂庭说的是实话。这种说法在后来的科学检测中得到了印证。近年来，有关部门采用高科技手段，对光绪帝的部分发样和部分葬衣进行科学检测，最终得出结论：光绪帝死于砷中毒，也就是砒霜中毒。2008 年 11 月 3 日，国家清史编纂委员会在北京举行光绪死因研究报告会，正式宣布光绪帝死于急性砒霜中毒，这个笼罩在人们心中的疑团终于被揭开。

所以，都说太医看病难，此言不假。比如，明令禁止使用针灸，原因是皇上的龙体外露有失尊严。不能坐着给皇帝诊脉，得跪着诊脉。不能让皇帝伸出舌头看舌苔，那样有失帝王尊严。不能问皇帝二便如何，那也有失皇帝的威严。尤其是御医们给妃子们看病，更不能触摸妃子们的手腕，以免伤了风化，这样，就传出了悬丝诊脉的故事：太医只能把一根丝线由太监递到挂着帷帐的房间里，系在女眷的手腕上，另一头留在屋外太医的手里，而负气的妃子们常常把她那头系在椅子腿上，想考考太医能不能诊出她的病。实际上系与不系都不能通过丝线切得脉象，太医们在这里走了一个形式，做了一个秀。他们敢给女眷看病，事先已经千方百计地通过贿赂贴身太监，把病情了解得一清二楚，此刻诊脉，只是在静思默想如何下药而已。

为慈禧找名医

大家可能感到很奇怪，慈禧作为一个大独裁者，宫里面聚集了那么多御医、太医，又有专门的太医院伺候着她，为什么还要到处寻找名医呢？

一般来讲，御医并不愿意一辈子供职于太医院，因为不知道什么时候会招来杀身之祸。我们看《大宅门》的时候，了解到白家老大给王爷府的格格看病，一摸是喜脉，实话实说了，结果，人家格格没出阁呢！白家老大吓得赶紧逃离京师，不然会死无葬身之地的。宫里的御医更是如此，不仅需要高超精湛的医

美国画家凯瑟琳·卡尔绘制的慈禧油画

术，更需要眼观六路、八面玲珑的处世能力，否则，就会惹祸上身。所以，慈禧患病，不会对御医抱太大的希望。

慈禧大权独揽，国事纷繁，会经常着急、上火，因而，她的身体会有很多毛病，尤其她还是女人，生过孩子，比男人得病的概率还大一些。比如，慈禧常年肠胃不和，从年轻的时候，就经常这样。虽然御医们想尽了办法，但效果始终不佳。光绪二十六年（1900 年），慈禧西逃，一路上辛苦就不用说了，加上着急上火，再加上年事已高，老毛病犯了。御医诊断：“腹胀、阵发性腹痛、食欲不振，七八日不解大便，小便黄少，午后发热，口渴喜冷饮，身上发冷。”可是，他们束手无策，慈禧不想用他们，便下令在西安寻找名医，结果一个叫刘天定的乡下大夫被引见给慈禧看病。诊断过程中，还闹出笑话，刘天定号脉后想看看舌苔，这完全符合中医的“望闻问切”之法啊，可是，太医们是不允许的。所以，太监骂刘天定大胆。幸亏慈禧明智，为了治病不能不给看。这样，刘天定看了慈禧的舌苔，“舌质紫红少津、舌苔干黑，且有裂纹”，对症下药，当天见效，半夜排黑色干便一次，五更排稀水便一次，次日清晨发热、腹胀减轻，三天后，慈禧痊愈。

特别是慈禧有难言之隐的时候，尤其不需要御医来做，以防消息外泄。光绪八年（1882 年），慈安已经去世一年多了，慈禧在宫中已经没有人能够约束她了，于是她寂寞难耐，像皇帝一样招来男宠玩耍。结果，她怀孕了。怎么办呢？一个寡妇怀孕，传出去还了得吗？这种事也不好叫御医来处理，好事不出门，恶事传千里，慈禧决定不用宫里的御医。于是，心腹大臣李鸿章向她推荐了江南名医薛福辰。薛福辰是个精明人，他一想就明白了，一定不是普通之病。他通过给慈禧诊脉，就更加肯定慈禧怀孕了。于是，聪明的薛福辰给慈禧建议用“清淤活血，行气通络”之法，必然奏效。慈禧一听，觉得薛福辰了解她的症状，便同意了他的建议。薛福辰赶忙跑到宫外去，亲自配了一服堕胎药，给慈禧服下，药到病除了。这件事，在野史中广为流传，言之凿凿，我觉得，是有可能的。慈禧 27 岁守寡，后来垂帘听政，大权独揽，宛如皇帝一般，以她的个性，发生点儿这样的事，也比较正常。

当然，慈禧对宫外名医的最大需求，还是美容养颜。她认为这些事御医们干不好，有时她甚至自己动手。比如炮炼胭脂，她就是自己挑选玫瑰花瓣，亲自指导如何炮炼等。有人给她推荐了苏州名医曹沧洲，曹大夫认为慈禧的病症，多半来源于工作压力太大，心情不好，体内气血阻滞。于是，他献给慈禧两个方子：一个是三钱萝卜籽的药汤，通便顺气，调理慈禧的气血阻滞；二是松仁粽子糖，由多味中药制成，可以清痰润肺，健脑强身，对慈禧体虚脱发有很好的疗效，而且清爽可口。慈禧接受了曹沧洲的这两个方子，效果很好，不仅体内郁积之症得到了缓解，就是面部血色也得到了改善，达到了标本兼治的效果。

自以为是的帝王

清朝的帝王，在医学治疗方面大都自以为是，他们甚至可以命令太医，自己开方子。这样的例子很多。

康熙帝就非常自信，他认为自己见多识广，看的书多，经历的事也多。举几个例子。

比如康熙帝对补药有自己独到的见解，他认为北方人吃补药没用。当大臣赫世亨向他进奉补药时，康熙帝说："我从来不吃补药，我劝你也别吃；补药对人身体一点儿好处都没有，你吃完补药之后，有什么反应吗？"赫世亨说没有。康熙帝说："吃补药，就好比那些小人说些奉承的话，听着好听实际上一点儿好处也没有。"康熙帝为此，曾严厉批评皇八子允禩，说他没事儿经常吃点儿补药，结果呢，越补越糟。就连赫世亨也是一样，闹了毛病，不用药物，反而用补药，结果病上加病，最终还是听了康熙帝的话，停了补药而吃治病的药。

再比如，康熙四十四年（1705 年）八月，康熙帝出巡，这时宫里传来不好的消息，苏麻喇姑病重，便血不止。康熙帝十分着急，他马上指示宫里给予治疗，并且亲自开了药方：用西伯噶古纳一剂，加上白煮鸡汤，掺在一起喝下。但是，令人没想到的是，这个对康熙帝百依百顺的苏麻喇姑这时居然抗旨不遵，坚决不肯吃药。康熙帝没有责怪苏麻喇姑，因为这是她多年的习惯，有病从来不吃药，这样，这年的九月初七，她终于走完了自己的一生。

雍正帝也是一样，他自认为精通医理，所以，给自己找到了长生不老的秘诀，那就是吃丹药。他找来很多大道士在圆明园炼丹，一时之间，圆明园余烟袅袅，仙气翩翩。雍正帝亲自布置，还非常悠然地写下《烧丹诗》，描述道士

清 佚名 康熙半身像

们给他烧炼长生不老丹剂的情景。雍正帝非常相信吃丹剂能够长生不老，所以，他不停地吃，反复地吃，还赏给那些非常得宠的大臣吃。结果怎么样呢？这些丹剂里面含有大量的铅和锡，这些都是毒素，是会置人于死地的。专家考证，雍正帝极有可能是铅中毒死亡。

光绪帝是一位聪明的帝王，他对自己的身体非常了解，当御医给他开药的时候，总是不见效果，他似乎明白了一切，而且，各种御医纷沓而至，让光绪帝非常心烦。于是，光绪帝不耐烦地斥责御医："你们没有对症下药！"言外之意，你们不是在救我，而是在害我。可是，有什么用呢，光绪帝无能为力，他被完全控制了，最终，还是被砒霜毒死了。

大家可能要问，帝王们为什么要自以为是地对御医指手画脚呢？有两个原因：一是告诫御医不要糊弄我，我懂，你骗不了我；二是御医不便深入为皇帝诊脉，皇帝不得不自己下功夫研究。但是，这些自以为是的帝王们由于不是专业大夫，也会害了自己。比如慈禧，她的儿子同治帝明明得的是梅毒，她区分不开，就认定是天花，结果害死了亲儿子。

深宫母子

母以子贵

清代，皇子继承了帝位，按制，母亲被尊为皇太后，皇太后由当朝皇帝供养，倍极荣耀。细数清朝的皇太后，可以理解什么叫母以子贵。

皇太极的生母孝慈高皇后，17岁时生下皇太极，29岁去世时，丈夫努尔哈赤尚在，没有做过皇太后。顺治帝的生母为孝庄文皇后，即庄妃，丈夫皇太极死时，她32岁，6岁的儿子继承了帝位，她做了皇太后，一直到顺治十八年（1661年），她在选后、立国等诸多方面费尽了心思，但也拥有一定的权力；顺治死去，康熙嗣位，身为太皇太后的她起了一语定乾坤的作用，康熙对祖母备极孝养，尊崇有加，孝庄太后于康熙二十六年（1687年）十二月去世，寿75岁。

康熙帝生母孝康章皇后，顺治十一年（1654年）三月十八日生康熙帝，年仅15岁，康熙元年（1662年），玄烨以8岁幼龄继位，尊生母为慈和皇太后。慈和身体一直不好，虽身居高位，但无福享受，第二年二月初一，即崩逝，年仅24岁。

雍正帝生母乌雅氏孝恭仁皇后，18岁时生下雍正帝，雍正元年（1723年）五月二十三日崩，仅做了半年皇太后，寿63岁。相传，她不满儿子得位手段，对儿子拟给她的“仁寿皇太后”徽号和从永和宫迁至宁寿宫的安排，都以在丧期中为由加以拒绝。尤其是两个亲生儿子胤禛和允禵闹对立，令她十分头痛，不久患了病。有一次，她要见小儿子，雍正大怒，太后便撞柱而亡。

乾隆帝生母孝圣皇太后，13岁以秀女入宫，身份卑微。可是她聪明伶俐，做事得体，在雍正继位后，即升为熹妃，再晋皇贵妃。乾隆继位后，尊为崇庆

弘历生母崇庆皇太后八旬像

皇太后。弘历12岁那年，熹妃奉特旨携子陛见圣祖，圣祖见她相貌不凡，连夸她是个“有福之人”。果然，乾隆继位后，备极孝顺，多次侍奉其下江南，巡五台，幸盛京，游山玩水，享尽人间富贵，在宫中度过73个春秋，享年86岁。

嘉庆帝生母孝仪皇后，原为汉军旗，乾隆二十五年（1760年）生下嘉庆后，诏封为皇贵妃，生前未做过皇后，卒年49岁。

道光帝生母孝淑睿皇后喜塔腊氏，有过3次生育，22岁时生下皇二子旻宁，被秘定为皇储。旻宁是清朝诸帝中，唯一嫡出皇子继承了大统。可惜，孝淑命浅福薄，于嘉庆二年（1797年）去世，卒年38岁。当时，太上皇尚在，连丧事办得都比较委屈。

咸丰帝生母孝全皇后，钮祜禄氏，有过3次生育，道光十一年（1831年）23岁时，生下皇四子奕詝。孝全是道光帝后宫中传闻最多的一位女主，关于她的得宠，有诗为证：

蕙质兰心并世无，垂髫曾记住姑苏。
谱成六合同春字，绝胜璇玑织锦图。

可是，关于孝全皇后之死，民间传得沸沸扬扬，并虚构出许多情节，使人莫辨真伪。《清宫词》中，记录下一首孝全企图毒死其他皇子，而使自己所出皇四子继承皇位的故事：

如意多因少小怜，蚁杯鸩毒兆当筵。
温成贵宠伤盘水，天语亲褒有孝全。

据此，有人绘声绘色地勾勒出一幅皇后企图毒杀皇子的图画。一个年轻美貌的女子，让人不禁齿冷三分。反映出深宫大内危机重重，到处布满杀机。孝全皇后于道光二十年（1840年）忽然去世，年仅33岁。离她的儿子继承帝位还有十年的漫长时间。同治帝生母慈禧太后生于道光十五年（1835年），咸丰元年（1851年）大选秀女中选，时年17岁，咸丰六年（1856年）生下同治帝，咸丰十一年（1861年）儿子继位时，她年27岁。此后，她费尽心机，发动了北京政变，废八大臣，垂帘听政；光绪帝嗣位，她再次垂帘，1898 年，她扼杀变法，再度训政，前后掌权达 48 年之久。

光绪帝生母为醇亲王福晋叶赫那拉氏（慈禧之妹），宣统帝生母为载沣福晋瓜尔佳氏，两位均生活在王府，不在宫内。

母以子贱

为皇帝生了龙子，又费尽千辛万苦侍奉皇帝，得到丰厚的回报是正常的，尤其作为老皇帝的后妃，嗣皇继位后，应倍加尊崇。可清代宫廷中，却发生了两起“母以子贱”的怪现象。

一个是康熙帝宜妃，郭络罗氏，佐领三官保之女。康熙初赐号贵人，康熙十六年（1677 年）即册封为嫔，曾生有皇五子允祺（亲王），二十年（1681 年）即晋为宜妃，二十二年（1683 年）生皇九子允禟，二十四年（1685 年）生皇十一子允禌，资历很深。三个皇子中，皇九子允禟是让宜妃最不省心的一位。

允禟从懂事时起，就不甘心一生只做一位无权无势的王爷。相传，他曾对亲信秦道然、何图等人说，他母亲妊娠时得了一场病，梦见真武菩萨赐给她一个日轮状的红饼，吃后病就好了，胎儿也安稳了。又说他幼时耳后生痈，病重昏迷，忽听得一声巨响，睁眼看时，只见室内梁宇之间有许多金甲神将，病竟不治而自愈。他这样神化自己，说明对大位有非分之想。

可是，允禟才智平庸，难成大器。于是，他便转而拥护皇八子，不成之后，又企图拥立允禵。曾有个叫蔡怀玺的人散布流言，说“二七便为主，贵人守宗山。”暗示十四王做皇帝，并让宜妃做太后。

事败后，雍正帝大怒，一面幽禁允禟，一面更加憎恨宜妃。还在康熙大丧之初，雍正帝与众母妃同在大行皇帝棺前治丧。宜妃不但十分蔑视雍正帝，还以身体不爽为由，乘软轿前往。雍正帝忍无可忍，下旨严斥：“众母妃自应照前遵行国礼。即如宜妃母妃用人挟掖可以行走，则应与众母妃一同行礼，或步履艰难，随处可以举哀，乃坐四人软榻在皇太后前与众母妃先后搀杂行走，甚属僭越，于国礼不合。”于是，《清宫词》中也留下了记录：

雍正朝服立像

九阿哥允禟

二阿哥允礽

庆僖亲王永璘

八阿哥允祀

十四阿哥允禵

十三阿哥允祥

大行遗柩在宫闱，宫眷哀号奉礼仪。

闻道嗣皇哀痛切，苦临先已责宜妃。

虽然碍于是母辈，不便对宜妃无礼，但也大大冷落了她。宜妃由于九子的关系而大受冷落，又斗不过当今皇帝，只好出宫去了九子的王府，从此销声匿迹。

另一位母以子贱者为道光帝孝静皇后。

孝静皇后比道光帝小 30 岁，14 岁时，嫁给了 44 岁的道光帝。她一生生有 3 子 1 女，其中道光十二年（1832 年）生下的皇六子奕䜣，曾使道光帝对她极为宠爱，在立皇储问题上，曾考虑过奕䜣。所以自道光二十年（1840 年）孝全皇后死去后，她就以皇贵妃身份主持后宫事务。不仅如此，孝静皇后心地善良，又担负起抚养年幼的皇四子（咸丰帝）的重任。

咸丰登基后，因为立储的关系与六弟关系僵化，奕䜣也因为没有当上皇帝而嫌恨咸丰帝，便想借孝静的身份来抬高自己的地位，屡有所请，要求咸丰帝尊孝静为皇太后。咸丰帝考虑到抚养之恩，不得已尊晋其为康慈皇太后，正在病中的孝静仅做了 9 天太后便溘然长逝，寿 44 岁。

孝静一死，咸丰帝本应为其大办丧事，以报养育大恩。可是，他太厌恶奕䜣了，便大大减杀了太后的丧仪：

一是不为其建皇后陵，而是葬入妃园寝，只将其升格为皇后陵，规制简约；

二是太后奉安大典，咸丰帝不护送，不亲临；

三是减其谥号为 8 字（本应 12 字），并不系宣宗谥号；

四是神牌不升祔太庙，只升祔奉先殿，只供山陵。

子以母贵

皇帝过分宠爱后妃，虽是难得之事，但也并非没有。一旦受宠后妃生有皇子，皇帝会爱屋及乌，所谓子以母贵了。清宫有 3 个这样的例子。

一为孝诚仁皇后及其子允礽。允礽母为孝诚仁皇后，13 岁嫁给康熙帝，为中宫皇后，她和康熙帝青梅竹马，加上又是勋贵大臣索额图的侄女，备受宠爱，婚后 4 年生皇子承祜，2 年以后，再生允礽。当时朱三太子乘吴二桂叛乱之际扰乱宫闱，致使孝诚仁皇后受惊难产。

孩子虽然生下来了，但孝诚仁皇后几次昏厥过去，当天即死去，年仅22岁，康熙帝非常悲痛。一年半以后，于康熙十四年（1675年）十二月，立了未及两岁的允礽为皇太子。可是，此子极不争气，已做了33年的皇太子于康熙四十七年（1708年）被废掉，但不出两个月，康熙帝出尔反尔，又恢复了允礽太子的地位，可是，到康熙五十一年（1712年），又将怙恶不悛的太子废掉。这两度废立，使康熙帝焦头烂额，心情极度沮丧。他多次想将帝位传给允礽，慰藉孝诚仁皇后的在天之灵，实现传位于嫡出之子的梦想。但他的愿望落空了。

二为顺治帝孝献皇后（董鄂妃）及所生之子。顺治帝对董鄂妃可谓“三千宠爱于一身”，达到了痴迷的程度。两人相亲相爱，终于在顺治十四年（1657年）十月有了结果，董鄂氏生下一子，排行第四。可是，高兴至极的顺治帝急于立其为嗣，便“错误”地称其为“朕第一子”，竟以诏书的形式，颁行天下：

“自古帝王继续立极，抚有四海，必永绵历祚，垂裕无疆。是以衍庆发祥，聿隆胤嗣。朕以凉德缵承大宝，十有四年，兹荷皇天眷佑，祖考贻庥，于今年十月初七日第一子生，系皇贵妃出。上副圣母慈育之心，下慰臣民爱戴之悃，特颁肆赦，用之仁恩。”

可惜，此子薄命，仅出世3个半月就夭折了，连名字都未来得及取。顺治一面为他大修豪华陵墓，一面追封他为“和硕荣亲王”。翌年，陵园告成，八月二十七日，其金棺奉安地宫。

三为乾隆帝孝贤皇后及所生的两位皇子永琏和永琮。孝贤是他的嫡后，乾隆十分宠爱，而生于雍正八年（1730年）的皇子永琏又“聪明贵重，器宇不凡”，于是，在乾隆元年（1736年）七月初二，密定永琏为皇太子。可是，到乾隆三年（1738年），永琏偶感风寒，竟一病不起，病逝于宁寿宫，年仅9岁。乾隆帝十分悲痛，他辍朝5天，赐名端慧皇太子，并多次亲到棺前赐奠。后在陵园右侧的朱华山修建了典制大备的皇太子园寝，隆重治丧，大葬礼成。但乾隆帝并未减少对孝贤皇后宠爱的程度，相反，他以满怀的热情给予她更多的关照，终于在乾隆十年（1745年），孝贤皇后再生一子，排行第七，取名永琮，又把继统希望寄托在了永琮身上。然而，天不遂愿，乾隆未及立储而永琮患天花而亡，还不到两周岁。乾隆与孝贤皇后极为悲悼。乾隆甚至检讨，两个嫡嗣连殇是他的过错。因此，决定“皇七子丧仪应视皇子为优”，赐谥“悼敏皇子”，以亲王礼治丧，其丧期达9个多月，参与祭奠的人有宗室贵族，四品以上官员，达万人之多，费用难以计算。真是倍极哀荣。

子以母贱

其实，皇帝与妃嫔所生之子，同贵为皇后所生之子有什么区别！同为自己的骨肉，却分出三六九等，足见等级社会中，门第关系的影响至远至深。所以，在清朝宫廷中竟也有过子以母贱的实例。

康熙帝众多妃嫔中，有一位卫氏。她聪明而貌美，但出身卑微，为内管领包衣人，是典型的奴仆出身。入宫后，她小心谨慎，曲意奉承，终于在康熙二十年生下了皇八子允禩。这个皇八子长相英俊，康熙十分喜爱。为了抬高他的地位，康熙将八子交由出身相对较高的惠妃抚养。

允禩虽出身卑贱，但他自幼就聪明机灵，工于心计，不甘居人之下，幻想有朝一日继承大统。于是，他倍加努力，长大后，学问品貌兼优，而且儒雅风流，稳重大度。终于在康熙五十二年（1713年），他18岁时封贝勒，署内务府总管事。尤其在太子允礽被废后，他竟与大臣结交，谋夺嗣位。然而，康熙帝的门第观念并未改变，他不想将大位传于一个奴仆所生之子，为天下人耻笑。于是，夺去他贝勒爵位，断其梦想。

还有一位就是乾隆帝乌喇那拉皇后所生皇十二子永璂。

那拉皇后早年与弘历成亲，为侧福晋，小弘历7岁。那拉皇后在宫中一直很得宠，经常随帝出巡各地。尤其在孝贤皇后死后，乾隆帝秉承太后之意，立其为皇后。可是，天有不测风云，就在乾隆三十年（1765年）的一次随帝南巡中，命运发生了转折。

本来，此次南巡，一路游山玩水，帝后十分快乐。到达杭州之时，在名胜景致“蕉石鸣琴”处进早膳，乾隆还赏皇后膳品，可到晚膳时，在杭州行宫赐膳品时，皇后没有出席，此后，皇后在出巡人的名单中消失了。原来，前一日，圣旨派额驸福隆安扈从皇后由水路先程回京了。乾隆帝则继续到江南游玩。

这年四月二十日，乾隆回到京城，乾隆欲将病中的皇后废掉，遭到大臣阿永阿等的强烈反对，未果。五月十四日，乾隆将那拉皇后的册宝四册收回，其中皇后一份、皇贵妃一份、娴贵妃一份、娴妃一份，等于把她进宫三十来年的所有册封全部追回。而她宫中的待遇也大为降低，其手下只有两名宫女，皇后名号虽存，但已名存实亡。

乾隆三十一年（1766年）七月十四日，备受折磨的那拉皇后死去。当时，乾隆正在木兰围猎。得知死讯，他没有回京，只派皇后亲生子永璂回京奔丧。到底是什么缘故使得这位天子如此薄情呢？不妨从他的谕旨中加以分析。

“皇后自册立以来，尚无失德。去年春，朕恭奉皇太后巡幸江浙。正承欢洽幸之时，皇后性忽改常，于皇太后前不能恪守孝道。比至杭州则举动尤乖正理，迹类疯迷，因令先程回京，在宫调慑，经今一载有余，病势日剧，遂尔奄逝。此实皇后福分浅薄，不能仰承圣母慈眷，长受朕恩礼所致。若论其行事乖违，即予以废黜亦理所当然。朕仍存其名号，已为格外优容，但饰终典礼不便复循孝贤皇后大事办理，所有丧仪止可照皇贵妃例行。”

原来，皇后在巡幸途中，因事自行剪发，忤犯了皇上。清制，只有长辈和丈夫死去，后妃才剪发服丧。皇后自行剪发，不等于诅咒皇上和太后死去吗？自然不为其所容。可是，她为什么要这么做呢？乾隆却只字不提。皇后以皇贵妃之礼治丧，已属格外严厉了。实际上远不止于此：

1. 借用皇贵妃地宫，皇贵妃居中，而皇后棺居左侧。

2. 不设神牌。而清制，妃子以上均在陵寝享殿中设有神牌，按时享祭。

3. 不享祭。一年四大祭，二十四小祭，祭辰，生辰，皇后均无享祭。

这么严厉的处治，对于一个死去的人来说实在是太严苛了。为此，皇后亲生子永璂极不满意。但他敢怒不敢言。民间曾流传永璂为生母讨吃箸的说法，要求父皇格外施恩，祭祀时，在供桌上为母亲摆双筷子。皇父十分不满，并未答应。

为此，永璂大受牵连。乾隆对其他皇子大加封赏时，对十二子却倍加冷落。永璂的档案记录几乎没有。他死于乾隆四十一年（1776年），年仅25岁。死后按宗室爵位中十分低下的公品级治丧，葬礼冷清得很。只是到嘉庆四年（1799年）三月，嘉庆帝亲政，才对这位皇兄加以晋封，名号为贝勒，仍属皇子中最低下者。

金枝玉叶

死于难产的八公主

康熙帝事业成功那是没得说，可在后宫生活中，康熙帝确实屡遭磨难。他就有两个亲人死于难产，这是多么可怕的事情。一个是他的中宫皇后孝诚仁皇后赫舍里氏，在康熙十三年（1674年）五月，生允礽的时候，大出血难产而死。第二个就是我们今天要讲的八公主，她也是难产而死的。

八公主生于康熙二十六年（1687年），生母是敏妃章佳氏，著名的怡亲王允祥的生母。这个敏妃不长寿，在康熙三十八年（1699年）七月就去世了，当时八公主仅仅13岁，就没了母亲。为了照顾这个孩子，康熙帝给她选择了后母照看，选来选去，挑中了他最宠爱的宜妃郭络罗氏。宜妃不仅出身富有之家，气质高雅，而且生育过孩子，很有经验，所以，是带八公主最好的人选。

康熙帝对八公主很喜爱。原因有很多，主要是这个孩子过早丧母，比较可怜；还有就是这个孩子的性格非常温柔而内敛，不张扬，十分讨人喜爱。当然，过早丧母的孩子是不会过分张扬的，尤其在复杂多变的宫廷之中，没有母亲做靠山，是一定要小心谨慎的。八公主做到了这一点。

八公主出嫁的时间很晚，不是没有合适的对象，而是康熙帝舍不得。一般来讲，那个时代的女孩子十二三岁的时候，就要由父皇做主，指婚嫁人了。等到了十六七岁还没嫁人，那就是超龄了。康熙帝知道这个道理，所以，在康熙四十三年（1704年）给她找了婆家，但是没让她嫁过去，依然留养在宫中。过了两年，八公主已经20岁了，再不嫁人说不过去了，才把她嫁了过去。八公主20岁嫁人，一定是大龄女青年了。之所以这样，没有别的原因，肯定是康熙帝舍不得她出嫁，太喜欢这个女儿，愿意留在身边，享受天伦之乐。

嫁八公主之前，康熙帝做了三件事。

一是精心选择女婿。这个女婿康熙帝是满意的，他是仓津，初名班第，博尔济吉特氏，袭翁牛特部杜凌郡王。最主要的，是他与皇家沾亲带故。他的祖母是英亲王阿济格的第四女，阿济格是顺治帝的叔叔，所以，这层关系，就把仓津的地位抬高了一个档次。

二是给八公主建别墅。公主要远嫁塞外，康熙帝早做打算，命人在未来的婆家建一座公主府，别墅建成后，康熙四十三年（1704年）八月二十七日，康熙帝借巡视塞外的机会，亲临公主府视察，看看是否遂心。另外，为了防止公主在塞外生活不适应，照例在北京修建了一座公主府，供她出嫁后回京时居住。

三是册封公主。康熙帝明白，公主的身份很重要，所以，在她出嫁之前，命礼部给予封号。康熙四十五年（1706年）七月，公主被册封为和硕温恪公主，有了封号，公主就可以风光下嫁了。

公主出嫁了，康熙帝时时思念。其实，八公主也思念父皇和宫里的一切。所以，八公主会不时回到京师公主府居住，找个机会拜见阔别的父皇。正因为如此，康熙帝越来越喜欢这个女儿。公主下嫁当年，康熙帝思念倍增，便在这年的八月初八，驾临婆家的公主府，在这里一住就是三天。

可是，幸福总是短暂的。康熙帝万万没有想到，公主出嫁后二年，一场灾难突然降临。这一年是康熙四十八年（1709年）。

先是喜讯。说八公主怀孕了。康熙帝喜不自禁，女人的本分就是这个。但也有担忧，女人生孩子那要过鬼门关的。他不敢过多想，只有为女儿祈祷了。十月怀胎，终于要分娩了，康熙帝焦急等消息。

当时，正值六月天，骄阳酷暑，身体虚弱的康熙帝在承德避暑，等着八公主的消息。可是传来的却是噩耗。太监报告八公主产下双胞胎，由于孩子过大，导致难产，死去了。

康熙帝闻听，一阵眩晕。康熙帝双手冰凉，亲自为公主写下碑文。公主生的两个女儿都好，是不幸之中的万幸了。

十公主救和珅

这里的十公主就是乾隆皇帝的十公主，她是乾隆皇帝最小的女儿，出生于乾隆四十年（1775 年）正月初三，这一年乾隆皇帝已经 65 岁了。

在这里，我先介绍一下十公主的母亲惇妃。惇妃，满洲正白旗人，都统四格之女。她比乾隆帝小 36 岁，乾隆三十九年（1774 年）晋封为惇妃，第二年生下十公主，这是她唯一的一次生育。那么，十公主的母亲究竟是怎样的一个人呢？资料中留下了关于她的相关记录。

她是一个脾气暴躁之人。乾隆四十三年（1778 年），惇妃做了一件令人大感意外的事情，那就是她打死了宫女。这一年，十公主仅仅 4 岁。乾隆皇帝听到这个消息，十分震惊。向例，后宫主位不得擅自使用杖刑，更不得随意杖打宫女。而惇妃竟敢违背祖制，把宫女杖打致死。乾隆皇帝一时之间竟然不知所措。尤其让乾隆皇帝为难的是，惇妃是十公主的母亲，如果是别人，他尽可以按照规定惩处，可是，十公主的母亲要怎么办才好呢？

乾隆皇帝还是做出了样子，惩处惇妃，不做不行啊：降格，由惇妃降为惇嫔；罚款，以惇妃为首的人，包括殴打宫女的太监、宫女，都罚银 100 两；让她向死者家属赔礼道歉，并给人家丧葬费。这些惇妃都做到了，但是，乾隆还是觉得过意不去，不得不专门给惇妃下圣旨："你太任性了，如果不是十公主的生母，我早就将你废黜了。"惇妃看后，心惊胆战，后悔不已；同时，她也庆幸自己生育了十公主，感谢这个小孩子成了自己的保护伞。

乾隆帝最喜欢惇妃所生的十公主了。为什么会如此喜欢十公主？

第一，十公主是乾隆帝最后一个孩子。乾隆皇帝有 27 个子女，其中，十公主生于乾隆四十年（1775 年），老皇帝已经 65 岁了，她的母亲惇妃也已经 29 岁了。由于最小，所以乾隆最喜欢，这是情理之中的事情。

第二，十公主尚武。《啸亭续录》记载，十公主性格刚毅，力大无比，说她能挽十力弓，而且，还说她喜欢穿男装。十公主经常跟随父皇外出打猎，箭法精准，深得父皇宠爱。

第三，十公主长相酷似父皇。其实，有一种说法，男孩子长相像母亲，女

策棱　康熙女婿

清 裙子

孩子则更像父亲。这样说来，十公主长相酷似乃父就没什么稀奇的了。可是，乾隆帝老来得女，欢喜不已，所以把这个十公主看作是掌上明珠。他曾经亲口对十公主说："你如果是男孩子的话，我一定把皇位传给你。"我想，乾隆帝的这番话不是儿戏。十公主生于乾隆四十年（1775 年），到乾隆帝去世，她刚好 24 岁，正是绝好的年龄。

这么喜欢十公主，乾隆帝会怎么对待她呢？

首先，破格封号。十公主的封号是固伦和孝公主，是在她 12 岁的时候给予的封号。这个封号已经是破格封赠的了。按照大清家法，只有皇后所生之女，才可以封为固伦公主；而妃嫔所生，至多封为公主，相当于郡王。可是，十公主为惇妃所生，确实是破格了。

其次，幼小指婚。乾隆四十五年（1780 年），十公主刚刚 6 岁，乾隆帝就给她指婚了，男方是他最宠信的大臣和珅之子丰绅殷德。这是乾隆帝最大的恩赐了。惇妃对乾隆帝的这种安排，也是倍感欣慰。

所以，当十公主 15 岁的时候，如期下嫁丰绅殷德。乾隆帝给予最丰厚的嫁妆，公主非常体面地出嫁了。那么，十公主真的如乾隆帝所愿，出嫁之后过上了遂心如意的生活吗？事与愿违，十公主非常失望和伤心：

一是公公太贪心。十公主一嫁进和府，看到的是满眼浮华，简直比皇宫还要富有，就预感到将来会不幸；二是丈夫不提气。丰绅殷德贪玩，而且堕落不堪，贪好女色。

果然不出所料，乾隆帝一去世，嘉庆帝决心惩处权臣和珅，那么，十公主怎么办呢？她急速赶往宫里，求哥哥嘉庆帝。嘉庆帝也是深感为难，最终，嘉庆帝还是照顾了小妹十公主：保全和珅全尸，赐其自尽；保全丰绅殷德，不然一样会被连坐问斩的；为生存，留给公主夫妇府邸，为和家保留最起码的资产。

嘉庆帝尽力了，他最大限度照顾了十公主；十公主也尽力了，保全了丰绅殷德。

不怕慈禧的大公主

慈禧专制时代，有谁不怕她呢？几乎没有，谁不怕谁找死。可真有这个人，

荣寿固伦公主像

她根本不怕慈禧，这个人就是荣寿固伦公主。

荣寿固伦公主（1854—1924 年），是清王朝最后一位公主，但她不是皇帝所生，而是一位王爷所生，这个王爷就是大名鼎鼎的恭亲王奕䜣，她是恭亲王奕䜣的长女。

奕䜣的这个女儿很幸运，虽然出生在王府，可她的待遇比皇宫里的公主还高。皇宫里的公主如果不是正宫嫡出，那也只能被封为和硕公主。可这个姑娘很幸运的是，她的父王帮助慈禧发动了宫廷政变，使慈禧大权独揽，垂帘听政。那慈禧还不感谢她的父亲吗？怎么感谢呢？慈禧除了给恭亲王以高官厚禄之外，对他的这个大女儿也厚待起来。首先，把这个孩子接进宫中抚养，慈禧成了她的养母。其次，给她封号，什么好封什么。什么最好呢？封公主，而且，让包括奕䜣在内的所有的人都大吃一惊，封她为固伦公主。不管怎么说，这个孩子是沾了父王奕䜣的光。

但是，这个公主又很不幸。不幸的原因有二：其一，封号反复变化。父王被重用，糊里糊涂被封为固伦公主，被大家抬上了天，自己别提多美了；可随着父王与慈禧之间矛盾的加深，自己在宫中的地位也在悄然发生变化，尤其是同治四年（1865 年）三月，父王遭到慈禧惩处，拿掉了议政王的头衔，到九月，父王奕䜣不得不来到宫里，请求慈禧撤去女儿“固伦公主”的封号。慈禧居然准奏了，改封为“荣寿公主”，既不是固伦公主，也不是和硕公主，地位处境很是尴尬。后来，到光绪七年（1881 年），荣寿公主再次被冠以“固伦公主”的封号。其二，是丈夫早亡。同治五年（1866 年），她年仅 12 岁的时候，被慈禧指婚给了额驸志端，这个小伙子是荣寿公主亲自选中的。荣寿公主心里很高兴，总算可以出宫嫁人，过上自己想要的自由生活了。可她没有想到，仅仅五年工夫，志端就死了，她不幸成为寡妇。她太年轻了，仅仅 17 岁。

所以，荣寿公主在最幸运与最不幸之间生活，使她从小就经历了大喜与大悲，她的性格也变得很怪。荣寿公主具有刚毅的性格，她很坚强和独立。除此之外，公主还具有一个令人敬佩的性格，敢于直言，敢于坚持真理。即使是在慈禧面前，她也是如此，被大家称为不怕慈禧的大公主。举几个例子。

一是敢于指责慈禧。大公主由于早年守寡，不喜欢穿华丽衣服。但慈禧很喜欢花里胡哨的衣服。大公主就会直言说：“母后也一把年纪了，在穿衣方面要有分寸，不要太花哨，那样不庄重。”慈禧很听大公主的劝谏，不敢当着大公主的面穿花哨的衣服，即使有人进献，她也是偷偷穿。

二是敢于保护光绪和珍妃。大公主对于光绪帝是有感情的，她非常同情光绪帝的不幸处境。当然，她无能为力。戊戌变法失败，慈禧曾多次密谋，要把光绪帝秘密除掉，另换天子。据说，这次慈禧发了大怒，要打死光绪帝，大公主匆忙赶到，跪着请求慈禧息怒，千万不要这样做。慈禧听从了大公主的劝告，把光绪帝软禁在瀛台，珍妃也没有被处死，而是被关了起来。总之，大公主在保护光绪帝和珍妃上是起了作用的。

清宫太监

神秘的净身

清宫的太监约有3000名，比之明朝，少了很多。太监，是因为宫里需要，没有太监皇帝寸步难行，尤其是那些脏活、体力活，都需要太监来干。

清宫的太监多为民间招募。当然也有极少数为战争俘获或因年幼犯罪而施以宫刑。直隶（今河北省）是产太监最多的地方，大概是近水楼台吧。如河间、大成、南皮、任丘、青县、静海等地，昌平、大兴、平谷、宛平也有一些。

这些太监，一般都是贫穷人家的孩子，不然，谁忍心把孩子阉割做太监呢？由于贫穷而走投无路，在那个时代，将其“净身”成为太监，送进宫去，是其出路之一，否则，饥荒年月，就会饿死孩子。做太监是需要熟人介绍的，也有贩子，他们以此为生，从中间赚取中介费。

将孩子阉成太监，最迟不超过10岁，一般5~6岁为最佳时期，孩子还没有成熟，否则，就会有性命之忧。当然，即使是孩子，由于在那个时代，杀菌消毒的设备都没有，又没有抗生素，死亡率还是很高的。

给孩子阉割，这对于当事人来讲是天大的事，所以需要准备充分：1. 立文书。就是手术人和当事人家长要立字据，生死不论，表明是自愿净身，否则，持刀人是不会动手的。而且，还要反复强调，因为人命关天嘛。还涉及孩子的将来，这种事一点儿不能含糊。2. 排空肠胃。手术前，孩子要被关进一间单独的房子，三四天吃流质食物，使他们的肠胃处在排空的状态。3. 手术费。这种手术费很高昂，风险也大，再加上40多天的护理费，要近百两银子，哪里拿得出呢？这就得打借条了，等孩子进了宫，有了收入，再加收利息偿还。

清 道教福寿禄三星图

做这种手术需要专门的房间，密不透风，就连声音都传不出去。房间里面准备一张床，还有绳子、石灰等物，就等手术开始了。这个过程很悲壮，更加需要做好准备：1. 固定孩子。要先把孩子五花大绑，捆好了，四肢固定，以防过于疼痛而影响手术。2. 塞鸡蛋。为了防止孩子手术时大叫，便把一个熟鸡蛋塞进孩子嘴里，又实惠效果还好。3. 孩子的下部铺满石灰，是为了吸水和消毒。4. 最后问话。手术人这个时候，就要大声问话了，比如“是自愿的吗？后悔吗？将来断子绝孙你会恨我吗？”一定要孩子一一肯定作答，否则，是不会下手的。

由于准备充分，手术会很顺利。他们的刀会很锋利，手法很纯熟，手起刀落，不会持续很长时间。手术结束后，善后工作非常重要而关键：在孩子私处插上类似导尿管之类的管子，排除体内的分泌物。孩子手术后会昏迷过去，醒来后，只许进食流质食物。这个时候，孩子需要专人照顾，不能离开这间手术室，不然，就会有性命之忧。大约 40 天，手术处结痂脱落，排尿顺畅，才可以离开。

手术后，孩子家长必须做一件非常重要的事情，那就是处理孩子的割下之物。这个割下之物，古人叫“势”，“势力”的“势”。这个“势”可不能扔掉，需要特别保护。一般用香油浸泡，再用油布包裹，裹好之后，周围放上石灰，再用红布包住，然后贮于“升”中，“升”是古代的一种量器，然后，再把“升”挂在手术人的房梁之上，是对孩子将来幸福生活的祈盼，名为“步步高升”“红运高照”。看起来，这是手术人对孩子的尊重，实际上他们另有目的。

古人有这样一个观念：“身体发肤，受之父母”，人死之后，连生前脱落的头发和指甲都要保存好，放进棺材之中。所以，孩子为了生计而割下的“势”死后一定要和死者团圆，一起下葬，方为完整无缺的尸身。刀匠们就是认准了这一点，强行把孩子的“势”挂在自家的房梁上，作为抵押。

刀匠等的这个机会是太监有钱之后，来找他赎“势”。这个代价是很高的，没有个百八十两是拿不回去的。太监有钱之后，会尽快赎回自己的“势”，他们也很重视这件事。一般来讲，会敲锣打鼓地迎回来，再敲锣打鼓地到父母坟地去告知：“爹呀，娘呀，孩儿不孝，把您给我的东西赎回来了。”连哭带叫地诉说，看上去很悲壮的样子。太监一旦去世，这个“势”就真正地放回身体原处，物归原主了。

康熙时期武生戏服（两套）

一个让人跷大拇指的太监

今天我要讲的这个太监叫寇连才。寇连才，直隶昌平州人，15 岁入宫，在梳头房为慈禧梳头。

按照相关资料记载，寇连才入宫很晚，由于家境贫困，15 岁自宫，经熟人介绍，入宫当了太监。可是，他这么大了进入紫禁城，却能够到慈禧身边，成为慈禧的梳头房太监，看来很不简单。有人说他聪明伶俐，长相俊美，能说会道。能做到后来居上，优点应该有很多吧。总之，在慈禧身边活动，说明慈禧很喜欢他，没有优点是办不到的。

可是后来，寇连才领到了一个秘密又很重要的任务，就不仅仅是喜欢就能做到了。慈禧要他到光绪寝宫去服务，

那可不仅仅是喜欢那么简单的事了，而是喜欢加信任了。因为，慈禧派他去光绪那里，是肩负了非常重要的任务，光绪帝的一举一动，一言一行，尤其是关于变法等重大事项，需要这个机灵的小太监一一汇报。

可是，慈禧万万没有想到，自己看走眼了，这个寇连才不是自己想要的那种人。寇连才在和光绪帝的接触过程中，看到的光绪帝不是昏庸无道，而是一个忧国忧民的好帝王；相反，自己的大恩人慈禧太后则是卖官鬻爵、生活腐化堕落之人。有一件事对他刺激最大，那就是光绪二十年（1894年）十月二十八日，光绪帝的珍妃遭到慈禧的暴打，可怜的光绪帝无能为力。寇连才一打听，才明白珍妃瞒着光绪卖官鬻爵，被慈禧抓住把柄，借机惩处了珍妃。宫里面议论纷纷，慈禧下手太重了，珍妃被打得奄奄一息。寇连才感到毛骨悚然，自己崇拜的老佛爷原来这么狠毒；自己监视的对象原来是很好的人。

于是，寇连才的心理慢慢发生了变化。他主要是不明白，宫里的事太复杂多变了。这个年仅18岁的青年没有别的办法，他眉头紧蹙，心情极为压抑，给人感觉他好像是中了魔一般。结果真出事了。

光绪二十二年（1896年）二月初十，慈禧正准备休息，忽然看见地上跪着一个人，定睛一看是寇连才，还以为他有重要的事报告呢，说道："有什么事明天再说吧。"可是，寇连才就是不起来，反而哭泣不已，只听他说道："老佛爷，国家已经处在危难关头，您不为国家社稷着想，也要为自己的后路想想啊。可您却不顾一切，这要出大事的呀！"慈禧一听，既惊讶又愤怒，她怒斥道："滚出去，别在这烦我。"寇连才悻悻而归。

按说，一个小太监办这么大的事，本来是比登天还难，既然已经遭到慈禧痛斥，寇连才就应该悬崖勒马，不然会很危险。可是，他居然要将此事进行到底。

他向光绪帝请了5天假，然后跪别皇帝。光绪帝觉得很奇怪，请假干吗这么隆重呢？结果，就在这5天时间里，出大事了。二月十五日，寇连才居然上了个折子，里面有十条建议：请慈禧把政权交给皇上；请停止宫中演戏；请废止修建颐和园；请回皇宫办事；请革李鸿章的职；请与日本打仗；等等。最令人惊奇的是最后一条，说皇上至今还没有生儿子，请仿照古代尧舜的做法，选择天下最贤德的人，立为皇太子。这个大胆的寇连才，竟然敢于上这样的折子，这不等于刺激慈禧吗？

慈禧一看这个折子，差点没气乐了，心说我要亲自审理这个大胆的小太监，一定有人在背后指使，不然他怎么懂这个呢？于是，她召来寇连才。

问："谁指使你的呢？"答："没人指使，是我自己的行为。"问："那你背一遍内容，我便信。"寇连才背诵一遍，毫厘不差。问："你难道不知道太监不许干政吗？"答："知道，我是为太后和皇上着想。"答："好吧，那我就成全你。"于是，慈禧命人绑了寇连才，交给刑部问斩。

第二天，寇连才被押赴菜市口，临行前，他把随身值钱的东西送给了同事；行刑前，又把一枚碧玉戒指给了刽子手说："您费心快点儿吧。"从容赴死，在场的人无不为之落泪。

这个年仅 18 岁的小太监就这样结束了年轻的生命，他是清宫中所有太监的榜样。

得意忘形的安德海

安德海（1844—1869 年），清末宦官，直隶南皮人。他在八九岁时净身，约 10 岁进宫，在咸丰帝身边做御前太监。由于安德海聪明伶俐，善于奉承，他很快就得到了咸丰帝的信任。咸丰死后安德海被慈禧看中，成为心腹。

清宫中的太监，要说飞扬跋扈，不懂规矩的，安德海数第一。可能大家有点奇怪，他这么小小的年纪，何以如此？大致有两个原因：一是立有大功。有专家考证，安德海在辛酉政变中立有大功。据说为了让他出承德行宫，慈禧不得不使用苦肉计，把他打得皮开肉绽，轰出宫去。他到北京与恭亲王奕䜣会面，告诉奕䜣发动政变。他为政变成功立下了汗马功劳，所以慈禧太后很宠他。二是慈禧太后的宠爱，要说他的级别并不高，六品蓝翎，不太高的品秩，可是，慈禧把他视为心腹，于是，这个小太监便有了大靠山，胆子也就越来越大。那么，这个胆大妄为的安德海都干了什么事呢？

第一，四处树敌。安德海由于有慈禧做靠山，把谁都不放在眼里，胡作非为，要不怎么说他没文化呢？小瞧皇帝，把同治皇帝视为小儿，引起同治帝愤恨；离间两宫太后，慈安和慈禧之间的关系本来就非常敏感，安德海不时在旁边吹风，离间两宫，引起慈安不满；小瞧恭亲王，那时奕䜣正颇有权力，安德海也敢于在慈禧面前说三道四，消息传出来，心高气傲的恭亲王大为震怒，当时清宫中的大人物都被安德海给得罪了。

第二，处事张扬。同治七年（1868 年）冬天，安德海居然在北京最大的酒楼前门外天福堂大酒楼张灯结彩，大摆酒宴，正式娶徽班唱旦角的年方 19 岁的美人、艺名九岁红的马赛花为妻。慈禧太后为了表示宠爱，特地赏赐了白银一千两，绸缎一百匹。他真是太胆大了。

第三，违制出宫。同治八年（1869 年）七月初，安德海乘坐两只太平楼船，沿着京杭大运河顺流南下，奔杭州而去。安德海此番出京，实属胆大妄为，至少违反了这些宫规。

1. 擅离皇城。早在顺治年间，顺治帝就明确规定，太监不是奉旨，不得离开皇城半步。

2. 擅自张挂旗帜。安德海的楼船上悬着两面大旗，写着“奉旨钦差，采办龙袍”八个大字。大旗上又有一面小旗，中绘一个太阳，内有一只三足乌。安德海在船上挂出三足乌旗，无异于公然宣告，为慈禧太后办差。楼船的两旁插有若干龙凤旗帜，随风飘扬。这些带有特殊意义的旗帜，安德海也敢于张挂，而招摇过市，真是胆大包天。

3. 招摇过市。一个太监出行，安德海不仅大肆张扬，而且排场极大：仪卫煊赫，歌女陪伴，女乐成队。而且，还在楼船上大摆宴席，接受左右参拜。

安德海既然张扬到这等地步，他的好日子就到头了。当他的楼船路经山东地界的时候，一个叫丁宝桢的巡抚终于忍无可忍，命东昌府知府与济宁州知州等沿途府州县将安德海等“一体截拿在案，解省由其亲审”。同时于七月二十九日将此事以四百里奏折火速上呈慈安皇太后和同治皇帝。

八月六日，丁宝桢接到由军机处寄发的密谕，内称：“该太监擅离远出，并有种种不法情事，若不从严惩办，何以肃宫禁而儆效尤。着丁宝桢迅速派委干员于所属地方将六品蓝翎安姓太监严密查拿，令随从人等指证确实，毋庸审讯，即行就地正法，不准任其狡饰。如该太监闻风折回直境，即着曾国藩饬属一体严拿正法。倘有疏纵，惟该督抚是问，其随从人等有迹近匪类者，并着严拿分别惩办，毋庸再行请旨。”八月七日，丁宝桢亲自查验核实后，遵旨将安德海就地正法于济南。

这就是胆大妄为的下场，安德海以自己的胆大妄为丢掉了宝贵的性命，这一年他刚刚 25 岁。

李莲英身首异处之谜

李莲英（1848—1911 年），原名李进喜，慈禧太后赐名连英，俗作莲英。是慈禧太后的总管太监，陪伴慈禧太后近 52 年，是清末最有权势的宦官。

就太监这个行业来讲，李莲英是成功的。

久宠不衰。李莲英于咸丰六年（1856 年）8 岁入宫，到宣统元年（1909 年），他 61 岁离开皇宫，前后长达 53 年，半个多世纪的太监生涯，非常不容易。可以想见，他凭借机灵的头脑，如簧的口舌，侍奉喜怒无常的慈禧太后，几十年久宠不衰，是一个奇迹。

封赠最高的品级。光绪二十年（1894 年），是李莲英最难忘的一年。这一年他 46 岁，大权独揽的慈禧太后意外地赏给他二品顶戴。这可是破天荒的事情了，要知道这是慈禧破坏祖制的做法。因为，早年雍正皇帝明确规定，宫中太监品级不得超过四品。

官场的不倒翁。毫无疑问，李莲英作为一代权奸，很容易遭到朝臣的弹劾，而且，清朝就有这样的部门，专门弹劾朝中的权臣。李莲英果然多次遭到弹劾，却每次都能平安度过。比如光绪十二年（1886 年），御史朱一新上书弹劾李莲英，说李莲英妄自尊大，结交地方官员，收受贿赂，理当查处。慈禧马上命人查处，结果，查无实证，朱一新被降级处理。再比如光绪二十年（1894 年），甲午战败，朝野内外一片哗然。御史们纷纷上书弹劾李鸿章和他的北洋海军。其中，福建道监察御史安维峻奏折中有“和议出自皇太后，李莲英实左右之”，说对日本的决策看起来是皇太后决定的，实际已被李莲英左右了。这句话成为人们抨击李莲英干预朝政的一大证据。当然，在慈禧的高压之下，李莲英得以保全，安维峻被革职充军。

尽管如此，李莲英的下场并不好，最终结果是身首异处。李莲英是宣统三年（1911 年）去世的，葬于阜成门外海淀区八里庄西二里的恩济庄关帝庙北边李公祠，按说没什么问题。可“文革”期间，他的墓地被打开，开启棺材后发现只有一颗头颅和一条长辫子，身体骨骼没有发现，结论是身首异处。专家们认为，有以下几种可能：

一说被隆裕太后处死的。说把他处死之后，还夺回了平日慈禧赏赐的大量珍宝。这恐怕不合史实。

一说李莲英被人暗杀。这个人就是袁世凯的红人，九门提督江朝宗。江朝宗给李莲英下了一张请柬，邀请李莲英在什刹海会贤堂吃饭。面对这张非同一般的请帖，李莲英犹豫不定。权衡半天，李莲英最后决定准时赴宴。不过，他万万没料到在回家的路上，被人杀死。事后，其家人在后海找到了李莲英的头颅，身躯却不知下落。

一说被江洋大盗所杀。说李莲英赶赴山东讨债，结果在山东与河北交界处，被江洋大盗所杀。家人在那里只找到了他的头颅，却不见了身体。

一说被革命党人所杀。革命党人把李莲英和慈禧太后联系在一起，在他被迫出宫之后，革命党人伺机杀害了他。

一说李莲英是病死的。这是他的过继孙女李乐正的说法，说他在 1911 年得了痢疾，腹泻不止，突然去世。

这个煊赫一时的权奸，究竟是怎么死的，难辨真假。

清宫宫女

宫女不许干的事

什么是宫女呢？现在好多人对这个概念不是很明白。认为清宫之中的女子，除了后妃嫔御之外，都是宫女。这种理解不完全正确。经过考证，清朝的宫女很有特点，是清宫中不可或缺的组成部分。

首先，需要更正两点：一是清宫中都谁可以使用宫女。一些电视剧中，皇帝身边有很多年轻漂亮的宫女，甚至于和皇帝产生感情纠葛。乾隆帝的一些行乐图中也有宫女陪伴在左右。这些图都是清朝宫廷画师画的，应该是真实的。实际上，清宫档案中根本没有皇帝使用青年宫女的记录。二是宫女的出身。大家认为，宫女是伺候人的下人，她们一定都是最底下的奴才出身。其实不然，雍正七年（1729年）的一份上谕："嗣后凡挑选使令女子，在皇后、妃嫔、贵人宫内者，官员世家之女尚可挑入；如遇贵人以下挑选女子，不可挑入官员世家之女。"从这个上谕中能清楚地看出，后宫中，贵人以上的宫中女主必须使用官员人家之女，这些宫女也都是大小姐；而只有那些常在、答应身份的人，才使用低贱出身的宫女。

尽管如此，我们还是很难分清什么是宫女，什么是皇帝的秀女。这两种人在以下两个方面真的很接近。

一是年龄。凡是年满13岁的旗人之女，要参加每年一次的选宫女活动。这些女孩子的年龄和皇帝选老婆的秀女年龄没什么区别。宫女在宫中服役10年之后才可以嫁人。但10年之后，已经是大龄青年了，怎么能嫁得出去呢？

二是皇帝要亲自选看。这就很新鲜了，皇帝你又不使用宫女，干吗要亲自看呢？很明显，这些好色的皇帝是别有用心，他们极想有意外的收获。在选看的过程中，那些入眼的女子，皇帝难免会想入非非，想据为己有。

不管怎么样，宫女在清宫中都是底层人，她们是侍奉宫中女主的奴仆阶层。因而，针对宫女的规矩非常多。

第一，行动不自由。毫无疑问，宫女的行动受到严格限制，只要男人出现，宫女们必须回避。而且，宫女们在宫里不许大声喧哗。不仅如此，宫女们连自杀的权利都没有。按规定，凡是用刀子自杀的，斩立决；自杀被救活的，要发配伊犁给兵丁为奴；凡是自杀身死的，要抛尸荒野，亲属发配伊犁给兵丁为奴。

第二，吃饭不自由。宫里明确规定，宫女们不许乱吃东西，有的食物，即使你特别想吃也不行，比如鱼、虾、韭菜、葱、蒜等这些会产生气味的东西，一律不准吃。主要是怕侍奉主子的时候，放出的难闻的气味惊扰了主子。夏天宫里会有大量西瓜，可宫女们不许吃，怕她们吃坏了肚子，耽误正事。可是，宫女们侍奉主子们，经常看到餐桌上有这些美味，心里会有多难受呢？

第三，交朋友不自由。一般来讲，小姑娘进入宫廷，干着枯燥无味的工作，会非常寂寞，难免交一些朋友，尤其会结交太监，好有个照应。可清宫严令禁止。康熙帝规定，如果太监宫女结交朋友，将严惩不贷；咸丰帝更是具体规定，一旦发现，将被暴打之后，驱逐出去，家属还会被发配伊犁为奴。

从这些禁忌中，可以看出那些宫女与高高在上的后妃简直有天壤之别，她们真的不愿意进入这个宛如地狱一样的皇宫。

转型升级的宫女

生活在深宫中的宫女，每天侍奉主子，心里难免会产生想法，什么时候自己也有这样的机会呢？坐在宝座之上，手里拿着如意，呼奴唤婢，尽享人生快乐。那么，宫女们有成功转型的例子吗？还真有，乾隆帝和道光帝的后宫就有这样的例子。

乾隆帝在还做皇子的时候，有一个清秀温柔的宫女被派来侍奉他的起居。这个宫女就是富察氏，佐领翁果图之女。正在青春期的弘历一下子被这个女子的气质所吸引。他们之间很快发生了性关系。虽然只是一名宫女，但富察氏善解人意，无微不至地照顾主子，弘历如醉如痴地爱上了她。档案显示，雍正六年（1728 年）五月二十八日，乾隆帝 17 岁那年，他做了父亲，是这个日夜侍奉的宫女富察氏给他生育了大阿哥永璜，弘历更爱这个女人了，因而，雍正九年（1731 年），富察氏再给他生育了一个公主，就是皇二女。密集的生育，使得两个人的感情日渐升温，彼此都快要离不开了。

这个女人命运不是很好。既然弘历这么喜欢她，又生育那么多孩子，她的前途不可估量。可雍正十三年（1735 年）七月初三，富察氏居然一病归天。这离雍正十三年（1735 年）八月二十三日雍正去世，之间相差不到两个月。而就在她去世之后两个月，深爱她的弘历继位了。当然，乾隆皇帝也没有亏待她，为亡妻做了两件大事。

第一，追封其为皇贵妃。乾隆一继位，先把这个女人追封为哲妃。虽然她已经去世，但是追封为妃子，她的子女和家人也会沾光的。荣誉并没有结束，乾隆十年（1745 年），居然再次晋封，由哲妃一跃为皇贵妃，这已经是很高的封号了。

第二，葬进裕陵地宫。乾隆十七年（1752 年）十月二十七日，乾隆皇帝把哲悯皇贵妃葬进裕陵地宫之中。让她世世代代陪伴在自己的身旁，这是乾隆皇帝给予她的最大恩赐了，要知道，其他的女人，即使身居高位也不一定能够实现这个梦想。

相比之下，道光帝的这个宫女就没这么幸运了。因为，道光帝并不爱这个宫女，她的一切荣誉都来得非常被动。

被动怀孕生子。道光结婚很早，在他刚刚 13 岁的时候，就已经奉命结婚了。可是，道光的婚姻一直笼罩着阴影，那就是他总不生育。妻妾成群，就是没有怀孕生子的。这可急坏了嘉庆帝，因为，嘉庆已经秘密立他为储君了，这要是不生育可怎么办呢？焦急万分的嘉庆帝等待着，一直等了 13 年，道光都已经 26 岁了，还是膝下无子。嘉庆帝急得不行了，正在这个时候，突然传来好消息，道光的一名那拉氏宫女怀孕了，并且生下了一个皇子，这就是奕纬。嘉庆帝这才舒了口气，心想，道光总算有生育能力。于是，他下旨，那拉氏由宫女转为侧妃，她在被动中成功转型了。

可是，道光帝并不爱那拉氏母子。他不爱这个女人，可能有多方面的原因，所以，那拉氏的封赠并不高，道光二年（1822年）封为和嫔，道光三年（1823年）封为和妃，之后，她不仅没有生育过，位号也没有再晋升过。看来，当时她之所以有机会生育，纯粹是一个被动的机会而已。

走钢丝的宫女

宫女敢冒险“走钢丝”吗？很难说。据清宫档案记载，还真有敢“走钢丝”的宫女。奇怪的是，这些“走钢丝”的宫女都是咸丰帝身边的宫女。

咸丰帝身边的宫女如此大胆，敢于冒险走钢丝，应该是两个因素造成的。一是咸丰帝懦弱的性格，他身边的人极容易冒险，即使是违反了宫规，也会渴望善良的咸丰帝能够原谅她们；二是咸丰帝好色的性格，会造成宫女们冒险犯错。资料记载咸丰帝经常“以醇酒和妇人自戕”，宫女们在他面前晃来晃去，一定会生出很多是非来。具体说说咸丰帝身边那些敢于走钢丝的女人们。

徐佳氏。

徐佳氏的父亲是一个低级的小官领催，长相非常漂亮的徐佳氏很快吸引了好色的咸丰帝，被封为玫贵人。她庆幸自己的运气和长相，于是，便迷失了自我，开始恣意妄为。大家可能要问，她一个宫女出身，地位低下，难道还敢于破坏规矩吗？她敢。一是敢于凌辱、虐待宫女。清宫早有宫规，主位之人不许虐待宫女，徐佳氏刚刚由宫女转为贵人，就忘本了，居然敢于凌辱、虐待宫女，严重违背了宫中规矩。二是与太监孙来福眉来眼去，十分轻浮，这又是严重违反了宫中规矩。这个徐佳氏竟然敢于这样猖狂地违背宫规，咸丰帝再善良也忍无可忍了，于是，咸丰帝下旨，把她由贵人降为常在，接着，又降为宫女。不老实，把你降回宫女，该干吗干吗去。这个胆大妄为的徐佳氏这回真老实了。

不过，咸丰帝很善良，最终还是原谅了徐佳氏，一年后，又把她册封为常在，咸丰八年（1858年）居然还生了一个小皇子，可惜生下来就夭亡了。尽管如此，这个敢于冒险走钢丝的徐佳氏，总算脱离了宫女的悲苦身份，一步步走向更高的女主地位。

“四春”娘娘。

“四春”是谁呢？她们是咸丰帝身边的四个宫女，即杏花春、牡丹春、海棠春、武陵春。这四个女子，出身微贱，比如海棠春的父亲常顺是个厨子，还有出身是园户和主事的，等等，总之，都是出身微贱之人。不过她们长相漂亮，仅凭这一点，就敢于勾引好色的咸丰帝。因为咸丰帝的后宫之中，有两个人最厉害，闹不好，“四春”会死无葬身之地的。这两个人是谁呢？

一个是皇后钮祜禄氏。也就是后来的慈安皇太后。这个钮祜禄氏非常厉害，她掌管后宫大权，不要说后妃她管得很严，就是咸丰帝也惧怕她几分。比如，有一段时间咸丰帝经常流连于兰贵人的房间，不上朝，皇后钮祜禄氏就拿家法，强行把咸丰帝弄了出来，兰贵人还差点遭到处罚。

另一个就是懿贵妃叶赫那拉氏，也就是后来的慈禧。《垂帘听政》里面的懿贵妃和丽妃争宠，后来慈禧当政，狠狠地处置了丽妃。其实这不是真的。丽妃没有和懿贵妃争宠，而“四春”真的和懿贵妃争宠了。正当懿贵妃得宠的时候，咸丰帝迷恋上了“四春”。《清宫词》这样写道：“羊车望断又黄昏，懒却新妆掩苑门。风逗乐声歌燕喜，不知谁氏已承恩。”大家都不知道这个好色的咸丰帝这会儿是在谁的房间里呢。其实，“四春”不知道懿贵妃有多厉害，她极富心机，善于弄权，她要来真格的，“四春”就很危险了。

“四春”真的很不怕死，竟然敢于在危险的后宫里面，勾引咸丰帝。还好，皇后和懿贵妃并没有对她们下毒手。这四位都活了下来，最长寿的一直活到光绪三十一年（1905年）。

康熙时期蓝釉饰金景德镇瓷盘

雄才大略，文治武功，缔造中国封建社会最后一个大一统王朝。

清朝皇帝勤政，充满危机感，使得他们中的大多数成为百姓中意的君主；密折制度、秘密立储制度，逐渐加强了皇帝的权力，让朝中大臣无法勾结在一起，外戚和宦官势力也不能干政。

肆 政务·图档

清朝五幼儿皇帝临朝　一前一后两太后掌舵

康熙两立两废太子　雍正发明秘密立储制度

多尔衮入主中原英明　咸丰帝首鼠两端伤情

乾隆嫉恶如仇杀小舅子　顺治仁慈拜洋爷爷

临　朝

幼儿临朝

清朝有 5 个幼儿皇帝，即顺治帝、康熙帝、同治帝、光绪帝、宣统帝，这 5 个小孩子，之所以能够继承皇位，都是在特定的历史条件下，被人抬上皇帝宝座的。可是，情况又各有不同。

顺治帝，皇太极第九子，6 岁继位。顺治帝的幼年帝王生涯究竟是怎样的呢？一是在剑拔弩张中继位。顺治帝继位，最能体现一句古语，叫“螳螂捕蝉，黄雀在后”，本来帝位没他什么事，可当强势的豪格和实力派多尔衮相持不下的时候，处于劣势的福临，便被各方所接受，意外继位，他的母亲被尊为皇太后，他成了少年天子。可这样的天子临朝地位可想而知，多尔衮摄政掌权，称号由“叔父摄政王”而“皇叔父摄政王”而“皇父摄政王”，连皇帝专用的玉玺都被多尔衮占用。年幼的皇帝连学习文化知识的权利都被剥夺了，更不要说其他权利。这种局面一直持续到顺治七年（1650 年）十二月，多尔衮去世，14 岁的福临才真正临朝亲政。

康熙帝，他是顺治帝第三子，8 岁继位。康熙帝一出生就饱经苦难，他继位的时候，虽然年龄不大，却欠下了两大人情账，这账欠的都是同一个人的，那就是他的奶奶孝庄。一是生命是奶奶给的。我们说，生命不都是父母给的吗？确实，他的生命是父亲顺治帝和母后佟佳氏给的啊，可大约两岁的时候，小康熙出了天花，被迫离开紫禁城，到宫外去避痘，在这个艰难的时刻，奶奶孝庄派出自己的心腹苏麻喇姑和保姆孙氏前往照料，顽强的小康熙终于战胜天花病

清　宫廷画家　康熙帝便装写字像轴

清 缎地彩绣水田衣

魔，活了下来。二是帝位是奶奶给的。顺治十八年（1661 年）正月，顺治帝临终之际，想把帝位传给他的堂兄弟，是孝庄坚持传位给顺治帝的儿子，这样，孝庄一语定乾坤，8 岁的康熙得到了皇位。

康熙继位，先由索尼、苏克萨哈、遏必隆和鳌拜四位老臣辅政。到康熙六年（1667 年），康熙帝已经 14 岁了，按照顺治朝的做法，理应亲政了。可大权控制在鳌拜手中，朝野内外尽是他的党羽。在这种情况下，康熙帝只是傀儡而已。可是，康熙帝非常机智，他在奶奶的帮助下，在康熙八年（1669 年），使用计谋（布库，即摔跤）一举除掉鳌拜，开始了亲政生涯。

同治帝，咸丰帝长子，他在悲凉和恐怖的气氛中继位，年仅 6 岁。之后，这个懵懂无知的小皇帝被亲生母亲抱上皇位，几次听到大人们如雷般的争吵，吓得尿在了太后的衣服上，甚至弄湿了宝座。之后，他看到八位赞襄政务王大臣被处死或监禁，两个母亲垂帘听政，自己孤独地坐在宝座上，左边由恭亲王奕䜣辅政，右边由醇亲王辅政，年号也由“祺祥”改为“同治”。这种局面一直持续了 12 年，到同治十二年（1873 年）正月二十六日，贪权的母后才撤帘归政，从此，同治帝开始了他短暂的亲政生涯。

光绪帝，完全是慈禧的政治御用品，一切只为了慈禧垂帘听政，因而改子承父业的传统为兄终弟及。光绪 4 岁继位，权柄操纵在慈安、慈禧手中，其间经历了光绪七年（1881 年）慈安暴亡之后，慈禧大权独揽，光绪帝只是傀儡而已。这种状况持续到光绪十五年（1889 年），光绪帝已经 19 岁了，慈禧被迫归政光绪帝，但实际上仍然幕后操纵。光绪二十四年（1898 年）变法失败，被囚禁瀛台，过上了囚徒一样的生活，直到 38 岁去世。所以，光绪帝幼时登基，直到去世，都是傀儡，权柄掌握在慈禧手中。

宣统帝。光绪三十四年（1908 年）十月二十一日，光绪帝去世，慈禧命年仅 3 岁的溥仪继位，溥仪小皇帝在父王的怀抱中草草登基，仅仅在位三年的时间，民主和革命的浪潮就把清朝推翻了，隆裕皇太后悲凉地宣布清帝退位，小皇帝从宝座上走了下来。

不愿临朝

大家对孝庄的印象非常好，一致认为她对权力没有欲望，一心为大清，真实情况是这样吗？不妨看一下。

吸取大妃的教训。大妃是努尔哈赤的大妃，多尔衮的生母，这个女人给孝庄留下了深刻的印象，这个女人权力欲很强，比如为了以后控制代善而和他私通；比如在天命五年（1620 年）她重回汗王宫之后，参与一些行政事务；比如在努尔哈赤生命的最后时刻，她急急忙忙前往浑河，在努尔哈赤生命最后的四天里掌握了大量政治信息。正因为这样，努尔哈赤去世后，第二天皇太极等便矫诏逼迫大妃殉葬。这吓坏了庄妃，给她深刻的教训就是后妃不得干政，否则会死无葬身之地。所以，皇太极在世的时候，庄妃纵有一身才华，也不敢干预朝政。

顺治帝在位期间，孝庄没有机会垂帘听政。皇太极病逝的时候，并没有留下遗嘱，安排谁来继承皇位。这样，当时诸子争位，诸雄争位，并不占优势的福临侥幸继承了皇位。所以，大权在握的多尔衮辅政，皇权旁落。孝庄这个时候，想见自己的儿子顺治都有困难，母子被迫分居，“经年累月始得一见”。这个时候，孝庄根本没有能力垂帘听政。那么，顺治八年（1651 年），多尔衮病逝，顺治帝宣布大婚亲政，孝庄就更没有机会垂帘听政了。

康熙继位，小皇帝年仅 8 岁，顺治帝临终安排四大辅政大臣索尼、苏克萨哈、遏必隆和鳌拜辅佐。这个时候，出现了戏剧性的一幕，一个安徽桐城的秀才叫周南的，千里迢迢跑到北京，向朝廷条奏十款，其中有一条就是请孝庄出来垂帘听政。不过，孝庄拒绝了周南的请求。为什么要拒绝呢？晚清慈禧为了继续垂帘听政，不惜改变大清继统家法，让与同治帝平辈的光绪继位，其重要目的就是自己继续做皇太后，否则，如果按规矩找“溥”字辈继位的话，她就变成太皇太后，那就不能垂帘听政了。这是清廷规矩。这个周南糊涂，康熙继位，如果找人垂帘听政的话，也不是康熙的奶奶孝庄，而是他的两位母后中的一位，或佟佳氏，或博尔济吉特氏，或是两位共同垂帘。

那么，说了半天，这个孝庄对权力是否有欲望呢？是有的。

首先，她受姑姑哲哲的影响，一定要让自己的儿子继位。于是，在剑拔弩张的关键时刻，她联络索尼等实力派，拥护儿子继位。为了保住儿子皇位，她千方百计与多尔衮周旋，传出了太后下嫁的传闻。儿子大婚，她为了巩固娘家博尔济吉特氏的地位，强行把自己的侄女册立为中宫皇后，被废掉后，再次干预，又册立自己的侄孙女为中宫皇后。顺治帝去世，孝庄一语定乾坤，拥立年仅 8 岁的康熙继位。康熙大婚，孝庄再次给安排了一桩政治婚姻，娶心腹大臣索尼的孙女赫舍里氏为皇后。亲政之后，幕后指导擒拿鳌拜。三藩之乱期间，幕后指导指挥，出谋划策。种种迹象表明，孝庄对政治是敏感的，对权力是有兴趣的。不过，孝庄是一个顾全大局的人，她不会因为权力而丧失理智。她一直在幕后操纵指导，没有走上前台。

垂帘听政

清宫历史上，真正意义上的垂帘听政，就是慈安和慈禧。她们两人从默默无闻的后宫女性，通过发动惊心动魄的政变，而走上政治舞台，成为清朝仅有的两位宫中女主。

大清家法中，绝对不允许女子干政，更没有垂帘听政的说法。慈安、慈禧之所以能够垂帘听政，是由几个因素造成的。

一是咸丰帝临终的错误安排。他惧怕由于他的儿子太小，大权旁落，让三权互相牵制，即皇帝、太后和赞襄政务王大臣三权互相制约，其中太后的权力是两枚闲章（御赏和同道堂），这就给贪权的慈禧以机会。

二是八大臣激化矛盾所致。载垣、端华、肃顺等八大臣在处理政务的过程中，太过强势，尤其是肃顺和杜翰等在太后面前经常大喊大叫，“毫无人臣之礼”，有的时候，他们和慈禧之间的大喊大叫，都吓坏了 6 岁的小皇帝载淳。这就迅速激化了矛盾，说明咸丰帝选中的八大臣政治上并不成熟，不能消弭事端，反而往往激化矛盾。

三是两宫太后的权力欲望。慈安与慈禧这两宫太后，对于权力是有欲望的。过去，人们一直认为慈安没有权力欲望。其实，这个女人也有很强烈的权欲。比如，她和慈禧一拍即合，迅速形成命运共同体，联手发动祺祥政变。比如，同治帝去世，她附和慈禧违背大清家法，让光绪继位，就是为了继续和慈禧一起垂帘听政，等等。慈禧就更不用说了，这个女人对权力的欲望非常强烈，她绝不满足于幕后操纵，也不满足于和八大臣共同决策，她的目标是走上前台，垂帘听政，大权独揽。

四是恭亲王奕䜣的推波助澜。奕䜣本是咸丰帝异母弟弟，是宗室贵胄，可咸丰帝临终之际，选择的八大臣中，居然没有奕䜣，这就犯了一个大错误，一下子把这个关键人物推向了对立面。所以，奕䜣和两宫太后迅速形成了命运共同体，他们一拍即合，达成瓜分权力的共识：太后垂帘，亲王议政。这样，一场政变即将爆发，八大臣命运堪忧。

五是董元醇投石问路。咸丰十一年（1861 年）八月初六，御史董元醇上疏朝廷，以皇帝年幼为理由，请求由皇太后暂时代理朝政。这是首次提出请太后垂帘听政，这个折子正中下怀。可在讨论的时候，遭到肃顺等人的坚决抵制。尽管如此，董元醇给慈禧上台大造了舆论，吹响了号角。

条件再成熟，还要当事人紧紧抓住。慈禧就紧紧抓住了有利条件，比肃顺提前 4 天返回北京，利用这个时间差，以迅雷不及掩耳之势，发动了北京政变，八大臣被逮捕下狱，慈安慈禧终于登上了政治舞台的中心。

两宫垂帘分几个阶段。

第一阶段是同治元年（1862 年）到同治十二年（1873 年），慈安慈禧共

养心殿东暖阁垂帘听政处

同垂帘听政，不过，由于慈安谋略远远逊色于慈禧，政令往往由慈禧发出。所以，虽然慈安位置略微优于慈禧，但由于才智不足而大权旁落，慈禧权势日重。同治十二年（1873 年）正月，由于同治帝已经大婚，两宫太后卷帘归政。

第二阶段是同治十三年（1874 年）到光绪十五年（1889 年）。同治帝病重期间，慈禧就迫不及待出来继续垂帘听政。拥立光绪之后，两宫继续垂帘。可是，到光绪七年（1881 年）三月，发生了慈安暴亡的事件。慈安的死，扫清了慈禧专权道路上的障碍，由两宫并尊而大权独揽。一直到光绪十五年（1889 年），光绪帝大婚之后，慈禧撤帘归政。虽然撤帘，但慈禧仍然操纵权柄。所以，从光绪十五年（1889 年）到光绪二十四年（1898 年）变法失败，将近 10 年的光绪帝亲政时间，实际上光绪帝仍然事事受制于人。光绪二十四年（1898 年）变法失败，慈禧囚禁光绪帝，继续训政，一直到三十四年（1908 年）光绪帝病逝，慈禧再立 3 岁的溥仪为帝，训政长达 10 年之久。

这样，我们算一下，同治在位 13 年间，基本是慈禧在垂帘执政；光绪帝在位的 34 年间，也基本是慈禧在垂帘执政，两个皇帝在位时间的总和是 47 年，正是慈禧垂帘听政的统治时间。

政　变

辛酉政变

“辛酉政变”也叫“祺祥政变”或“北京政变”。这个政变是清朝有史以来，宫廷内部发动的第一次政变，政变发动的时间是咸丰十一年（1861 年），咸丰帝去世之后。

政变的起因。这起政变最主要的原因是咸丰帝临终之际做了不合理的安排。咸丰帝于咸丰十一年（1861 年）七月病重，行将不起，他传位给自己的独子载淳。由于载淳只有 6 岁，他安排了八位大臣——载垣、端华、肃顺等——辅佐载淳。但他又担心大权旁落，便又安排自己的两个女人慈安和慈禧牵制他们。这种权力平衡机制，看起来很合理，实际上隐藏着巨大危机。双方为了各自利益定会大打出手。果然，时间不长，八大臣和两宫太后便争执不下，八大臣公开与皇太后对着干，矛盾日渐白热化。

政变的导火线。导火线是一个叫董元醇的御史上了一个奏折，题目是《奏请皇太后权理朝政并另简亲王辅政折》。一看题目，大家就明白了，这个御史的目的是请皇太后垂帘听政，虽然没有明显提出来，但意思很明白。这个折子包含了四方面的内容：一是请皇太后临朝听政；二是另简亲王辅政，董元醇是在为恭亲王鸣不平；三是为小皇帝选择贤良的师傅，教授功课；四是整顿高级干部队伍，说白了，就是要求朝廷清君侧。董元醇的这个折子，深得慈禧之心。可当时八大臣控制着朝纲，董元醇的折子很快遭到痛斥。但这个折子成了辛酉政变的导火索，慈禧以此为契机，大做文章。

清　腰刀

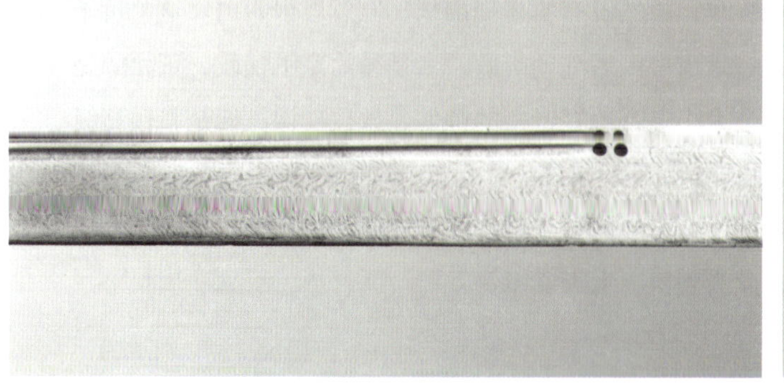

清　骑兵盔甲　头盔

政变的过程。经过精心准备，政变时机成熟，慈禧采纳奕䜣的建议，先回到北京，发动政变。九月二十三日，慈禧、慈安和小皇帝载淳向咸丰梓宫拜别，向北京急速进发，于九月二十九日回到北京，九月三十日，慈禧和慈安两宫皇太后上朝，奕䜣亲自部署，逮捕了前来上朝的载垣和端华，同时，睿亲王仁寿和醇郡王奕譞在密云途中将肃顺逮捕，至此，辛酉政变完成了关键性动作。十月初一，太后临朝，宣布组建以奕䜣为核心的新内阁，宣布奕䜣为议政王，掌握政权、兵权、族权、财权，成为权倾朝野的实权派人物。最后，处置八大臣，给他们定罪八款，十月初六，在宗人府空室，迫令载垣、端华自尽；而肃顺则被处以斩立决，押往菜市口，斩首。其他顾命大臣被分别处置。至此，辛酉政变接近尾声。

政变的结果。咸丰帝去世之后仅仅四个月，他所信任的八大臣被彻底清洗；西太后一夜蹿红，迅速成为政治明星；恭亲王终于苦尽甘来，走进了清王朝的核心权力圈，大权在握。那么，大家一定会问，慈禧此时年仅27岁，她一个寡妇，如何能够发动这样一个政变呢？

第一，她成功利用了两个关键人物：一个是慈安，慈安开始不同意发动政变，但如果没有她的支持很难成功，慈禧极力说服了她。一个是恭亲王奕䜣，奕䜣了解外面的世界，慈禧利用奕䜣失意的情绪，利用他与洋人的关系，得到洋人的支持；利用他与军界胜保等人的关系，得到军界的支持。

第二，与之相反，八大臣忽略和轻视了慈禧、慈安这两个女人的能量，他们被一些假象蒙住了眼睛，缺乏警惕性。比如，在回銮之前，载垣、端华、肃顺被慈禧解除了兵权，没有意识到危险已经降临，反而沾沾自喜，结果是糊里糊涂就束手就擒。

这次政变，为慈禧上台执政铺平了道路，从此之后，这个女人开始了她长达47年的执政生涯。

戊戌政变

戊戌政变，这仍然是慈禧太后发动的一次政变。不过，这次政变较之辛酉政变更加惊心动魄，影响也更加深远，因为这次政变波及的范围非常广泛。

起因。政变的起因，源于变革，变革的起因则源于中国的积弱积贫。历史发展到光绪年间，西方列强早已崛起，资本主义四处扩张，而大清王朝仍然没有觉醒，尤其是甲午战败，清政府签订了丧权辱国的《马关条约》，割地赔款，激怒了有良知的中国人。康有为发动在北京应试的1300多名举人联名上书光绪皇帝，痛陈民族危亡的严峻形势，提出拒和、迁都、练兵、变法的主张，史称"公车上书"。这次上书，对清政府触动不大，却轰动了全国。"公车上书"揭开了维新变法的序幕。为了把维新变法推向高潮，1895年8月，康有为、梁启超等人在北京出版《中外纪闻》，宣扬变法；组织强学会。1896年8月，《时务报》在上海创刊，成为维新派宣传变法的舆论中心。1897年冬，严复在天津主编《国闻报》，成为与《时务报》齐名的在北方宣传维新变法的重要阵地。1898年2月，唐才常等人在湖南成立了强学会，创办了《湘报》。在康、梁等维新志士的宣传、组织和影响下，全国议论时政的风气逐渐形成。到1897年底，各地已建立以变法自强为宗旨的学会33个，新式学堂17所，出版报刊19种。到1898年，学会、学堂和报馆达300多个。1897年11月，德国强占胶州湾，此后法国强租广州湾，英国强租借后来被称为新界的地区和威海卫，全国群情激愤，维新运动从理论宣传转到政治实践。12月，康有为第五次上书，陈述列强瓜分中国，形势迫在眉睫。

在这种情况下，光绪帝于1898年6月11日颁布"明定国是诏"诏书，宣布变法。变法的内容非常广泛：一是广开言路，打破只准少数大员上书言事的特权；二是用人唯贤，打破以往的陋规；三是裁并机构，改革臃肿的封建官僚体制；四是废除八股文，倡办具有现代教学取士模式的京师大学堂；等等。这是一次真正意义上的变法革新，这些内容极大冲击了中国几千年来的封建体制，因而前途不太好。

政变过程。其实，这次政变的发生，带有必然性，原因如下。

1. 光绪帝没有权力。光绪十五年（1889年），慈禧虽然撤帘归政，但大权仍然掌握在自己手中。光绪帝实际上是傀儡。

2. 变法派纸上谈兵。康梁等变法派，虽然提出了激进的改革内容，却没有强有力的措施来做保证，说白了就是没有军事力量保驾护航。相反，他们还屡屡上当受骗，比如康有为派他的弟子徐仁禄前往天津小站游说袁世凯，请他支持光绪变法。袁世凯的表态使康有为信以为真。比如谭嗣同在最危急的时刻，前往法华寺拜访袁世凯，同样是上当受骗，袁世凯前脚答应，后脚马上告密。就连光绪帝本人召见袁世凯，也是屡屡上当，得到的都是空头支票。实际上，这些变法人士，由于没有培植自己的势力，把希望完全寄托在他们并不了解的袁世凯身上，根本就是糊涂之至。

3. 以慈禧为首的保守势力太过强大。光绪帝的维新变法，极大地冲击了封建堡垒，甚至把那些靠八股争取名利的读书人都给得罪了。慈禧利用这一点，精心布局，做好镇压变法的军事部署：调北洋三军之一的聂士成的武毅军到天津，屯扎在陈家沟，截断北京和小站之间的通道；调董福祥的甘军进驻德胜门外长辛店，以防不测事件发生。等一切准备就绪，政变一触即发。

所以，光绪二十四年（1898 年）八月初五，袁世凯向荣禄告密，说了光绪帝召见自己的事，荣禄火速坐火车赶往北京颐和园，面见慈禧太后。八月六日，慈禧发动了政变，迅速从颐和园返回紫禁城，囚禁了光绪帝，政变在一天之内就完成了。这天，慈禧在便殿设竹杖于宝座前，光绪帝沮丧地跪在那里，等待的不知道是什么命运，或许要接受慈禧的廷杖之刑吗？当然，慈禧没有打他，却声色俱厉地历数了光绪帝的“罪行”，光绪帝只在瞬间，就由一个高高在上的天子变成了罪大恶极的人。这样，从 1898 年 6 月至 9 月 21 日的维新变法运动彻底宣告失败，前后历时 103 天，所以又叫百日维新。

这次政变最直接的结果有两个：一是光绪帝被囚禁瀛台，彻底失去了人身自由，甚至连他的性命都令人担忧；二是发生了流血事件，1898 年 9 月 28 日，维新志士谭嗣同、康广仁、林旭、杨深秀、杨锐、刘光第 6 人在北京惨遭杀害，史称“戊戌六君子”。

变法的意义是毋庸置疑的。变法虽然失败了，但这是一次划时代的变革，是近代中国人觉醒的一个标志，它启迪了一种精神，那就是改革是要流血和牺牲的。

甲申易枢

这是慈禧太后发动的又一次宫廷政变，大清几百年历史，就慈禧老发动政变。不过，之前的政变都有流血牺牲，这次政变却是兵不血刃。

起因。只要是政变，就一定有重大原因，无缘无故谁发动政变啊。那么，这次，慈禧为什么要发动这场政变呢？简单点说，就是因为她和小叔子恭亲王奕䜣之间的矛盾。这个时期，恭亲王奕䜣虽然经历过几起几落，但他兴办洋务，与洋人结交，名声大振，再次引起了慈禧太后的警觉。在这种情况下，恭亲王奕䜣一如当年他被慈禧拿下一样，缺乏足够的警觉。人家要拿你开刀了，你得回避一下啊，可奕䜣浑然不觉。

恰巧此时发生了一件事，这件事就是发生在1883年12月至1885年4月的中法战争，这是一场由法国侵略越南而引起的战事。战争开始，法军依靠装备的优势，击败清朝守军，占领山西。1884年2月，法军加大军事攻击力度，图谋侵犯北宁，筹划给中国军队更大的打击，从而迫使清统治者完全屈服。时清政府在北宁一带驻军约四十营，但由于将帅昏庸、怯懦，互不协调，军纪废弛，兵无斗志。3月12日，法军来攻，北宁失守；19日，太原失陷；4月12日，法军进驻兴化。法国利用军事胜利的形势，对越南和中国都进行政治胁迫。就是这个事件，被慈禧紧紧抓住，用来打击恭亲王，说他用人不明，用人不贤。

恰巧的一个奏折。中法战争，清军失利，以恭亲王为首的军机处被人抓到把柄。可不管怎么样，奕䜣作为首辅，慈禧太后也不至于把他怎么样，毕竟他不负直接责任。恰在这个时候，一个叫盛昱的宗室，突然在1884年的4月3日上了个折子，在折子中，盛昱言辞激烈，矛头直指奕䜣，“恭亲王、宝鋆久直枢廷，更事不少，非无知人之明”，严厉批评奕䜣用人不明；接着，盛昱给皇太后施加压力，“有臣如此，皇太后皇上不加显责，何以对祖宗，何以答天下？”这个盛昱，在这个时候真是捣乱，慈禧正找碴，准备朝奕䜣下手呢。慈禧暗喜，这个折子来得太及时了。

恰巧此时出现了一个机会。慈禧是个老到的政变高手，时机不成熟，她是绝对不会轻易下手的。但她绝对不会干等时机，她要创造有利时机，做到万无一失。怎么办呢？来个调虎离山。她想找个机会，把奕䜣调离京师，好下手。正好有一个机会，那就是慈安去世三周年，需要有人前去东陵祭奠。太好了，何不派奕䜣前去，既表示朝廷重视，又可以将他调离京师，要知道东陵离京师300里地，那个时候得走几天时间，来回够用了。奕䜣一走，慈禧抓紧秘密会见醇亲王奕譞，商量政变细节。

政变在悄无声息中顺利完成。4月8日，恭亲王回到北京，慈禧已经布置好了一切。这天早上，慈禧太后召见在京大学士和各部尚书，却不召见等候许久的奕䜣等军机大臣。而后，慈禧单召领班章京沈源深进养心殿独对，随即颁发懿旨，以“委靡因循”的罪名，将以奕䜣为首的军机大臣全部罢黜，停奕䜣亲王双俸，命他“家居养疾”；宝鋆原品休致，李鸿藻、景廉降二级调用；翁同龢革职留任，退出军机处，仍在毓庆宫行走。同一天，慈禧又颁发上谕，安排新班子成员：礼亲王世铎着在军机大臣上行走，毋庸学习御前大臣，亦毋庸带领豹尾枪。户部尚书额勒和布、阎敬铭、刑部尚书张之万，均着在军机大臣上行走，工部侍郎孙毓汶着在军机大臣上学习行走。命世铎主持军机处，庆郡王奕劻主持总理衙门，并命遇有重大事件，先与醇亲王商办。奕譞为幼帝生父，照例不能主持朝政，但有“商办”之名，实际隐操枢府大权。这场政变就这样完成了。

这次政变，慈禧全胜，奕䜣失败，从此他偃旗息鼓，基本退出了大清政坛。取而代之的是他的弟弟，慈禧的心腹奕譞。以奕譞为首的班子，完全听命于慈禧的摆布。当时，人们对这个政变用两句诗来评论：“易中枢以驽马，代芦服以柴胡。”

立 储

康熙立储错在哪

在康熙帝的一生中，给他留下最深刻印象的是册立太子，不仅他自己印象最深刻，就是读康熙朝宫廷史的人，印象最深刻的也是这件事。这是因为康熙帝的人生中，他唯一犯的错误就是在册立太子上。那么，康熙帝在太子身上，究竟犯了哪些错误呢？梳理了一下资料，发现康熙帝问题还真不少。

一是册立太子的时间不对。康熙十三年（1674 年）五月初三，允礽诞生于北京紫禁城坤宁宫，其母后赫舍里氏因难产于两个时辰后去世，终年 21 岁。康熙帝后感情甚笃，康熙帝万分悲痛，为了报答皇后，康熙十四年（1675 年）六月初三，康熙帝册封允礽为皇太子，这就是康熙帝犯的一个错误。大家想想，这个时候，康熙帝 22 岁，太子 2 岁，两个人相差 20 岁，当康熙帝老的时候，太子也老了，这种情况对康熙帝极为不利，太子很有可能不甘心苦等而发动政变。后来，事实证实了这一点，倒不是太子发动了政变，而是太子发了牢骚："哪有做 40 年太子的啊！"明显是康熙帝立太子太早了。而且，这与大清家法也不相符合，清朝没有立嫡立长的制度。再说，孩子这么小，谁也不知道他将来是不是能够承担此任，如果他早殇了呢？很明显，康熙帝册立太子是太过鲁莽了。

二是没有原则地诱惑太子。我们知道，面对诱惑一般人是没有免疫力的，尤其是权力诱惑，就更加诱人。康熙帝那么聪明，应该知道这一点。可他明知故犯，居然用皇帝专有的特权诱惑太子。比如太子的衣服，康熙帝居然特许他

允祥　康熙帝第十三子

允禧　康熙帝第三十一子

允礼　康熙帝第十七子

和皇帝一样，用黄色，黄色可是皇帝专用的颜色啊；吃的用的，比皇帝的都好；行礼时，王公大臣在皇太子面前行两跪六叩大礼，几乎等同于帝王；在紫禁城，太子居然像皇帝一样走中门；等等。这不是诱惑吗？

三是纵容其形成太子党。不管什么人，只要形成党派，那就很危险了。可太子居然形成了太子党。这些人以允礽的叔姥爷索额图为核心，有步军统领托合齐，刑部尚书齐世武，兵部尚书耿额，都统雅图、鄂善、悟礼等，这些人互为党援，内外勾结。康熙帝忽略了太子党的形成，太子党对后来政局的稳定产生了重要影响。

四是两度废立，耗尽了心血，也影响了自身形象。康熙四十七年（1708 年）九月初四，康熙帝在心力交瘁的情况下，宣布废掉培养了 33 年的太子，由于用情过深，康熙帝宣布谕旨的时候“且谕且泣”，宣布完，也就崩溃了。这件事让他寝食难安，经常做噩梦。所以，仅仅废掉太子三月有余，到第二年，也就是康熙四十八年（1709 年）正月二十一日，康熙帝复立皇太子。大家看看，立的是你，废的也是你，出尔反尔，像什么话，这么严肃的事情，怎么会这样呢？最让人难以置信的是，三年后的康熙五十一年（1712 年）十月初一，康熙帝再次下谕旨，再次废掉皇太子允礽。

总之，康熙帝在立太子这件事上，犯了很多错误。

雍正的发明

我们看清宫剧，经常看到这样的镜头，老皇帝病逝之后，王公大臣来到乾清宫“正大光明”匾下面，在其后面取出老皇帝的诏书，那个时候叫立储镝匣，里面有老皇帝的秘密立储谕旨，满汉两种文字，于是，大家根据这个拥立新君继位，这就是清王朝的秘密立储制度。研究清宫历史的人，都知道这是雍正帝的发明，盛赞他的聪明。

雍正帝秘密立储的时间是他继位的第一年，即雍正元年（1723 年）八月十七日。这就奇怪了，他父皇康熙帝一辈子为之烦恼的事情，雍正帝怎么一下子就解决了呢？而且，人家刚一继位就想了这么好的一个办法，那不是比康熙帝聪明一百倍的天才吗？资料表明，这个秘密立储制度，并非雍正帝独创，

清　宫廷画家　雍正帝读书像轴　绢本设色

2300多年前，就已经有了这个发明。据《旧唐书》卷一百九十八《波斯传》载："其王初嗣位，便密选子才堪承统者，书其名字，封而藏之。王死后，大臣与王之群子发封而视之，奉所书名者为主焉。"《旧唐书》是后晋赵莹主持编修的一部资料翔实的历史著作，记载是可信的。按照《旧唐书》的记载，古代波斯王的秘密立储制度，与雍正帝的做法毫无区别。我想，这就非常清楚了，这个制度是雍正帝从波斯王那里学来的。

那么，雍正帝为什么一继位就急急忙忙做这个事呢？一句话，他需要吸取血的教训。康熙在位时，两度废立太子，弄得康熙心力交瘁，寝食难安。废太子后，又出现了九子夺嫡，当时康熙皇帝序齿的儿子有24个，其中有9个参与了皇位的争夺，九个儿子分别是：大阿哥允禔、二阿哥废太子允礽、三阿哥允祉、四阿哥胤禛、八阿哥允禩、九阿哥允禟、十阿哥允䄉、十三阿哥允祥、十四阿哥允禵。他们各树党羽，山头林立。大爷党：纳兰明珠、余国柱、佛伦。太子党：索额图、格尔芬、阿尔吉善、苏尔特、哈什太、萨尔邦阿、杜默臣、凌普、阿进泰、苏赫陈、倪雅汉、齐世武、托合齐、耿额、鄂缮。三爷党：陈梦雷、李绂。四爷党：十三阿哥允祥、张廷玉、隆科多、年羹尧、马齐、戴铎、鄂尔泰、田文镜、李卫。八爷党：九阿哥允禟、十阿哥允䄉、十四阿哥允禵、裕亲王福全、满都护、景熙、吴尔占、苏努、阿布兰、佟国维、阿灵阿、揆叙、王鸿绪、阿尔松阿、鄂伦岱、何焯、秦道然、张廷枢、普奇、马尔齐哈、常明、徐元梦、巴海、法海、查弼纳、萧永藻、高成龄。这样，党派之间互相倾轧，大案迭起，甚至发生了流血冲突，连康熙帝自己都说："你们这些逆子，将来我死之后，会束甲相争，停尸不葬的。"这是一个多么无奈而凄凉的结局啊。雍正帝要引以为戒。

形势的逼迫。雍正继位，朝野内外都在怀疑他的正统性，兄弟不服，尤其是八弟、九弟、十四弟，甚至自己的亲生母亲都不相信儿子是正常继位。王公大臣更是一片质疑之声，大学士、领侍卫内大臣的反对派都超过了半数，更有甚者，都统鄂伦岱竟敢把雍正帝的谕旨"掷之于地"。这还了得吗？形势逼人，不赶紧立下储君，万一发生不测，局势将不可逆转；而且，向王公大臣宣布已经秘密立储，有利于政局的稳定，人心的稳定。

秘密立储有技巧。雍正帝虽然不是秘密立储的首创者，但他也发明了一些小技巧。一是选择年龄小的立储，在他的儿子中，他没有选择已经 20 岁的皇三子弘时，而是选择只有 13 岁的弘历，他认为小的孩子可以调教，逐步成长；另外，也免得自己去世之后，新皇帝年龄过大，无所作为。二是择贤而立，雍正帝虽然对自己的儿子都不太满意，但还是选择了最优秀的儿子弘历，没有嫡庶之分，这就比较公平，有利于大清事业的发展。

不管怎么说，秘密立储还算是雍正帝的发明。这种办法成了一种制度，后世帝王大多仿照这个办法秘密立储。

随心所欲

雍正帝定下的立储规矩，其实包含了三层意思：一是秘密；二是即位之后就立储（当然是条件已经具备的情况下）；三是择贤而立，选择最优秀的皇子。那么，雍正帝之后的帝王，在立储问题上，是否遵循了这一做法呢？

乾隆帝。开始的时候，确实遵循了雍正帝秘密立储的规矩，乾隆帝一继位，就秘密立了储君，这人就是孝贤皇后所生的永琏，可惜，这个孩子后来偶感风寒过世了，乾隆帝命人公布了乾清宫“正大光明”匾后面的鐍匣，确认了当年立储信息，按照皇太子的办法办理了永琏的丧仪。可是，接下来，乾隆帝就不按规矩办了。皇太子去世，按理，他应该接着选择贤者，继续立储。乾隆没这么做，他一定要在孝贤皇后所生的皇子中择立一位。结果就是到乾隆十一年（1746 年），永琮生，乾隆决定立其为太子，可惜，第二年大年三十，永琮出天花病逝，计划落空。至此，乾隆帝就完全不按父皇的规矩办理立储事宜，久拖不决，以至于发生了宫斗事件。发生在乾隆三十年（1765 年）的那拉皇后剪发事件，说到底就是那拉皇后的皇子（第十二子）和令妃的皇子（第十五子）在争夺储君，结果是皇后被令妃打败，悍然剪发，酿成了事端。

嘉庆皇帝。这个中规中矩的皇帝是否遵循了秘密立储的规矩呢？按照档案的说法，他在嘉庆四年（1799 年），太上皇乾隆帝一去世之后，就按照祖制秘密立储了，要是真这么做了，那就是遵循了雍正帝当年定下的规矩了。可到嘉庆二十五年（1820 年）七月二十五日，嘉庆帝暴亡于承德避暑山庄，当人们匆匆忙忙找寻嘉庆帝随身携带的秘密立储诏书的时候，根本找不到，这怎么

道光帝行乐图卷· 亭子中读书习字的奕詝和奕䜣，未来的咸丰帝和恭亲王

可能呢？如果他真的按照规定做了，不会找不到，这么关键的东西，怎么可能丢了呢？到后来道光继位，在公布的诏书中，根本没有提到秘密立储诏书。也就是说，嘉庆帝根本没有秘密立储镝匣，原因不明。

道光帝。道光帝是个特例，他继位的时候，只有一个皇子奕纬，道光看不上这个皇子，所以，到道光十一年（1831 年）去世的时候，奕纬一直没被立为太子。可从道光十一年（1831 年）开始，道光帝的皇子接连出生，他有了很多皇子，仍然不按规矩立储，而且，这个时候的道光帝年龄已经 50 岁了，这样的年龄都不立储，是很危险的事情。一直拖到道光二十六年（1846 年），道光帝才勉强确立储君。但他违背了雍正帝的规矩，那就是择贤而立，他没有选择更优秀的皇六子奕䜣，而是选立了不是很优秀的咸丰，明显带有随心所欲

的倾向，后来的历史证明了这一点，道光之所以选中咸丰，就是因为他仁慈，这完全不是一个帝王选择接班人的标准。所以，阎崇年先生对咸丰帝有三个字的评价，那就是：错，错，错。

至于咸丰帝，他有两个皇子，但只有一个存活，所以没有争议，也就谈不上秘密立储了。咸丰之后，进入慈禧专制的时代。那么，慈禧立储的标准是什么呢？两条：一是要选择幼君，便于垂帘听政；二是要具有叶赫那拉家族的血统，带有明显的血亲观念，后来继位的光绪帝和宣统帝溥仪无不如此。所以，晚清半个世纪的历史中也没有秘密立储的痕迹。

所以，当年雍正帝苦心确立的秘密立储制度，并没有被很好地执行。他的子孙后代为所欲为，随心所欲，秘密立储制度成为一纸空文。

册 封

皇帝的女人

皇帝的女人有两个特点：一是多，数量之多，那不是我们可以想象的；二是等级森严。

先说数量。皇帝通常有三宫六院七十二嫔妃，可见皇帝女人之多。清朝的皇帝对自己的女人非常重视，他们认为，普天之下的女人都是自己的。当然了，皇帝之所以可以有多个女人，除了霸道之外，也有冠冕堂皇的理由，那就是多妻才能多子，才能从中选择最优秀的接班人，那是为了国家的利益。清朝祖制，凡是满洲八旗的女孩子，没有经过皇帝选看，没有被撂牌子是不能嫁人的，否则，自行嫁人的满洲女子，她们的父亲要受到严厉处分，历史上就发生过类似的事情。清朝皇帝的女人是通过选秀女这个办法进入内廷的，由户部主持，三年选看一次。尽管如此，由于每个皇帝的性格不同，体质各异，继位的年龄也不尽相同，他们的女人数量会相差悬殊：努尔哈赤有 17 位妃嫔，皇太极有 14 位妃嫔，顺治帝有 32 位妃嫔，康熙帝有 55 位妃嫔，雍正帝 25 位，乾隆帝 41 位，嘉庆帝 20 位，道光帝 23 位，咸丰帝 18 位，同治帝 5 位，光绪帝 3 位。

从以上数据可知，康熙帝最多，达到 55 位，即使如此，查阅史料可知，这并不是他全部的后妃。资料记载，康熙四十六年（1707 年）这一年，各处妃嫔数量是，乾清宫 26 位，景阳宫 129 位，其他地方的女人还不算，这些数量就远远高于上述记载的康熙帝妃嫔数量。之所以这样，是和康熙帝身体特别好，非常喜爱女人有直接关系。当然，这跟康熙帝大权在握也有关，晚清的光

皇后御用夏衣

满族女袍

绪帝，完全是傀儡帝王，婚姻大事处处受制于慈禧太后，就连自己喜爱的珍妃都遭到慈禧暴打，最后被慈禧扔进井中活活淹死。所以，光绪帝的妃嫔数量也最少，仅有 3 位而已。

二是等级森严。清朝皇帝的后宫共分八个等级：皇后、皇贵妃、贵妃、妃、嫔、贵人、常在和答应。数量配置是这样的，皇后一人，皇贵妃一人，贵妃二人，妃四人，嫔六人，这些是被称为“主人”或“小主儿”的，而贵人、常在、答应则不能称为主人，因而也就没有具体数量限制。由于等级有别，待遇就相差很大了，待遇在档案中叫“宫分”。举个例子，皇后每年工资是 1000 两白银，每天猪肉是 25 斤，以下，按照等级递减，那么，到最后一个等级的答应，就少得可怜了，答应的每年工资是 30 两，猪肉每天 1.8 斤，我们看看，1000 两和 30 两，之间的差距有多大。就连和皇帝睡觉（宫里面叫“侍寝”）也是一样，皇帝晚上和谁睡觉，皇后有知情权，也要备案，这叫“中宫签奏”，可见皇后大权在握。还有，每年的大年三十、正月初一、正月初二，皇后对皇帝有独享权，也就是皇帝在这三天哪儿都不能去，必须在皇后寝宫里面过夜，否则，就是违制行为了。要不皇后怎么叫“后宫之主”呢。

乾隆的尴尬

在后妃册封这个问题上，一代雄主乾隆皇帝却面临着很多尴尬事。本来，乾隆帝处处以爷爷康熙帝为榜样，在政治、文化、处事，甚至作风等方方面面都不例外，力图使自己成为康熙式的伟大帝王。在册封皇后这件事上，乾隆居然也学爷爷。爷爷有 33 年的时间没有中宫皇后，乾隆也学，居然 29 年的时间，后宫无主。开始的时候，以为乾隆就是学习康熙帝，可实际情况并非如此。乾隆皇帝几十年没有中宫皇后，原来另有隐情。

尴尬一：第一个皇后之死，责任在于乾隆。我们知道，康熙帝后宫 33 年没有皇后，被迫把后宫委托给地位低下的贵妃主持，这是不得已的行为，因为没有中宫皇后，家庭明显不完美，谁愿意这样啊。可由于康熙帝命硬，有克后的嫌疑，当第三个皇后去世之后，康熙帝决定不再封后。那么，乾隆帝也是这样吗？乾隆的第一个皇后孝贤皇后死于乾隆十三年（1748 年）三月十一日，年仅 37 岁，确实不算大。这件事是由于她的第二个皇子永琮大年三十出天花病逝，伤心患病，但并无大碍。也就是说，如果在宫中精心调养，也会康复的。可乾隆居然别出心裁，要带她出去散散心，登泰山，玩趵突泉，看起来很开心。可乾隆犯了两个大错：一是这个季节不应该出去，刚刚过完春节，春寒料峭，寒气对大病之人有侵体之害。果然，孝贤皇后感冒了；二是不应该坐轮船走水路，返程的时候，乾隆帝一行到德州，乾隆帝出于好意，别出心裁地提出要改乘龙舟，沿运河北上，这就大错特错了。重感冒之人，在初春的冷水中，极易侵入冷漠湿寒之气，病菌会急速侵入脏腑，加重病情。果然，已经病入膏肓的孝贤皇后经不住这番折腾，一病归天了。乾隆帝这不是没事找事吗？

尴尬二：第二个皇后之死，乾隆帝负有重大责任。乾隆三十一年（1766 年）七月十四日，那拉皇后病逝。她死后，乾隆帝后宫没有了皇后。可是，这个女人的死，完全是乾隆帝造成的：一是乾隆把这个女人打入冷宫，虽然由于那拉皇后擅自剪发，但资料表明，那拉皇后之所以这样做，是另有隐情，即乾隆帝不遵家法立储，引起皇后不满，激发事端；二是皇后去世的时候，乾隆帝并没有像康熙帝那样，善待死者，反而降级而葬，并大发雷霆，痛斥皇后种种不是，把矛盾公之于众。种种迹象表明，那拉皇后之死，责任归咎于乾隆是没有问题的。文武大臣纷纷上书，为那拉皇后鸣不平，乾隆帝采取强势镇压的态度。

尴尬三：宫斗之人，乾隆无法册封为中宫皇后。这个女人就是《还珠格格》里面的令妃魏佳氏，她极富心机，凭借年轻，在后宫之中，从乾隆二十一年（1756 年）到三十一年（1766 年），连续生育了六个子女，创下了后宫生育之最。也正因为如此，令妃野心勃勃，向中宫皇后发起了挑战，挑起了宫斗，她的目标是两个：一是自己坐上皇后的宝座，成为后宫之主；二是儿子被立为皇太子，将来接班。可她要达到这个目的，必须扫除前面的障碍，那就是那拉皇后。于是，令妃绞尽脑汁，最后不仅乾隆为她做主，就连皇太后也大力支持，那拉皇后孤立无援，终被令妃打败。就在那拉皇后去世的时候，令妃如期晋封为皇贵妃，主持后宫事务。但这不是她的最终目标，她还要努力。关键是，乾隆帝这个时候处在极为尴尬的境地，令妃是宫斗的胜利者，如果把她册封为皇后，好说不好听。所以，乾隆帝一直犹豫，没有晋封她，直到乾隆四十年（1775 年）去世，她都还是一个皇贵妃。大家看，这个令乾隆动心的令妃，到最后也没成为皇后。

清　丁观鹏　乾隆帝是一是二图轴

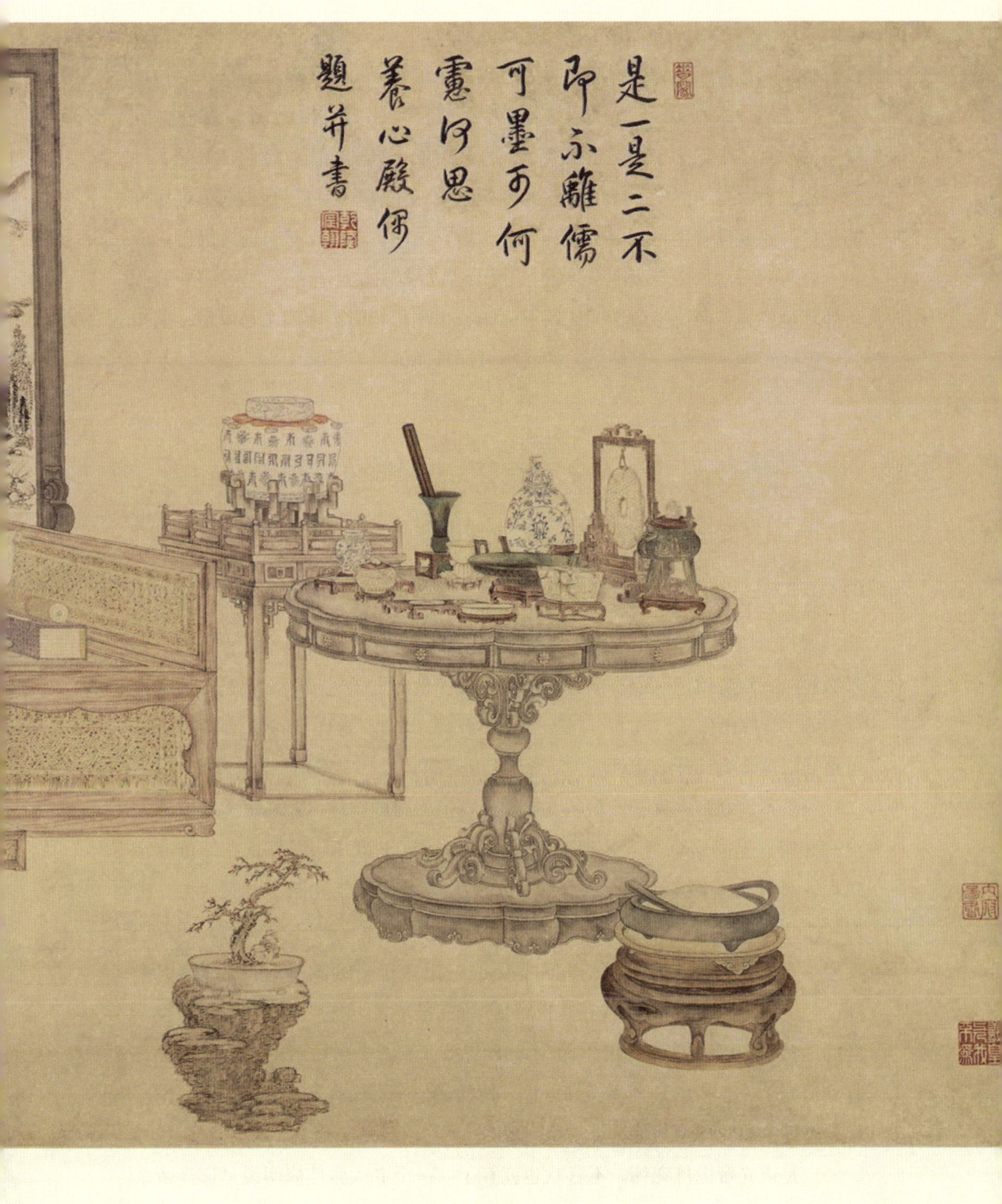
是一是二不
即不離儒
可墨可何
慮何思
養心殿偶
題并書

尴尬四：20 年后宫没人当家。康熙帝后宫里面，虽然 33 年没有皇后，也没有皇贵妃，但有贵妃，一直是贵妃佐理后宫事务。可乾隆帝后宫自从那拉皇后去世之后，只有 10 年是令妃当家。乾隆四十年（1775 年），令妃去世，乾隆帝的后宫之中连一个贵妃也没有，只有几个妃子级别最高，她们是愉妃、颖妃、舒妃、容妃、惇妃、顺妃。这六个妃子中，没有一个可以担当起佐理后宫的重任，要么没有生育，要么遭到处分，后宫之中，群龙无首，尴尬已极。

乾隆的后宫虽然与康熙帝接近，几十年后宫无主，但是由于个人品质不同，所处环境各异，两位皇帝给我们留下的印象也不尽相同：康熙帝是温情，是担当；乾隆帝则是无情，是尴尬。两者不可同日而语。

变态的道光

说一个皇帝变态，似乎有点不太礼貌，不是一个史学工作者的态度。可事实就是这样。

首先是对自己的儿子变态，这个儿子就是奕纬。按说，道光帝应该感谢奕纬，你想，道光 15 岁结婚，都 28 岁了，女人成群，却一个也不生育。嘉庆会怎么想？一定觉得他可能有问题，那就会废掉他的太子封号的。就是在这个关键时刻，奕纬出生了，救了驾，嘉庆帝长吁了一口气：道光没问题，阿弥陀佛。可道光对这个奕纬什么态度呢？三个字：不喜欢。

一是不遵守密立太子的祖制。很明显，道光帝即位后，破坏了大清家法，没有秘密立储。这个制度是雍正帝创立的，从雍正帝开始，都是在即位或亲政后，就秘密立储。雍正帝在元年立储，乾隆帝在元年立储，嘉庆帝在嘉庆四年（1799 年）亲政后立即立储。可道光帝即位后，一直不立储君，严重违反了大清家法。道光帝立储的时间是道光二十六年（1846 年），那时候，奕纬已经去世 15 年了；而道光帝也已经 65 岁高龄了。二是不给奕纬晋封爵位。奕纬的爵位贝勒，是嘉庆二十四年（1819 年）爷爷嘉庆帝封的。道光即位，直到道光十一年（1831 年）奕纬去世，他的爵位一直没有晋升。道光帝去世，咸丰帝即位，立即追封他为郡王。

二是道光帝虐待奕纬。不喜欢也就算了，一个老太监信修明说是道光帝杀了奕纬。他回忆道：道光初年，为了培养奕纬，给他请了一位好老师，教他知识。可是，谁知道这个老师多事，为了劝贪玩的奕纬读书，竟然对他说："你要好好读书，将来做一个好皇上。"奕纬本来就很烦，父皇迟迟不立储君，已经让他大为不悦，偏巧老师拿做皇帝这事说话，奕纬十分生气，说："我做了皇上，先杀了你。"奕纬说完也就忘了，因为他知道，自己也做不了皇帝。可是，谁知道，这个老师认真了，他怕万一将来奕纬真做了皇帝，杀了自己可怎么办。他便跑到道光帝那里告密，意思无非是要道光帝保护他。道光帝闻报"大怒，把大阿哥叫来。他刚跪下请安，道光帝就踢了他一脚，正好伤了下部，没过几天就死了。"（《老太监的回忆》）大家说，道光帝这么对待自己的骨肉，是不是很变态呢？

其次，是对自己的妃嫔变态，这就是虐待妃嫔。怎么虐待呢？降级，无缘无故地将自己的妃嫔降级，并以此为乐。

第一，范围广。之前大家可能也听说过皇帝因事降低妃嫔封号的事件，比如顺治帝降皇后博尔济吉特氏为静妃，惇妃因打死宫女，被乾隆帝降为惇嫔等，但那都是极个别的事件。可能一个皇帝只有一个后妃出过类似的事情。可道光帝妃嫔的封号被降格却不是这样，范围非常广泛。23位后妃，有13位被降格，超过一半，闻所未闻。

第二，迅速上升，直线下降。道光帝彤贵妃就是代表。她15岁入宫，比道光帝小35岁。彤贵妃一入宫就是贵人，起点高。道光十二年（1832年），由贵人晋封为嫔；道光十三年（1833年），由嫔晋升为妃；道光十六年（1836年），由妃晋升为贵妃，总共只花了5年的时间。接下来的宠幸，使她再一次尝到了刺激的滋味：5年之内连续生育三个皇女。道光二十年（1840年），生皇七女；道光二十一年（1841年），生皇八女。可是，接下来，她尝到了乐极生悲的滋味。就在彤贵妃生下十公主之后，仅仅半年的时间，她自己还陶醉在幸福之中的时候，灾难降临："顷之，降贵人。"（《清列朝后妃传稿》）我们查遍各种资料，道光帝都没有做解释。这是为什么啊？这个女人很惊讶，由贵妃到贵人，简直是天壤之别，这是由女主变成了后三等的低级嫔御，这让她无法理解，也无法接受。之后6年的时间，直到道光帝去世，她都没有再被提升。

第三，反复升降。道光帝的成贵妃就是典型。成贵妃比道光帝小31岁，15岁入宫，之后，她经历了几次沉浮：进宫封贵人，不久降为常在；道光十六年（1836年），晋封为贵人；二十五年（1845年），再晋封为嫔。可是，

清　宣宗孝全成皇后旋宫春霭图轴（孩子为咸丰帝）

清　宣宗孝全成皇后便装像轴

过了 4 年，不幸再次降临：“后复降为贵人。”（《清皇室四谱》）道光帝当然不做解释。直到道光帝去世，她的封号一直没晋升，成贵妃的封号，是后来的皇帝尊封的。

第四，儿女双全，也遭降级。祥妃就是这样的。可以这样说，不管如何，只要妃嫔有了生育，尤其是生了皇子，如果她们犯的不是十恶不赦之罪，皇帝是很难下决心惩处妃嫔的。可祥妃是个例外。祥妃生育了三个子女：道光五年（1825 年），生皇二女；道光九年（1829 年），生皇五女；道光十一年（1831 年），生皇五子奕誴，祥妃这时候 23 岁。23 岁的祥妃，儿女双全，封号也不错，可以称为“小主”了。可 6 年后，不幸降临：“顷之，降贵人。”（《清列朝后妃传稿》）她做梦都没有想到，自己给皇帝生了三个儿女，没有功劳，还有苦劳呢，怎么会降级呢？而且，一下子降到了入宫开始时的封号。

第五，连续打击，两次降级。道光帝有三个妃嫔，惨遭两次降级。一是恒嫔。她姓蔡，是一个汉女。恒嫔于道光十四年（1834 年）进宫，起步封号为贵人。可不久，道光帝降其为常在，至道光十八年（1838 年），道光帝再降其为答应。这个封号，一直持续了 12 年，直到道光帝去世，始终没有变化。二是睦嫔。睦嫔入宫即是贵人，道光十年（1830 年），被晋封为嫔。一年试用期满，就要正式下册文的时候，道光帝突然把她降为贵人，没过多长时间，又将她降了两级，降为答应。睦嫔是个经不住打击的人，遭此不幸，过去不久，她含恨离开人世。三是那贵人。那贵人出生于道光五年（1825 年），小道光帝 43 岁，可以说是隔辈人吧。那贵人进宫时，被封为常在，很快晋封为贵人。可是，那贵人在道光二十一年（1841 年），被降为常在；二十五年（1845 年），再降为答应。

由此，我们分析道光帝后宫这 13 位被降级的妃嫔，得出如下结论：一是降级不分等级。道光帝这些后宫妃嫔，被残酷降级的有贵妃、妃、嫔、贵人、常在等，各个等级都有。所以，作为道光帝的后妃，即使做了贵妃，当上了堂堂的主子，也没有保证，很可能在一夜之间成为下等人。二是灾难突然降临。道光帝的这些妃嫔被降级，往往是突然的，一般并不说明原因。不管是生育的、没有生育的，还是很得宠的，都会在突然之间被降级。三是遭降级之人，一般没有翻身机会。我们总结道光帝这 13 位遭降级的妃嫔，一般都没有翻身机会。凡遭降级，就不再升格，直到道光帝去世，也不会有任何机会。

大家看，道光帝是不是很变态呢？

抬 旗

清宫中被抬旗的女人

什么是“抬旗”呢？就是满洲八旗中，由下五旗进入上三旗，这其实是一种特殊的政治待遇，只有特殊的人才可以享受。清宫中的女人就是这样，不是那种特别身份的人是很难办到的。下面我们讲讲清朝皇帝中最典型的几次抬旗活动。

康熙帝为女人抬旗。这是我们见到的清宫中最早的抬旗记录了。康熙十六年（1677 年），康熙帝亲政后，给他的母亲佟佳氏抬旗。他母亲孝康章皇后佟佳氏原来是地位低下的汉军旗，直到她做了皇太后也没有改变，康熙二年（1663 年），佟佳氏去世，也还是这样。康熙十六年（1677 年）的时候，佟佳氏已经去世十几年了，康熙帝决定为母亲抬旗，由汉军旗抬入上三旗中的首旗镶黄旗，从此，康熙帝规定：“皇后和皇太后的丹禅可以抬入上三旗。”丹禅就是娘家人。大家想一想，康熙帝这个时候，想起为母亲的丹禅抬旗，除了自己亲政掌权之外，恐怕还有其他的原因。这个时候，他的两个表妹双双入宫，大表妹被封为贵妃，备受宠爱，将来还有可能再晋升。最重要的一点是奶奶孝庄这个时候还健在，她对汉人进宫很反感，尽管母亲是汉军旗的身份，但和上三旗相比，简直就是天壤之别。所以，为了改变这种状况，让奶奶高兴，让自己的表妹高兴，让自己九泉之下的母亲高兴，康熙帝决定为之抬旗。当然，抬旗就抬最好的旗，所以，她被抬入镶黄旗。

乾隆帝为女人抬旗。资料显示，乾隆帝为他的三位最宠爱的女人抬过旗。一个是令妃。令妃出身极为卑贱，本是汉军镶黄旗包衣，由于气质独特，乾隆

清　佚名　孝德显皇后朝服像

清　咸丰十一年　孝德显皇后上尊谥碧玉册

帝非常宠爱她，她连生六个子女，尤其是她的第十五子嘉庆被立为皇太子，所以令妃被抬旗势在必行，由最底下的汉军旗包衣，抬格为满洲镶黄旗。不仅如此，嘉庆即位后，把母亲的姓氏后面也加了一个非常好听的字“佳”，由“魏氏”尊称为“魏佳氏”。第二个被抬旗的人是乾隆帝的慧贤皇贵妃高氏。这个高氏出身更是低下，她本是内务府包衣，属于奴才，不过乾隆帝非常喜爱这个女人。虽然这个女人一个孩子都没生，乾隆帝还是给她抬旗，将她抬到镶黄旗。第三个被抬旗的女人是他的淑嘉皇贵妃金氏。金氏本是朝鲜族，属于内务府汉军旗，旗分低下。但是，这个女人的肚子非常争气，给他生育了4个皇子，这让乾隆帝龙颜大悦，给她抬入正黄旗包衣，虽然还是包衣，但是进入了满洲旗，已经是特殊恩惠了。

慈禧自抬旗。晚清的慈禧太后，出身在下五旗，也就是满洲镶蓝旗，她的父亲惠征弃城脱逃，本是一个罪人。可是，咸丰十一年（1861年）七月十七日，咸丰帝病逝，慈禧升格为圣母皇太后，便下达为自己母家抬旗的懿旨。抬什么旗呢？大家想想，以慈禧的个性，那一定是抬入最高级的旗。果然，她要求抬入镶黄旗，从此，慈禧的丹禅就由镶蓝旗一跃成为镶黄旗。

清朝三位最有权势的人物完成了抬旗，可见，那些没有权势的人，是很难实现这个目标的。

汉女恪妃

大家都知道“满汉不通婚”，原因是满洲贵族为了保持自己血统的纯洁性，不愿意与汉族女子通婚。但事实并非如此，就有人愿意与汉人通婚，而这个人还是顺治皇帝。顺治皇帝要娶进宫中的女子是谁呢？这个女子就是恪妃石氏，河北直隶滦州人，户部侍郎石申之女。《永平府志》记载了石氏所受的恩宠：赐居永寿宫，安享尊荣；冠服准许用汉式，尊重其民族信仰；准许其母赵淑人乘肩舆入西华门，至内右门下，入宫看望女儿。大家想一想，不管怎么样，这个滦州女子胆子都够大的，她不怕闲言碎语，不怕传统束缚，勇敢地闯进紫禁城，成为第一个吃螃蟹的人。当然，作为亮明身份的汉族女子，终清之世，她也是唯一的。可惜的是，恪妃进宫之后，并没有引起顺治帝的足够重视，空守多年岁月，一生没有什么收获，她没有生育子女。

不仅如此，顺治帝不满满汉不能通婚的禁例，曾经下令解禁。顺治五年（1648 年），顺治帝下谕旨：“方今天下一家，满汉官民皆朕臣子，欲其各相亲睦，莫若使之缔结婚姻，自后满汉官民有欲联姻好者，听之。”从字义上来看，满汉可以通婚了，可是有条件的：凡希望嫁给汉人的满族官员之女需呈明户部，登记户口；希望嫁给满人的汉族官员之女也需报户部登记，只有非官员家妇女许配满人听其自便，无须报部。当然，这个时候，顺治帝还处在傀儡时期，这些都是摄政王多尔衮的意思。

可是，多尔衮的美意却在几年后被一个女人给否定了，这就是顺治帝的母后孝庄太后。孝庄是个保守的人，她认为满汉绝对不能通婚，并且不允许顺治帝学习汉文化。为了防止有人蛊惑，孝庄还做了一件杀气腾腾的事情，那就是写了一道懿旨，并且把它悬挂在紫禁城北门神武门上面，内容是“有敢以汉女入宫者斩”。多么霸气，还带有血腥味道，《清宫词》中记录下了这件事。

可悲的是，孝庄的话顺治帝并不听从，除了汉女恪妃入宫之外，顺治帝还产生了非常叛逆的想法，根据《清皇室四谱》记载：“初，世祖稽古制，选汉女以备六宫。”顺治帝甚至想把他的后宫都充斥汉女，当然，他的这种想法没有实现。

清　袖带

顺治帝以后的几代皇帝，尤其是康熙、乾隆这些具有远见卓识的伟大帝王，不仅对汉文化充满了兴趣，对汉族女子也同样产生了兴趣。比如康熙帝六下江南，乾隆帝六下江南，都曾经带回过数名漂亮的汉族女子，进入宫廷为妃，但是，那都是偷偷的，不敢公开她们的真实身份，即使有了生育，她们在宫中的地位仍然十分低下，合法的权益不能得到保障。所以，满汉通婚基本没有实现，尤其在宫廷里面，汉女即使进入宫廷，也只是清朝皇帝的玩物而已。随着时代的发展，满汉通婚的呼声越来越高，尤其到清末，帝国主义侵入中国，西方的意识形态冲击着保守的清王朝，清政府会采取怎样的措施呢？

光绪二十七年（1901年）十二月二十三日，慈禧发布懿旨："我朝深仁厚泽，沦浃寰区。满汉臣民，朝廷从无歧视。唯旧例不通婚姻，原因入关之初，风俗、语言或多未喻，是以着为禁令。今则风同道一，已历二百余年，自应俯顺人情，开除此禁。所有满汉官民人等，着准其彼此结婚，毋庸拘泥。"慈禧下旨，满汉通婚了，满汉青年皆大欢喜。还不止如此，慈禧还对汉女的三寸金莲特别指示："至汉人妇女，率多缠足，由来已久，有伤造物之和。嗣后缙绅之家，务当婉切劝导，使之家喻户晓，以期渐除积习。"慈禧说得很客观，不鼓励裹小脚，但不要过于勉强，要循序渐进。

所以，我们看，满汉不能通婚的禁令是孝庄下达的，最后是慈禧解禁的。

允禩的伤心事

允禩是康熙帝第八子，他虽生在皇家，但他的一生坎坷不断，命运不济，因而内心时常是灰暗不堪的，而且，允禩经常暗自伤心落泪。究竟是什么事让他如此伤心呢？

首先是他有一个不遂心的母亲。允禩的母亲卫氏，本是康熙帝的一名宫女，她出身罪籍，是辛者库罪籍。内务府选秀女的时候，因为卫氏漂亮宜人，被康熙帝看中，更有人说卫氏唾液生香，故而有"香妃"之称。卫氏获宠后，康熙二十年（1681年）生下允禩。

这个旗籍，既怨不上卫氏，也怨不上允禩，要怨只能怨康熙帝，何以召幸卫氏，让她生下允禩。可是，康熙帝不怨自己，却屡屡抱怨挖苦允禩出身微贱，不足以承继大统。而且，康熙帝不止一次批评允禩的出身。说实话，这真的是康熙帝的不对了，你嫌她出身微贱，为什么不给她抬旗呢？卫氏本人也觉得对不住允禩，她病重期间，曾拒绝服用药物："我快死了吧，不然连累我的儿子呀。"这些话说出来，真让人心酸。相反，允禩并没有抱怨母亲的出身，他极为孝顺，母亲去世后，允禩恪守三年之丧，以尽人子的孝心。

其次，众人捧杀了允禩。比如，大哥允禔害了他。本来，允禔觊觎太子之位，可康熙帝无意于他，允禔便转而拥立允禩，他在父皇面前极力夸赞允禩有才，堪当大任。康熙帝一下子警觉起来，认为允禔和允禩结党妄行，他们遭到父皇的唾骂，"允禩比允禔更可恶"，康熙帝还骂他们为乱臣贼子，把允禔、允禩抓了起来。你说，允禔这不是帮倒忙吗？

大臣也害了允禩。康熙四十七年（1708 年）十一月十四日，康熙帝废掉太子之后，征求王公大臣意见，说："你们今天给我保荐一个人做皇太子，除去允禔之外，你们保荐谁，我就让谁做太子。"大臣们信以为真，一致保荐允禩为太子，康熙帝一听，不但没有兑现诺言，还大加挞伐允禩，说他"出身微贱，做不了太子"。康熙帝不想想，你那么多儿子，大家为什么一致推举允禩呢？说明他很优秀啊，你应该高兴才对。可是，康熙帝坚决予以拒绝，还严厉批评大臣，说他们与允禩结党为患。康熙帝这不是出尔反尔吗？说话不算数，有失帝王威严。话说回来，允禩这次被大臣举荐，效果适得其反，真正是被大臣们捧杀，误了前程。

还有一件事，让允禩非常伤心。康熙五十三年（1714 年）十一月，允禩母亲去世三周年之际，康熙帝从承德返京，允禩为了表示孝心，让心腹太监前去问安，并把两个猎鹰进献给父皇。可怪事发生了，本来非常健壮的猎鹰，献给康熙帝的时候，却是奄奄一息，成为殆毙之鹰。这让康熙帝大怒，他大骂允禩"藐视朕躬"，并说他之所以这么做，就是因为没当成皇太子，恨他。康熙帝说出了最决绝的话："自此，朕与允禩父子之恩绝矣！"允禩得到信息，非常害怕，也非常伤心。他本是一番好意，打死他也不敢这么藐视父皇啊。

所以，允禩倍感前途渺茫，对父皇、对自己都失去了信心。康熙五十五年（1716 年）秋季，允禩病重，御医给他诊治，并开了药方。但是心灰意冷的允禩失去了生活下去的勇气，拒绝配合治疗，他说："我是在父皇前获有重罪之人，多日未得瞻仰天颜，如今有何颜面求生？”允禩的话被报告给父皇，康熙帝仍拒绝接见。

允禩的母家出身决定了他的前途，即使他再优秀，也不可能有机会继承大统。

康熙时期龙袍

迁　都

清朝有几个都城

清朝的都城有几个？从史料来看，前前后后有四个都城。

第一个都城，赫图阿拉。这是清王朝建立的第一个都城，位于今天的辽宁省新宾县。赫图阿拉是满语译音，又叫黑图阿拉、赫图阿喇或黑秃阿喇，汉意为“横岗”。赫图阿拉城是努尔哈赤创建的，始建于明万历三十一年（1603年）。该城分内、外两重城墙，内城面积25万平方米，努尔哈赤及其亲族居住在内城。主要古建筑有正白旗衙门、关帝庙、民居、汗王井等，遗址有汗宫大衙门、八旗衙门、协领衙门、文庙、昭忠祠、刘公祠、启运书院、城隍庙等。外城面积约156万平方米，居住精悍部卒。主要遗址有驸马府、铠甲制造场、弧矢制造场、仓廒区等。外城之外，东有显佑宫、地藏寺，东南有堂子，西北有点将台与校军场遗址。外城北门外，铁匠、弓匠分区居住。天命六年（1621年），努尔哈赤迁都辽阳，赫图阿拉结束了都城生涯；天聪八年（1634年），皇太极尊之为“兴京”，意为清王朝兴起时的京城。

第二个都城，辽阳。辽阳东京城位于辽阳市区东，太子河右岸。后金天命六年（1621年），努尔哈赤攻下辽阳城，决定迁都于此，设计并建设东京城。该城面呈菱形，城郭建在一面临水的高阜处，为砖石、夯土结构。城周长3510米，东西长890米，南北长886米，四面设有八门，分别叫内治、抚近、怀远、外攘、德盛、天佑、福盛、地载，每面各有二门，门的位置，南北相对。城内西北土岗建有努尔哈赤议政的八角殿。天命十年（1625年），努尔哈赤迁都沈阳，

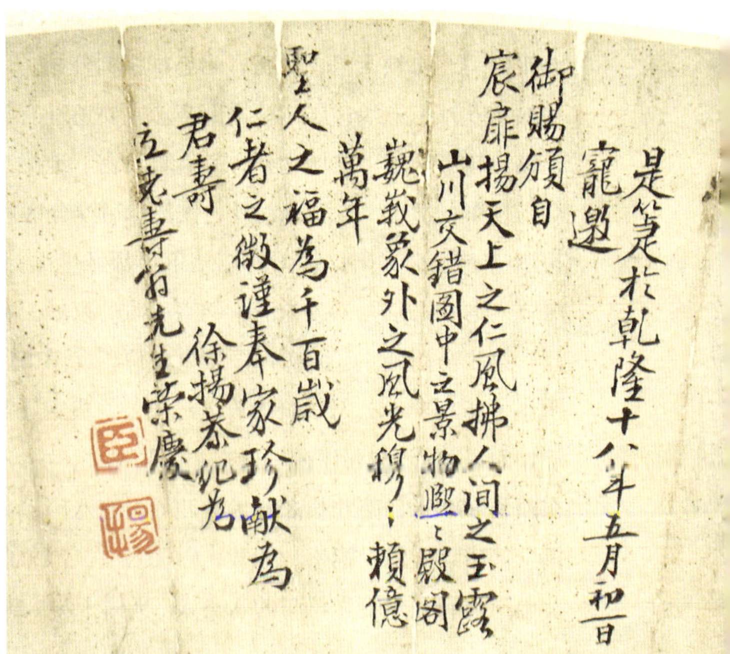
乾隆十八年五月
寵邀
御賜頌自
宸扉揚天上之仁風拂人間之玉露
山川交錯圖中之景物殿閣
巍峩象外之風光穆穆賴億
萬年
聖人之福為千百歲
仁者之徵謹奉家珍獻為
君壽 徐揚恭紀為
壽翁先生榮慶

清　徐扬　仙山楼阁图

东京城结束了都城的历史。虽然东京城仅有四年的都城历史，但在这短短的四年中，努尔哈赤在此进行了一系列的政治、经济、军事、宗教改革，使他领导的女真社会发生了质的变化。

第三个都城，沈阳。天命十年（1625 年），努尔哈赤决定把都城从辽阳迁到沈阳，但是遭到了激烈反对。群臣认为，这时再次迁都，会劳民伤财，得不偿失。但努尔哈赤认为：沈阳是形胜之地，向西征讨明朝，道路又直又近，向北征讨蒙古，两三日即可到达，向南征讨朝鲜，可借助便利的水路。而且在这里建造宫殿，所需木材可以借助其上游的浑河、苏克苏浒河顺流而下，源源不断地运来。想打猎时，离此不远的山里就有许多野兽，想捕鱼时，河里有无数的鱼虾。最后，努尔哈赤力排众议，强行迁都至沈阳，并在沈阳着手修建皇宫。一年后，天命十一年（1626 年），努尔哈赤病逝。清太宗皇太极即位于此，扩建沈阳城并营建宫殿。天聪八年（1634 年）改沈阳为“盛京”。皇太极的执政生涯都是在沈阳度过的。顺治元年（1644 年）清朝迁都北京后，盛京成为留都。顺治十四年（1657 年）清朝以“奉天承运”之意在沈阳设奉天府，故沈阳又名“奉天”。

第四个都城，北京。崇德八年（1643 年）八月初九，皇太极暴亡于清宁宫。经过激烈角逐，各方势力妥协让步，年仅 6 岁的福临继位，这就是顺治皇帝。顺治初年，由睿亲王多尔衮摄政。多尔衮高瞻远瞩，力排众议，决定迁都北京。顺治元年（1644 年）五月三日，多尔衮护持小皇帝进入北京紫禁城，十月初一，顺治帝御皇极门，昭示天下，定鼎燕京，清王朝又一次完成了迁都的历史使命。这次迁都北京意义重大，标志着清王朝拉开了统一全国的序幕。

所以，清朝一共有四个都城：赫图阿拉（兴京）、东京、盛京和北京。

多尔衮最正确的决定

一代枭雄多尔衮一生中，做得最正确的一件事，也是最英明的一件事，就是迁都北京。

要知道，都城迁徙，那可是国之大事，牵一发而动全身，是一件非常了不起的国家工程。那么，多尔衮在迁都的时候，都遇到了哪些阻力呢？

多尔衮福晋

多尔衮

一是王公大臣反对。他的亲哥哥阿济格就明确表示，把北京城屠城，掳掠一空，然后撤离北京。多尔衮严肃批评了阿济格。此外，还有好多王公大臣抱有这样的想法。这样，多尔衮要想推行迁都计划，必须做通这些人的思想工作。

二是明朝遗民不欢迎。多尔衮虽然大兵压境，控制了北京的战略要地。但一旦清军进入北京，尤其是皇帝进驻北京城，那将陷入反对者的汪洋之中。比如，明朝的旧官僚，他们肯定顾虑重重，清朝的皇帝还会承认他们的身份吗？比如老百姓，同样顾虑重重，他们并不了解清朝人的生活习惯，道听途说，反正都是一些不好的信息。比如最恐怖的屠城。老北京的居民最担心的就是这个了，当时，北京城内流言蜚语，有人就说："满洲兵将于八月在北京城屠城，把老壮之人全部剁了，仅仅留下小孩，然后抢劫一空。"这是多可怕的消息啊。一时之间，人心惶惶。

三是顺治帝迁都北京之后，住在哪里？清军虽然占领了北京城，但时间急迫，并没有做好充分的准备，比如没有建造皇宫。要知道，当时李自成撤离北京的时候，把紫禁城的主要殿宇一把火给烧了。所以，百废待兴的紫禁城能够成为大清的皇宫吗？这一切，人们都持怀疑态度。

多尔衮会怎么办呢？他在思考两个问题。

第一，入主中原，统一中国。多尔衮心怀天下，具有远见卓识。在关外的时候，清军往往烧杀抢掠，实行"三光政策"。可这次多尔衮入关，动了脑筋。比如，吴三桂当时想率军进入北京，看看自己家里的情况，而北京百姓也都做好了迎接吴三桂进城的准备。可多尔衮没有让吴三桂进京，而是让他穷追李自成。这样做，就是为了笼络人心。顺治元年（1644 年）五月初二，多尔衮进京，并下达最高指示：绝对不许官兵乱闯民宅；汉族官民剃发自愿；归顺的明朝官员官复原职；厚葬崇祯皇帝；等等。效果果然不错，人心大定，为清军大举南下奠定了坚实的基础。同时，也为统一全国开辟了一条通道。

第二，实现皇太极的遗愿。多尔衮追随皇太极多年，他了解先皇的遗愿是什么："如果将来有机会得到北京，要迁都到那里。"可以看出，清太宗皇太极是一位大气的英主，他知道北京在全国的分量和位置，所以，早就做出这样的部署。多尔衮这次取得了军事上的胜利，迁都北京的时机已经成熟，先帝的遗愿也就如期实现了。

顺治元年（1644 年）八月二十日，清朝开始迁都。九月，顺治帝从盛京到达北京，随后告祭天地。十月初一，世祖在北京又举行一次登基大典，向全国颁布登基诏书，加封多尔衮为叔父摄政王，济尔哈朗为辅政叔王，清王朝正式定都北京，开始了以北京为都城的长达260多年的统治。

咸丰帝曾想迁都

“咸丰帝首鼠两端”，为什么会这样说？难道咸丰帝迁都了吗？他为什么要迁都呢？

这件事源于一场战争。这就是第二次鸦片战争，第二次鸦片战争是1856年至1860年间发生于中国本土，英国与法国联手进攻清朝的战争。1856年，英国借口广东水师在广州黄埔捕捉中国船“亚罗”号上的海盗，派兵进攻广州。法国借口法籍天主教神甫马赖在广西西林被杀，亦出兵入侵。1859年6月，英、法、美以进京换约被拒为由，率舰队炮击大沽。提督史荣椿率守军还击，击沉击伤敌舰10艘，毙伤敌军近500人，重伤英舰队司令何伯，史荣椿战死。1860年8月，英法联军18000人，由北塘登陆，进占天津。9月，清军在北京通州八里桥迎战英法联军失利。咸丰帝携皇后、懿贵妃等离京逃往承德避暑山庄。10月13日联军从安定门攻入北京。

导火线。迁都事件的导火线是“火烧圆明园”。咸丰十年（1860年）英法联军攻占北京后，于10月6日占据圆明园。中国守军寡不敌众，圆明园总管大臣文丰投福海自尽，住在园内的道光帝常嫔受惊身亡，终年53岁。英、法军队洗劫两天后，向城内开进。10月11日英军派出1200余名骑兵和一个步兵团，再次洗劫圆明园，英国全权代表詹姆士·布鲁斯以清政府曾将巴夏礼等囚于圆明园并杀害21名使节为借口，将焚毁圆明园列入议和先决条件。10月18日，3500名英军冲入圆明园，纵火焚烧圆明园，大火三日不灭，圆明园及附近的清漪园、静明园、静宜园、畅春园均被烧成一片废墟，近300名太监、宫女、工匠葬身火海。

这个时候，懦弱的咸丰帝吓坏了，不知该怎么办。都城回不去了，他开始思索退路。当然，中国地大物博，疆域辽阔，堂堂皇帝，在哪里都可以有安身之处。正在这个时候，一个叫张锡嵘的云南学政秘密上疏，提出迁都。咸丰帝细目观瞧，不仅有理有据，还有具体办法，太好了。咸丰帝派出大学士官文做具体勘测，以便实施。不过，计划最终没能实施，为什么呢？

一是有人反对：迁都虽然是在秘密中进行的，但这个消息还是透露出来了，当即遭到漕运总督袁甲三的坚决反对。袁甲三从多个角度进行了反驳，也引起了同僚的共鸣。咸丰帝一看，有反对的声音，而且还是来自高层，怎么办呢？他又没主意了。

二是北京议和已成，恭亲王奕䜣在北京与侵略者签订了《北京条约》，双方议和停战，北京局势已经缓和。看来，咸丰帝可以回到北京了。

三是咸丰帝身体每况愈下。咸丰帝有很重的痨病，咯血不止。所以，迁都之事迟迟不能决定。直到七月十七日，咸丰帝撒手人寰，这起迁都事件都没有实质性的进展。

所以，发生在咸丰末年的这场迁都计划，由于种种原因未能实施，只是停留在咸丰帝头脑中的意念而已。

咸丰皇帝便装像

剃　发

留发不留头

清朝有一句话“留发不留头，留头不留发”，意思是要想保住脑袋，你就剃发；否则，就杀头。古语说：“身体发肤，受之父母。”父母给的东西，怎么能随便丢弃呢？可清朝统治者，却要强行剥夺汉人的人身权利。

强行剃发。顺治二年（1645 年）六月十五日，多尔衮颁布“剃头令”：京城内外，限 10 日；各省自诏令到达之日算起，亦限 10 日，官军民一律剃发，迟疑者按逆贼论斩！清廷把剃发作为归顺的标志之一，口号是：“留头不留发，留发不留头。”这与前一年的说法大相径庭，之前，在顺治元年（1644 年）五月，清军刚一进京的时候，还说剃发与否，听其自便。可是，时隔仅仅一年，就风云突变，让人大感意外。

关于剃发，这里面有一个有趣的故事。孙之獬，山东省淄川县人，天启二年（1622 年）进士，为庶吉士，继为翰林院检讨。清军入关以后，孙之獬俯首乞降，自己带头与家人奴仆一起剃头留了辫子，并换上了满装。清廷为收揽人心，接纳并让他当了礼部侍郎。当清军刚进北京时，因天下未定，允许明朝的降臣上朝时仍穿明朝服饰，只是满、汉大臣各站一班。可是这个孙之獬为独得清帝欢心，不但剃了发，留了辫，还改穿了满族官吏的服装上朝。当大臣们步入朝堂站班时，他很亲切地走进了满族大臣的行列。满族大臣都自谓高人一等，哪能容忍汉臣孙之獬与之同班？七嘴八舌又你推我拉把他逐出班外。孙之獬自讨没趣，悻悻走回汉班，汉臣恨他过于逢迎求宠，一个紧挨一个毫不松动，不让他入班。徘徊于两班之间的孙之獬进退不得，狼狈万状。

在强行剃发令的时候，发生了两起恶性政治事件，一次是“嘉定三屠”，顺治二年（1645 年）清军攻破嘉定后，清军将领李成栋三次下令对城中平民进行大屠杀。清军颁布剃发令，嘉定百姓拒不从命。乡绅侯峒曾带领嘉定绅民起义反清，清吴淞总兵李成栋立即领兵五千来攻。嘉定城城破，李成栋下令屠城，市民之中，悬梁者，投井者，投河者，血面者，断肢者，被砍未死手足犹动者，遍地骨肉狼藉。妇女们惨遭强奸。如遇抵抗，军队就用长钉把抵抗妇女的双手钉在门板上，然后再肆意奸淫。大屠杀持续了一天，直到尸体堵塞了河流。此次有三万多人遇害。李成栋大屠杀后的三四天，侥幸逃脱的嘉定的幸存者开始溜回城里。他们回城后在一个叫朱瑛的义士领导下，重新集结起来，共两千多人。朱瑛领导着幸存者们在这座残破的城市展开了一场反屠杀运动，处死了归降清军的汉奸和清军委派的官吏。但随后李成栋又领着军士杀入城里，把许多还在睡梦中的老百姓杀个精光，积尸成丘，然后放火焚尸。清军杀得兴起，嘉定又惨遭“二屠”。二十多天后，原来南明的一个名叫吴之番的将军率余部猛攻嘉定城，周边民众也纷纷响应，杀得城内清兵大溃出逃。不久，李成栋整军反扑，把吴之番数百士兵砍杀殆尽，顺带又屠杀了近二万刚刚到嘉定避乱的民众，血流成渠，此为著名的“嘉定三屠”。另外一次是“扬州十日”，扬州十日又称扬州屠城，是指史可法督率扬州人民阻挡清军入城的守卫战失败以后，清军对扬州城内人民展开的大屠杀。当时幸存者王秀楚的《扬州十日记》和明末史学家计六奇的《明季南略》记载，屠杀共持续十日，仅被收殓的尸体就超 80 万具。扬州在激烈抵抗后失陷，清兵屠戮劫掠，十日封刀。“烟花三月下扬州”，几世繁华的扬州城是时“堆尸贮积，手足相枕，血入水碧赭，化为五色，塘为之平”。

那么，汉人为什么这么反感剃发呢？因为它改变了汉人的形象。最早推行剃发的时候，实行的发式叫“金钱鼠尾”，亦称金钱鼠尾辫，指清兵入关剃发易服以后中国人所留的发型：将四周头发全部剃去，仅留头顶中心的头发，其形状一如金钱，而中心部分的头发，则被结辫下垂，形如鼠尾，穿过铜钱即方孔圆钱的方孔检验，才算合格，故名为金钱鼠尾辫。这种发式到清朝中后期有所改变，约自嘉庆初年有所变化。头顶着发的部位虽没有改变，但面积已远不止一个金钱大，而是相当于一个掌心的面积，蓄发数量明显增加。清代后期，逐步演变为将顶发四周边缘只剃去寸许，而中间保留长发，分三绺编成辫子一条垂在脑后。

剪掉辫子

这一篇我讲剪掉辫子，是指男人剪掉拖在脑袋后面的带有特殊意义的那根辫子。其实，可以这样说，历史发展到 20 世纪，剪掉它是早晚的事。

这里，先说说人们的呼声。男人脑袋后面这根辫子，已经拖了 200 多年了，无论汉人还是满人，态度都有了变化，尤其是汉人，已经习惯了，离不开这根辫子了。但是，尽管如此，那些活跃在时代前沿的人们，还是感觉这根辫子是个累赘。比如孙中山的同盟会，他们一直活跃在东洋和南方，早在 1895 年就开始剪掉了头发，这应该是最早的剪发群体了。之后，生活在大陆之外的华人，纷纷有剪发的愿望。比如 1898 年，新加坡华人在报上公开提议剪发；1900 年庚子事件之后，留日中国学生倡议剪发；1903 年湖北部分学生受到先进思潮的影响，倡议剪掉辫子；等等。不胜枚举。也就是说，清政府还存在时期，已经有人开始剪掉这根落后的猪尾巴辫子了。

那么，清政府是什么态度呢？让大家意想不到的是居然也有所松动。清政府的资政院居然在 1910 年 10 月 3 日，通过了罗杰议员提交的《剪辫易服与世大同》，公开主张要剪掉辫子；1911 年 1 月 11 日，通过了周震麟议员提交的《剪除辫发改良礼服》，再次公开提出剪掉辫子。这对于视辫子如生命的清王朝来讲，是一个具有非常意义的事件，这是他们与时俱进、跟上时代潮流的表现，也为清廷后来能够顺从民意，宣布清帝逊位奠定了基础。1911 年 4 月，参加英王加冕的清朝海军“海圻”号 300 名官兵剪掉了辫子。紧接着，一个朝廷大员带头剪辫子，这个人就是大家熟知的袁世凯。1911 年 12 月 3 日，袁世凯愉快地剪掉了辫子，在这种情况下，清廷有了更大的松动。

可真正剪掉辫子这件事不可能由清朝来完成，必须仰仗改朝换代，仰仗革命来完成。1912 年，辛亥革命爆发，清帝逊位，老百姓可以自由剪辫子了。那么，老百姓究竟是什么态度呢？按说，汉人应该很积极地剪掉这个让自己受尽屈辱的辫子。可恰恰相反，很多汉人熟悉了这种发型，没有了反而很不适应。就连国学大师王国维都不肯剪掉辫子，直到1927年他都是拖着那根辫子投湖自尽的。所以，民国政府非常伤脑筋，大总统孙中山下达剪辫令："于令到，限二十日一律剪除净尽，有不遵者以违法论。"可见就像当初多尔衮下达剃发令一样，非常之严厉。

可是事情并不那么简单，各地百姓仍然有不同意剪发的人，这样，大街上人们的发型奇形怪状，有辫子的，短发的，齐耳发的，这让各地政府大为头疼。于是，政府不得不采取一些更为严厉的措施。1914年6月23日，北京政府下达《劝诫剪发规程六条》，规定国家公务人员不剪发的回家，市面上的商人等不剪发的停业整顿，已经够严厉的了。1928年5月，南京政府颁布《禁蓄发辫条例》，严肃规定了不许留辫子。也是，都1928年了，还留辫子干吗？

那么，大家一定很关注末代皇帝溥仪什么时间剪的辫子。其实，溥仪自己倒是很愿意剪掉辫子，可作为逊帝，剪辫子是备受瞩目的事情。尤其那些太妃们，坚决反对溥仪剪辫子。溥仪的英文老师庄士敦在溥仪剪辫子这件事上起了作用，他嘲笑溥仪的辫子，刺激了溥仪。1922年5月，溥仪决定剪辫子，开始，他叫太监剪，太监不敢，溥仪一怒之下自己剪掉了辫子。至此，大清皇室最后一根辫子终于剪掉了。

行　宫

清朝的四大宫殿

清王朝入关前后，共使用了四大宫殿。分别是紫禁城、盛京皇宫、圆明园、避暑山庄。

紫禁城，位于北京中轴线的中心，是中国明、清两代24位皇帝的皇家宫殿，是中国古代汉族宫廷建筑之精华，也是世界上现存规模最大、保存最为完整的木质结构古建筑之一。它有大小宫殿七十多座，房屋九千余间，以太和、中和、保和三大殿为中心。紫禁城明成祖朱棣永乐四年（1406年）开始建设，到永乐十八年（1420年）建成，占地面积约72万平方米，建筑面积约15万平方米，它是一座长方形城池，东西宽753米，南北长961米。周围筑有10米多高的城墙，并有一条宽52米的护城河环绕。紫禁城宫殿是沿着一条南北向中轴线排列，三大殿、后三宫、御花园都位于这条中轴线上。并向两旁展开，南北取直，左右对称。这条中轴线不仅贯穿紫禁城内，而且南达永定门，北到鼓楼、钟楼，贯穿了整个城市，气势宏伟，规划严整，极为壮观。故宫建筑的后半部叫内廷，内廷宫殿的大门——乾清门，左右有琉璃照壁，门里是后三宫。内廷以乾清宫、交泰殿、坤宁宫为中心，东西两翼有东六宫和西六宫，是皇帝处理日常政务之处，也是皇帝与后妃生活居住的地方。后半部在建筑风格上不同于前半部。前半部建筑形象严肃、庄严、壮丽、雄伟，以象征皇帝的至高无上。后半部内廷则富有生活气息，建筑多是自成院落，有花园。紫禁城住过清朝入关后的10位皇帝，即顺治帝、康熙帝、雍正帝、乾隆帝、嘉庆帝、道光帝、咸丰帝、同治帝、光绪帝、宣统帝，以及后妃，1924 年，冯玉祥把溥仪轰出了紫禁城，从此结束了紫禁城作为皇帝居住之处的宫殿功能。

盛京皇宫，为清朝初期的皇宫，距今近 400 年历史。盛京皇宫是清朝皇帝在关外的皇宫，究竟建于何年，专家们意见并不统一，其中，有天命九年（1624 年）的说法。按照建筑布局和建造先后，可以分为 3 个部分：东路，为努尔哈赤时期建造的大政殿与十王亭。大政殿是一座八角重檐亭式建筑，俗称八角殿。始建于 1625 年，是清太祖努尔哈赤营建的重要宫殿，是盛京皇宫内最庄严神圣的地方。初称大衙门，1636 年定名笃恭殿，后改大政殿。八角重檐攒尖式，八面出廊，其下为须弥座台基。殿顶铺满黄琉璃瓦，镶绿剪边，正中相轮火焰珠顶，宝顶周围有八条铁链各与力士相连。殿前两明柱各有金龙盘柱，殿内为梵文天花和降龙藻井。殿内设有宝座、屏风、熏炉、香亭及鹤式烛台等。大政殿用于举行大典，如皇帝即位、颁布诏书、宣布军队出征、迎接将士凯旋等。此殿为清太宗皇太极举行重大典礼及重要政治活动的场所。在建筑布局上与十大王亭组成一组完整的建筑群，这是清朝八旗制度在宫殿建筑上的具体反映。十王亭位于大政殿两侧，八字形依次排列，是满族八旗制度在宫殿建筑上的反映，此建筑布局为中国古代宫廷建筑史所仅见。其东侧五亭由北往南依次为左翼王亭、镶黄旗亭、正白旗亭、镶白旗亭、正蓝旗亭；西侧五亭依次为右翼王亭、正黄旗亭、正红旗亭、镶红旗亭、镶蓝旗亭。是清初八旗各主旗贝勒、大臣议政及处理政务之处。中路，有大清门、崇政殿、凤凰楼、清宁宫等主要建筑。大清门是盛京皇宫的正门，俗称午门，建于天聪六年（1632 年）之前，为盛京皇宫中皇太极续修的早期建筑之一。1636 年定宫殿名时称大门为大清门。崇政殿在中路前院正中，俗称“金銮殿”，是沈阳故宫最重要的建筑。整座大殿全是木结构，面阔五间进深三间。此殿为清太宗皇太极召见臣下，宴请外国使臣以及处理大政的常朝之处。1636 年，后金改国号为大清的大典就在此举行。“东巡”诸帝于此举行“展谒山陵礼成”等庆贺典礼。凤凰楼，在崇政殿北，于 1627—1635 年建成，是当时皇帝进行政治活动和举行宴会的地方。建造在 4 米高的青砖台基上，有三层，三滴水歇山式围廊，顶铺黄琉璃瓦，镶绿剪边，此楼为盛京最高建筑，凤凰楼上藏有乾隆御笔亲题的“紫气东来”匾。清宁宫为五开间前后廊硬山式，是清太宗皇太极和皇后博尔济吉特氏居住

清 冷枚 避暑山庄图

的“中宫”。室门开于东次间，屋内西侧形成“筒子房”格局，东梢间为帝后寝宫。西路，有戏台、嘉荫堂、文溯阁和仰熙斋等，于1782年建成，是清朝皇帝“东巡”盛京时，读书看戏和存放《四库全书》的场所。文溯阁建于乾隆四十七年（1782年）。专为存放《文溯阁四库全书》而建，另有《古今图书集成》亦存于阁内。是沈阳故宫西路的主体建筑，建筑形式仿照浙江宁波的天一阁，面阔六间，二楼三层重檐硬山式，前后出廊，上边盖黑色琉璃瓦加绿剪边，前后廊檐柱都装饰有绿色的地仗。文溯阁后面，有抄手殿廊连接着仰熙斋。

圆明园。圆明园坐落在北京西郊，由圆明园、长春园和绮春园组成，所以也叫圆明三园。此外，还有许多小园，分布在圆明园东、西、南三面，众星拱月般环绕在圆明园周围。圆明园是清代著名的皇家园林之一，面积5200余亩，150余景。建筑面积达16万平方米，有“万园之园”之称。清朝皇帝每到盛夏就来到这里避暑、听政，因此也称“夏宫”。圆明园始建于康熙四十八年（1709年），圆明园的总设计师名叫雷金玉，圆明园最初是康熙皇帝赐给皇四子胤禛的。“圆明园”，是康熙皇帝命名的。康熙皇帝御书三字匾牌，就悬挂在圆明殿的门上方。雍正即位后，于雍正二年（1724年）对圆明园进行扩建，并在园南增建了正大光明殿和勤政殿以及内阁、六部、军机处诸值房，御以“避喧听政”。乾隆皇帝在位期间除对圆明园进行局部增建、改建之外，还在紧东邻新建了长春园，在东南邻并入了万春园，圆明三园的格局基本形成。圆明园继承了中国3000多年的优秀造园传统，既有宫廷建筑的雍容华贵，又有江南园林的委婉多姿，同时又汲取了欧式园林的精华，把不同风格的园林建筑融为一体，被法国作家维克多·雨果誉为“理想与艺术的典范”。1860年10月18日，英法联军率领侵略军3500余人直驱圆明园，纵火焚烧，这场大火持续了三天三夜，圆明园被焚毁。

避暑山庄，是中国古代帝王宫苑，清代皇帝避暑和处理政务的场所。位于河北省承德市市区北部。始建于1703年，历经清康熙、雍正、乾隆三朝，耗时89年建成。避暑山庄的营建，大致分为两个阶段。第一阶段：从康熙四十二年（1703年）至康熙五十二年（1713年），开拓湖区、筑洲岛、修堤岸，随之营建宫殿、亭树和宫墙，使避暑山庄初具规模。康熙皇帝选园中佳景以四字为名题写了“三十六景”。第二阶段：从乾隆六年（1741 年）至乾隆十九年（1754 年），乾隆皇帝对避暑山庄进行了大规模扩建，增建宫殿和多处精巧的大型园林建筑。乾隆仿其祖父康熙，以三字为名又题了“三十六景”，合称为避暑山庄七十二景。康熙五十二年至乾隆四十五年（1713 年至 1780 年），伴随避暑山庄的修建，周围寺庙也相继建造起来。清朝的康熙、乾隆皇帝时期，皇帝每年大约有半年时间要在承德度过，清前期重要的政治、军事、民族和外交等国家大事，都在这里处理。因此，承德避暑山庄也就成了北京以外的陪都和第二政治中心。乾隆在这里接见并宴赏过厄鲁特蒙古杜尔伯特台吉三车凌、土尔扈特台吉渥巴锡，以及西藏政教首领六世班禅等重要人物，还在此接见过以特使马戛尔尼为首的第一个英国访华使团。清帝嘉庆、咸丰皆病逝于此。1860 年，英法联军进攻北京，咸丰逃到避暑山庄避难，在这里批准了《中俄北京条约》等几个不平等条约。影响中国历史进程的“辛酉政变”亦发端于此。

圆明园的哭泣

建筑会哭泣吗？当然不会，可清朝的夏宫圆明园就会哭泣，而且，这场哭泣跨越了一个半世纪的历史时空，它一直都在哭泣。

第一，建筑的哭泣。圆明园的建筑之大令人难以想象，在 5000 亩的辽阔范围内，集中了全国精工巧匠，修建了这座万园之园，令世人瞩目。可这些精美绝伦的建筑却经历了至少三次大规模的摧毁。第一次是 1860 年 10 月 18 日至 21 日，3500 名英军冲入圆明园，纵火焚烧圆明园，大火三日不灭，圆明园及附近的清漪园、静明园、静宜园、畅春园及海淀镇均被烧成一片废墟，圆明园的灾难开始了，其实，这只是刚刚拉开序幕。第二次是光绪二十六年（1900 年），八国联军入侵北京，慈禧太后挟光绪皇帝逃奔西安，京畿秩序大乱，八旗兵丁、土匪地痞随即趁火打劫，进入圆明园，把园内残存及陆续基本修复的共百座建筑物［圆明园被毁后，仍为皇家禁园。同治年间清政府择要重修了部分建筑，但开工不到 10 个月因财力枯竭被迫停修，但并未完全放弃修复圆明园，直至光绪二十四年（1898 年），还曾修葺过圆明园双鹤斋、课农轩等景群］皆拆抢一空，使圆明园的建筑和古树名木遭到彻底毁灭。第三次则是清朝覆亡后，民国年间，那些有势力的大军阀染指圆明园的建筑材料。北洋政府的权贵们倚仗权势，纷纷从园内运走大批石雕、太湖石等。如京畿卫戍总司令王怀庆、巡阅使曹锟、步军统领聂宪藩、京师宪兵司令车庆云、公府秘书长王兰亭等都干过这种勾当；举例讲，仅京兆尹（相当于后来的北平市市长）刘梦庚一人，在1922年秋季25天内，就强行运走长春园太湖石623大车、绮春园云片石104大车。当时先后驻防西苑一带的陆军十三师、十六师，国民军十一师，东北军五十三军，宋哲元二十九军等都曾强行拆除圆明园围墙，私行出售砖石，或用以圈建西苑操场。颐和园、中山公园、燕京大学、北平图书馆等处，也相继运走大批石件。经过这样三次大摧残，圆明园的建筑彻底变成了一片废墟，剩下的只有它们的灵魂在天空中哭泣。

第二，园中之人的哭泣。圆明园被列强焚毁，各界是怎样的反应呢？有三种反应：一是清朝皇室，当然是哭泣了。当事件发生的时候，早在1860年9月22日清晨，逃往承德的咸丰皇帝和他的臣子后妃们痛哭失声；而身处圆明园的当事人则欲哭无声。历史记载，道光帝常嫔当时就被这种恶劣的场面吓死了，而守园大臣文丰则只有跳湖自杀，安佑宫300名太监、宫女和工匠被活活烧死在里面。至于第二次遭到践踏时，慈禧太后和光绪皇帝则根本无暇哭泣，他们急急忙忙逃往西安避难。二是当时的北京百姓，人们看到英国人要烧毁圆明园的告示的时候，并没有组织起来誓死保卫圆明园，而是表情淡漠，觉得那是皇家的事情，与他们无关。三是世界舆论，对于这种暴行，连凶手国法国的大作家雨果都猛烈抨击英法侵略者是“两个强盗走进了圆明园”。雨果对这一暴行予以强烈谴责。所以，圆明园被摧毁，人们的反应有哭泣，有淡漠，也有谴责。

第三，珍宝的哭泣。圆明园文物被掠夺的数量粗略统计约有150万件，包括上至中国先秦时期的青铜礼器，下至唐、宋、元、明、清历代的名人书画和各种奇珍异宝，还有清宫中各级主子们日常使用的珍贵物品，比如家具、摆设、绸缎等。这些珍贵之物，甚至比今天故宫博物院的藏品还要多，还要宝贵。可惜，它们背井离乡，漂泊海外，像失去家园的孩子一样，至今有家难回。它们一定也在哭泣。

行宫坐汤

什么叫“坐汤”呢？其实就是洗温泉澡。不过，清代的行宫中，能够洗天然温泉的并不多。清朝的皇帝十分珍爱温泉，一旦发现，就要辟为行宫，不再允许百姓进入，而是专供皇家享用。清朝皇家有两个温泉行宫。

一个是清河温泉。这个温泉在辽宁本溪。明末清初，因温泉而建有温泉寺。该地温泉又称清河泉、清河汤泉、清河温泉。1626 年，努尔哈赤来到温泉寺疗伤，什么伤呢？是外伤，他被袁崇焕大炮击中背部，几个月过去了，由于急火攻心，伤情恢复很慢。于是，他做了个最错误的决定，到清河温泉去坐汤治疗。为了安全计，派了 3000 兵士前来警卫。儿子一个不带，只带了侄儿阿敏。几个妃子都想随行，努尔哈赤为了治病，不愿在病中亲近女色，一个都不带。从天命十一年（1926 年）七月二十三日到八月初，努尔哈赤都是在温泉寺度过，一边坐汤治伤，一边处理军国大事。进到浴池，水温怡人，水波轻抚，开始效果确实不错，努尔哈赤心情大爽，于是，到了农历八月初一，努尔哈赤按照女真人的习惯，杀了 3 头牛，烧了很多的纸钱，举行了祭祀祖宗的仪式。还派侄儿阿敏给先人送上祭文，请求先人保佑他的病体康复。可这不符合科学，外伤用温泉无法治愈，相反，会不断恶化。果然，努尔哈赤病情反复，毒疮迅速恶化，病菌攻入心脏，加之他年事已高，迅速进入病危状态。于是，他急急忙忙乘舟顺太子河直下，返回盛京（沈阳），可是，只走到盛京南叆鸡堡就撒手人寰了。

一个是遵化汤泉。遵化温泉被清朝帝后使用，是在康熙二年（1663 年），顺治帝孝陵建成之后。为了谒陵方便，他们在这里修建了行宫，一边住宿，一边坐汤。康熙帝曾陪着奶奶在汤泉坐汤。

康熙的奶奶孝庄来遵化汤泉有个目的，她是要在这疗伤。孝庄有什么病呢？皮肤病，而且很严重。孝庄的皮肤病一发作，就瘙痒难耐。康熙帝看在眼里，非常心疼。资料记载了康熙帝三次陪着奶奶在遵化汤泉坐汤治疗的史实。

一次是康熙十一年（1672 年）。这是康熙帝生平第三次来孝陵了，他谒陵结束，便陪着奶奶来到汤泉行宫。奶奶说这次来遵化心情很好，因为这里的汤泉不错，治疗她的皮肤病效果非常好，她感觉神清气爽。康熙帝说：“好啊，那就多住些时日。”可是，康熙帝表面高兴，内心是很难受的。因为，他和皇后所生的皇子承祜刚刚去世，皇后还没走出失去儿子的阴影，卧病在床。但康熙帝是非常孝顺奶奶的，他强装笑颜，每日小心侍奉。一待就是 73 天，孝庄过得非常舒服，可康熙帝整日惦记病中的皇后。

第二次是康熙十七年（1678 年）。这次康熙帝陪着奶奶来遵化，仍是两个目的，一个是谒陵，告慰顺治帝在天之灵；另一个就是陪奶奶住进汤泉行宫，坐汤治疗皮肤病。此次之行，康熙帝心绪烦乱。此时正是平定三藩之乱的关键时刻，局势动荡不安，如何能够安心坐汤呢？但康熙帝焦躁之余，站在汩汩冒出的汤泉面前，突然冷静下来，他思索了片刻，灵感大发，作诗一首，名为《温泉行》，其中有两句安抚了自己的心绪：“时巡岂必瑶圃速，对此心意皆和平。”

第三次是康熙二十年（1681 年）。康熙帝陪着奶奶孝庄来遵化，不过这次可比前两次多了个目的：前两个目的是一样的，谒陵和坐汤，最重要的是报喜。给谁报喜呢？他去世已经 20 年的父亲顺治帝，给他报喜。什么喜事呢？震动朝野的三藩之乱终于平定了，这是天大的喜讯，一定要告慰祖先。

外　戚

康熙杀叔丈

这个康熙帝的叔丈，就是孝诚仁皇后的亲叔叔索额图。孝诚仁皇后是康熙初年辅政大臣索尼的孙女，她的父亲是噶布拉，叔父就是索额图了。所以索额图无论从哪个角度说，都是康熙帝的至亲。孝诚仁皇后是康熙帝的原配皇后，从入清门进入后宫的中宫皇后，帝后两个人感情很好，在第二子允礽出生后，皇后难产大出血而死，康熙帝对她的娘家人更是倍加照顾。

索额图是康熙帝的大功臣。纵观索额图的一生，他为康熙帝做过至少两件大事，让康熙帝千古留名。可以说，没有这两件事，康熙帝的帝王生涯还不一定怎么样呢。

第一件事，就是帮助康熙帝智擒鳌拜。身为四辅臣之一的鳌拜，广植党羽，“文武各官，尽出伊门下”，把他的心腹之人安插在内三院和各部院担任要职，随意罢免他不中意的大臣。鳌拜的专权跋扈，引起康熙帝的愤怒，但无可奈何。康熙八年（1669 年）五月，康熙帝“以弈棋故，召索相国额图入谋画”，两个人商议，在善扑营中挑选机灵的小伙子，练习布库，也就是摔跤，由索额图负责。索额图出色完成了任务，将鳌拜擒拿入狱。这件事，应该是索额图立了首功。清除了鳌拜集团，康熙帝才开始了真正的帝王生涯。

第二件事，就是主持签订了捍卫中国主权的《中俄尼布楚条约》。康熙二十年（1681 年），平定“三藩”叛乱后，康熙帝便集中力量准备反击沙俄的侵略。从康熙二十四年（1685 年）到二十五年（1686 年），清军发起两次

康熙帝的妃子

雅克萨反击战，挫败了沙俄的侵略，收复了雅克萨。沙俄被迫向清政府求和，遣使臣到北京，要求谈判。康熙二十八年（1689 年）四月，经中俄两国代表重新商定，谈判地点改在尼布楚。康熙帝派索额图率团前往尼布楚，经过两个多月的艰苦跋涉，六月抵达尼布楚，驻扎在尼布楚河南岸，与尼布楚城相距三里。七月初五，中俄两国代表在尼布楚郊外开始谈判，果罗文首先发言，诬蔑中国挑起战争，提出“两国以黑龙江至海为界”的无理要求。索额图当即予以驳斥，他严厉痛斥俄国人侵入中国领土，应退到色楞格以西，归还侵占的中国领土。索额图坚持原则，与沙俄代表艰苦谈判，终于签订了以格尔必齐河和额尔古纳河，以及沿大兴安岭（即外兴安岭）为两国边界为主要内容的《尼布楚条约》。索额图忠实地执行了康熙帝的旨意，维护了国家的利益。《尼布楚条约》是中俄两国在平等协商的基础上缔结的，保证了两国边境居民的安宁生活，巩固了北方边疆。

索额图这么大功劳，康熙帝应该重重奖励。可康熙四十七年（1708 年），一废太子之后，康熙帝却语出惊人：“索额图诚本朝第一罪人也。”原来，康熙帝认定，索额图加入了皇太子允礽集团，图谋大事，并对他进行了试探，于是，康熙帝在康熙四十一年（1702 年），逮捕了索额图，罗织罪名，投入大狱。

索额图之死，听起来令人心惊。一说是活活钉死的，把他挂在墙上，五体贴墙，用大钉子钉在墙上，呼号数日而死；还有一说是在狱中活活饿死的，当他看见狱卒时，祈求给口饭吃，都不能实现，最后饿死在狱中。索额图的同党多被杀，被拘禁，被流放；同祖子孙都被革职，其二子格尔芬、阿尔吉善被处死。

乾隆杀小舅子

都说乾隆皇帝仁慈，菩萨心肠。可乾隆是个非常有原则的帝王，他疾恶如仇，历史上留下了他斩杀贪污犯小舅子的故事。

乾隆帝有个非常得宠的妃子高氏，她的父亲高斌隶内务府包衣，出身低微。但高斌之女以秀女身份入选，并被指派给皇四子弘历为侍女。雍正十二年（1734 年）三月，雍正帝谕令，高氏由侍女上升为侧福晋：“宝亲王侍女、高斌之女着封为王侧福晋。”这是高氏地位转变的开始，高斌也因此而大沾其光。于是，高斌赶紧上折雍正帝谢恩：“伏念奴才女儿至微至贱，蒙皇上天恩，令侍候宝亲王，今乃于侍女之中超拔为侧福晋。”乾隆帝即位之后，又晋封高氏为贵妃，这可是天大的恩典，高斌赶紧上折乾隆帝谢恩。乾隆帝回复：“汝女已封贵妃并令汝出旗，但此系私恩，不可恃也。”这是乾隆帝对高斌的恩典，同时，对其进行忠告，免得他日骄纵不法。

果然不出乾隆帝所料，多年后，高家出了个大贪污犯，贪赃枉法，举朝震惊。这个人不是高斌，是他的儿子高恒。

高恒出生于官宦之家，却不好读书，但他是乾隆帝小舅子，不用科举考试，便以国子监荫生的身份，被授予户部主事。比科举考试升官来得快，也容易。不久外放为山海关、淮安关、张家口关等税关的长官，再不久，署理长芦盐政，接着任天津总兵，乾隆二十二年（1757 年），授两淮盐政。两淮盐政是个肥差，争此职的人不在少数。乾隆二十九年（1764 年），高恒奉调回京，任上驷院卿，仍兼领两淮盐政。三十年（1765 年），因堂兄高晋为两江总督，应当回避，不再管两淮盐政，署户部侍郎。之后，任过总管内务府大臣、署吏部侍郎等职务。

早就离开两淮盐政的高恒，万万没有想到，3 年后会有人告发他这个当今皇帝的小舅子。乾隆三十三年（1768 年），两淮盐政尤拔世，密奏高恒贪污。乾隆帝非常重视，一面罢高恒官，一面命江苏巡抚彰宝会同尤拔世，联合查办此案。经过调查，诸盐商告发，高恒贪污连年上贡和准备南巡的银子竟然达到 467 万余两。乾隆帝大怒，决心重办此案。结果，高恒被判处死刑。

乾隆的决定震惊了朝野，大家觉得乾隆帝应该顾及已故慧贤皇贵妃的面子，保全高恒，至少应该保住他一条性命。可谁也不敢说。这时，乾隆帝的另外一个小舅子，孝贤皇后的弟弟，太子太保、大学士傅恒斗胆上书，请求皇上顾及皇贵妃的面子，保全高恒。乾隆帝大怒：“如皇后兄弟犯法，当奈何？”意思是，就是你犯法，也要一样斩首！吓得傅恒胆战心惊，再也不敢为之求情。

也难怪乾隆帝这么严厉，高家后来又出了个大贪污犯。这个人就是高恒之子高朴。高朴也不是科举正途出身，而是凭借祖、父、姑三重关系，为员外郎，为给事中，为山东漕政，乾隆三十七年（1772 年），破格升左副都御史。乾隆四十一年（1776 年），高朴任叶尔羌办事大臣。距叶尔羌 400 余里有密尔岱山，

清　郎世宁　乾隆皇帝刺虎图

乾隆妻孝贤皇后父亲大学士李荣保

乾隆妻孝贤皇后母亲

产美玉，已封禁。高朴到叶尔羌后，疏请开采，每年一次。两年后，新疆阿奇木伯克色提巴勒底，奏诉高朴役使回民三千人上山采玉，勒索金银，盗卖官玉。经查，高朴在叶尔羌存银16000余两、黄金500余两，并将美玉寄回家。

乾隆帝闻报怒不可遏，下旨道："高朴贪婪无忌，罔顾法纪，较其父高恒尤甚，不能念为慧贤皇贵妃侄而稍矜宥也。"意思是，高朴贪赃枉法，不能因为是慧贤皇贵妃的侄子而免于刑罚。于是，高朴立正典刑。

嘉庆鞭尸

嘉庆帝的嫡皇后孝淑睿皇后喜塔腊氏，出身寒门。祖上阿塔在后金时期仅为正白旗包衣，其家族繁衍七八代后，至乾隆朝，喜塔腊氏经过选秀女，进入宫廷，嫁给了乾隆帝第十五子颙琰，从此，她的娘家人才开始进入人们的视线。最引人关注的是她的哥哥盛住，他曾经两次贪赃枉法，受到妹夫嘉庆帝的严厉惩戒。

第一次是嘉庆五年（1800年），他私自将皇宫内库的珠玉、瓷器，甚至皇帝的玉宝拿出宫去，变卖肥己。盛住虽然出身寒微，但他的妹妹成为当今皇后，这令他很是嚣张。可惜，妹妹没有福气，仅仅做了一年的皇后就病逝了，这令盛住很失望。好在嘉庆帝念及皇后的恩情，对这位大舅子很是照顾，给他一系列官位：三等承恩公、总管内务府大臣、工部右侍郎、户部右侍郎、工部尚书等要职。可是，盛住是一个见利忘义的小人，他贪财，不顾一切。竟敢把皇宫之中的珍宝拿出去变卖，实属胆大妄为。但是，嘉庆帝顾念他是自己的大舅子，便从轻处罚了盛住：革去全部差事，保留公爵，令其悔过自新。

第二次是在嘉庆帝的昌陵工程中，侵吞公款。事情发生在嘉庆九年（1804年），西陵赞礼郎清安泰告发盛住。说他身为西陵总管内务府大臣，却不履行职务，比如祭祀的时候，不亲自前往行礼，命人代替。另外，清安泰举报，盛住居然在风水禁地之内，开塘取石，只为肥己。

嘉庆帝得报，极为震怒。下令惩处盛住：拔去双眼花翎、革掉公爵、拟处死。但嘉庆帝还是顾及他是自己的大舅子，加恩免死，发往乌鲁木齐，并赏给了一个副都统的职衔。第二年，盛住就死去了。

嘉庆时期御制宗室训

本来事情已经过去了，盛住也去世了。可是，盛住死后第三年，砖商孙兴邦控告笔帖式双福办理昌陵工程的时候，任意侵贪银两。嘉庆帝很重视，下令审理，结果，揪出了盛住贪污万年吉地工程银两高达 9 万两的惊天大案。

嘉庆帝这次真的是愤怒已极，他为此下了一道长长的谕旨，痛斥盛住："丧心昧良，至于此极！设使其身尚存，必当锁拿廷讯，加以刑夹，明正典刑，即行处斩，断不能幸逃法网。"也就是说，即使盛住还活着，也一定要将其处死，来维护律例的尊严。嘉庆帝甚至要对死去的盛住"开棺戮尸"。

嘉庆帝无法惩办已经死去的盛住，就拿盛住的家人开刀。下令把盛住的三个儿子达林、庆林、丰林，两个孙子崇喜、崇恩全部革职，圈禁。并在处置相关的官员时，令盛住的所有子孙跪着观看，以示惩戒。随后，盛住的子孙被发配到黑龙江和吉林，效力赎罪。

这个盛住，作为皇帝的大舅子，本应安享尊荣，却因爱财贪赃，遭此大祸，还要祸及子孙，真是孝淑睿皇后的大不幸，也是嘉庆帝的大不幸。

洋　人

顺治帝的洋爷爷

这里要说的这个洋人，就是德国传教士汤若望。汤若望1592年出生于德国科隆，1619年7月15日，汤若望和他的教友们抵达了澳门，开始了他漫长的中国之旅。

在明朝，汤若望一面传教，一面为明朝服务，比如制作天文历法和制造大炮。明朝结束后，这个深得明朝信任的前朝洋人会被清朝接纳吗？

多尔衮深明大义。多尔衮挥师入关后，认可了汤若望的天文历法，以及其他方面的本领，比如他通晓物理知识。顺治元年（1644年），汤若望进呈《西洋新法历书》一百零三卷，多尔衮大加赏识，给他加官晋爵，封太常寺少卿。不仅如此，在顺治七年（1650年），多尔衮还允许他在北京修建教堂，并加封他为钦天监监正。此官相当于天文台台长，官虽然不大，但发挥了他的特长，他当然很愿意。

那么，多尔衮病逝之后，厌恶多尔衮的顺治帝会怎么和汤若望相处呢？人们还有一个担心，那就是他的母亲孝庄非常喜欢汤若望，尊他为义父，主要是汤若望救治了孝庄侄女的病，所以孝庄很信任他，成为父女关系。而顺治帝恰恰非常叛逆，凡是母亲喜欢的事情，他往往反对，何况这个汤若望还是多尔衮非常信任的人呢。人们担心，顺治亲政之后，汤若望会倒霉。

可实际上，汤若望不仅继续得宠，而且大大胜过以前，地位继续上升。

三点原因。一是汤若望非常圆滑，他知道皇帝喜欢什么，了解皇帝在想什么。比如，他会根据自己的医学知识，判断出多尔衮的寿命长短，向顺治帝秘密进言，结果还应验了，这让顺治帝心服口服，从心里喜欢上了这个洋人。二是汤若望敢于直言不讳。看起来矛盾，实际上，顺治帝亲政之初，喜欢直言不讳的人，而当时只有这个洋人敢于直言。比如，汤若望直言说顺治帝道德上有问题，那就是好色。顺治帝开始大怒，继而觉得汤若望说得对。于是，决心改正。三是汤若望丰富的知识吸引了他，顺治帝亲政，求知若渴，夜以继日地学习，汤若望正好契合了他求知的欲望。

所以，顺治帝给汤若望以前所未有的待遇。

一是尊称他为玛法，就是爷爷的意思，真是尊封到了极限。二是免行跪拜礼，臣子见皇帝不跪，哪有的事，除非特殊情况，比如皇帝的长辈。三是加官晋封，授给他光禄大夫称号，官居正一品，并且恩赏他的祖先三代都是一品封典，等等，顺治帝把能给的都给了。

这样，汤若望对于顺治帝来讲，就是言听计从，非常重要的一个洋爷爷了。举两个例子：一是顺治十六年（1659 年），郑成功率十几万水陆大军大举北伐，兵临南京城下，顺治帝被这突如其来的局面吓得惊恐万状，不知所措，先是想放弃北京，逃回关外的老家。受到孝庄太后的训斥后，又从一个极端跳到另一个极端，传下圣旨要御驾亲征，谁也无法劝阻。宫廷上下都束手无策，大臣们纷纷跪下劝阻，顺治根本不听，亲自用宝剑劈断御座，宣称谁敢阻止他就劈死谁。最后汤若望出山，顺治帝听从了他的劝告。二是顺治十八年（1661 年）正月，顺治帝病逝之前，选择接班人，竟然要选择旁支哥哥继位，还是汤若望建议让出过天花的康熙继位，顺治帝听从了建议，汤若望成了康熙帝的洋伯乐。

1666 年（康熙五年）8 月 15 日，汤若望逝于北京，享年 75 岁。

为乾隆帝画全家福的洋人

清朝另一位洋人，名气也很大，那就是郎世宁。郎世宁（1688—1766 年），意大利人，原名朱塞佩·伽斯底里奥内，生于米兰，清康熙帝五十四年（1715 年）作为天主教耶稣会的修道士来中国传教，随即入宫进入如意馆，成为宫廷画家，曾参加圆明园西洋楼的设计工作，历经康、雍、乾三朝，在中国从事绘画工作达 50 多年。

郎世宁在清朝康雍乾盛世时期，活跃在清朝宫廷之中，与康熙帝、雍正帝、乾隆帝关系密切，确实创造了一个奇迹。那么，这个西洋人何以有这

清　郎世宁　乾隆皇帝落雁图

清　郎世宁　乾隆皇帝射狼图

清　郎世宁　乾隆皇帝射猎图

綠原小試佶閑
騮俞騎鴻絅騘
五斿勝日尋芳
豈示度雕龍何
用賦春蒐露潤
青衢草氣秾陽
和舉目化機含
季登漫翊中雙
兔一日雙還倍彼
三是日丸中八兔生風耳後
最豪情付廿年
前繡壤平不癈
武還思諫獵箇
中吾自有權衡
南苑行圍即事三首
乙亥暮春御筆

清 郎世宁 乾隆皇帝殪熊图

清　郎世宁　乾隆皇帝[illegible]图

个本领，让三位皇帝都喜欢呢？最关键的一条就是，郎世宁研究透了中国的体制和清朝皇帝的需要。

康熙帝需要郎世宁。康熙帝在召见郎世宁的时候，道出了他容留郎世宁的原因："西方的教义违反中国正统思想，只因为传教士懂得数学基本原理，国家才予以聘用。"我们知道，康熙帝喜欢自然科学，曾用他的妃子们的年龄做数学题，也与中国的数学家有过接触，所以，在康熙帝的眼里，郎世宁的绘画功底不是主要的。康熙不喜欢油画，因为油画年代久了就会变得黑乎乎的，模糊不清。所以，在康熙朝郎世宁的真功夫没有得到朝廷的认可。

雍正帝需要郎世宁。大家对雍正帝比较了解，他严厉，苛刻，不太容易相处。可恰恰是在雍正朝，郎世宁奠定了他在清宫中的优势地位，他显得比任何时候都游刃有余。什么原因呢？最主要的原因就是四个字：投其所好。举两个例子。

一是他与雍正帝喜欢的人交往。比如十三王允祥，十七王允礼还有允禧等，郎世宁看得很准，这些人与新皇帝关系最密切，不是政敌关系。所以，郎世宁多与他们交往；而那些雍正帝讨厌的兄弟诸如允禩、允禟等则没有交往记录。这说明郎世宁具有极为敏感的政治神经，不然，以雍正帝的个性，他很难立足。

二是画雍正帝喜欢的内容。作于雍正元年（1723 年）的《聚瑞图》轴、雍正二年（1724 年）的《松献英芝图》轴都反映出郎世宁迎合雍正帝喜欢祥瑞的心理需求。尤其是创作于雍正初年的《瑞谷图》，雍正皇帝非常喜欢，在雍正五年（1727 年）八月二十二日，下令颁示《瑞谷图》，并降旨："今蒙上天特赐嘉谷，养育万姓，实坚实好，确有明征。朕祗承之下，感激欢，着绘图颁示各省督抚等。朕非夸张，以为祥瑞也。"

乾隆帝是对郎世宁感情最深的皇帝了。主要是因为他雅好诗文，喜欢绘画，也喜欢收藏画作，是著名的文化帝王。所以，郎世宁很容易和他相处。但我们仍然可以从绘画的角度分析郎世宁在乾隆朝得宠的原因，还是他的画作画进了乾隆帝的内心深处。其中有两幅画最打动乾隆帝。

一幅是《乾隆大阅图》。这幅画作，乾隆帝顶盔贯甲，威风凛凛骑在高头大马上，英姿飒爽，令人望而生畏，敬而生情，是一件非常打动人心的画作。乾隆帝当然非常得意，也非常满意。难怪 2011 年 3 月 26 日法国南部城市图卢兹的拍卖会中此画以创纪录高价 2.42 亿港元被拍走。另外一幅就是乾隆帝的全家福，乾隆帝自己命名为《心写治平》。这幅画作，是郎世宁和弟子们的精心之作，创作于乾隆中叶以前，里面收进了包括乾隆帝在内的十三个人物，都是乾隆帝宠爱的妃嫔，至于失宠的皇后那拉氏则不在画面上出现。这幅画作，乾隆帝很喜欢，也很重视，只供他自己欣赏，别人不能看。目前，收藏在美国俄亥俄州克利夫兰博物馆中。

乾隆三十一年六月初十（1766 年 7 月 16 日），郎世宁在他七十八周岁生日的前三天，病逝于北京，其遗骸安葬在北京城西阜成门外的欧洲传教士墓地内。乾隆皇帝对郎世宁的去世甚为关切，特地下旨为其料理丧事，并为他立碑勒文，表达自己的思念之情。

不下跪的马戛尔尼

电视剧《还珠格格》有个镜头，小燕子怕总下跪膝盖疼，就做了一对“跪得容易”，裹在膝盖上，这说明在皇宫里，下跪是常有的事。见了皇帝肯定要下跪。这儿要讲的就是发生在清朝乾隆年间的一起外交事件，即马戛尔尼拒绝下跪事件。

乔治·马戛尔尼，出身于苏格兰贵族家庭，1737 年在爱尔兰出生，1759 年毕业于都柏林三一学院，之后进入伦敦坦普尔大学进修，1775 年，他出任加勒比群岛总督，1776 年被封为“马戛尔尼男爵”，属爱尔兰贵族序列，1780 年出任印度马德拉斯总督，1792 年被加封为“马戛尔尼伯爵”，1806 年逝世。

马戛尔尼使团访华的时间是 1793 年，中国纪元为乾隆五十八年（1793 年）。马戛尔尼的访华原因是补祝乾隆八十大寿。

不好的开端。英国人的目的不纯，让乾隆帝大为反感。乾隆继位的时候是二十五岁，到乾隆五十五年（1790 年）就是八十岁，人所共知，中国人非常重视八十大寿，况且是皇帝，清朝还没有活过八十的帝王呢，乾隆当然重视。给人家祝寿，本是好事，可偏偏推迟了，还推迟了三年，这就让人感觉极不舒服。而且，乾隆的感觉非常对，从马戛尔尼的出访装备和礼品以及递交的国书看，目的极为不纯：

第一，出访装备。马戛尔尼出访乘坐的是一艘大型军舰，“狮子”（Lion）号军舰，这是英国海军提供的，装有 64 门火炮，还有几只小救生艇。英国派出军舰来华有炫耀其海军实力的意图，船上还带了铜炮六位，铁炮二位，鸟枪十六杆。

第二，使团人员构成。马戛尔尼使团的成员有一百多人，这些人当中，有精通军事的专家，有军事情况分析专家，有军事地图制作人，等等。很明显，这些军事专家和军事情报专家来者不善，他们肩负的使命绝对不是前来祝寿那么简单。

清 佚名 万国来朝图轴

第三，祝寿礼品。从资料中，我们看到了英王进献给乾隆帝的寿礼，其中有很多是具有非同寻常意义的东西：当时英国规模最大并装备有110门大口径火炮的“君主号”战舰模型，更有“榴弹炮、迫击炮”，以及手提武器如卡宾枪、步枪、连发手枪，等等。这些礼品带有军事恫吓的意味，不能不引起人们的警觉。

果然，马戛尔尼迫不及待地提出了谈判的要求，共有六项内容，其中有的带有侵略性：

1. 允许英商到宁波、舟山和天津贸易；
2. 准许英商像俄商一样，在北京设立商馆；
3. 将舟山附近一处海岛让给英国商人居住和收存货物；
4. 在广州附近划出一块地方，任英国人自由来往，不加禁止；
5. 英国商货自澳门运往广州者，享受免税或减税；
6. 确定船只关税条例，照例上税，不额外加征。

当然，乾隆帝做得也不是很好，马戛尔尼使团来访的时候，他就在《大清一统志》上找英国，还没找到。虽然没有轻视这个使团，但还是在两方面使得马戛尔尼极为不满。

一是妄自尊大。1793年6月19日，英国人在澳门停泊数日后，刚一上岸，他们的队伍便被中国官员不由分说插上几面彩旗，上面用中文写着几个大字：“英吉利贡使。”无论在旗上还是礼品清单上，中国官员都把“礼物”改成“贡物”。按照马戛尔尼的想法，英国与大清是完全不同的两个主权国家，不存在朝贡的关系。因而，马戛尔尼极为不满。

二是要求马戛尔尼行跪叩大礼。以乾隆的看法，马戛尔尼既然代表英国来祝寿，理应行跪叩大礼，因为其他国家的使节也是这样行礼，所以，和珅坚决要求行三跪九叩之礼。可是，马戛尔尼不干，乾隆帝很不高兴。最后，还是乾隆帝让步，允许马戛尔尼行觐见英王的单膝下跪觐见礼。

所以，马戛尔尼使团访华，对后世产生了深远影响：对中国来说，中国丧失了一次与近代工业文明接触，认识世界，改变封闭状态的良好机遇，也在一定程度上使中国落后于世界发展潮流。对英国来说，马戛尔尼使团访华，则是英国乃至欧洲改变其对清政府印象的一次转折点。之前，他们向往中国，欧洲曾掀起“中国热”；至此，以马戛尔尼访华失败为起点，中国在欧洲人眼中的形象逐渐暗淡下去。

一饮一馔，一节一俗，体现的是有滋有味的帝王生活。

这一篇用古雅风趣的笔触介绍了清宫的饮食、服饰、娱乐、过节、出巡，甚至是殡葬制度。在了解这些趣闻逸事的同时，你也可能接触到很多隐藏在故纸堆里的宫廷美食和保健美容的秘方。

伍 杂务·图档

康熙帝追求养生之道 乾隆帝的『十常』『四勿』

清宫的饮食习惯和营养搭配 美食与美器和谐统一

清宫过节习俗有讲究 后宫『甄嬛』们豪华过生日

康熙帝痴情五台山寻父 老佛爷慈禧玩照相坐奔驰

清宫保健

康熙大帝的养生之道

康熙皇帝非常聪明，他颇有一些养生之道，在这儿将他的养生之道总结一下，供今人借鉴使用。

第一，饮食有度。俗话说“病从口入”，好多病确实都是吃出来的，比如心脑血管疾病，与饮食习惯大有关联。康熙帝有哪些经验呢？

不喝白酒。康熙帝从来不喝白酒，他认为喝酒不仅误事，而且对身体有害，所以从小就不喝白酒。但康熙帝喜欢喝一种酒，那就是西洋的葡萄酒。大概是康熙四十七年（1708 年）一废太子之后，康熙帝时常出现心悸，而且站立不稳，手颤抖。中医调理不见效果，便有人向他推荐了葡萄酒。开始，他很不习惯，但是坚持下来，每日一小杯，效果很好，他的那些毛病逐渐好转。

饮食清淡。满洲人喜欢吃肥猪肉，喜欢油大。康熙帝认为那样对身体不好，于是，他主张多吃时鲜的蔬菜，比如黄瓜、茄子、萝卜等等。

少食多餐。康熙帝不主张吃得很饱，尤其是高年之人，康熙帝说千万不要吃饱，要少食多餐，对身体才有利。

第二，养成好的习惯。康熙帝认为，好的习惯很重要，它直接影响着人的身心健康。康熙帝从不吸烟。为了禁烟，康熙帝想了个办法，一天他上朝，要赏给两个最喜欢吸烟的大臣烟嘴。这两个大臣听说皇帝赏烟嘴，那一定好得不得了。二人接过康熙帝赏赐的烟嘴一看，果然棒极了，水晶质地。不过，有点问题，这烟嘴看上去和普通烟嘴构造不同。康熙帝说：“你们试一试，看看怎

清　刺绣群仙贺寿图

么样？”二人一试，结果出事了，烟火立即烧着了嘴唇，二人急忙吐出来，还是烧坏了。康熙帝哈哈大笑，立即下旨，要求他们戒烟。

不用补品。康熙帝学贯中西，对中国人喜欢的补品大不以为然，尤其不喜欢喝人参汤。讲一个故事：太医孙斯百为了使康熙帝身体恢复元气，便给他开了带有人参的补品，熬药下服，结果，康熙帝服下之后，浮躁不已，身体之内发出虚汗。康熙帝也是懂得医理的，他感觉不对，一定是服用了人参，便叫来孙斯百，果然不出所料。于是，康熙帝大怒，要处死孙斯百，最后从宽免死，打了二十大板，让他永远不许行医。

不乱练功。康熙帝晚年多病，有人建议他练练气功，对身体有好处。康熙帝并没有轻信。他认为气功不一定适合所有的人，弄不好还会走火入魔，所以，他试了两次，觉得并不适用，就没有练气功。

第三，穿衣要得体。康熙帝认为穿衣服也很重要，对养生有一定意义。他认为每个人穿衣服一定要得体。

不要太华丽。华丽的衣服使人浮躁，对身心不一定有好处。季节要分明，康熙帝认为冬季穿衣，尤其不能少，宁可多穿，不要少穿。他还讲了道理，说你穿少了，美丽动人了，可是你就得烤炉子，要不然会很冷啊，这样，你出去的时候，就会容易感冒，影响身体健康。

第四，养生要养心。康熙帝认为养生之道重在养心。首先，要心地善良，不要心怀险恶；其次，要清心寡欲，不要心浮气躁；再次，要有喜悦之心，千万不要愁眉不展，要每天高高兴兴，这样的心情有利于健康养生。

“十常”“四勿”

乾隆号称“十全老人”“古稀天子”，活了 89 岁。俗话说“人活七十古来稀”，乾隆帝活了 89 岁，这在中国古代帝王中仅此一例。大家想想，皇帝长寿很不易，妃嫔成群伤身体；国事纷繁，伤脑筋；饮食随意，伤肠胃。可是乾隆皇帝丝毫未受影响，创出了中国帝王寿命之最。那么，他有什么秘诀呢？

第一，牢记养生方针。

乾隆皇帝秉承御医总结的十二字方针：“吐纳肺腑、活动筋骨、适时进补。”他尤其对后四个字加以重视，并且坚持不懈，努力实现。

“十常”：齿常叩，经常叩打牙齿，健康面部肌肉，防止牙齿松动；津常咽，经常咽咽唾沫，有利生津，有利肠胃；耳常弹，经常弹弹耳朵，有利听觉神经健康；鼻常揉，经常揉鼻子，对嗅觉恢复有利，并可有效预防感冒；睛常运，经常运转眼睛，对智商提高，反应灵活有利，当然视神经会保持健康；面常搓，可以缓解面部衰老，缓解过度疲劳；足常摩，按摩脚心，当然能起到足疗的效果；腹常旋，经常按摩小腹，对肠胃、对减肥有一定效果；肢常伸，经常做四肢伸展运动，既放松，又缓解疲劳；肛常提，经常做提肛运动，可以有效预防痔疮，还可以预防便秘、尿频、尿失禁等疾患。

“四勿”：食勿言、卧勿语、饮勿醉、色勿迷。这四勿虽然听起来简单，但不是每个人都能做到。比如“食勿言”，吃饭的时候不说话，有谁能做到呢？一次做到了，又有谁能够坚持下去呢？比如“卧勿语”，躺下之后就不说话，有谁能做到呢？尤其是遇到了老同学，老战友，一聊就会聊到天亮。至于“饮勿醉”，现代人更是极难做到，好多年轻人由于压力太大，经常会一醉方休。

第二，注意饮食。

乾隆帝喜欢用燕窝，因为燕窝具有养阴、润燥、益气、补中、养颜五大功效。一年四季中，乾隆每膳前必先吃一碗冰糖炖燕窝。在早晚两正膳中，也常有燕窝菜，即燕窝红白鸭子、燕窝炒鸡丝、燕窝拌白菜、燕窝白菜滑溜鸡鸭等。

他还注意用鹿肉滋补身体。中老年以后，他几乎天天以鹿肉进补，保持身体精壮。我们从中可以看出，乾隆对鹿的钟爱是非常有度的，并不是像晚清风流天子咸丰帝那样，一味用鹿血壮阳。乾隆帝喜欢吃鹿肉，滋补肾阴，而不是简单壮阳。而且，鹿的部位不一样，功用各异；烹调的方式不一样，作用也会有所差别。

乾隆最注重的就是应节气适当调节饮食，他认为有益无害，如春季食榆钱饽饽、榆钱糕、榆钱饼，端午节吃粽子，重阳节食花糕，等等。他还注意以粗补细，以野补身，如百姓常食的黄瓜蘸面酱、炒鲜豌豆、蒜茄子、芥菜缨儿、酸黄瓜、酸韭菜、秕子米饭等，他都适量进食。

第三，控制房事。

作为皇帝，有三宫六院七十二嫔妃，甚至比这个数据还要多。普天之下的女人皇帝都可以占用。选秀女不就是这个意思吗？人家的女孩子不经过皇帝验看，不撂牌子不可以出嫁。所以，皇帝的女人没有数量限制。那么，就要看皇帝怎么控制自己了，否则，会纵欲过度身亡。乾隆帝就十分注重这一点。

我们从乾隆帝均匀的生育就能看出这一点。乾隆帝第一次生育是在他 17

清　张廷彦　弘历行乐图轴

岁的时候，而他最后一次生育是乾隆四十年（1775年），那一年他65岁了。在这个时间段里面，乾隆帝的生育很有规律，精力充沛的时候，他会多生，比如20岁、36岁、42岁、45岁、47岁的时候，他都生育了两个孩子，说明他在这些年份频繁接纳妃嫔。可是，当他年近花甲之时，乾隆帝则有意识控制自己的房事，因而从乾隆三十一年（1766年）他56岁之后，就基本不再生育，之后，过了10年的光景，才在乾隆四十年（1775年），完成了他最后一次生育，因为他遇到了他最喜爱的惇妃，给他生育了最喜爱的小女儿十公主。

可怕的教训

宫廷和民间没有什么区别，有长寿的老寿星，比如乾隆帝母子，都活了八十多岁，比如之前讲过的后宫三位老寿星：康熙定妃活了97岁，雍正裕纯悫皇贵妃活了96岁，乾隆帝婉贵妃活了92岁。可是，这毕竟是少数，属于凤毛麟角，大多数后宫中的妃嫔，包括她们的子女都比较短寿，有的甚至比老百姓还短寿。帝王和后妃为什么会早逝呢？有以下原因：

第一，帝王早逝。

帝王的早逝分多种情况。

纵欲过度，英年早逝，咸丰帝当属此类。继位之初，他奋发向上，勤政务实，兢兢业业。可当内忧外患紧迫而一筹莫展之时，他就开始堕落了，不知爱惜自己的身体。市井传闻他有“四春之宠”，并说他勾引他人之妻，闹出许多笑话。他每日“以醇酒和美妇自戕”，每饮必醉，每醉必有一二妇人遭殃。常年以鹿血补阳，越补越亏，终于咯血而亡，年仅31岁。

气大伤身。都说气大伤身，在清宫诸帝中，是否有这样的实例呢？答案是肯定的，他就是清朝第二帝皇太极。皇太极身体素壮，膀大腰圆，看上去就是个壮汉。虽然当时战事不断，但他身体居然有些发胖了，尤其是努尔哈赤死后，他继承了汗位，身体发胖的表征就更加明显。说皇太极气性大，在历史中是有明确记载的。崇德六年（1641年）四月，清军围攻锦州时，宗室王公济尔哈朗、阿济格、多铎等竟然不坚守阵地，到离城很远的地方去打猎了，致使明军抓住有利时机，不断向锦州城内运送粮饷，以供急需。这件事说白了就是将帅临阵脱离职守，丧失作战良机，情形应该是十分恶劣的。皇太极闻报后，勃然大怒。于是，赌气

地发下了三不准谕旨，即这些人不准入城，不准入衙门，不准入大清门，这其实就有些过分了。因为处理国政，不比处理家庭纠纷，“三不准”虽然惩儆了王公，却迟滞了政务，使得衙门公务不得正常开展。犯错的王公自己不敢向皇太极认错，便托德高位重的范文程为之说情。范文程受人之托，便上奏皇太极，要求网开一面，并明确说明对这些皇室贵胄说说就算了，不必太为较真。可皇太极就是不允许其进入大清门，一直怄了半个多月气，才云开雾散。这种情况在皇太极身上还有很多，发这么大的火，生这么长时间的气，极大地损伤了他的身体，尤其是心脏。当宠爱的宸妃死去，他又是大悲过度，所以，致命的痼疾，其实早已潜伏在了体内。为了排解他的气郁，崇德八年（1643 年）四月初六，朝廷曾派人向长住沈阳的朝鲜国王之子求药，以解除皇太极的烦闷、热燥和痰症，朝鲜国王为之进上了竹汤。同时，由于他气性大，遇事爱动怒，又患上了出鼻血的病症，有时，数天不止，皆由气急而致。崇德八年（1643 年）八月初九，皇太极处理完政务后，在清宁宫南炕上，端坐而终，史称他“无疾而终”。其实，他是积劳成疾，气滞腑脏，中风而亡。关于皇太极的暴亡，史界颇有争议，有待史家从医学的角度，展开深层次的探讨。

炼丹伤命。雍正帝为求长生不老，在为皇子时，就写过一首《烧丹》诗：“铅砂和药物，松柏绕云坛。炉运阴阳火，功兼内外丹。”从雍正四年（1726 年）开始，他吃一种叫“既济丹”的丹剂，其中含有铅、汞、巯、砷等有害物质。雍正帝迷信道仙，遍访天下道士，先后有贾士芳、娄近垣、张太虚、王定乾等人进入宫廷为雍正服务。从雍正八年（1730 年）始，雍正帝在圆明园南角的香清村开始大炼丹药，自此，一发而不可收。专家考证说，他服用大量的丹剂，导致中毒身亡。

可怕的天花。天花是一种烈性传染病，清朝皇帝中，顺治帝福临和同治帝载淳都记载为出天花而亡。天花发病极快，从同治帝的发病期看，从同治十三年（1874 年）十月三十日，到十二月初五驾崩，前后历时仅 37 天。其间，御医们使出浑身解数，也未能留住他的性命。所以，清廷在选择嗣君时，是否出过天花是一个重要标准。顺治帝第三子玄烨就是因为出过天花，具有了免疫力，才得以顺利入承大统。

暴亡。清朝皇帝暴亡的很多，皇太极暴亡；康熙帝暴亡，本来感冒好了，却在不知不觉中突然去世；雍正帝暴亡，仅仅两天的病情，雍正帝就突然离世；嘉庆帝暴亡，七月二十四日中暑，第二天就突然去世。

第二，后妃早逝。

也有多种情况。

心有愁绪命早殇。后宫中，这样的女子很多，她们往往因不如意，心中抑郁，便过早去世。例如：皇太极宸妃，婚后十分得宠，崇德二年（1637年）生有皇八子，皇太极十分喜爱，决定立其为皇太子，并在大政殿举行了隆重的仪式，宴会百官，诏告天下。谁知，此子命浅，不足7个月而亡。宸妃从此抑郁成疾，4年后死去。顺治帝董鄂妃。同宸妃一样，董鄂氏生下了一个皇子。顺治帝本想立其为皇储，可此子只活了3个月就夭折了。董鄂妃遭此打击，3年后死去。孝贤皇后是乾隆的正宫皇后，乾隆十分宠爱她。雍正八年（1730年），她生下了皇二子永琏，因为系嫡出，后来被立为皇太子，但只活到9岁就死去了。乾隆十一年（1746年），孝贤再生皇七子永琮，乾隆又有意立为太子。不料还未满2周岁又殇逝了。孝贤皇后从此忧郁成疾，3个月后死在出巡途中。

遭到冷遇而死。

这种情况有两个人。一个是康熙帝的良妃卫氏，她由于出身微贱，虽然生育了一个优秀的皇八子允禩，康熙帝还是不看重她，时时把她的出身放在嘴边，甚至还用卫氏的出身刺激允禩，这就导致良妃有轻生的念头，当她病重的时候，拒绝接受治疗而身亡。另一个就是乾隆帝的乌喇那拉氏，她本来是高高在上的中宫皇后，可是在乾隆三十年（1765年）与令妃的宫斗中，被令妃打败，于是被打入冷宫。那拉氏在冷宫中只活了一年多就去世了。

被害至死。

这种情况的后妃也有两个。一个是努尔哈赤的大妃阿巴亥。很明显，天命十一年（1626年）八月，努尔哈赤病逝，第二天大妃阿巴亥被逼殉葬，属于被害身亡。以她的生育和身份，殉葬是不合适的，她是宫廷斗争的牺牲品。另一位就是光绪帝的珍妃，这个女人由于遭到慈禧嫉恨，在光绪二十六年（1900年）七月，被残忍投入井中淹死。

神秘暴亡。

这种情况有三个人。一个是道光帝的孝全皇后，在道光二十年（1840年）正月十一日，正在过春节的时候，暴亡宫中。一个是慈安太后，在光绪七年（1881年）三月初十，暴亡于钟翠宫中。一个是同治帝皇后阿鲁特氏，在同治帝去世后75天，突然暴亡。

清宫美容

梳头的快乐，剃头的烦恼

后妃除了日常活动以外，总爱在梳妆台前逗留。宫里有专门的梳头太监，他们侍候着这些女主们。除了梳好头发外，还要趁此时加深与后妃们的感情，讲些宫外时新的话题，或是后妃感兴趣的话题。

妃嫔的头发。梳下的头发，要加以保留，因为她们认为父精母血给予之物不可轻易扔弃。慈禧入葬时，就把她生前梳落的万缕青丝随葬地宫之中；而乾隆皇帝的生母孝圣皇太后去世后，乾隆帝为其铸造了黄金塔，用来存贮孝圣梳落的头发，后人称为金发塔。乾隆为其母制作金发塔，靡费颇巨。当初，拟造高 2 尺 1 寸 6 分，但由于其中需供无量寿佛法身大，原高度容纳不下，于是，再行加高到 4 尺 6 寸，用金数量颇为巨大。宫廷里的承办人员想方设法，把一份金册、一颗金印、寿康宫茶膳房金器及所存盆、匙、箸等金器等尽行搜罗，共得黄金 2300 余两，仍不敷使用。于是，福隆安想出用白银添铸的办法，乾隆允诺，将 700 余两白银熔入其中，共有 3000 余两。承办大臣由福隆安和和珅共同负责，职能部门有工部、户部和内务府，具体操作施工由内务府造办处负责办理，互相监督，以防怠惰和克扣。经过 3 个多月的紧张劳动，金发塔终于完工。金塔由下盘、塔斗、塔肚、塔脖、塔伞、日、月和松石璎珞等部分组成。纹样端庄，构图完美。其中金塔内的盛发金匣是关键，乾隆帝从样式到刻画纹样都一一过目。

为慈禧梳头。这里需要更正一下，好多人认为，慈禧的头发是李莲英给梳，其实不是，慈禧从来不用李莲英梳头。慈禧的梳头太监是一个叫刘德盛的老太监。这个老太监性格柔和，斯斯文文，是慈禧面前的大红人。每天清晨，刘太监头顶着梳具，来到储秀宫外面，高声喊道："老佛爷吉祥，奴才给您请安啦。"宫女传话："进来吧，刘德盛。"这个时候，慈禧早在宫女们侍奉下起床，坐在梳妆台前等候。刘太监开始梳头，宫女们在一旁侍奉递工具。这个时候，慈禧开始问话了："你在外面听到什么新鲜事没有，说来听听。"刘太监早就准备好了故事，都是一些龙凤呈祥、风调雨顺的吉祥事。慈禧听得眉开眼笑。这个时候，便有一个太监端上一碗冰糖银耳，慈禧边吃着，边听着刘太监讲故事，开心极了。梳完头，刘太监要起身离去了，慈禧说："下去，让她们给你沏杯茶吧。"刘太监赶忙说："奴才不敢受，奴才不敢受。"

为光绪帝剃头。给光绪帝剃头的也是一个刘太监。光绪帝一个月剃头三次：初一、十一、二十一剃头。每次剃头时间也是固定的，必须在每天上午十点，整点开始，取蒸蒸日上的含义。不过，给光绪帝剃头很麻烦，刘太监可不能穿着自己的衣服，必须全部换上公家给准备好的青衣小帽，主要怕皇帝不安全。而且，所有的剃头工具不用自带，要由光绪皇帝赏赐，也是为了安全。这个时候，大殿内外侍卫林立，目光炯炯地盯着刘太监的手，和他手上的刀子。给光绪帝剃头，不但不快乐，还要约法三章。

第一，必须用右手剃头。左手不能用，而且，左手不能挨着皇帝的头，就是不许随意摆弄皇帝脑袋。这就要有功夫，不然，单手工作怎么能做到呢？

第二，必须顺着头发剃头。无论光绪帝的头发，还是他的脸，刘太监剃的时候，都必须顺着刮，不能逆向刮。

第三，必须屏住呼吸。不许对着皇帝的头和脸，免得气息吹到皇帝。

刘太监干完这一切，需要半个小时。虽然很短的时间，也已经累坏了。不过，剃完头，刘太监还不能走，他还要请示皇帝："万岁爷，您需要按摩吗？"光绪帝一般连眼都不睁，只是摇摇头，表示不用。

东西六宫中，每宫必有一处梳妆台。身份高的后妃会有十分高档的梳妆台，梳妆台可以折叠，并配有各种小抽屉，可以装进脂粉或梳具等物。梳妆台的质地有紫檀和红木，有嵌螺钿的，异常华美。梳具中，有各种质地，如黄杨和象牙等类。梳具按盒装，盒中按梳具形状设置出各种凹槽，有梳门发、鬓发、边发等具，也有刷子和篦子，齿疏密不等，用途各异，每盒梳具总有十来件。

后妃梳头时，为保持头质柔软而光亮，会使用头油来护发。如康熙历次南巡时，各地大臣的贡单中就有“香头油”“梳妆香油”等进奉。

流连在梳妆台前，有得意，有失意。失意的后妃会不时地叹气，哀怨时光不饶人，年老而色弛，皇帝还会不会再来呢？但她们很多人并不会因为皇帝喜新厌旧而离开梳妆台。相反，一旦她们认识到自己已经老了，就会更加刻意地装扮自己，因为漫漫的人生余路不会因为失宠而断绝，还要走下去，直到人生尽头。

慈禧美容的妙方

后妃们常在镜子面前流连，看看自己和往常有什么不同，是否有皱纹不经意地爬上来。如果有一天发现老了，会不住地叹气。因而平时，她们就注意保养容颜。遍查史料，终于发现了晚清慈禧太后美容的种种方剂和做法。慈禧皮肤历来不白，肤质不细，为了嫩面，润肤，达到增白、防皱的效果，她采用了以下办法。

首先是保持面部美丽。看看她都用了什么办法。

搽脸。有 4 种配方：1. 宫粉：由米粉、益母草粉、珍珠粉加香料配制而成。慈禧入睡前，在脸上、脖子、前胸、手臂上大量施用宫粉。2. 沤子方：由 8 味中药研成粗渣，与 3 斤烧酒同煮，去渣留汁，兑上白糖、白蜂蜜、冰片粉、朱砂面搅匀即可。涂于脸部，有嫩面，滋养，润肤功效。3. 藿香散：由藿香叶、香白芷、零陵香、檀香、丁香、糯米、广明胶等 7 味组成。可以通经络，除面黑，增加皮肤弹性，润肤香肌。4. 栗荴散：将栗子的内皮晾干，研细面成散剂。使用时，用蜜调和涂于脸上。能去雀斑，减少皱纹，光洁面部。慈禧经常用宫粉、沤子方、藿香散来美容。

脸部按摩。慈禧还喜欢脸部按摩，用一种叫作“玉容散”的配方：由白芷、白牵牛、白丁香（麻雀粪）、鹰条白（鹰粪）等 16 味中药组成，可去除面部黑斑、粉刺、斑纹。用时，将散剂用水调和，搓搽面部，再用太平车在面部反复滚动。清宫中曾有玛瑙太平车传世，其实是后妃脸部按摩器。后妃通过太平车揉搓脸部，不仅使其皮肤不易衰老，还会缓解面部疲劳。慈禧按摩时，会在面部涂一些“玉容散”膏剂，可以让皮肤白细。

搽胭脂。慈禧喜欢胭脂，尤其喜欢自己炮炼胭脂。她命人在北京西郊妙峰山大量种植玫瑰。每年五月，北京妙峰山的玫瑰专门进贡清宫。那些幼嫩的玫瑰瓣被挑拣出来，慈禧会亲自指挥，教授提炼胭脂的办法，提炼出上等玫瑰油，再将玫瑰油加工成胭脂。慈禧使用的就是这种胭脂。

食补美容。慈禧通过口服丹剂，达到美容效果。五芝地仙金髓丹：由 11 味中药加蜂蜜配制而成。服用百日后，可五脏充实，益气生津，肌肤润泽，延缓衰老。平安丸：由 9 味中药调配而成，即檀香、沉香、木香、白蔻仁、肉蔻仁、红蔻、神曲、麦芽、山楂等。连服数日，消化有力，气血旺盛，皮肤营养充足，面色逐渐红润。

固齿。慈禧认为，容颜之美，离不开牙齿之美。所以大量使用固齿方：1. 固齿方：用生大黄 1 两、熟大黄 1 两、生石膏 1 两、熟石膏 1 两、骨碎补 1 两、银杜仲 1 两、青盐 1 两、食盐 1 两、明矾 5 钱、当归 5 钱、枯矾 5 钱。每天早晨以此散剂擦牙根，用冷水漱吐。当归、杜仲养血补肾坚骨髓；石膏固齿；食盐、明矾杀虫解毒；大黄、石膏可消胃热，止火牙痛，每日擦用齿固无摇。2. 刷牙散：由青盐、川椒、旱莲草、枯白矾、白盐等组成，研成细粉，早晚漱口，可防止牙齿变黄。3. 漱口：慈禧在日常生活中，还喜欢用茶水漱口，每次饭后，她都要嚼槟榔，长期坚持，可除掉牙酸，清除口腔腐气。

美发。慈禧十分注重自己的头发，每当梳掉头发，她都会伤感，尤其是生出白发的时候，她会格外关注。为了保护好自己的头发，慈禧使用了各种办法：1. 香发散：由 14 味中药细研，加苏合油拌匀，晾干后再研成粉。梳头时将香发散喷于发中，用篦子反复梳理，头发蓬松，柔顺，既可养发，又可防发白。2. 抿头方：由香白芷、荆穗、白僵蚕、薄荷、藿香叶、牙皂、零陵香、菊花等 8 味中药，加水同煮，冷却后加冰片，可使发质软化，清神醒脑，防止脱发。3. 菊花散：用 9 味中药研成粗渣，加浆水煮沸后去渣，用药汁洗发。4. 长春益寿丹：由 32 味中药制成，每早空肚，用淡盐水送服，可防止发白。

慈禧就是通过这些办法，努力保持自己容颜美丽，难怪外国公使夫人认为她看上去比同龄人要年轻得多。

慈禧美甲和洗澡

慈禧娇贵的指甲

慈禧太后的指甲有两寸多长，中外闻名。慈禧对指甲的修理要求很严，大拇指修成马蜂肚子状，片大好看，属片指甲；无名指与小拇指要修成半圆的筒子状，属筒指甲。慈禧两只手共6个手指甲，由专人负责修理。负责的宫女每人有一套同样的工具盒，工具有小刀、小锉、小剪、小刷子、长钩针之类。还有田螺状的油盒，里面有从法国进口的各色指甲油。

慈禧的指甲一年四季需用药水浸泡。御医们为讨好慈禧，便争先恐后地为她研制出润肤软甲的中药水，敬献给慈禧。泡洗过的指甲，质地更加细腻，且光滑，色泽艳丽。泡后，乘着指甲柔软，宫女用小锉校正，用小刷子里外洗一遍，再用翎子管吸上各色指甲油，涂抹均匀。指甲油多为紫色和银白色，庄重典雅。其晚年时，已不太爱用大红色了，但庚子事变后，慈禧自西安回銮，在仪銮殿第一次接见外国公使夫人，则涂了橘色甲油，公使夫人倒觉得太后年轻而时髦，大为叹服。

慈禧晚年时，指甲起了黄斑。起初，她认为宫女和太医护理不善，大发脾气。后来，她逐渐了解了生理变化，便不再苛求，只是不断地将变质的指甲剪下。她有专门盛指甲的匣子，死后随葬地宫。

1900年，八国联军攻入京师，慈禧携光绪逃往西安。逃之前，因为怕暴露目标，慈禧乔装打扮成乡下妇人模样，她狠心让贴身宫女将自己长长的指甲剪掉了。相传，剪指甲时，她把手伸过来，头歪向一边说："这是我几十年的心血，剪掉它吧。"说完，失声痛哭。

慈禧洗澡

慈禧洗澡的次数分季节，夏天要每天一次，冬天要两三天洗一回。都是晚上洗，宫里白天没有洗澡的。

伺候慈禧洗澡的人很多，都是专职，有两个太监将澡盆、水、毛巾、爽身香水、洗澡木椅等所用之物全部抬到浴室；有两个干粗活的宫女将油布铺好，守候在浴室门口，随时听从召唤；4个贴身宫女，专门负责给慈禧擦澡，每人各有分工。两名太监将备物运来后，就要撤出，完事后，再传他们运走。

慈禧洗澡时，坐在椅子上。椅子很矮，有1尺来高。椅子的4条腿上分别雕有两条龙，一升一降。椅子的背可以活动，既可拿下来，又可以向左或向右转。椅子很宽，但不长，这是根据慈禧的身体特点专门设计的。

慈禧洗澡时要用两个澡盆，洗上身一个盆，洗下身是另一个盆。慈禧认为洗下身的工具绝对不能用来洗上身，上身是天，是清，是红运；下身是地，是浊，是黑运，地永远盖不过天去，红运永远不能被黑运压倒，清浊永远不能相混淆。

慈禧所用两个澡盆外形一模一样，像个大腰子，虽是圆形，但为了让慈禧靠近澡盆，中间凹进一块。澡盆木胎，外包银皮。木胎利于保温，银皮可以防毒。

慈禧所用洗澡水一般不加药液，就用温白水。有时也会用配方药水洗澡，沐浴方：用宣木瓜1两、薏米1两、桑枝叶1两、茵陈6钱、甘菊花1两、青皮1两、净蝉衣1两、萸连4钱。将以上配料和为粗渣，盛布袋内，熬水浴之。此方可清风散热，平肝明目，又可杀菌，对皮肤真菌有抑制作用。其中蝉衣、薏米可散风热、透风疹，能防治皮肤病。

慈禧洗澡时，用得最多的是毛巾，一次要用去近100条。毛巾由宫女用托盘端进来，叠得很整齐，25条1沓，4沓整100条。每条毛巾都是用黄丝线绣的金龙，且4叠摆放方法各不相同：有翘首的，有回头望月的，有戏珠的，有喷水的。

慈禧洗澡的时候，赤身裸体坐在矮椅子上。4个宫女站在慈禧的左右两边，她们每人负责不同的部位，各有分工。领头宫女先取来12条毛巾，浸于水中，捞出4条，拧干，分发给4位宫女。4位宫女则把毛巾平铺在手掌上，轻轻地缓慢地给慈禧擦胸，擦背，擦两腋，擦四臂。擦澡时，4位宫女既不能面朝慈禧，怕的是出气吹着她，又不能背过脸去，显得不恭敬，而是侧着脸憋着气工作。

擦澡的时候，每条毛巾只许蘸一回水，用完一条扔下一条，绝不许回盆浸水再用，这样，为的是澡盆内的水保持干净，所以，洗完上身大约用60条毛巾。而澡盆里的水，为了保持恒温，要随时舀出一些又随时加入一些。

擦完身体后就要打玫瑰香皂。不直接往身体打皂，而是打在湿毛巾上，用毛巾擦身，擦完扔掉，再取，擦完再扔掉，如此反复四五次。然后，是擦净身子。擦时，用很湿的毛巾轻轻擦去身上的香皂沫。这要仔细擦，如果擦不净，身上留有余沫，慈禧睡觉时，会发痒，就要大发脾气。

最后，是施用香水，夏天用耐冬花露，秋冬用玫瑰花露。要在乳房下、骨头缝、脊梁沟，大量施用，这些地方容易积存香皂沫，也容易发痒。打完香水后，4 个宫女再各用 1 条干毛巾，把身上各部位再轻拂一遍，洗澡完毕。

慈禧洗完澡后穿睡衣，上身是纯白绸子做的偏衫，没领没袖，胸口绣一朵大红牡丹花。下身仍是白绸绣满大红花的睡裤。脚上穿着软鞋，白绸子里，外罩大红缎子面，绣花。

洗完澡后，慈禧有时要穿上舒适的睡衣，坐在太师椅上，脚的两边熏上香，有侍女打扇捶肩背，太后与手下人说着话，过着她的逍遥日子。但更多的时候，慈禧由于政务繁忙劳顿，洗完澡就入睡了。

东　珠

东珠，满语为“塔娜”。清朝将产自东北地区松花江、黑龙江、乌苏里江、鸭绿江的珍珠称为东珠（或北珠），用来区别产自南方的南珠。清朝的皇室十分喜爱珍珠，所以，也称之为“正珠”，取正统之意。相反，他们不认可南方或其他地方所产的珍珠，一概称之为“胡珠”。

清朝的珍珠，由国家专门经营，民间一概不准下河采珠。顺治十四年（1657 年），清廷设立“布特哈乌拉总管”专门负责给宫廷采捕东珠、紫貂、人参、蜂蜜、松子等。其中，采珠是这一机构最重要的工作，为此还专门设置了“珠轩”，即组织采珠。东珠的采捕十分艰难，在乍暖还寒的四月跳入冰冷的江河中采捕珠蚌，刺骨的寒冷可想而知。尤其是上等东珠得来更为不易，有时在成百上千的珠蚌中才能得到一颗上好的东珠。

既然东珠如此珍贵，那么，它的使用只有皇室的人才有资格了。

第一，东珠朝珠。

清代服饰在外观上有别于汉服，带有鲜明的北方游牧民族特色。其中，朝珠的佩戴，更是清代服饰所独有的特色。朝珠有多种质料，主要以东珠、翡翠、玛瑙、红蓝宝石、水晶、白绿玉、青金石、珊瑚、松石、琥珀、蜜蜡、菩提、碧玺、伽南香、白檀、催生石、金刚子等为主。根据地位的不同，清代达官贵人佩戴不同质料的朝珠。所有质料中，以东珠串结而成的朝珠最为珍贵。清宫规定东珠朝珠只有皇帝、皇太后和皇后才能佩戴，象征至高无上的权力和地位，其他人等佩戴或拥有东珠朝珠均属僭越犯上。

第二，慈禧的东珠手串。

慈禧非常喜欢珍珠，她有一串东珠手串，遇有重大活动，或出席重要场合，慈禧都会把它戴在手上。这个手串有大东珠 18 颗，莹润滑腻；小东珠 4 颗，浑圆玉润。整个手串做工精美，玲珑引人，是慈禧太后的珍爱之物。可慈禧陵建成之后，她做了一个重要决定，要把这个手串投进陵寝的金井之中，作为镇墓宝物。光绪十六年（1890 年）闰二月十九日，这串珍珠离开了慈禧，慈禧亲自将它扔进井中。按说，既然已经扔进井中，作为镇墓之宝了，这串珍珠就永无再见天日的一天了。可慈禧是个反复无常的人，她后悔把它扔进井里了，日思夜想，于是，便决定重新把它找回来。光绪二十四年（1898 年）闰三月初五，内务府派人昼夜兼程，赶往东陵，在井中取出了这串珍贵的珍珠，交给了它的主人慈禧。

第三，压舌。

清代，人死之后，要在他的口内压上东西。有两个作用：一是不让死者做饿死鬼，所以，压舌还叫“饭含”；二是把舌头压住，免得人死之后，在另外一个世界乱说话，惹口舌之灾。所以不论皇宫还是民间，都有给死者压舌的风俗。不过，压舌还要看条件，也要讲等级。民间压舌有金银，有大钱，穷人也有用锯末的。皇宫里面，皇帝用玉蝉，后妃则大部分用东珠压舌，身份高的用大东珠，低的用小东珠，很低下的也有用米珠压舌的。

第四，慈禧死后带走多少颗珍珠？

褥子上铺了大小珍珠共 16324 颗，寿衣上缀了 6720 颗，填补棺缝用了 3700 颗，珠网被上 6000 颗，经被上 820 颗，总共有 33564 颗东珠。

清宫美食

清宫的饮食习惯

要说皇家的膳食是美食大餐，一点儿也不假，我们看看他们每天供应的情况，看后会让你瞠目结舌。帝后妃每日份例。

皇帝：盘肉 20 斤、汤肉 5 斤、猪油 1 斤、羊 2 只、鸡 5 只、鸭 3 只，白菜、菠菜、香菜、芹菜、韭菜共 19 斤，大萝卜、水萝卜和胡萝卜共 60 个，包瓜、冬瓜各 1 个，苤蓝、干闭蕹菜各 6 斤，葱 6 斤，玉泉酒 4 两，酱和清酱各 3 斤，醋 2 斤。早、晚膳饽饽 8 盘，每盘 30 个，御茶房备茶乳等。皇帝用牛乳 100 斤，玉泉水 12 罐，乳油 1 斤，茶叶 75 包。皇后：盘肉 16 斤，菜肉 10 斤，鸡鸭各一只，白菜、香菜、芹菜共 20 斤 13 两，水萝卜、胡萝卜共 20 个，冬瓜 1 个，干闭蕹菜 5 个，葱 2 斤，酱 1 斤 8 两，清酱 2 斤，醋 1 斤。早、晚膳饽饽 4 盘，每盘 30 个，用乳牛 25 头，每天用乳 50 斤，每日用玉泉水 12 罐，茶叶 10 包。皇贵妃：盘肉 8 斤，菜肉 4 斤，每月鸡、鸭 15 只。贵妃：每日盘肉 6 斤，菜肉 3 斤 8 两，每日鸡、鸭各 7 只。妃：盘肉 6 斤，菜肉 3 斤，每月鸡、鸭各 5 只。嫔：每位盘肉 4 斤 8 两，菜肉 2 斤，每月鸡鸭各 5 只。贵人：盘肉 4 斤，菜肉 2 斤，每月鸭 8 只。常在：盘肉 3 斤 8 两，菜肉 1 斤 8 两，每月鸡 5 只。而所需其他菜蔬则共同调配：每日共需白菜 40 斤，香菜 4 两，芹菜 1 斤，葱 5 斤，水萝卜 20 个，胡萝卜、苤蓝、干闭蕹菜各 10 个，冬瓜 1 个，酱、醋各 3 斤，清酱 5 斤。此外，菜房备办皇贵妃、贵妃每日用乳牛各 4 头，得乳 8 斤；妃日用乳牛 3 头，得乳 6 斤；嫔为乳牛 2 头，得乳 4 斤，以上各位每日用茶叶 5 包。

贵人以下没有乳牛，随本宫主位赏用。这些帝后妃们每日所用巨大，是普通人很难想象的。而这只是其中一部分，各种时鲜及进贡尚不包括在内。足见清宫内廷消费之巨。但这些后妃们每日养尊处优，活动量极小，能吃多少东西呢？所以，她们往往将剩余之物精装打包，赏人了事。或上一级主位赏给下一级主位，或赏宫外王府、公主府，或赏太监、宫女，有时，也赏外戚。而在禁城内值宿的军机及章京们有时也可得到赏食。

尽管是举国供张，清朝皇帝还是没有被美食冲昏了头脑，他们清醒得很，知道病从口入的道理，因而，清朝皇帝制定了非常合理的饮食制度。

1. 合理的膳食搭配：首重平衡膳食。如乾隆野意酒膳中，有高热的鹿肉，高蛋白的野鸭、鸡肉，又有老虎菜，榆蘑，菜面合一的包子、烫面饺、炸盒子……是一餐滋养清热的酒膳。营养搭配很合理。其次是佐餐。宫中称配盘小菜，如腌菜、芥菜缨儿、酸黄瓜、酸韭菜、葫芦条、蜜山楂、狗奈子等佐餐配菜。再次是粥。有粳米粥、红豆粥、小米粥、绿豆粥、大麦粥、黄米粥、百果粥、紫米粥、老米粥。最有名的为八珍粥，以小米、冬瓜皮、白扁豆、山药、薏仁米、莲子、人参等为原料同煮而成，营养价值极高。

2. 合理的膳食制度：定时，清宫每日两餐制，早膳在卯时（早 6 点半到 7 点半），晚膳在酉前（下午两点至二点），两膳之间有一次点心，晚膳之后有一次酒膳；定量，康熙讲过："各人所不宜之物，知之即当永戒。"要求节制饮食。对于饮酒，康熙"平日膳后或年节筵宴之日只饮小杯一杯"。乾隆三十五年（1770 年）曾明确规定，宫廷筵宴时，每桌用玉泉酒四两，不得超量饮用；定计划，以乾隆为例，每晨起空腹食一碗"冰糖燕窝"，早晚各备荤素菜八品，佐餐小菜二品，饽饽、米膳四品，粥、汤各一品，共 16 品。晚膳为酒膳，小菜四品，玉泉酒一杯。还要随季节变换而适当调换：秋末冬初，早、晚膳加两个热锅菜；四月，换拌凉菜；6—8 月增凉拌藕、江米藕；冬三月则加食鹿肉、羊肉；夏三伏，加绿豆粥，糊米粥。

不仅如此，清宫中的膳食还具有浓郁的满族特色，少数民族的特点十分鲜明：

1. 喜食野味。野菜类：各种山菜、菌。野生动物：狍、鹿、野猪、野鸡、鹌鹑。野果：榛子、松子。乾隆曾有"野意酒膳"。

清　玛瑙杯

2. 喜食杂粮。用米、麦、豆、高粱、玉米、糜子做成各种美食。

3. 喜食奶茶。清宫食奶量很大，皇帝及后妃每日有定额：皇帝日用 50 头牛取乳共 100 斤，皇后每日 25 头牛取乳 50 斤，其余递减。制成奶制品有奶皮子、奶卷、奶饼、奶酥油、奶饽饽。

4. 喜食火锅。满洲人对火锅的钟爱，源于其先世女真人，而女真人喜食火锅则受一千多年前契丹人的影响。在满洲，尤其是贵族人家，遇有喜事，或年节时，都要食火锅，而在平时，则不肯食用，视其为奢侈之物。在清宫中，历代帝王、后妃都喜食火锅。无论在档案上还是在清宫文物中，我们都能看到火锅的影子。如现在藏于东陵的清宫银火锅，制作异常精美。在民间的贵族之家，则很难看到金银之器，概以锡为之。据记载："火锅以锡为之，分上下层，高不及尺，中以红铜为火筒，着炭，汤沸时，煮一切肉脯鸡鱼，其味无不鲜美。冬月居家，宴客常餐，多喜用之。"引文对火锅形制、质地、使用方法及所涮之料都做了详尽说明。其实，我们在清宫千叟宴中，就能看到使用火锅的情形。如乾隆六十年（1795 年），以明岁丙辰，纪年周甲，元旦举行授受大典，改元嘉庆，决定于次年正月初四在皇极殿举办千叟宴，参与活动的人数达 8000 余众。在进馔时，分出一等桌张和次等桌张两种，其中"一等桌张用火锅"，也就是说，在盛宴菜谱中，以火锅为核心，为元菜，记录在档。

5. 喜食饺子、饽饽。饺子也称"水点心""扁食""饽饽"，是清宫帝王后妃十分喜爱的面食。饺子在民间十分常见，最早见于唐代史料，明代称之为

扁食，清代承之。饺子之所以受到青睐，与其名字有直接关系。“饺”与“交”谐音，取“岁更交子”之意，所以人们在除夕之夜，子时一到，都要放鞭炮，吃饺子，辞旧迎新。而到正月初五，人们还要包饺子，其用意是将来年的破烂东西全部包住，尽纳其中，将其吃掉，以求新的一年吉祥如意。皇家会在吃饺子时增加一些趣味活动，通常像民间一样，在一锅饺子之中，捡极少的几个饺子，包有小金银锞或宝石，意味着，谁吃到了，谁就会在一年内大吉大利。不仅如此，清代帝王为了祈求代代衍续，香火鼎旺，还要在皇帝大婚时吃饺子，宫中称为“子孙饽饽”。这在清宫档案中常有记载：同治十一年（1872 年）九月十五日，同治帝与皇后举行大婚礼，夫妇二人在洞房花烛之夜，先吃子孙饽饽，再吃长寿面。皇帝吃饺子与寻常百姓不同，要吃出派头。从食具上，太监先端上配有食盖的彩色小瓷盆一个，内装有不同皮、馅的饺子，再端上小瓷碗、小瓷碟数个，均彩绘“万寿无疆”图案，最后，端上铜胎嵌珐琅浅碗 3 个，分别盛有南小菜、凉菜、醋等。档案记载，御膳房的厨役们煮饺子的时间必须十分精确，皇帝一到昭仁殿，饺子要刚好出锅，热气腾腾端上来。清宫规定，元旦前后，皇帝出门都要放鞭炮做前导，听炮之远近，即可推测出皇帝的行止处所。皇帝吃饺子从来不忘佛祖，所以，皇帝所吃饺子与敬佛的饺子要在同一锅中煮出来。但敬佛必须用素馅，素馅有长寿菜、金针菜、木耳、蘑菇、笋丝等馅。乾隆吃饺子之前，要先到钦安殿、天穹宝殿、奉先殿、坤宁宫等处佛像前拈香祷告，经过一系列繁文缛节之后，直到凌晨 3 点忙完一切，才安心吃上饺子。光绪帝有遗精的毛病，吃了好多养精固本的药也不见效果。因而，清宫在每年正月初一都要格外关照皇帝。光绪帝也十分卖力气，一次就吃20个饺子，其中有猪肉长寿菜馅13个，猪肉菠菜馅7个。可是，尽管他吃了这样多的饺子，还是未能生出一男半女来。清宫不仅各主位吃饺子，太监、宫女、杂役等都要被赏吃饺子。如果哪位奴才被罚不许在正月初一吃饺子，那真是最严厉的处分了。不仅如此，皇帝或后妃们还会吩咐，在宫里的墙根下，老鼠洞前，也放一些饺子，表示清宫的主子们恩泽天下，普度众生。

6. 清宫中的鲜花食品。漂亮的鲜花不但是装饰品，可供人观赏，还可以做成各种食品、菜肴，供人食用。清代宫廷就曾制作过许多以鲜花调配的美味食品，后妃们尤其喜食，有的还流传至今。菊花。用菊花调制的宫廷菜很多，其一是“菊花火锅”。做法是采摘白菊花一两朵，将花朵上焦黄的或曾沾过污垢的花瓣剔除，再于温水中漂洗一二十分钟，接着再放入溶有稀矾的温水中漂洗。准备好盛有大半锅原汁鸡汤或肉汤的小暖锅，和一碟去掉皮骨的薄生鱼片或生鸡片，少许的酱、醋。揭开暖锅盖，将鱼片和鸡肉片适量投入汤中，盖盖煮五六分钟，再揭开盖，将适量菊花瓣放入汤中，封盖约五分钟，即成味道鲜美、清香可口的佳肴。其二是“清蒸什锦豆腐”。需备物料为：豆腐8两，口蘑4钱，竹笋3个，木耳2钱，菊花2钱，莲子20粒，银杏20个，藕1两，冬菜6钱，黄瓜1根，黄豆芽9两，鲜姜2钱，油6两。做法是：在大锅内倒入半锅水，放进黄豆芽，煮30分钟，然后去掉豆芽，留汤备用。用开水泡木耳、莲子、银杏、冬菜、黄瓜等，并将其切成条或丝状。菊花仍用开水泡10分钟，洗净后，切成长约3厘米的细丝备用。一切准备妥当后，在大碗内放入口蘑、竹笋、木耳、菊花、莲子、银杏、藕、冬菜、鲜姜、豆腐，最后倒进已调好的豆芽汤半碗，加入油和盐，上笼用大火蒸30分钟，再用小火蒸30分钟，最后将黄瓜片码在豆腐上，趁热食用。玫瑰花，可做成玫瑰饼。清代每年农历四月，宫廷大量采买玫瑰花，将其中鲜嫩、色正的花瓣洗净后晾干，制成粉，再和以面粉，调入少量蜂蜜，做成饼，放入蒸笼中蒸，约半小时即成美味食品。另外一种玫瑰食品是明宫元宵。元宵是一种流传很广的食品，而明宫元宵用糯米、细面为皮，以核桃仁、白糖、玫瑰花为馅，甘甜爽口，清宫后妃喜食。桂花，可做成芸豆卷。芸豆是豆科植物菜豆的种子，芸豆卷的做法是将1斤芸豆以水泡发，放入锅中，加水煮熟，待冷后，搓成泥状。取红枣 5 两，以水泡发，去核煮熟，趁热加红砂糖 3 两，桂花适量，拌成泥状，最后，将芸豆泥与枣泥相间平铺，卷成。另外一种桂花食品是清宫元宵，它与明宫元宵不同之处在于明用玫瑰花为馅，清用桂花、白糖、核桃仁、豆沙等为馅，爽口味甘。玉兰花，是清宫菜“金鱼鸭掌”的重要佐料，其做法是将鸭掌放入锅中，清水煮 15 分钟，五成熟取出，剔掉骨头与掌心硬茧。将香料和玉兰花放入其中，混煮，煮熟后食用，味道清爽可口。

炫目的美器

乾隆说过，美食不如美器。精美迷人的食具、餐具确实给人以赏心悦目的感受，会勾起人们的食欲。清宫廷的美食餐具追求美食与美器的和谐统一，皇家力图通过精美而至尊、至荣、至崇的食具来体现皇权的至高无上，给人以高山仰止之感。所以，其御膳美器体现出装饰性、华贵性、夸耀性等特点。宫廷所用食器，多为金银、玉石、象牙等高级质料，由专门作坊制作。瓷器则由江西景德镇官窑特供。

清朝宫廷的精美食器，有专门的制作机构，那就是清宫造办处。造办处是清宫制造皇家御用品的专门机构。康熙年间建于养心殿，又名养心殿造办处。康熙三十年（1691 年）移至慈宁宫以南，直至 1924 年末代皇帝溥仪出宫之前，造办处为宫禁服务达二百多年。造办处由皇帝特派的内务府大臣管理，各类专业作坊先后有六十余个，包括玻璃厂、匣裱作、珐琅作、油木作、自鸣钟处、如意馆等等，那些精美绝伦的金银器、珐琅器、玉器等，都是由这里设计并制造的。这里汇聚了全国最优秀的工匠和制作艺术家，供职并服务于清朝宫廷。

至于清宫瓷器，则由专门的官窑烧造。最著名的当然是景德镇官窑了，那里专门为皇家烧制瓷器，烧造着最具皇家特色的宫廷美瓷，比如光绪年间慈禧六十大寿的时候，景德镇为慈禧烧造了“万寿无疆”盘、碗、盅、杯，华丽、细腻，带有最明显的皇家气息。这里需要特别说一位清代陶瓷艺术家唐英（1682—1756 年）。他能文善画，兼书法篆刻且又精通制瓷。沈阳人，隶属汉军正白旗，1728 年奉命任景德镇督陶官，在职将近 30 年，先后为雍正和乾隆两朝皇帝烧制瓷器。由于唐英潜心钻研陶务，并且身体力行，从而积累了丰富的制瓷经验，由他主持烧制的瓷器无不精美，深受两朝皇帝的赏识，因此，乾隆年间的官窑也被人们称为“唐窑”。在唐英的督办下，乾隆斗彩瓷器，器型变化多端、装饰富贵华丽、色彩绚丽缤纷；纹饰图案多以缠枝莲花、双鱼、灵芝等吉祥物组成，主要器具有碗、盘、瓶等。

清宫美食器具种类繁多，但都有专门账目管理。以乾隆二十一年（1756年）十一月初三《御膳房金银玉器底档》为例，有：金羹匙一件；金匙一件；金叉子一件；金镶牙箸一双；银西洋热水锅二口；有盖银热锅二十三口；有盖小银热锅六口；无盖银热锅十口；银锅一口；银锅盖一个；银饭罐四件；有盖银桃子六件；银镟子四件；有盖银暖碗二十四件；银盖碗六件；银钟盖五件；银錾花碗盖二件；银匙二件；银羹匙十三件；半边黑漆葫芦一个，内盛银碗六件；银桶一件，内盛金镶牙箸二双，银匙二件，乌木筷十双，高丽布三块，白纺丝一块；黑漆葫芦一个，内盛皮七寸碗二件，皮五寸碗二件；银镶里皮茶碗十件；银镶里五寸五分皮碗一件；银镶里罄口三寸六分皮碗九件；银镶里三寸皮碗二十二件；银镶里皮碟十件；银镶里皮套杯六件；皮三寸五分碟十件；汉玉镶嵌紫檀银羹匙、商丝银匙、商丝银叉子、商丝银筷各两件（或两双）；银镶里葫芦碗四十八件；银镶红彩漆碗十六件。以上各件，为乾隆帝一日餐具之用，而且，也只是其中的一部分。皇家美器云集，可见一斑。

再介绍一件康熙帝的宝物九龙玉杯。这个杯子太神奇了，冬暖夏凉，而且倒满酒之后，上面雕刻的九条龙会动起来。所以康熙帝生前这个杯子就被江洋大盗给盯上了，还发生了杨香武三盗九龙杯的故事。康熙帝死后，九龙玉杯葬进陵寝，景陵立刻被盗匪盯上了，也是因为这个九龙玉杯。

尽管清宫聚集了数不清的精美食器，但清朝皇帝大都提倡简朴，不尚奢华。比如顺治帝，虽然从小生活在皇宫，却讨厌浪费之人。他的第一位中宫皇后因为太过浪费，吃饭的时候，不是金银器就会发脾气，把食器给摔掉，顺治帝以此为理由，将她废掉。比如乾隆帝孝贤皇后，虽然出身名门大户，进宫之后，却能带头节俭，她一般不会使用太过华丽的食器，她的头饰也不用金银，她的荷包也不用金银线，简朴无比，乾隆帝非常敬畏她。

清　肉形石

清 景德镇瓷盘

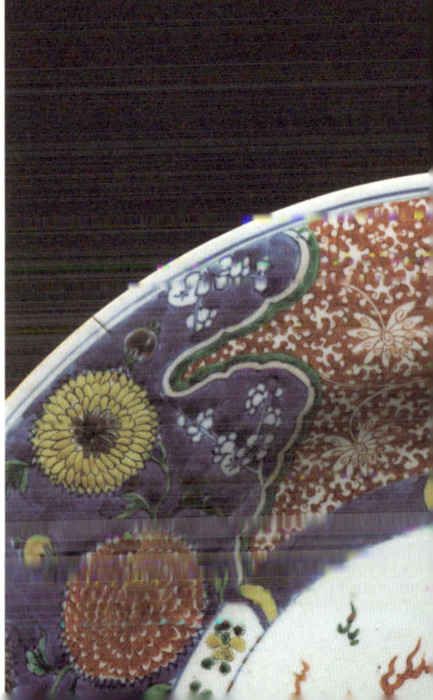

慈禧一餐之费　百姓万家之炊

清末慈禧太后用膳排场非常大。不仅在御膳上有丰足供应，自己还设立私厨，称西膳房，有荤菜局、素菜局、饭局、点心局、饽饽局之设，每餐耗资巨费。慈禧的御厨房能做各式点心，达400余种，菜品4000余种，花样翻新，应有尽有。慈禧平日锦衣玉食，闹不清她喜欢吃什么。但有宫女、太监回忆，她对以下食品还是情有独钟的。

小窝头：由玉米面、小米面、栗子面、糜子面、爬豆面、红枣面（或枣肉）加红糖和成，蒸食。

饭卷子：由米饭加白面混合而成，有甜有咸。咸的加花椒盐，或五香椒盐；甜的加枣泥、豆沙、松子、核桃仁，有陈米饭卷、籼米饭卷、粳米饭卷等多种。

炸三角：芝麻酱加水和面，擀成面片；绞猪肉成碎末，加虾米、口蘑、火腿，切碎，搅拌，加进佐料，拌成馅，将馅放进面片中，做成三角形，入油锅炸成黄色，外酥里软，可口香甜。

炸糕：用油和面，做成面皮；将白糖、芝麻、山楂绞碎，加进奶油，成馅，做成圆饼，烧饼大小，入油锅炸酥。

烧卖：开口包子，其馅为猪肉加口蘑，上笼蒸20分钟即可。

菜包鸽松：用羊油、黄酱炒麻豆腐，把各种青菜炒成碎末，把二者混合拌进饭里，再以嫩白菜心为皮将混合饭包好，连菜叶一起吃。

和尚跳墙：做法是，用4个熟鸡蛋，将皮剥去，再在屉上放好酥造肉，将4枚剥皮鸡蛋嵌于其中，上屉蒸熟。由于光滑的鸡蛋一半露于外面，像秃头的和尚，慈禧便赏名为“和尚跳墙”。

饹馇：为地方美食。相传，慈禧来遵化谒陵时，东陵守护大臣绞尽了脑汁，命厨役们做出各种山珍海味来讨好慈禧。可是，慈禧什么没吃过呀。想来想去，便把一种用绿豆面做成的食品，用醋熘成后，给端了上去。慈禧尝了一口，觉得很新鲜，爽口不腻人，便又吃了一口，吃到第3口时，旁边的老太监就要叫停，因为宫中规矩，帝后不可贪食喜爱食品，以免被奸人看出，在菜中下毒。有鉴于此，侍膳的后妃们便欲叫人将此菜撤下。慈禧看了看，有些舍不得，但又不好再伸筷去吃，只好说："搁着吧。"意思是不要撤下，先放在一边。这时，东陵守护大臣立刻叩首道："谢老佛爷赐名。"从此，这种食品就有了自己的名字，叫作饹馇。传说，后来饹馇进了宫廷，成为慈禧喜食的美味。

西瓜盅：将西瓜瓤挖去，仅留西瓜皮，把切好的鸡丁、火腿丁加新进鲜莲子、龙眼、胡桃、松子、杏仁，封严，在文火中炖几个小时。

清炖肥鸭：将整个鸭肉加进调味品，放进罐子里，在坩埚中用文火蒸3天。

响铃：把带皮猪肉切成小方块，放进猪油中煎着，这样猪皮很脆，嚼起来带响，称为响铃。

樱桃肉：把上好的猪肉切成棋子大小，加进新鲜樱桃、调味品和清水，一起装进瓷罐中，用文火炖10小时。

蔬菜有豌豆、萝卜、胶菜、蘑菇、银耳、猴头、发菜、寒葱。

海味有鱼翅、鱼唇、鱼肚、燕窝、海参。

但是，慈禧究竟喜欢吃什么，谁也不知道，因为谁都不敢说。宫里有两个不成文的规矩：一是不许谈论太后爱吃什么，否则，就有掉脑袋的危险。另外，太后自己也不会说喜欢吃什么，不喜欢吃什么，所以，慈禧今天吃过的菜，明天就不会上了，这就叫天威难测。二是侍膳不劝膳，就是侍奉太后吃饭的时候，要手疾眼快，看着老太后的眼色行事，她看哪个菜，就把哪个菜挪过来，千万不许问，也不许劝，说："老佛爷，这个菜新鲜，尝尝吧。"那等于找死呢。所以，侍奉慈禧40多年的贴身宫女荣儿一直也不知道慈禧喜欢吃什么。

慈禧每次正餐都备有100多个菜，而她吃的不过三四个菜。吃之前，由尝膳人（如李莲英等）先用银筷子吃过，确认为安全后，她才动口吃菜。吃完后，剩下的菜品要打好包装，遵懿旨赏人。有人估计，慈禧伙食费每餐至少要200两银子。真可谓慈禧一餐之费，百姓万家之炊。

清宫服饰

皇太极的高见

清初衣袍式样有几大特点：无领、箭袖、束腰。箭袖，是窄袖口。上加一块半圆形袖头，形似马蹄，又称“马蹄袖”。马蹄袖平日绾起，出猎作战时则放下，覆盖手背，冬季可御寒。四开衩，即袍下摆前后左右，开衩至膝。左衽和束腰，紧身保暖，腰带一束，行猎时，可将干粮、用具装进前襟。

这种服装式样，是清太宗皇太极坚持下来的。崇德元年（1636年），皇太极像汉族的皇帝那样，有模有样地坐在宝座之上，南面称帝。这个时候，有大臣说话了：“我们也应该像汉人那样，把我们的服装样式改一改，换成宽袍大袖。”那么，学习汉人而称帝，且取用年号的皇太极（这都是和汉人学习的），会采纳这个建议吗？

皇太极这个马背上的帝王，一代枭雄，看上去是只会驰骋疆场的勇士，这个时候并没有盲从，而是进行了自己的细致思考。这年的十一月，皇太极的想法已经成熟了，他认为是时候要说话了。于是，他召集满朝文武，集中学习。

皇太极先问大家，知道之前的金朝是怎么灭亡的吗？就是灭亡在他们的忘本。世宗即位，奋图法祖，勤求治理，唯恐子孙仍效汉俗，预为禁约，屡以无忘祖宗为训，衣服语言悉遵旧制，时时练习骑射，以备武功。可是，后世之君，渐至懈废，忘其骑射，至于哀宗，社稷倾危，国遂灭亡。祖宗的一切根本尤其是服饰都忘记了，最终导致国破家亡。皇太极带领大家学习到这里，观点已经很明确了。于是，他从历史回到现实。

清晚期　刺绣百蝶纹氅衣

清早期　填漆云螭纹帽盒

皇太极说："最近，好多大臣给我建议，要我们仿效汉人，宽衣大袖。大家想一想，如果真的那样，我们在这里聚集开会，忽遇硕翁科罗巴图鲁劳萨挺身突入，袭击我们，我等能御之乎？"皇太极说得很生动，大家都听明白了，就是服饰继续保持自己的民族特色，永不更改。

那么，皇太极的这个见解对不对呢？不全对，他认为汉族人是宽衣大袖，没法打仗。可是，汉族军人在前线的时候，也不是宽衣大袖，他把戎装和时装混为一谈了。尤其他说，如果换成汉人的宽衣大袖，无异于一个不用右手，而使用左手的左撇子，有些偏激了。但不管怎么样，他保持了满族人的马蹄袖，就保持住了民族特点，没有丧失自我和根本。那么，他的后代皇帝会牢记他的教诲而保持本民族特色吗？

康熙帝坚决不允许满洲汉化。我们都知道，康熙帝是一个尊崇汉文化的帝王，当年，奶奶不允许他学习汉语，他都是偷偷和小太监学习，他自己也经常把"视满汉如一体，遇文武无轻重"挂在嘴边。看起来，这个康熙帝有汉化的危险。真相究竟如何呢？我们看看他如何解释自己努力学习汉文化的："文臣中愿朕习汉俗者颇多，汉俗有何难学？一入汉习，即大背祖父明训，朕誓不为此！"康熙帝的意思很明显，学习是为了驾驭，了解如何驾驭汉人，而不是要

清晚期　银耳钩发夹

废弃满洲的自身特色，包括服饰。所以，他对包括皇太子在内的各位皇子指示："设使皇太子入于汉习，皇太子不能尽为子之孝，朕亦不能尽为父之慈矣！至于见侍诸子内，或有一人日后入于汉习，朕定不宽宥！"绝对不允许汉化，这就是康熙帝的态度。

雍正帝坚决不允许汉化。雍正时期，社会上流传着这样的话"孔雀翎，马蹄袖，衣冠中禽兽"，这是对满洲服饰的极大讽刺，是反清人士颠覆清朝统治的政治谣言。一时之间，流言四起。那么，强势的雍正帝会采取怎样的措施呢？他从两方面说明满洲衣冠必须坚持民族特色。一是通过失败的教训说明，他发文这样说道："如元代混一之初，衣冠未改，仍其蒙古旧服，而政治清明，天下乂安。其后改用中国衣冠，政治不修，遂致祸败。"认为元代灭亡，就是改用了汉族服饰，这恐怕不符合历史真实。不过雍正帝是很聪明的，他主要从天意的角度，来阐释满洲服饰不能改："夫衣冠既为天心降鉴之所在，则奕世相传，岂容擅为改易乎！"雍正帝的这招很灵，在那个时代很有说服力。

乾隆帝表里不一。我们翻阅史料，会发现乾隆帝有独特的汉文化情结。比如他最喜欢写诗，到处题字，他一生中传世的诗作最多，有四万多首。不仅如此，乾隆帝还喜欢穿汉装，我们看到好几幅乾隆帝的汉装画像，名之为《乾隆行乐图》。这样看来，乾隆帝带头穿汉装，满洲是不是要汉化了呢？乾隆十九年（1754 年）十一月的一件事，表明了乾隆帝的态度。福建生员李冠春向巡抚投递条陈《济时十策》，其中有"请改明季衣冠"一条。乾隆帝什么态度呢？他大发雷霆："第六条妄议衣冠制度，尤为狂悖。当即拘挐研讯，照例定拟斩决。"什么大事，值得杀人吗？之后，乾隆帝反复强调自己的观点，无非是皇太极当年的旧话重提而已。所以，大家看，乾隆帝是一个表里不一之人，可不要看他乐呵呵穿着汉装，就以为他要汉化了，那只是虚假的表象而已。

所以，清朝独具特色的服饰，是皇太极当年定下来的，经过康雍乾历朝皇帝的坚持，得以最终保存下来。

花盆鞋

清代满洲妇女所穿之鞋与汉族不同。我国汉族妇女从唐代开始崇尚小脚，到五代出现摧残妇女的缠足陋习；到宋代，缠足风气盛行。明代宫女不缠足，只要一选入宫，就要解去裹足布，以便于在宫内行走服役。清代汉族妇女仍从旧习缠足。

清代满洲妇女最喜爱穿高底鞋。关于满洲妇女的高底鞋，有几种说法。

一是工作需要。满洲女子和男子一样，经常上山劳作，像采蘑菇、捡树枝等。而长白山气候潮湿，会有露水打湿了女子的裤脚。为此，女子们便穿上了高高的木底鞋。

二是防止蚊虫叮咬。女孩子细皮嫩肉，担心被树丛和草丛中的蚊虫叮咬，她们便有意识弄高鞋底，这样，高底女鞋便应运而生了。

三是为了渡过水塘。这源于一个古老的传说，相传多罗甘珠的父王被人害

清 旗鞋

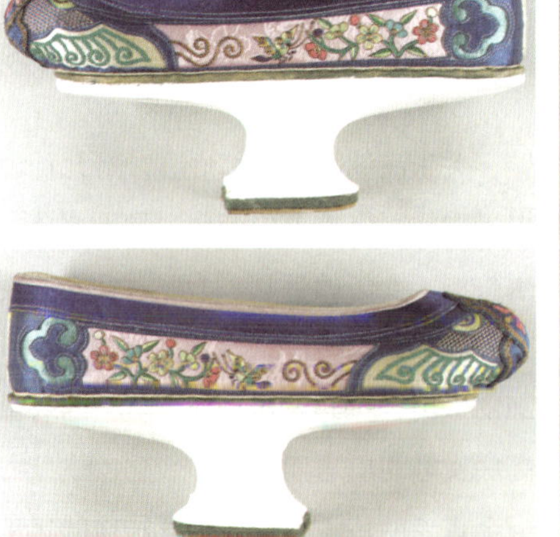

死，他们的城池阿克顿城也被敌人夺走。多罗甘珠为了替父王报仇，便带领着众人前往阿克敦城。可是，阿克敦城周围已经开凿了护城河，里面有很深的水塘。怎么办呢？多罗甘珠思索了一阵，想出了办法，每个人在两条腿上各绑上一根木棍，像高跷一样，便顺利渡过了护城河，杀死了敌人，夺回了阿克顿城。受到这个木腿的启示，满洲女子便发明了高底女鞋。

四是为了遮丑。我们知道满洲女子从来不裹脚，都是大脚。可是，入关以后，满洲女子看到汉人女子都裹脚，讲究三寸金莲，认为脚大是很丑的事情。到清代中晚期，有些满洲女子甚至学汉女裹小脚，朝廷多次警告，都无济于事。在这种情况下，一些满洲女子为了遮住脚大的缺点，便穿上高底鞋，大脚被裤脚遮住了，也就不知道脚有多大了。

以上说法感觉都没有说服力，比如为了工作需要，即满洲女子在入关前，受长白山潮湿气候的影响，怕露水打湿了裤脚，便穿上了高底鞋。其实，这是一种误解，穿这种高底鞋的妇女，一般为满洲贵族女眷，或是一般妇女在闲居时才可穿用，因为，下地劳作的妇女，是无法穿用这种高底鞋的。既然不下地劳作，何来露水打湿裤脚？而且，满洲妇女的旗袍一般都很长，盖过鞋面，甚至鞋底。

这种高底鞋又称为“旗鞋”“马蹄底鞋”。旗鞋又分为“花盆底鞋”“元宝底鞋”两种。花盆底鞋的鞋跟较高，一般为 3 寸以上，就其形状而言，是两头宽大，中间窄小，极具曲线美。鞋底的胎为木质，这是满洲原来“削木为履”习俗的反映。木胎的外面，一般用细白布包裹起来，并在不着地的部分用刺绣或穿珠加以装饰。这种鞋由于跟较高，又是中间细，一般为青年女子所喜爱。但是，在清宫中，那些养尊处优而又上了年纪的后妃们也常穿用。慈禧晚年就穿用花盆底鞋，鞋上满缀莹润的珍珠。

另一种鞋为元宝底，是就鞋底的形状而言的。这种鞋底也是木质，外罩白细布。这种鞋一般不做太多装饰，但也不可一点不装饰，因为鞋面或鞋底四周如果全是素而无花，则被视为凶鞋，不能穿出去。同时，装饰多少，质料好坏，也是贫富的象征。所以，元宝底鞋也要适当粉饰。这种鞋以其沉稳而受到中老年妇女的喜爱。

实际上，清宫中的女子们，平时不会总穿高底鞋，不管是花盆底还是元宝底，穿上去都不如布底鞋舒服。所以，她们更多的时候，尤其是非正式场合，还是会穿普通布底鞋；只有在公开场合或需要穿用的时候，才会穿上。

荷包和小刀

清代满洲青年男女的服饰之中，有一个非常独特的现象，那就是在腰间悬挂一些饰物。其中最明显的东西就是荷包和小刀。

先说荷包。荷包又名香袋、花囊，也叫香囊。它其实是古代汉族劳动妇女创造的一种民间刺绣工艺品，可是，这个传统的工艺品却在满洲青年男女中非常受欢迎，我们发现很多这样的实物传世。按说，荷包和香囊在功用上还是有区别的。荷包广泛一些，最起码它可以用来装烟叶，男子会把烟叶和纸票一并放进荷包之中，取用非常便利。而香囊则顾名思义是用来装香料，当然，也有人说这个香味具有驱逐瘟疫和醒脑提神的功用。所以，香囊的填充物主要有苍术、山柰、白芷、菖蒲、藿香、佩兰、川芎、香附、薄荷、香橼、辛夷、艾叶，另加冰片，还可以适当加入苏合香、益智仁、高良姜、陈皮、零陵香等药材。

荷包也好，香囊也好，被赋予了浓厚的风情含义。尤其是香囊，在青年男女中颇有一番韵味。这里我讲两个故事。

一个是唐玄宗的故事。755 年，安史之乱爆发。次年 7 月 15 日，唐玄宗逃至马嵬驿，随行将士处死宰相杨国忠，并强迫玄宗的爱妃杨玉环（杨贵妃）自尽，让她承担酿成国家战乱的责任。杨贵妃被绞杀后，尸体被匆忙就地埋葬。唐玄宗思念杨贵妃，派人悄悄将她的遗体移葬，办事宦官发现杨贵妃的遗体只剩下白骨一架，唯有临死时佩戴在胸前的香囊还完好如初，便把香囊取下复命。唐玄宗见到香囊，睹物思人，把香囊装入衣袖，贵妃的气味似乎随着香囊扑面而来，他霎时间老泪纵横。

一个是多尔衮的故事。相传，多尔衮不得不拥立年仅 6 岁的福临继位之后，心有不甘，时时想着要找机会废掉小皇帝自立。顺治帝的母后孝庄知道后，非常着急。怎么办呢？她想前去找多尔衮斡旋，又怕效果不好，反而会自取其辱。焦急之中，还是苏麻喇姑给她出了个主意。苏麻喇姑从腰间取下了精致的香囊，递给主子道："不妨把这个给他，一探究竟。"孝庄明白了一切。这个好色的多尔衮刚刚丧妻，孤枕难耐，接到孝庄送来的香囊，香味扑鼻而来，囊如其人，爱不释手，便开始想入非非，无暇顾及废帝自立之事，随后传出了"太后下嫁"的故事。

实际上，清代不仅青年人腰间佩戴荷包，老年人和小孩子也佩戴，不过各有含义而已：老年人为了防病健身，健康长寿，也有为了乞求家庭和睦而佩戴的；小孩子则是为了有趣，为了吉祥，为了健康成长而采用各有寓意的图案，总之，各取所需。

接下来说小刀。满洲男子的腰间配饰小刀，具有浓厚的民族风情。但他们也不会无缘无故佩戴个小刀，一定是有特殊含义的。我们考证，大致有两个含义：一是餐具，就好比吃西餐一样，满洲人出行在外，吃烤肉的时候，要用小刀；二是防身，体现尚武精神。我讲两个故事。

1. 康熙初年，鳌拜专权，朝野内外，党羽遍布，小康熙只是傀儡而已。不过，鳌拜也深知自己树敌太多，尤其是皇帝都防着自己。所以，鳌拜警惕性很高，他刀不离手，以防不测。有一次，鳌拜称病不朝，康熙帝不得不前往探视。可是，当康熙帝来到鳌拜卧室的时候出事了。鳌拜卧病的床的席子下面藏着一把利刃，这本不算什么，关键是皇帝在这里，寒光闪闪，就犯了威胁皇帝安全的大忌，皇帝可以以此为由，逮捕鳌拜，处死他。可康熙帝知道时机还不成熟，他灵机一动道："大家看，鳌拜继承了我们满洲尚武的精神，刀不离手，你们都要向鳌拜学习。"康熙帝这么一说，巧妙化解了一场政治危机。

2. 乾隆八年（1743 年），乾隆帝率领百官浩浩荡荡向盛京出发，去拜谒祖陵。十月一日，乾隆帝在盛京大政殿赐宴。大家都很高兴，感恩皇帝的赏赐。可是，乾隆帝突然发现了什么，不禁大发雷霆之怒："我发现一个非常不好的现象，有的王公忘本了。"大家一时之间不知所措，乾隆帝指着怡亲王弘晓道："你身为爱新觉罗子孙，堂堂怡亲王，怎么连规矩都不懂呢？"弘晓自知理亏，忙跪下请罪。原来，弘晓的腰间没有佩戴小刀，吃肉的时候请别人来帮忙，被乾隆帝看得清清楚楚。这就犯了大忌，等于忘了本，难怪他二话没说，跪下请罪。

清　孝贤纯皇后绣花卉火镰荷包

清　压金银丝葫芦式荷包

清宫娱乐

体育健身

后妃进入深宫，除了寂寞还是寂寞。不仅很少得到快乐，就是身心健康也受到了影响。为了解决这个问题，清朝的皇帝也会想方设法，让妃嫔们既愉悦身心，又锻炼身体。具体讲，就是安排一些体育项目，让妃嫔们参与进来。宫中的后妃由于受满族尚武精神的影响，也很想一试身手，一方面消除郁闷，一方面又锻炼身体。但由于大内后妃身体尊贵，一般在公共场合又都穿有高底的花盆底鞋或元宝底鞋，很不适宜活动。所以，她们在宫中体育项目中多是充当观众的角色。

1. 端阳竞渡。端午日，宫中历来不朝会，但端午节赛龙舟可是中华民族的传统。而且，比赛竞渡的还是龙舟，作为皇家怎么能无动于衷呢？所以，皇上带后妃到圆明园福海的蓬岛瑶台观看龙舟竞渡，十分有趣。皇帝也好，妃嫔也罢，当然不会亲自参与那些剧烈的活动，但大家隔岸观看，对竞赛者也是一种莫大的鼓舞；对后妃嫔御则是一种身心上的洗礼。这样活动有时也在避暑山庄举行，主要是那里有水，能够举行这样的活动。

2. 冰嬉娱乐。冬至以后，或腊八日，清帝带后妃到西苑太液池去观赏冰上运动，被称为“国俗”，世行不替。这种冰嬉活动，可是满洲人的传统活动，他们在关外的时候，天寒地冻，发明了这个非常敞亮的冰上游戏。冰嬉之人在冰上起舞游戏，或做成各种阵势，或举行各种游戏，人越多越壮观。清入关后，这种游戏被带进关内，清朝宫里在冬季也会组织，乾隆还作御制冰床联句诗，以记其事。

3. 狩猎和布库。每年秋季，皇帝要到木兰去围猎，表示不忘国本并弘扬尚武精神。届时，往往有后妃随往，甚至有后妃参与哨鹿的行为。如乾隆之容妃，就有策马递箭的画留传于世。布库是一种赤膊相扑的活动。布库，满语译音，即为角抵、掼跤、武术戏，类似于今天的摔跤。康熙初年，辅政的鳌拜结党营私，把持朝政。足智多谋的康熙，挑选十几名八旗子弟，入内苑陪侍康熙练“布库戏”。一日，康熙独召鳌拜入宫，宣布他的罪行，十几名少年闻声而至，当场擒拿鳌拜。这是清宫廷史中关于布库的生动记载。清宫相扑主要有两种，一为满族式摔跤，一为蒙古族式摔跤，两种形式有区别。这种比较激烈的运动，后妃们不会参与，多在一旁围观。

4. 水猎，踏雪。淀园有水围，乾隆年间，每到夏季，高宗后妃都在昆明湖观赏水猎，取乐嬉戏。这个活动，也不是后妃们亲自参与的，可以理解，那个时候，妃嫔们脱下衣服，下水猎取，会感到有伤风化的。寂寞的后妃，有时会在大雪纷飞的冬季，纷纷走出户外去踏雪，净化心灵，倒也乐趣无穷。每到大

清　钱维城　御制雪中坐冰床即景卷（局部）

清　金昆、程志道、福隆安　冰嬉图

清　佚名　乾隆一箭双鹿图轴

清　郎世宁　弘历观画图轴

雪纷飞的日子，她们纷纷走出户外，到御花园、到其他姐妹那里解解闷。

5. 观烟火。在民间，正月十五看花灯，吃元宵。可是，一过正月十五，人们就感觉春节过去了。有点儿意犹未尽。所以，乾隆以后，增加一个春节娱乐活动，每年正月十九，在圆明园放烟火，宫中后妃随帝观赏取乐。当五彩缤纷的焰火腾空而起，后妃们会高兴地跳起来，宣泄积郁已久的心绪，这是宫中最快乐的事。

6. 荡秋千。在圆明园，在御花园，后妃们聚在一起，玩荡秋千。伴随着春天脚步的临近，后妃们在秋千起伏的韵律中，尽享大自然的美景，又达到娱乐健身的目的。

游戏玩耍

若在宫中，后妃们便想方设法找些有趣的事情来做，以磨炼心志，排遣寂寞。游戏取乐，是必不可少的办法。

1. 琴棋书画。其实宫中很重视有才华的女子，聪颖而贤惠的后妃自然受宠。因而，她们平时也注意加强修养。下棋，有围棋等，慈禧有弈棋图传世。图中一方桌，桌上摆着一盘正在进行的对局棋。慈禧端坐于桌的左方，面带微笑，手拈棋子，桌右一陪弈男子，持子侍立，有说为太监李莲英者。从这幅画中，丝毫也看不出慈禧是一个大权在握的独裁者。书法练字，可以陶冶情操。《养吉斋丛录》记，自康熙开始，除夕前一日，向近臣、近侍等赐“福”字，以后相传不替。至于后妃，则会仿效皇帝，有时皇帝会请些女师傅来教授，她们也会练写“福”“寿”等字，如慈禧太后在听政之余，颇感宫闱寂寞，便找来笔砚，绘画练字。慈禧虽天资聪颖，但字画的纯熟需要真功夫练就，慈禧有些望而生畏。恰此时，有一位云南督抚的夫人缪嘉惠，颇具丹青书法，又中年丧夫，生活无着，以卖字画为生，于是，被及时推荐入宫。慈禧果然十分赏识缪嘉惠，特免行跪拜礼，赐穿三品服色，月银200两，每日在后宫指点慈禧练字绘画。慈禧性情急躁，稍不顺心则推翻桌案，抛掉笔管。缪嘉惠不慌不忙，命人扶好桌案，重整笔砚，凝神坐下，挥毫泼墨，一行行秀雅玲珑的字休映入慈禧眼中。她转怒为喜道：“缪卿果然真功夫。”缪嘉惠见慈禧高兴，便开始指点她作画写字。慈禧喜欢祥瑞，作画主题多为“海屋添寿”，有云水殿阁及仙鹤飞翔；“灵仙祝寿”，有蟠桃、灵芝、蝙蝠、水仙；“富贵长寿”，有牡丹、青松、绶带鸟。画完，由缪嘉惠校正后，加盖“慈禧皇太后之宝”印章。慈禧像其他帝王一样，喜欢赏字于臣，于是，便练写大字，主要有“福”“寿”“龙”“凤”“美意”等。由于慈禧年事已高，练大字颇感吃力，但她十分自信，坚持不懈，终于有所长进，不久，便有许多加盖慈禧印章的大字赏人。这些大字笔条流畅，遒劲有力，颇见功底。一些臣子颇以得此字为荣，便争相乞赐。但慈禧觉得力不从心，干脆由缪嘉惠代笔书写，照样加盖印章赏人。清宫也有其他妃嫔习作书画的记录，如号称“懒梦山人”的同治帝瑜妃，精通文墨，擅作诗文；而同治帝皇后阿鲁特氏，不仅知书达礼，书法还特别好，尤其擅长左手写大字；光绪帝瑾妃，也有山石扇画留传于世，其画线条细腻，颇有古风。

2. 九九消寒。是一种流传很广的宫中文化娱乐活动。冬至开始，漫长难熬的冬天来临了。于是，宫妃们采用九九消寒之法来打发冬日。即选出九个字，或“雁南飞哉，柳芽待春来”，或“亭前垂柳珍重待春风”或“春前庭柏风送香盈室”，各句中每字均为9笔（繁体字），头九第一天写一笔，每日一笔，写完第一个字，头九过去了，写完9个字，81天之后，冬去春来。这些有的是皇帝御制，如“亭前垂柳珍重待春风”为道光御制，也有说为乾隆御制。并有许多诗传世，如《九九消寒诗》《寒梅吐玉诗》《管城春满消寒诗》。

九九消寒诗

头九初寒才是冬，三皇治世万物生，尧汤舜禹传桀世，武王伐纣列国分。
二九朔风冷难挡，临潼斗宝多逞强，王翦一怒平六国，一统天下秦始皇。
三九纷纷降雪霜，斩蛇起义汉刘邦，霸王力举千斤鼎，弃职归山张子房。
四九滴水冻成冰，青梅煮酒论英雄，孙权独占江南地，鼎足三分属晋公。
五九迎春地气通，红拂私奔出深宫，英雄奇遇张忠俭，李渊出现太原城。
六九春分天渐长，咬金聚会在瓦岗，懋公又把江山定，秦琼敬德保唐皇。
七九南来雁北飞，探母回令是延晖，夤夜母子得相会，相会不该转回归。
八九河开绿水流，洪武永乐南北游，伯温辞朝归山去，崇祯无福天下丢。
九九八十一日完，闯王造反到顺天，三桂令兵下南去，我国大清坐金銮。

3. 玩偶。玩偶，在民间会为成年人所不齿，然而，在宫中却不然。起初，这些木偶玩具是小皇帝或小皇子、小公主们的玩具，后来宫妃们无聊时，也会一起玩耍。玩偶的种类很多，有戏剧形象，也有小动物模型，有会动的，有会发出各种声响的，也有智力测试的，制作十分精巧，妙趣横生。

4. 养宠物。清宫的御花园设有鹿苑，放养着仙鹤；内务府有养牲处、养狗处、养鹰鹞处等，东华门内东三所，是内养狗处。这些畜生在宫里待遇很高，有吃，有穿，还有养牲账簿进行记录，记录着日拨口粮。雍正帝有“狗癖”，曾亲自设计狗窝、狗衣等，计划周详。慈禧太后留传于世的照片中，就有其与爱犬的合影，而且，竟有大臣祈斌为其爱犬画像，敬献给慈禧。慈禧的爱犬也有狗衣流传下来，为绿缎做成，做工精细，令人咋舌。

5. 画像。为了打发时日，皇帝会为后妃们请来技法高超的画师，为后妃们画像。如意大利人郎世宁、美国人卡尔等。历代后妃都有传世的画像。其中有朝服像、常服像、汉装像和戎装像，五花八门，虽不见得十分真实，却也可从中看出清宫后妃的大概容貌。后妃们坐在那里，等着画师们一点一点画，如果是脾气好的，会一直等下去。但慈禧不然，当卡尔为其画像时，她嫌画得太慢，走开了。卡尔只好先画好衣服，再请出太后来补画面部。

6. 向佛、扮佛。清廷崇信佛教，宫中的佛堂、佛具很多。而后妃们也通过向佛念经，在余烟袅袅中聊度时光。清宫主子们有的还扮成菩萨，如乾隆扮文殊，慈禧扮观音。有的人甚至称自已为老佛爷，如康熙、慈禧。

7. 斗牌。中国是纸牌的发源地，玩纸牌兴于唐朝（618—907 年），距今已有千余年的历史了。清宫造办处中有纸牌木模子，用来印制纸牌，供后妃娱乐。纸牌的形制有两种，一种为“幺万”至“九万”“幺饼”至“九饼”“幺条”至“九条”等，每种图形 4 张，共 120 张；另一种为三国、水浒人物，30 个人物各 4 张，共 120 张。其玩法和打麻将相似。那些宫中太后、太妃，及当朝后妃们为打发难熬的无聊时光，便会在本宫中与太监宫女们斗牌玩。此外，宫中不允许赌博（但太妃们除外，她们会斗牌赌博），但有时也玩掷骰了，但不玩钱的，输赢看赏钱。

8. 学习刺绣。宫中的后妃，衣食穿用虽不用亲自动手操作，但那些心灵手

清　郎世宁　弘历雪景行乐图

巧的后妃还是会受到皇帝的青睐，这是中国传统观念对女子的要求。因而，那些宫中的后妃，也会在闲下来的时候，学习针织女红，并展开竞赛，也可以达到排遣寂寞的目的。

宫中唱大戏

清宫的后妃基本上都是戏迷，因为唱戏、听戏是当时人们最喜欢的事。每逢节庆，如皇帝登基、万寿节、后妃千秋节、王子公主生日、后妃生育、立春、上元、端午、七夕、中秋、重阳、冬至等，都要上演不同的戏目。戏目无非是帝王将相、神仙鬼怪的故事。有《万寿长生》《福寿双喜》《四海升平》等曲目。戏种有昆腔、弋阳腔等。

一般开戏时间为早 6 点至 7 点，下午 2 点至 4 点结束。地点会有很多，但外东路的畅音阁大戏台最有名。

关于宫中唱戏娱乐，有许多故事。

1. 咸丰是个戏痴，曾亲自上演一部思春戏《小妹子》。咸丰帝钟爱戏曲，中外闻名。他荒唐而庸俗，在他所点的戏目上颇有反映。

咸丰六年（1856 年）正月，档案上记载着咸丰帝与升平署太监的一段对白。

> 问：有会唱《小妹子》的吗？
>
> 答：没有。
>
> 问：原先谁唱过？
>
> 答：吉祥、李福唱过，已故了。
>
> ……

咸丰帝非常失望，他多么希望马上看到这出戏。随即，他给升平署下旨：迅速学出《小妹子》来，钦此。

这出戏是什么内容，对咸丰帝有这么大的吸引力，竟让他达到着魔的程度？

《小妹子》又名《思春》，原为昆腔戏，曾被收入清刻印的剧本《缀白裘》里。它是一部典型的思春戏，其中心情节是，被情夫抛弃的妇人，哀怜地发出对负心郎的怨恨。

其中的部分唱词是：当初呀，我和你未曾得手的时节，恁说道如渴思浆，如热思凉，如寒思衣，如饥思食。你便在我的跟前，说姐姐又长，姐姐又短，又把那甜言蜜语来哄我。到如今，才知道你得手的时节，便远举高飞……负心的贼！可记得，我和你在月下星前烧肉香疤的时节？我问你那冤家呀，改肠时也不改肠？听信你，说永不改肠，才和你把那香疤来烧。谁想你忘恩薄幸，亏心短命的冤家！

这段唱词，咸丰帝都能背下来，台上演员稍有差错，他都能给指出来。为了迎合咸丰帝，升平署特地请来师傅，并招选貌美如玉的姑娘，学演《小妹子》。

清　戏画　名角群像

经过20多天的赶排，于三月十五日在同乐园演出。女演员搔首弄姿，颇得帝宠。咸丰帝看得非常认真，他边看，边唱，边指点，最后，他竟上台与演员对白。以后，这出戏多次在宫中上演。

2. 雍正曾“杖杀优伶”。《啸亭杂录》记载，雍正帝有一次看杂剧，演的是有关常州刺史郑儋打子的故事，扮演常州刺史的伶人艺术高超，“曲仗俱佳”，雍正帝十分高兴，大加赞赏，给了这位伶人许多奖励。可是，这位伶人竟有些忘乎所以，问皇上当今常州刺史为谁？雍正帝立即翻了脸，喝道：“汝优伶贱辈，何可擅问官守？其风实不可长！”接着下旨，将此优伶立即打死。真是伴君如伴虎。刚才还是晴空万里，一会儿就乌云密布。因为一句话就丢了脑袋，谁还敢说话呢？

3. 慈禧看戏。慈禧是个戏迷。每月的初一和十五，是慈禧法定看戏的日子，风雨无阻，看戏的地点是在畅音阁，不管她在哪里住，储秀宫也好，乐寿堂也好，养心殿也好，只要到这两天，她都会到畅音阁去听大戏。慈禧看戏不怕花钱，光绪二十年（1894年）十月初十，是她六十大寿，宫里宫外到处张灯结彩，到处都是戏台子，总共有22个，不仅宫内的戏班子轮番登台，还要请来很多外面的戏班子，什么“同春班”“庆春班”“四喜班”等，应有尽有，那些名角像谭鑫培、杨小楼、刘赶三等都赶来祝寿，慈禧喜不自禁，到处赏银子，光唱戏就花费50多万两银子。也就是这一年中日甲午战争，清朝战败，慈禧居然还这么有心情看戏取乐！

清宫过节

过春节

清宫过春节的习俗，大体和民间相同，不过，由于是宫廷，多了几分神秘和隆重，也多了几分政治色彩。这里只讲清宫过春节的几个有意思的故事。

一是吃素馅饺子。这是清宫与民间的不同之处，民间平时可能吃不到肉，只有到过年的时候，才杀猪宰羊。过了腊八，就开始杀猪了。有这样的谚语："小孩小孩你别哭，过了腊八就杀猪。"可皇宫不是，他们平时每天就供应很多猪肉，还有各种鸡鸭等，所以，到过年的时候，反而要吃点儿素馅的饺子。资料记载，每到元旦日，在弘德殿进"素馅煮饽饽"，满族人把饺子叫饽饽。其中，有个饺子里面包有一个大铜钱，谁吃到了，就说明新年吉祥。

而且，清宫规定，这种饺子，宫里的每个人都要吃到，不管是主子还是奴才，不管是高地位的还是低下品级的，一律吃饺子。更可笑的是，慈禧曾经关照过紫禁城内的老鼠，她专门告诉太监："看看都什么地方有老鼠洞，在洞门口也放一些饺子。"这些老鼠过年的时候，可要感谢慈禧老佛爷了。

二是犯忌讳的事不许做。清宫过年，下人们在主子面前要特别注意，别犯忌讳。比如不说忌讳的话，什么"死"啊，"杀"啊，等等，可千万不能说，否则，就要犯忌讳。同时，也不要做犯忌讳的事，比如民间有初一至初五不许用剪子和针线，免得来年惹上官司或血光之灾，宫里也信这个。资料记载，每到年三十下午，储秀宫的总管就会向慈禧报告："剪子和针线全部按照规定都藏好了，请老佛爷放心。"这样，无论怎么需要，这五天里面都不许使用这些犯忌讳的东西了。到初六，慈禧还要在储秀宫里举行仪式，很郑重地把剪子等请出来，交给相关人员，表示从即日起，可以使用了。

三是吃不起的家宴。这个家宴指的是“乾清宫家宴”，大年三十这一天，皇帝不再单独进膳，而是要和后妃们一起进膳。按说这是好事，后妃们应该千恩万谢，因为皇帝平时根本不和她们同桌吃饭，有了这样的机会，不应该千恩万谢吗？可是，皇帝的后妃们并不喜欢这个家宴，有的甚至惧怕这一天的到来，为什么呢？

1. 三六九等，并不同桌。说是皇帝与后妃同乐，可这个家宴不是同乐。等级森严，给人非常压抑的感觉。皇帝面南背北坐“金龙大宴桌”，后妃则分列东西两边；而东西两边，又以东边为尊贵，西边较低下；同样是东边，又从北边开始分出高低贵贱，最北边离皇帝最近的是头桌，接着是二桌、三桌、四桌……西边和东边一样排列桌子。

2. 音乐让人心烦。乾清宫家宴并不平静，不是皇帝与后妃们说说话，吃吃饭，而是像上朝一样，反复响起烦人的音乐。皇帝出场奏“元平之章”；皇后率妃嫔向皇帝行礼奏“雍平之章”；帝后妃等用膳开始奏“海宇升平之章”；上水果奏“万象清宁之章”；上酒奏“玉殿云开之章”……这哪像吃饭啊，妃嫔们简直烦透了，还有什么心思吃饭呢？

3. 行礼不断。这些后妃们出场赴宴，那要分等级，最低下的先到，等着高级别的，直到皇后出现，众位后妃全部到场之后，大家反复行礼，已经是精疲力竭了。可是，这仅仅是开始。皇帝登场之后，那才是真正行礼的开始。皇帝登场，众人起身离座行礼，皇帝落座行一拜礼；皇帝敬酒，后妃们要离开座位，跪下行一拜礼；皇帝敬完酒，后妃要按等级分别离座向皇帝敬谢，行二肃一跪一拜礼；家宴完毕，皇帝起座离开，后妃要离座起身按顺序排好队，行礼送别皇帝。

四是压抑的春联和《宫训图》。春联压抑，是从风俗上说的，满洲在关外的时候，他们崇尚白色，不喜欢红色。可是入关之后，满洲的皇帝仍然沿袭这个习惯。春联都是以白绢书写，外包蓝边，内镶红条。这种做法，让那些汉旗女子看了非常压抑，感觉不像是过春节。至于《宫训图》，就是把历史上的十二个后妃中的榜样画成图像，从腊月二十六开始，就在东西十二宫中张挂，

清　庆新年

清 缂丝龙舟竞渡图

到第二年的二月初三再摘下收起。具体哪个宫殿挂什么，都有要求：景仁宫为燕姞梦兰图；承乾宫为徐妃直谏图；钟粹宫为许后奉案图；延禧宫为曹后重农图；永和宫为樊姬谏猎图；景阳宫为马后练衣图；永寿宫为班姬辞辇图；翊坤宫为昭容评诗图；储秀宫为西陵教蚕图；启祥宫为姜后脱簪图；长春宫为太姒诲子图；咸福宫为婕妤当熊图。后妃们看到这些《宫训图》心情是非常压抑的，因为这些图就像大山一样压在她们的心里，毁掉了她们的青春、爱情和自由。

五是放鞭炮。皇宫平时不允许燃放烟花爆竹，宫殿建筑多用木料，怕引起火灾。但过年时例外。过年燃放爆竹从腊月十七日开禁，道光丙戌年（1826年）改为腊月十九日。腊月二十四日以后，皇帝出宫，每过一门，内监都要放一个爆竹，入宫时也要燃放。听到爆竹声，内值大臣就大体知道皇帝轿子的远近了。让妃嫔们最享受的还是元宵节放烟花，因为放烟花的时候，她们要离开压抑的紫禁城，到圆明园去玩了。资料记载，乾隆时自正月十三日起，即奉皇太后至山高水长殿前看烟火，至收灯（十九日）止。这天，先举行盛大宴会，大家可以坐在一起尽情享受美食，约束较少。宴会完毕，看各种演出，有西洋秋千、蒙古音乐、撩跤、爬竿、冰嬉、罗汉堆塔、高丽跟头、回部音乐等。最开心的就是到了晚上，要燃放烟花了，遍置花炮，星火遍燃，万响齐发，让人眼花缭乱，心情非常放松。据说，散后爆竹残纸，有一寸多厚，步军统领要率兵泼水，谓之“压火”，真是一派盛世景象。

康熙跳舞

这里讲的是康熙帝孝敬他的嫡母孝惠章皇后的故事。康熙帝亲生母亲死得早，他8岁丧父，10岁丧母。可他的这个嫡母很长寿，一直到康熙五十六年（1717年）才去世，活了70多岁，全凭这个非亲生的儿子康熙帝照顾，因为她一生没有生育一个子女。

说起来，孝惠很不幸，她14岁进宫，嫁给顺治帝。可是，顺治帝很叛逆，他不喜欢这个女人，孝惠在宫中苦苦守了7年活寡，直到丈夫去世，康熙帝继位，她真正成了寡妇。康熙帝对她很孝顺，虽不是亲生子，却百般照顾，孝惠反而觉得很幸福。说起康熙帝对嫡母的孝顺，史料记载很多。

比如，康熙帝因为怕嫡母寂寞，就把自己的皇五子允祺和五公主交给嫡母带。有小孩子在身边，孝惠倍感开心，她觉得生活很有趣，再也不感到寂寞了。

比如，逗嫡母开心。孝惠年老之后，经常唉声叹气，康熙帝很担心，便想问个究竟。孝惠说："最近我的牙齿掉得厉害，有的牙还很疼。"康熙帝一听就笑了说："母后有所不知，这不是坏事，是好事。"孝惠很纳闷，觉得康熙帝在骗他。康熙帝说："我常听人说，老人的牙如果掉了，或者疼痛，对后代大有好处。您想，您的牙疼，有的还掉了，这不是好事吗？"孝惠一听就破涕为笑了。不过，康熙帝最孝顺的一件事，还是他给母后跳舞过万寿。

康熙四十九年（1710年）正月十六日，是孝惠章皇后七十大寿。宫里宫外格外忙碌，到处张灯结彩，呈现出一派喜气洋洋的气象。皇太后生日在宫中称"圣寿节"，历来十分受重视，尤其是遇到皇上、皇太后整寿，宫中便早做准备，大加庆贺。这次孝惠皇后七十整寿，玄烨决心大办一番，以表达自己的孝心。正月十六日这天，宫中大延宾客，又召来戏班子，一时间灯红酒绿，好不热闹。康熙帝一面陪太后看戏，一面说些为太后祝寿的吉祥话，一场戏下来，57岁的玄烨突然走上戏台，要为太后祝寿跳蟒式舞。孝惠皇后忙站起，要劝阻皇帝，因为皇帝年岁实在太大了，不宜跳舞。可是，康熙帝兴致勃勃地朝太后施礼祝寿后，便跳了起来。蟒式舞，为满洲传统的筵宴歌舞，在民间早已流传，不知何时传入宫中。舞蹈形式为九折十八式，舞者举一袖至额头，反过一袖至后背，盘旋作势，形似巨蟒跳跃，所以叫蟒式舞。九折即九组动作，一为起式，二为摆水即打鱼动作，三为穿针即织网动作，四为吉祥即欢庆动作，五为单奔马即打猎动作，六为双奔马即出征动作，七为怪蟒出洞即龙舞动作，八为大小盘龙即龙戏水动作，九为大圆场即欢庆动作；十八式即十八个舞蹈姿势，有手、脚、腰、转、飞各三式，肩二式，走一式。做完这些动作，康熙帝额头已微微出了一些汗，皇太后感动得站了起来，连忙说："皇帝孝心，天地昭昭，请歇息，不要累着。"母子亲情，由此可见。

甄嬛豪华过生日

这里所说的甄嬛，是指孝圣宪皇后。都说甄嬛有福，这是谁说的呢？是皇帝说出来的。皇帝说出来的话，那可是金口玉言了。究竟是哪一位皇帝，会对这样一位女子说出这样的话？是她的公公康熙帝。事情发生在康熙六十一年（1722 年），正是牡丹花盛开的季节，胤禛把父皇康熙帝请到雍亲王住地狮子园，赏牡丹花，其时，12 岁的弘历随父王一同觐见康熙帝。康熙帝看见这个孩子长相俊美，又聪明伶俐，十分喜爱。弘历也很做脸，给爷爷背诵了周敦颐的《爱莲说》，一点儿不磕巴地背诵完，康熙帝大喜，感到后继有人，十分高兴。于是，说了一句语惊四座的话，说弘历“福将过予”（《乾隆帝御制诗文集》）。就是说，这个孩子的福气将超过我。然后，他命令雍亲王妃把弘历亲生母亲叫来看看。甄嬛就这样第一次拜见了自己的公公康熙帝。康熙帝看到甄嬛之后，有什么反应呢？资料《清代后妃传稿》这样记载：“皇祖连谓之有福之人。”也就是说，康熙帝看了儿媳妇之后，当时就笑了，连连说她是有福之人。这一次狮子园牡丹台相见，对于甄嬛来讲至少有两大收获：第一，提高了自己的政治地位，最重要的是借此给自己的儿子带来了福运。也就是说，康熙帝想通过甄嬛的相貌，来预测一下她的儿子弘历将来的命运，看他是否是一个可以托付江山社稷的人。为此，乾隆帝即位后感慨地说：“仰窥皇祖恩意，似已知予异日可以托付，因欲观圣母福相也。”（《乾隆帝御制诗文集》）第二，获得了“有福之人”的称号。康熙帝的这番话，不胫而走。不仅王府上下尽人皆知，就连皇宫大内也传开了。这可能是胤禛出于自己的政治目的而宣传的，尤其是弘历即位后，把这段对话记录在案，达到了广而告之的目的。

接下来，甄嬛的好运来了，她在宫中的地位不断攀升。本来，甄嬛入宫有两个致命的弱点。一个是地位低下。她的父亲是一个四品典仪官，也就是一个厅级干部，这在等级森严的皇宫之中，是不占优势的。我们在《甄嬛传》中，看到华妃飞扬跋扈，丝毫不惧怕皇后，就连皇帝也要让她三分，就是因为华妃的哥哥年羹尧握有重兵，是皇帝的股肱大臣。以甄嬛这样的出身，想要在宫中占有一席之地，那是很难的。二是她的长相实在让人难以恭维。方盘大脸，方面大耳，浓眉大眼，女人男相，也难怪康熙帝看到之后，会笑着说她，确实不是一个美人坯子。雍正帝对一个这样长相的女人会喜欢吗？她很幸运。雍正帝并非一个好色之徒，对于女人的关注，远不如他对储位的关注。所以，熹妃的长相缺陷没有被过分放大。她很有福。偶尔和胤禛的几次接触，熹妃就侥幸怀孕，而且，侥幸生下了一个男孩子，生下了让她足以自豪的弘历。她连升两级。生下弘历，就为自己晋升为妃铺平了道路。雍正帝一即位，她就顺利被封为熹妃，“顷之，又进贵妃”（《清朝后妃传稿》）。实际上，《传稿》记错了，直到雍正八年（1730年），熹妃才晋升为贵妃。尽管如此，熹妃在宫中的地位还是提高了不少。据考证，到雍正三年（1725年），甄嬛就已经成为宫中的第二号人物，帮助皇后打理后宫；到雍正九年（1731年），中宫皇后病逝，熹贵妃总理后宫，大权独揽，成为后宫的头号人物。这等福运，不得不说得益于当年公公康熙帝的金口玉封。当然，甄嬛真正的福气还是儿子乾隆做了皇帝，她成了高高在上的皇太后。

甄嬛做了42年的享福太后。雍正帝去世，她虽然失去了丈夫，但她的儿子做了皇帝，自己成了皇太后，比之以前，就更加享福了。主要表现是：

第一，多次在儿子的陪伴下游山玩水。乾隆帝出巡是有名的，有好多微服私访的记载。其实，乾隆帝每次出巡，都是打着孝敬母后的旗号。《啸亭杂录》记载：“纯皇侍奉孝圣宪皇后极为孝养，每巡幸木兰、江浙等处，必首奉慈舆，朝夕侍养。”四次南巡：乾隆十六年（1751年）、乾隆二十二年（1757年）、乾隆二十七年（1762年）、乾隆三十年（1765年），总共近500天。三次巡幸五台山：乾隆十一年（1746年）、乾隆十五年（1750年）、乾隆二十六年（1761年），达到100余天。四次东巡泰山：乾隆十三年（1748年）、乾隆二十一年（1756年）、乾隆三十六年（1771年）、乾隆四十一年（1776年），达到180余天。两次巡幸盛京，也就是沈阳：乾隆八年（1743年）、乾隆十九年（1754年），达到260天。此外，乾隆帝还陪着母后到避暑山庄29次。可以想见，每次出巡，浩浩荡荡，朝廷要花费大量银两，地方官还要极尽报效之能事，使得太后享尽了人间富贵。

第二，太后过生日，靡费无度。甄嬛的生日是十一月二十五日，每到这一天，他的儿子都要给她过生日。她做皇太后时是44岁，之后，她做了42年太后。在宫里，儿子给她做了几个十年整寿：乾隆十六年（1751年）六十大寿，乾隆二十六年（1761年）七十大寿，乾隆三十六年（1771年）八十大寿。每次整寿，宫廷内外，大加庆祝，靡费无度：1. 点景。从西华门到西直门近十华里的距离之内，建起亭台楼阁，张灯结彩，到处建戏台，一派普天同庆的景象。2. 礼品。乾隆帝给母后的礼品是：白银1万两、珍珠600串、珊瑚珠600串、绫罗绸缎100匹，还要连续五天进献九九礼，就是每天进献81件珍贵大礼。3. 唱大戏。除了西华门到西直门之间连续五天唱大戏之外，在紫禁城和圆明园，都要连续五天唱大戏，请来国内顶级戏班子，为太后助兴。4. 宴会。甄嬛生日前后各4天，共9天的时间，要在寿安宫大宴宾客，乾隆帝每天向母后祝酒庆祝，历史上留下了乾隆帝祝酒的画面。

清宫出巡

“五台山寻父”

有资料记载，康熙帝曾经5次登上五台山。其中康熙十五年（1676年）一次，康熙二十二年（1683年）就两次登顶五台山。那么，康熙帝频繁到五台山去干吗呢？众说纷纭，其中，有一种说法很有趣，说是康熙帝到五台山去寻父了。康熙帝的父皇是顺治帝。有一种甚嚣尘上的说法，说顺治帝出家到五台山当和尚去了，康熙帝继位之后，多次到五台山寻找亲生父亲。

这里还有一个故事。康熙帝到五台山寻父，一日，在山坳处看到一个老和尚摇摇晃晃走来，便上前施礼询问：“师父，请问您知道当年顺治爷出家这件事吗？”老和尚哈哈大笑道：“贫僧当然知道。”老和尚讲了很多，没有什么顺序，语句混乱。康熙帝便问道：“师父您的法号是什么啊？”意思是也许将来再到五台山，好联系联系。谁知道这个和尚没有直接回答，却作了一首诗：“一字写出四笔成，既无竖来也无横。负薪寺中交上去，斧头和尚是我名。”老和尚疯疯癫癫，语无伦次，也有人说老和尚自称“八×和尚”。康熙帝一看问不出究竟，便传旨回宫。回到紫禁城，他闷闷不乐地去见奶奶孝庄。孝庄问明缘由后，说：“哎呀，这个疯和尚是装的，他就是你的父皇啊。你想想看，‘斧头和尚’的‘斧’字有父亲的‘父’字；‘八×和尚’其实就是父亲的‘父’啊。”康熙帝恍然大悟，立即星夜兼程，再次赶往五台山寻父，却再也没有见到那个疯和尚。

这个故事听起来很神奇，大家都为康熙帝错过寻父的大好机会而感到惋惜。

那么，康熙帝的父亲顺治帝真的出家当和尚了吗？无独有偶，清史资料中，还真记载了顺治帝剃发为僧的经过。事情的经过是：顺治十七年（1660 年）八月十九日，顺治的宠妃董鄂妃去世，顺治帝非常悲痛。他睡不着觉，每到黑夜就看到爱妃的身影在眼前晃来晃去；吃不下饭，开始是闹绝食，后来真的就水米不进了；闹上吊，大吵大闹说董鄂妃死了，他也不活了；闹出家，说干脆落发为僧算了，找来了大和尚茆希森，给自己剃了头发，等等。这些说法，在正史中都有记载。

还有一个很奇怪的现象，就是发生在清东陵中的怪事。清东陵有 15 座帝后妃陵寝，在民国年间，时局动荡，先后发生数次大盗案，如 1928 年孙殿英盗案，1945 年底张尽忠、王绍义盗案，等等，把清东陵几乎所有的陵墓全部盗掘。可是，唯独顺治帝的孝陵没有被盗掘。还有一个很传奇的说法，因为顺治帝早年出家到五台山了，地宫中没有尸体，也就没有棺材，因而也就没有什么殉葬品。还有人说，孝陵地宫是顺治帝的衣冠冢，只埋葬了顺治帝的一双鞋子和一把扇子。所以，没有宝贝，便没人去盗掘。

那么，真相到底如何呢？顺治帝真的出家五台山了吗？

查阅档案，发现顺治帝在董鄂妃去世之后 4 个月，到顺治十八年（1661 年）正月，由于身体虚弱，不幸染上了可怕的天花，病情十分凶猛，到正月初七，便去世了，年仅 24 岁。他去世之后，装满宝物的大棺材被运往景山，在那里举行了火化仪式，他的尸体连同满棺珍宝化为灰烬。

这就是历史真相。

幸福的德妃

德妃，乌雅氏，她是康熙帝最喜爱的女人。虽然家境不是太煊赫，但是康熙帝喜欢这个女人，与她前后生育了 6 个子女，是康熙帝后宫中的生育冠军。在德妃内心中，她也感觉最幸福，一个女人所应有的一切她都有，男人的关照，儿女双全，锦衣玉食的生活，不错的封号，等等。每当德妃合上双眼休息的时候，她和康熙帝幸福的情景就会浮现在脑海中，像过电影一样，清晰得很。其中，有两件事，她印象是最深刻的。

第一件事是出去旅游。宫中的女眷最大的心愿，就是跟随皇帝出去游玩，尤其是到南方去旅游，北方还是万物肃杀的季节，南方已经是花开满园了。但是，皇帝也不可能把每个妃子都带出去啊，所以大家争取每个机会。康熙四十六年（1707 年）正月二十二日，康熙帝带领大家去江南旅游，德妃争取到了名额，她太高兴了，兴奋得晚上连觉都睡不着。康熙帝一行浩浩荡荡，从北京出发，目标是江苏扬州。随着季节的变化，温度的变化，德妃的心情也跟着变化。可是，正当德妃一路兴奋不已的时候，她的身体出现了问题。她的哮喘病发作了，而且一天比一天严重。怎么回事呢？康熙帝很着急，太医们守候在德妃旁边会诊，最终清楚了，是由于不太适应气候的变化。德妃是北方人，尤其冬季，北方寒冷，而南方温暖如春，她不太适应，犯病了。康熙帝非常心疼她，日夜不离地守护在旁边。德妃有些难为情："皇上回去吧，不要为了我而坏了心情，也不要累坏了身体。"康熙帝深情地看着德妃道："爱妃不要多想，朕好着呢。只盼着你能快快好起来。"德妃听了康熙帝的话，一股暖流涌上心头。

到五月的时候，康熙帝一行结束了江南之行，回到了北京。他们乘着龙舟，沿着大运河一路北行。五月十八日，龙舟到达天津码头。康熙帝命宫女们搀扶着身体虚弱的德妃下船。当德妃走下龙舟，抬头一看，眼前的情景让她惊呆了。她看到了什么呢？她的两个儿子，一个是胤禛，一个是允禵，正在那里等候母亲的到来。两个儿子跑过来，给父皇母亲请安后，便抱住母亲，久久不放开。德妃很纳闷，问道："你们怎么会知道我们今天到达呢？"胤禛道："是父皇特意安排的，告诉我们不要来早了，白白等候；也不要误了，接不到你们。"德妃眼睛湿润了，看着康熙帝这么细心照顾，便赶忙弯下腰感谢康熙帝的周到安排。

第二件事是写情书。康熙三十六年（1697 年）春天，康熙帝三征噶尔丹。当时战事倥偬，康熙帝指挥作战，非常辛苦，也非常劳累。战歇之际，康熙帝突然想起了他的德妃，便给她写了一封情书，表达了他的思念之情。写完后，装在信袋里，在封皮上写"给永和宫"。当时，德妃就住在永和宫。然后，六百里加急，火速送往紫禁城。德妃打开这封情书，读着读着，脸颊都绯红了，她也想她的夫君康熙帝了。

看来，德妃真是太幸福了。这也难怪，人家德妃的运气还特别好，康熙

六十一年（1722 年）十一月十三日，康熙帝去世，九个儿子争夺皇位，偏偏是德妃的儿子胤禛继位了，这就是雍正帝。一般人认为，德妃的大好日子来了。可谁都没有想到，德妃没有感到幸福来敲门，反而非常沮丧。所以，她做出了非常令人意外的决定：一是不搬家，雍正告诉她，正给她修建太后寝宫呢，请她搬出永和宫，她说不搬家；二是不做太后，就当一辈子德妃。

雍正帝真是摸不透母后的心思，他苦苦哀求母亲要节哀，不要因为康熙帝去世而太过悲伤。同时，要她赶紧搬家，赶紧接受太后的封号。可是，德妃总在思念她的康熙帝，无法走出失去夫君的痛苦，终于在第二年的五月二十一日，德妃又做出了谁都没有想到的一个惊天举动，撞柱殉葬。她真的这么做了，血流如注，尽管太医们竭尽全力抢救，仍然没有挽回德妃的生命，第二天，她就去世了，追随康熙帝去了。

第十一卷敬圖
皇上發自江寧水西門過石頭城途中樹木交蔭
風物清美遂歷觀音門至燕子磯
駕乘舟泛江羽纛煥江山彩仗耀雲日維時江神
獻祥風伯從令樓船畫艦順流而下銀濤碧
浪之中開帆捩舵操縱如飛水師之盛展卷
可覩固經儀真望金山沙漵縈迴漁舠出沒
皆供憑眺亦略施之縑素焉

康熙南巡图（第十一卷）（局部）

倒霉的乾隆出巡

乾隆皇帝有个爱好，那就是游山玩水。我们看到很多这样的电视剧，看到乾隆皇帝在出巡中微服私访，经历神奇得很。可是，乾隆皇帝出巡有一个非常奇怪的现象，每当出巡就出事。举几个例子。

一次是乾隆十三年（1748 年）二月，乾隆帝奉皇太后，率领皇后富察氏等出巡山东。这次出巡是乾隆皇帝提议的。春寒料峭，刚刚过完春节，乾隆帝就对皇后富察氏说：“咱们去登泰山吧，去去晦气。”什么意思呢？原来，他和皇后所生的皇子永琮刚刚去世，两个人心中都很难受，因为这个永琮是准备立为皇太子的，实现乾隆帝立嫡的夙愿。这回好了，小永琮刚刚两岁就夭折了，立嫡的愿望是无法实现了。最难受的不是乾隆，而是皇后，她的儿子死了，自

清　徐扬等　乾隆南巡图卷（第六卷·大运河至苏州）（局部一）

清　徐扬等　乾隆南巡图卷（第六卷：大运河至苏州）（局部二）

已年近四旬，很难再生育皇子了。所以，皇后郁郁寡欢。其实，刚刚的丧子之痛她已无法走出来，根本不想出去游玩。但是乾隆帝提出来了，一番好意，绝对没有拒绝的道理，况且，有皇太后跟随，她最爱旅游了。皇后只好强颜欢笑，跟随乾隆母子游玩山东。泛舟大明湖，观赏趵突泉；登泰山极顶，一览众山小。皇后已经很疲惫了。三月回銮，一行人到德州的时候，乾隆帝别出心裁，突然提出要改走水路，于是，皇后和大家一起坐龙舟沿着大运河北上。可是，皇后已经很虚弱了，这个时候的天气还是春寒料峭，倒春寒袭来，皇后打了个冷战，她感冒了，病倒在床。挨到十一日，竟然一病归天。乾隆皇帝来到皇后尸体前，失声痛哭，没想到自己的一番好意，竟然把皇后送上了黄泉路。

第二次是乾隆三十年（1765 年）正月第四次南巡。这次还是陪皇太后，有皇后乌喇那拉氏等陪同。一路上玩得很开心，二月初十，还为皇后那拉氏过了生日，赏赐了众人大量珍玩，场面其乐融融。可到闰二月十八日，一行在杭州的时候出事了。到杭州“礁石鸣琴”这个地方，早膳乾隆还赏赐皇后食品，到晚膳的时候，皇后的身影不见了，她的名字被用黄签给盖上了。原来，这个那拉皇后被提前送回去了。她干什么了呢？后来才知道，就在早膳之后，乾隆和他的母后一起召开了家庭会议，在会上，太后提议“晋封令妃为皇贵妃”。这个令妃就是我们看的《还珠格格》里面的那位。皇后听后先是惊讶，接着极力反对。可是，反对无效，怎么办呢？皇后采取了极端办法，剪发，她披散开头发，剪掉了耳边的一绺头发。这就犯了大忌。满洲有个旧俗，只有丈夫和老人去世，女子才剪发，这等于在诅咒乾隆母子。所以，乾隆帝大怒，立即命人提前护送皇后回去了。皇后从此被打入冷宫，第二年七月死于冷宫中。

第三次是乾隆四十九年（1784 年）第四次南巡。这次南巡，乾隆帝有些失落，因为他的母后已经去世了，再也不能和他一起畅游江南。加之乾隆帝年事已高，他已经 74 岁了，人逢七十古来稀，乾隆帝已经是感慨万千了，他决定自己此次南巡是最后一次，所以，多少带有一些伤感的成分在里面。可是，他万万没有想到，在杭州回銮的时候，居然又出事了。三月十五日夜里，他正在龙舟中休息，突然得到报告：“不好了，诚嫔落水了。”乾隆帝赶忙组织人乘着夜色打捞，费了半天工夫，诚嫔终于打捞上来了，可已经死了。乾隆帝非常悲痛，心说真是怕什么来什么。原来，这个诚嫔乘着夜色，走出船舱，来到甲板上，欣赏江南夜景，不小心失足落水。

老佛爷的欢心事儿

吸水烟

康熙帝早就说过，吸烟有害健康，为了禁止宫里人吸烟，他曾经借故惩处过身边的大臣。最严厉的惩罚莫过于因为吸烟引起膳房失火的师傅二格，愤怒的康熙帝用铁条把二格的鼻子贯穿，使他再也不敢违制吸烟。以后，宫里面一度禁烟，谁也不敢再吸烟了。

皇帝能够做到，他们有很多正事、大事做，单独一个人寂寞难耐的时候并不多。那些后妃就不一样了，她们非常寂寞。皇帝还在的时候，三宫六院，都不一定来她们的寝宫，她们经常孤守空房。皇帝去世了，她们干脆就变成了寡妇，永远也不会有男人来了，她们彻底与世隔绝了。这样，守寡的妃嫔们，在孤寂的情况下，会怎么办呢？下棋，听太监说书，荡秋千，有时也会去圆明园看放烟火。但是，那毕竟是有限的活动，很快就过去了。她们害怕再次回到孤寂的宫殿，便冥思苦想，看看什么能够排遣寂寞。这样，她们爱上了吸烟，吞云吐雾之间，消遣了大好时光。

慈禧饭后有吸烟的习惯，她虽然不似一般寡妇那样寂寞，但也和皇帝不一样。皇帝有后妃陪伴，可以说话解闷；慈禧没有，慈禧不能像皇帝那样找几个男人解闷，至多会有太监李莲英陪着说说话。所以，听政之余，慈禧是非常寂寞的。

慈禧吸水烟，不吸旱烟。清宫里忌讳水烟二字，因与“水淹”谐音，所以，储秀宫管水烟叫青条。此烟为南方专门进贡，也叫潮烟。

有4个宫女伺候慈禧吸烟。为什么需要4个宫女呢？因为需要准备两袋烟，每袋烟需要两个宫女，一个专门抱着水烟袋；一个人趋向前，小心翼翼去打火镰点燃纸眉子，再点燃烟丝。当然，慈禧一般不会吸两袋烟，准备两袋烟，是以防万一。

敬烟前要准备好6样东西：火石、蒲绒、火镰、火纸、烟丝和烟袋。宫女在慈禧面前点火敬烟，必须十分小心，万一火星溅到慈禧脸上，她一发怒，宫女本人连同祖宗三代就会遭灭顶之灾。所以，别小瞧侍奉慈禧吸烟，事情虽小，却关乎宫女们的身家性命。引火用的纸眉子是关键，既不能搓紧了，容易灭火；也不能搓松了，那样火苗子容易蹿出来，还会冒烟，把慈禧烤了和呛了可都是很危险的事。所以，宫女们光用火镰打火这件事，都要请专家来培训，反复练，练到万无一失，才可以上岗。

所用烟丝细薄而长，约10厘米。烟丝有一股清香味，用青绿色纸包裹，长方条状，所以叫青条。水烟袋全为银制，有两缸，一为烟缸，一为水囤，长长的烟管弯如鹤腿，叫鹤腿烟袋。慈禧的这柄水烟袋，银体外饰烧兰釉，再外包锦套，上绣花卉、卍、蝙蝠，烟嘴上挂的穗上是用真丝线编成的长寿字。这柄烟袋高40厘米，重608克。

慈禧吸烟时，敬烟宫女必须跪下，用手托起水烟袋，慈禧一看烟袋，宫女便把烟嘴送到太后嘴前约一寸远的地方，慈禧根本不用手接，只略一伸嘴便能含入口里。吸烟时，宫女不能正面对着慈禧，怕出气吹着她，但也不能背过脸，必须恭敬地微侧脸，低眉顺眼，呼吸轻微地伺候。吸完烟后，宫女不可背过身，扬长而去，而是要弯腰低头，趋脚倒退而出。

玩官房

清代的紫禁城里，住着数以万计的人。可是，紫禁城内没有厕所，宫里人解大便时，将便盆里装好炭灰使用，完事后用灰盖好，端出倒掉；解小便时，用便盆，倾倒在恭桶里，抬出倒掉。

慈禧的便盆称为“官房”，她一说“传官房”，就是要解手了。慈禧晚年肠胃不和，每天几次传用官房。

传官房前，要先备好手纸。慈禧所用手纸是细软的白绵纸。宫女加工手纸时，先把一大张分开裁好，再轻轻喷上一点水，宫女用口喷，雾星又匀又细。把纸喷潮以后，再用铜熨斗轻轻熨两遍，把纸毛熨倒为止。随后，将熨好的纸裁长条备用。

慈禧的官房为檀香木质。外边刻着一只大壁虎，4只爪子狠狠地抓着地，构成官房底座的4条腿，身上有隐隐的鳞，好像都涨起来了。肚子鼓鼓地憋足了气，活像一个扁平的大葫芦。正好成为官房的肚子。壁虎尾巴紧紧地卷起来，尾梢折回来，和尾柄相交形成一个“8”字形，巧妙地做成官房的后把手。壁虎头翘起来，向后微仰着，紧贴在官房的肚子上，下颌稍稍凸出，和后边的尾巴正好是平行的地位，手的虎口恰好可以托住，正好作为前面的把手。壁虎头往后扭着，两眼向上注视着骑在背上的人。嘴略略地张开，恰好可以衔着手纸。两只眼睛镶有光亮的宝石。官房的口是略长的椭圆形，有盖，盖之正中卧有一条螭虎，做成提手。慈禧晚年肠胃不和，这件官房是她经常使用的东西。慈禧解手时，骑在大壁虎上面，一面握住壁虎的尾巴，一手拿着手纸逗大壁虎玩。也只有在这个时候，宫女们才觉得独裁者也有人情味。

慈禧一说传官房，侍女便忙碌起来。一个去传专管太监，这个太监同官房一起随侍慈禧左右，即使是出巡在外，也是如此。太监将裹有黄云龙套的官房顶在头上，走到寝宫门口，请跪安，然后把黄包套迅速打开，请出官房，由宫女捧进更衣室。另一名宫女在里间伺候慈禧已宽好衣服，再将一块2尺见方的油布铺在地上。宫女将官房在油布上放好，慈禧便由宫女搀扶骑上壁虎。

壁虎的肚里是干松的香木细末，便物落下后，立即滚入香木末里，所以，闻不到臭味。

慈禧解完手，官房由宫女捧出寝宫。在寝宫外伺候的太监，垂手躬身恭候着，双手接过官房，再用黄云龙套装好，头顶而出。

慈禧在宫里解手这样摆派头，可是，1900年，她在逃往西安的途中狼狈已极。有一次，她走进一间茅厕，但见空中苍蝇飞舞，地上恶屎黄汤横流，没有下脚之处，她只好退出来。最后，情急之中，她命随侍女眷脸朝外围成一个圈，她在里边解手。此时的慈禧真是感慨万千。

慈禧对官房的感情是最深的，她真的是离不开这个贴心的官房。尤其是光

招财进宝　寓意吉祥，除凶避邪

绪三十四年（1908年）十月初十，她74岁生日之后，由于频繁接见王公大臣的朝贺，频繁出席各种庆祝活动，再加上不停地看戏，身体有些吃不消了。本来，年龄大了，肠胃就很弱，吃的又都是好东西，结果坏了，她的肚子开始咕噜咕噜叫唤，不停地传官房，太监刚刚抱走官房，又开始传，两个官房都不够用了。一直持续了十几天，太医也是没有办法，他们在脉案上写得最多的一句话是“水走大肠，得食则泄”，就是吃什么拉什么，已经止不住了。过去12天，到十月二十二日，慈禧的肚子里什么也没有了，还是下旨准备传官房。这天，她病逝于仪鸾殿。

坐奔驰

慈禧这个人一生活得可真是太值了，大权在握，呼风唤雨，威风八面，是一位真正的女皇。仅以她出行所乘坐的交通工具来说明这个问题。慈禧出行，或者消遣行乐，主要乘坐过这些交通工具：轿子、船、火车和汽车。

乘坐轿子。这是慈禧乘坐得最多的交通工具了，也是最常见的交通工具了。史料中有慈禧乘坐轿子的照片，那真是太气派了。三十二人夹杠抬着一个肩舆，慈禧穿戴整齐，坐在上面，最前面是两个总管太监，东侧为李莲英，西侧为崔玉贵，后面是慈禧亲近的女眷或女官，比如隆裕皇后等，还有侍奉的太监以及宫女。各种御前太监拿着慈禧需要的物品，比如官房，还有各种点心食盒，洗漱用具，等等。

乘坐船只。慈禧有乘坐船只的照片传世，这倒不是慈禧出行的交通工具，而是慈禧行乐游玩的交通工具。慈禧重修颐和园后，昆明湖备有大小龙舟数艘，专供慈禧游湖消夏。每次乘船至昆明湖时，她先

到南湖岛上的龙王庙烧香拜佛，以求龙王保佑她水上游玩平安。夜游昆明湖时，根据季节的不同，在湖中放置大量的荷灯，并用荷灯组成不同的图案，长廊和沿湖岸一线的石栏杆上都要挂上各种花灯，人在湖中巡游，观赏园中夜景，长廊似飞龙展姿，湖面像龙宫放彩，确实十分有趣。另外，慈禧也会扮成普陀山观音大士游湖，史料中就有过这样的照片：李莲英扮韦驮，有时也扮成善财童子，庆亲王奕劻的三格格或四格格扮龙女，船穿行于荷花之中，看上去非常逍遥自在。

乘坐火车。1900 年，八国联军进攻北京，慈禧带着光绪帝逃离京师，辗转来到西安。1901 年 7 月 6 日宣布，和局已定，谕令内务府大臣扫除宫禁，择日回銮，唯现时天气炎热，候秋后稍凉启行。择由河南、直隶一带回京。10 月 6 日一大清早，西安满城文武官员齐集宫门之外恭送两宫启程。一路浩浩荡荡，沿途各地方官恭迎恭送，全没了来时的落魄模样，洛阳一地方官员更是大肆铺张，就地搜刮民财，以供迎驾所需，唯恐不周，无不力求奢华。此时，跟随的马车已有三千辆之多。满载各地进贡的金银珠宝、绫罗绸缎，白银四百多

清　掐丝珐琅《旧约圣经》四人物

万两。1902 年 1 月 3 日慈禧一行由正定改乘铁路花车前往保定，离开保定的时间是 1 月 7 日。此日，铁路局特备火车一列，共 22 节车厢。其中有上等车厢 4 节，太后、光绪各用一节，车厢均用黄缎铺饰。所有御用瓷器碗盏，均由时任中国铁路总公司督办盛宣怀呈进，车厢内外布置极尽奢华。车站两旁，扎有彩棚 30 座。在军乐声中，火车驶出保定站。当日，列车达到北京马家堡车站。随着进站的汽笛鸣响，车站上列队整齐的西洋军乐队，顿时鼓乐齐鸣，奏起了响彻云天的《马赛曲》。这首法国大革命的战歌，成了北京欢迎慈禧的迎宾曲，朝廷各大官员列队躬迎。缓缓走下列车后，慈禧一行分乘八抬黄缎轿，进入永定门，结束了长达两年的流亡生涯。

乘坐奔驰轿车。戊戌政变后，袁世凯为了讨好慈禧太后，用 1 万两白银从先进的德国汽车制造公司购进一辆第二代奔驰牌轿车，作为慈禧六十大寿的贡礼。

这辆轿车的功能与现代轿车基本一样。4 个粗轮的外胎为橡胶制品，车胎表面印有拉环纹。车身共两盏灯，均在前方，为铜制，下有引线，接通电源。车的座位柔软舒适，外罩蓝缎布，除司机外，仅能坐一人，是一部地道的专车。车顶由 6 根金属柱支起，顶篷周围垂下黄丝带，是德国公司专门为慈禧设计的，因为黄色为中国皇室所专用。

献上这部车后，袁世凯更加得宠，他平步青云，进入军机处，成为清末炙手可热的权相。但这部豪华的奔驰轿车，慈禧只坐过一次，而且还闹得很不愉快，因为给她开车的师傅是坐着开车的。慈禧一看大不高兴，认为司机和她一样平起平坐，便大发雷霆。但当她命令师傅跪着开车时，又差点儿酿成大祸，所以，这辆奔驰轿车慈禧仅仅坐过一次。后来，她几次想坐，都被朝臣谏止，车子终于荒废在颐和园里。

照 相

照相术传入我国，是晚清的事情，当时，北京城内私营照相业已经兴起，到照相馆拍一张照片，已成为当时北京市民的时尚。但在紫禁城内，直到光绪二十九年（1903 年），才由年已 69 岁的慈禧太后拍摄个人照片。

实际上，慈禧太后对照相术是带着试试看的心理去接受的。由于光绪二十六年（1900年），八国联军将她赶出京师，她对洋人是既害怕又憎恶。所以，她对照相术的接受，是给洋人做出一种姿态，表明她接受洋务。慈禧不喜欢照相，还有一个心理障碍，那就是珍妃。珍妃对照相非常喜欢，她很时髦啊，拿个相机，不是给光绪帝照，就是给太监宫女照，照来照去，闹哄哄的，慈禧非常反感。于是，慈禧在光绪二十年（1894年）十月二十八日，狠狠教训了珍妃，其中的原因就有照相这一条，说她扰乱宫廷。所以，基于这两点，慈禧对于照相还是很谨慎的。

给慈禧照相的有两人，一为任庆泰，一为勋龄。任庆泰，字觐风，辽宁法库县人。清末，他在北京前门外大栅栏开设丰泰照相馆。当时，庆亲王奕劻常去丰泰照相，并把自己的照片带入宫中，慈禧看后，大加赞赏。于是，善于钻

Katherine Carl 满装照

慈禧的相片

营的奕劻将任庆泰带进宫中，为慈禧照相。任庆泰摸准慈禧的脉搏，所照的每张照片均博得慈禧欢心，任庆泰因此被赐予四品顶戴。

勋龄则出生于封建官僚家庭，父亲裕庚是三品大员，母亲和两个妹妹常去宫里陪伴慈禧。尽管如此，二十几岁的勋龄对给慈禧照相这件事仍感战栗。一是自己目力极差，平时总戴眼镜，但觐见慈禧时，按规定是要除下眼镜的，他担心，由于自己目力不济，会失仪招祸；二是对自己的照相技术并无足够的把握，尤其是给挑剔的慈禧照相，搞不好会杀头的。可是，慈禧对侍候她的人是豁达而宽容的。有一天，勋龄照完相，正在暗房里操作，慈禧忽发奇想，传旨要去暗室看看底片。勋龄捧个盘子，匆匆赶去。由于未戴眼镜，在攀登丹墀上的石级时，差了半步，险些摔倒，慈禧笑了，命两个太监扶他上来，并恩准他以后可以戴眼镜。还有，就是照相时，按规定，勋龄必须下跪操作，可是，由于种种不便，操作十分蹩脚，于是，慈禧特准其站立照相。

慈禧的照片大致可以分为五类：一是慈禧的标准特写照片，都是在颐和园乐寿堂前搭的席棚中照的，中设御座，布景屏风及豪华陈设，照片中的太后或坐或站，而服装、头饰、陈设各不相同。有摆出各种姿势的，也有对镜插花的；二是化装成普陀山观音大士后拍的照片，这是慈禧为了神化自己而特殊设计的，只见她特自信地端坐在那里，一身佛装，另有李莲英打扮成韦陀模样，庆亲王四格格则装扮成龙女模样；三是慈禧与后妃、格格、女官及外国公使夫人等的合影，这些照片生活气息相对浓一些；四是在颐和园仁寿殿前的乘舆照片，慈禧盛气凌人地端坐在平底船上，悠闲地在水上避暑消夏；五是慈禧端坐在宝座上的照片，慈禧穿着华丽的服饰，自信地目视前方，充分显示出一代女主雄霸天下的气势。

从上述照片中，我们可以看到慈禧豪华的穿戴及傲慢的神态，将这个专制47年的独裁女主的煊赫权势暴露无遗。这些照片，为我们认识慈禧、研究慈禧，提供了丰富而生动的素材。

清宫冏事

麝　香

一提麝香，大家马上想到一部电视剧，叫《甄嬛传》。在《甄嬛传》中，不时出现麝香这个东西。看起来，麝香是一种非常神秘的药物。

什么是麝香呢？麝香，又叫遗香、脐香、心结香、当门子等，是雄麝的肚脐和生殖器之间腺囊的分泌物，干燥后呈颗粒状或块状，有特殊的香气，有苦味，可以制成香料，也可以入药。

麝香的药理作用大概有两种：一是开窍醒神，可预防和治疗中寒、中暑、中风、中湿等病；二是有舒筋活络、接骨镇痛的功效。这种名贵的药材，在清宫中一定会大量使用，所以，太医院御医配制的方剂中就有苏合香丸、御制平安丹、十香返魂丹等，这些方剂中都含有麝香。但是，麝香还有两个作用，一个是助情，因为麝香的气味奇香，能够使人迷离。历史上有很多这样的例子，比如，北魏孝文帝和女子冯妙莲就有使用麝香的故事。冯妙莲为了诱惑孝文帝，便把麝香制成小颗粒，藏入肚脐之中，皇帝看不到，却因为麝香的奇香而钟情冯妙莲。冯妙莲终于利用麝香的这个作用，达到了勾引皇帝的目的。

另外一个作用是堕胎，因为麝香有开窍的功用以及极强的通闭作用。所以，明朝后宫之中，便有心狠手辣的女人用麝香害人。比如，明朝第八位皇帝朱见深，也就是宪宗，与一个比他大18岁的宫女万氏产生了奇怪的感情，用今天的话说，就是一种虐恋。万氏为了控制宪宗，便想给他生个儿子，可事与愿违，她始终未能如愿。可别的女人纷纷为宪宗怀孕，万氏恼羞成怒，便使用麝香害人，她们一个个被她强迫吃下麝香，孩子便堕掉了。

所以，大家听出来没有，麝香有这么两个作用，被宫廷神秘地利用了，麝香的正能量却被人们忽视了。

但可以肯定地说，这种能使人堕胎的麝香，在清代宫廷中，不会像电视剧那样被那些后宫的小主们轻易取得，而且制成各种药剂，成为导致后妃堕胎的凶手；也不会被皇帝和后妃们用来催情。麝香多数还是用在正途上。

不仅如此，清朝宫廷对药品的管理极为严格，谁想用药，都要经过严格的手续。比如，雍正帝对太医院的药剂管理就非常用心。雍正七年（1729 年），他曾下过十分严厉的谕旨："尔等严谕御药房首领知悉：药物关系重大，嗣后凡与妃、嫔等送药，银瓶上必须牌子标记。至所用汤头，亦须开清，交予本宫首领太监，即将名字记明，庶不至于舛错。"（《国朝宫史》上，训谕）。大家看，首领们拿药的时候，首先用的是防毒的银瓶，还要在瓶子上记名字，还要经过首领太监把关，还要有两名以上御医、总管太监、御前太监、宫女等多人见证；同时，要备两份药剂，一旦出事，便于验证。这样严格的手续，怎么可能弄错呢？雍正帝最精细了，他深知宫廷险恶，也了解太医院用药的神秘，他惧怕出事，所以，特别做此规定，可谓防患于未然。

巫　术

巫术，也叫"厌胜之术"，是古代用法术诅咒或祈祷以达到制胜所厌恶的人、物或魔怪的目的。这种巫术，在宫廷之中曾被使用。历史上就有这样的例子。比如唐高宗时期，王皇后因武曌（即武则天）之女暴卒一事被高宗怪罪，后因证据不足作罢，可王皇后紧张不安，于是与萧淑妃串谋道士，施厌胜之术想置武曌于死地，事后高宗得知，王皇后她们被打入冷宫。后来，唐高宗又颁下诏书，将王皇后和萧淑妃废为庶人，并加以囚禁，她们的父母、兄弟等也被削爵免官，流放岭南。大家一定很奇怪，不就是巫术吗，高宗何以动这么大的怒气呢？原来，那个时代，人们相信巫术的力量，相信巫术真的会害死人。

电视剧《甄嬛传》中就有巫术的镜头出现。华妃由于作恶多端，结怨多人，便很自然成为众矢之的。有人甚至用宫中最恶毒的巫术诅咒她。如在第

21 集中，安陵容用身上扎满银针的小人作为工具，诅咒华妃。

由上可以看出，凡是使用巫术的人，都是弱势群体。而那些强者，从来不用这种自欺欺人的方法。

清宫曾有过两次使用巫术的事件。

第一次是褚英使用巫术。褚英是努尔哈赤长子，他作战勇敢，战功卓著，努尔哈赤封他为广略贝勒，并授权褚英处理部分军政事务，这年他才 29 岁。褚英也因此遭到“四大贝勒”代善、阿敏、莽古尔泰、皇太极，以及“开国五大臣”额亦都、费英东、何和礼、安费扬古和扈尔汉等的忌妒。这些人不断向努尔哈赤进谗言，最终遭到努尔哈赤的惩治。褚英不思改过，并在努尔哈赤带领众皇子、大臣出征之际，对天焚表诅咒出征的父汗、四兄弟、五大臣，说：“吾兵出征，愿其败于乌拉，战败之时，吾不许父汗及诸弟入城。”（《清太祖实录》）褚英也真是太糊涂了，竟然这么诅咒自己的父亲，犯了大罪。这件事被揭发出来，褚英获罪，被圈禁高墙之中，给管制起来了，两年后，努尔哈赤杀了他。

第二次允禔用巫术镇魇允礽。允禔是康熙帝长子，他与一个会巫术的蒙古喇嘛巴汉格隆有来往。由于他觊觎皇位，便千方百计整治皇太子。他想了个办法，利用喇嘛以巫术镇魇皇太子，就是喇嘛念咒语，诅咒太子，致使皇太子神智迷离，犯下种种错误。当然，我们今天从科学角度分析，不会这么简单，一定另有隐情。这件事被康熙帝的皇三子允祉揭发，康熙皇帝极为气愤，宣示允禔为“乱臣贼子”。下令夺郡王爵，严加看守，在府第高墙内幽禁起来。他被囚禁在高墙内达 26 个春秋，直至雍正十二年（1734 年）十一月初一被幽死，终年 63 岁。

清朝宫廷中，仅此两次使用了巫术。而《甄嬛传》中记述了雍正帝的后宫之中使用巫术诅咒华妃，也就是年妃，是不符合历史真实的。

“一丈红”

《甄嬛传》中华妃对夏冬青所用“一丈红”，大家感到很新奇，那什么叫“一丈红”呢？其实，就是一种残酷的刑具，清代后宫里，等级高的妃子真的可以对等级低的妃子用刑吗？什么是廷杖呢？

廷杖，是在朝廷上行杖打人，是对朝中的官吏实行的一种惩罚，最早始于东汉明帝，《后汉书》记载："明帝时，政事严峻，故卿皆鞭杖。"廷杖一般是由栗木制成，击人的一端削成槌状，且包有铁皮，铁皮上还有倒钩，一棒击下去，行刑人再顺势一扯，尖利的倒钩就会把受刑人身上连皮带肉撕下一大块来，这是早期的廷杖。到清朝时，已经没有这么厉害的工具了。廷杖使用最多的是明代，成为一种制度，开始于明太祖朱元璋，廷杖曾打死开国元勋朱亮祖。到明世宗嘉靖年间，嘉靖皇帝为了追封自己的生父兴献王为皇帝，竟然不惜与群臣反目。自己的父亲，本是一个王爷，嘉靖帝非要追尊为皇帝，大臣们能干吗？于是，朝臣二百余人跪于左顺门前力争，激怒了嘉靖帝，一百余人遭到杖打，当场廷杖而死者就达到十六人，左顺门外血流成河。这次恶性事件，历史上称之为"大礼仪之争"。

在清朝的宫廷史中，那些主子们真的会使用这种残酷的"一丈红"来惩罚那些犯错之人吗？史料表明，绝少使用廷杖，史料中记载的只有三次：

一次是珍妃被"褫衣廷杖"。（胡思敬《国闻备乘》里面有记录）光绪二十年（1894 年）十月二十八日，因为珍妃恃宠而骄，卖官鬻爵，证据确凿。比如鲁伯阳以四万两白银买到上海道，河南巡抚裕长向珍妃行贿，等等，这些非法收入，珍妃都一一记录，账本被慈禧搜出。更为重要的不是这些，是光绪帝过于宠爱珍妃，引起身为皇后的慈禧侄女隆裕的不满。于是，隆裕跑到姑姑慈禧那里告状。慈禧恼羞成怒，决定重重惩罚这个不听话的珍妃。慈禧对珍妃褫衣廷杖，意思为脱去衣服直接对肉体暴打。可怜珍妃，一个弱女子，被打得皮开肉绽，奄奄一息。太医把脉的时候，几乎没有了呼吸，出手真是太重了。这还不算，慈禧又下了一道严厉的谕旨，将珍妃降为贵人。

另外一次，就是乾隆帝惇妃打死宫女。惇妃这个人脾气大，乾隆四十三年（1778 年），惇妃不知什么原因，竟然杖打了身边的这个宫女，最终打死了这个宫女。这件事情被报给乾隆帝，乾隆帝非常恼怒，他马上做了指示，说即使是我，对犯错误的小太监，也不敢把他打死："不过予以薄惩，杖责二十，至多不过四十。"（《清高宗实录》）何况是对待那些宫女呢？乾隆帝为此重惩了惇妃，先是降格为惇嫔，接着罚款，要惇妃负责死者的丧葬费和家属的生活费，并对她身边的太监宫女进行了严惩。乾隆帝这么处理，还算是客气的了，主要有两点原因，一是惇妃年轻，比乾隆帝小36岁，乾隆帝比较喜欢这个妃子；另外，最主要的是惇妃生了乾隆帝最小的女儿——十公主，十公主是乾隆帝的掌上明珠，乾隆帝曾这样说过，如果她是男孩，会把皇位传给她。可见，乾隆帝对惇妃是法外施恩的。但即使如此，也还是给予了惩处，足见清朝皇帝对后妃滥用廷杖是多么厌恶。

还有一次，是咸丰年间，咸丰帝的玫贵人非常放肆地使用了廷杖，凌虐一名宫女。这件事被报到咸丰帝那里，他非常气愤，叫来玫贵人训斥道："当年乾隆爷在世的时候，他的惇妃非常得宠，生育了优秀的十公主，还因为打死宫女而遭到重处，何况是你呢？"咸丰帝下令，将玫贵人降为玫常在，再降为宫女。这个女人只有到这个时候，才懊悔不已，当初怎么就那么冲动呢？

清朝宫廷使用廷杖的记录，大致就这么三次。其他的像廷杖太监、不法大臣等，也可能会有。但像华妃这样的主位，对同是雍正帝嫔御的夏冬青施以"一丈红"，那是绝对不可能的事情；另外，华妃也不敢如此大胆。

难活下来的太子

"太子"这个词，大家并不陌生，在我国封建社会，有帝王存在，就会有太子存在，他是皇位继承人。所以，太子之位非常重要，也非常特殊。

清宫中的太子，有一个特别的现象，那就是凡是被册立为太子的皇子，要

清早期　犀角雕螭龙杯

想活下来，或者要想好好活下来是很困难的事情。这很奇怪，活着是人的权利，连普通人都有的权利，为什么太子活着就这么艰难呢？这些太子的遭遇各不相同，举例说明吧。

一种是遭人暗算的太子，这样的太子有三位。

1. 褚英。褚英（1580—1615 年），努尔哈赤长子，母为元妃佟佳氏。褚英 19 岁带兵打仗，英勇无比。万历三十五年（1607 年），褚英与乌喇部在乌碣岩展开激战，凭借他的勇敢和智谋，取得了大捷，削弱了乌喇部的力量。努尔哈赤欣喜万分，以褚英"奋勇当先"，赐以"阿尔哈图图门"尊号。阿尔哈图图门是满语音译，即足智多谋之意。之后，在宜罕山城等战役中，褚英也是军功卓著，为努尔哈赤完成女真统一大业做出了重要贡献，因是长子，又屡建战功，被授命执掌国政。这年他才 29 岁。万历四十一年（1613 年），以嫡长子身份，凭借多年战功，一度被立为早期后金政权的汗位继承人。可是，由于褚英行事不谨慎，遭到了来自各方的攻击和陷害。有额亦都、费英东、何和礼、安费扬古和扈尔汉等五大臣的攻击；有代善、阿敏、莽古尔泰、皇太极等四大贝勒的攻击，终于在万历四十一年（1613 年）三月二十六日，努尔哈赤命将长子褚英幽禁在高墙之中。万历四十三年（1615 年）努尔哈赤经过了将近两年的思索，他的结论是什么，对自己这个亲生骨肉要怎么处置呢，资料记载："长子若生存，必会败坏国家。"（《无圈点老档》），很明显了，留着褚英，会后患无穷。于是在这年的八月二十二日，刚刚过完中秋节："始下决断，处

死长子。”（《无圈点老档》）褚英死去，年仅36岁。关于褚英之死，有多种说法，其中最为普遍的是被绞杀致死。这个可怜的褚英，就这样结束了自己年轻的生命。

2. 代善。代善（1583—1648年），清太祖努尔哈赤次子。曾因作战英勇赐号“古英巴图鲁”，1616年（天命元年）被封为和硕贝勒，参与国政，为四大贝勒之首，以序称大贝勒。就在褚英被废黜、被杀掉之后，代善被确定为接班人，也就是皇太子的位置。可是，身处高位不胜寒，代善的太子地位同样遭到了别人的忌妒，他会面临怎样的命运呢？天命五年（1620年），发生了两件事，让代善失去了太子之位。一件是努尔哈赤大妃阿巴亥红杏出墙事件，代善被人告发与后母阿巴亥有染，遭到父汗的唾弃；另外一件事是他和两个儿子之间的矛盾被人告发，努尔哈赤彻底下了决心，废除了他的太子之位。

3. 允礽。允礽是康熙帝次子，生母是孝诚仁皇后赫舍里氏。由于允礽难产，母后大出血去世，所以，康熙帝出于对皇后的补偿心理，允礽两岁时即被立为皇太子，昭告天下。康熙帝对允礽精心培养，特别教育，因而，允礽进步非常快，朝野内外都很称赞皇太子的才干。可是，允礽高处不胜寒，他不时遭到来自各方的压力，有兄弟的，有王公大臣的，有父皇的。当然，允礽自己也有很多毛病，比如生活腐化堕落，官僚作风习气，等等。最主要的是他的兄弟们有八个觊觎皇太子之位，大哥、老三、老四、老八、老九、老十、老十三、老十四等，都在争夺皇位，号称“九子夺嫡”。那么，身处皇太子高位的允礽还能稳坐钓鱼台吗？终于，他被康熙帝两度废立：康熙四十七年（1708年）被废掉，第二年再立；康熙五十一年（1712年）再度废掉。

第二种是夭折的太子，这种情况的太子有两个。一个是皇太极的宸妃之子。崇德二年（1637年）七月，宸妃生下皇八子，很凑巧，这个孩子和皇太极一样，都排行第八，因而皇太极欣喜若狂，宣布：“关雎宫宸妃诞育皇嗣。”（《清太宗实录》），“皇嗣”这个称谓，被人们认为就是继承人。皇太极做了许多逾制的事情：颁诏大赦。宸妃之子诞生，皇太极特颁“大赦令”，前所未有。各地纷纷上表，以示庆贺。朝鲜国上表。朝鲜国上表：“上皇太子笺文，并献皇太子礼物。”（《清初内国史院满文档案译编》）在表文中，公然称之为皇太子。皇太极想通过上述做法，将宸妃襁褓里的婴儿皇储地位合法化。这无疑是为了讨好和感动宸妃。然而，这孩子不遂人意，仅活了 7 个月就过世了，这让满怀希望的宸妃悲痛欲绝。一个是顺治帝董鄂妃之子荣亲王，顺治十四年（1657 年）十月出生。荣亲王的出生，顺治帝和他父皇皇太极一样，大赦天下；本来是第四子，却称之为“第一子”，表明顺治帝心目中只有董鄂妃这个孩子；最关键的是册封这个孩子为皇嗣。可惜，这个太子更加短命，仅仅活了三个月就殇逝了。

第三种是难活的太子，这种情况的皇太子有两个，都是乾隆皇帝的皇子。一个是乾隆帝的皇次子永琏，雍正八年（1730 年），孝贤皇后生；乾隆帝一继位就秘密立为皇太子。可是，这个孩子身体虚弱，到乾隆三年（1738 年），一场感冒居然夺去了他的生命，这一年他仅仅 9 岁。第二个是乾隆帝第七子永琮，生于乾隆十一年（1746 年），生母仍然是乾隆皇帝的孝贤皇后富察氏，乾隆帝这次非常小心，因为他有一个愿望，就是册立这个孩子为皇太子，实现他“立嫡”为太子的梦想。之前继位的皇子都是庶出。很可惜，这个孩子在出生之后的第二年，即乾隆十二年（1747 年）的除夕之夜，竟然出天花病逝了。乾隆皇帝的梦想就此落空。

清宫这些太子太难了，遭人暗算，被人觊觎，甚至是天灾人祸，要想活下来，顺利继位真不容易。

红杏出墙

清代后妃会红杏出墙吗？有人敢睡皇帝的老婆吗？给高高在上的皇帝戴绿帽子，那得多大的胆子啊？

我们看《甄嬛传》，感受最深的就是那个漂亮的甄嬛和风流英俊的果亲王之间的一段恋情。两个人一见钟情，跌宕起伏的情节，感人肺腑的爱情，构成了《甄嬛传》的主旋律，吸引人们争相观看，一时之间，甄嬛和果亲王之间的爱情，传遍了中华大地，也播扬到了海外。大家都在问，这是真的吗？

在已知的雍正帝 23 位后妃中，没有一位叫“甄嬛”的女人，也没有一位女人曾经发生过红杏出墙的事件。经过和清朝其他皇帝后宫中的女人相比，雍正帝的后宫非常平静，不要说没有这种有伤风化的事情，就是电视剧中频繁的宫斗事件也根本没有。他的后宫风平浪静。

那么，清代后宫里面，就真的没有红杏出墙事件了吗？我仔细查阅清代后宫资料，还真的发现有两个皇帝的后宫出现了红杏出墙事件。

一个是努尔哈赤的后宫。天命五年（1620 年）三月，努尔哈赤的小福晋代音察秘密向努尔哈赤举报大妃阿巴亥。代音察究竟在举报信中说了什么呢？她所举报的事就是大妃勾引大贝勒代善。代善，生于明万历十一年（1583 年）七月初三，为努尔哈赤的次子，努尔哈赤第一位大福晋佟佳氏所生，也是清代一位杰出的政治家和军事家，他对清朝的建立做出了重大贡献。天命元年（1616 年），努尔哈赤封四大贝勒，代善与堂弟阿敏、五弟莽古尔泰、八弟皇太极被父汗封为和硕贝勒，因为他在四人中年龄最大，称之为“大贝勒”。代善作战勇敢，又有机谋，很得努尔哈赤的赏识，因而得到重用：“太祖嘉代善勇敢克敌，赐号古英巴图鲁。”（《清史稿》）尽管如此，作为母亲辈分的大妃，也不应该勾引儿子辈的大贝勒啊。但大妃做了，代音察举报：“大福晋曾两次备饭，送与大贝勒，大贝勒受而食之。”（《满文老档》）但是，光凭这点，很难判定阿巴亥与大贝勒代善有染。代音察于是拿出了杀手锏，那就是两人曾经幽会，而且是深夜幽会。代音察举报说：“大福晋一日二三次遣人至大贝勒家，如此往来，谅有同谋。大福晋自身，深夜出院，亦已二三次矣。”（《满文老档》）这难道是真的吗？努尔哈赤不敢相信，于是，他派出了心腹四大臣达尔汉虾、额尔德尼、雅逊、蒙阿图秘密调查，结果全部属实。努尔哈赤愤怒已极，不过，努尔哈赤没有杀她，最终的宣判结果是休离：“吾不与彼共处，将彼休离。”当然，努尔哈赤出于种种考虑，不久就召回了阿巴亥，继续主持后宫事务。

二是皇太极的后宫。当然，皇太极在世的时候没人敢于红杏出墙，他去世之后，庄妃传出了“太后下嫁”的丑闻。这件事事出有因，先是，庄妃年仅 6 岁的儿子福临继承帝位，大权在握的皇叔多尔衮辅政。可是，多尔衮是不情愿的啊，他多么想废掉福临，自立为帝。于是，种种不利于顺治帝的事情接踵而至。比如强迫顺治帝叫他“皇父摄政王”，比如上朝不给皇帝下跪，比如派人监视皇帝行踪，威胁皇帝安全，等等。小皇帝危如累卵。怎么办呢？机灵的庄妃紧紧抓住多尔衮好色的弱点，极力与之周旋，甚至不惜牺牲自身的清白，也要保住儿子来之不易的皇位。于是，张煌言的《清宫词》中有这样两句话：“春宫昨进新仪注，大礼恭逢太后婚。”绘声绘色地讲述了孝庄太后下嫁小叔子多尔衮的故事。

准备后事

造棺材

清代皇家的棺材，既沿袭了入关之前本民族的特征，又在一定程度上吸收和融进了汉文化，同时，也夹杂有宗教的内容。因而，这些棺具是我们认识和了解清代宫廷秘史的重要实物资料。总结起来，有如下特点和规律。

1. 浓郁的民族特点。说它具有民族特点，是与汉材相比较而言的。如明嘉靖帝的棺具是直帮平顶，前大后小的形制。而清代皇家棺具则"盖如屋脊，中间隆起，两边倾斜，内部高大。棺头置一木质葫芦，挂整貂一具"。棺具的这种形制，在满洲称为旗材。入关前，游牧民族的满洲出于实际需要，而在棺具末端置一葫芦，挂一些狩猎品来祭奠先人。入关后，虽然仍在棺具中保留了葫芦，但已失去了它的实际用意。

2. 复杂而森严的等级特征。入关以后，满洲贵族很快吸收了汉文化的精华。在其棺具的制作过程中，主要体现在森严的等级制度上。在选材上，楠木、杉木的区别使用，在漆饰中，三六九等的不同待遇，以及内棺衬布的细微区别，等等，都体现了等级制度的森严。

①选材上的区别，皇帝、皇太后、皇后、皇贵妃、皇太子用金丝楠木，贵妃、妃、嫔、贵人、常在、答应等用杉木。

②漆饰上的区别。皇帝、太后、皇后漆饰 49 次，皇贵妃金棺漆饰 35 次，贵妃、妃、嫔、贵人、常在、答应及众皇子、皇子福晋的外棺均漆饰 15 次，皇太子与皇贵妃一样，为 35 次。

③颜色上的区别。清代皇家棺具最外层漆饰，为代表等级的最终之漆，因而非常重要。文献中明确记载了各级棺具的外层漆色：列圣、列后浑饰以金；皇贵妃髹以黄，绘金云龙纹；贵妃髹以金黄，绘金云龙；妃嫔髹以金黄；贵人、常在、答应皆髹以朱；皇太子髹以黄，绘金云龙纹；皇子髹以朱，绘金云龙；福晋髹以金黄。

④称谓上的区别。清代皇家的棺材，不仅外观有明显的区别，在称谓上更是有区分。帝后之棺称为梓宫，其中包括太后或太皇太后，而皇贵妃、贵妃、妃、嫔的棺具称金棺，贵人、常在、答应则只可称为彩棺了。棺具体量上，等级越高，其棺具越高大，反之，则低矮。这是其明显的外部特征。

3. 宗教内容的重要体现。其实，清代皇家崇信佛教，已毋庸置疑。但在棺具的制作上，则只能通过实物来验证。从档案中知道，其棺具内的数层棺衬，均有陀罗尼经；实物中，我们发现，慈禧、乾隆、淑嘉皇贵妃内棺表面均雕有番文金刚经咒，等等，这些都是佛教内容在棺具中的反映。如寿安固伦公主彩棺内“缮写西番字样”，道光帝常嫔内棺“缮写四天王咒”，康熙帝惇怡皇贵妃“写喇嘛字”，而清末慈禧太后的内棺同样书“西番四天王咒”。四天王咒的摆布形式，则是根据棺椁入葬地宫之后的实际方向而定，棺之南书南方增长天王咒，北书北方多闻天王咒，东书东方持国天王咒，西书西方广目天王咒。

4. 高超的工艺水平。毫无疑问，皇家的棺具，尤其是帝后的梓宫，是清王朝丧礼中众臣拜祭的中心，按照事死如事生的原则，一定是制作精良。首先在承作部门上，由内务府、工部等相关部门选择天下精良的物料，再由技艺高超的工匠精工细做而成。所以，这些棺具，在一定程度上代表了当时最高的工艺水平。就已发掘的棺具来看，乾隆内棺为凸雕经文，是一件十分难得的剔红作品。慈禧内棺为阴刻，然后填金，华丽无比。

制寿衣

清宫的主位们去世之后，采用民间的办法，穿戴整齐下葬。但清朝后宫的帝后妃们，在丧葬这个问题上，比较理智地消费。相对于明朝，清朝的宫廷丧葬是比较简朴的。比如，在烧衣这个问题上，皇太极就明确规定，不许给死人烧掉很多衣物，尤其不准给死人单做新衣服烧掉，否则，一旦被举报，就要惩罚。皇太极认为，死人固然要重视，但还要以活着的人为主。后来，清朝宫廷采取了一个灵活的办法，烧纸衣，上面坠假珍珠。这样，既表达了对逝者的尊敬，又没有浪费钱财，两全其美。

清宫的寿衣与平时穿用的衣服一样，由内务府采办，同样由三个织造局筹办，即江宁织造、杭州织造、苏州织造。下面介绍几位清宫主位的寿衣情况。

1. 慈禧的寿衣。慈禧太后生前有很多华丽的衣服，死后能不能用呢？那是绝对不会用的，是要烧掉的。她要专门为自己百年后准备衣服，那就是寿衣。她委托江宁织造和苏州织造，为自己准备了三件寿衣：两件是袍子，一套是上下合体之衣。那两件袍子，其中一件是死后她穿在最外面的，真是太不一般了。主要是超越了规制，完全按照皇帝龙袍的做法，她还真的把自己看成是一位帝王了。在袍子的各个部位绣上了后妃龙袍不应有的十二章。《清史稿·舆服》记载："列十二章：日、月、星辰、山、龙、华虫、黼、黻在衣，宗彝、藻、火、粉米在裳，间以五色云。"只有帝王才能绣上十二章图案。这里解释一下十二章图案，它们用来赞美帝王聪慧、文治武功等方面具有非凡的能力，每一章纹饰都有取义：日、月、星代表三光照耀，象征着皇恩浩荡，普照四方；山，代表着稳重的性格；龙，是一种神兽，变化多端；华虫象征皇帝要"文采昭著"，要有不同寻常的气质；宗彝，是古代祭祀的一种器物，象征帝王忠、孝的美德；藻，象征皇帝的品行冰清玉洁；火，象征帝王处理政务光明磊落；粉米，象征着皇帝给养着人民，重视农桑；黼，为斧头形状，象征皇帝做事干练果敢；黻，为两个"己"字相悖的图案，代表着帝王能明辨是非、知错就改的美德。不仅如此，慈禧的这件寿衣还有一个连帝王都不如的地方，就是上面绣了好多佛字，可以说这件寿衣是天底下独一无二的。而且，这还不算，这件寿衣的很多地方缀上了大珍珠。真是太珍贵了，太华丽了。慈禧最里面的那件寿衣是合身而成的两件，上衣上面绣满福字，下衣则绣满了寿字，上下衣正好合为福寿。每个字上面分别缀上一颗大珍珠。慈禧就在这方面动足了脑筋。

2. 乾隆的寿衣。嘉庆四年（1799 年）正月初三，乾隆帝去世。这个享尽荣华的太上皇穿戴怎样的寿衣呢？

①不戴朝冠戴佛冠。档案记载，乾隆头戴天鹅绒绣"佛"字正珠顶冠。

②身穿棉衣下葬。查阅乾隆白事档，发现乾隆爷的寿衣都是棉衣，比如龙袍里面套着鱼白纺丝小棉袄。

③明显的民族特色。从乾隆的寿衣的饰物来看，具有明显的满族特色。比如随身配饰大荷包一对、小荷包一对、火镰一把、小刀一把。

至于乾隆帝的那些华贵的朝服，则放置在了他的身边，陪伴着他。还有一点需要注意，由于乾隆帝活到了 89 岁，生前衣物太多，需要做处理：一部分作为寿衣随葬棺材内，一部分作为"遗念儿"赏人。除此之外，绝大部分都在名目繁多的祭祀礼中烧掉了。从嘉庆四年（1799 年）正月十一日头次焚化礼开始到一周年礼，共分 19 次，烧掉了成百上千件豪华的衣物，令人瞠目结舌。

3. 温僖贵妃的寿衣。温僖贵妃是康熙帝的嫔御，她是辅政大臣遏必隆的小女儿。生前地位煊赫，姐姐是康熙帝第二位皇后孝昭皇后。温僖贵妃很得宠，一度执掌后宫大权长达 5 年之久，康熙三十三年（1694 年），贵妃去世，葬进景陵妃园寝。贵妃的葬衣非常华丽，共发现三件寿衣：最外面是攒金绣八团云龙纹龙袍，构图细腻精巧，龙纹动感强烈；中间是暗云纹地挖织金寿字缎窄口圆领女衣，整件衣服上面织满寿字，共 300 余金寿字；最里面是暗花绫窄口圆领女衣，暗花绫上装饰着梅花和兰花等图案，三件寿衣从里到外，叠加有序。除此之外，贵妃还有两件葬衣：一件是附体内衣，素缎织金锦窄腿两腰袴，斜裆，平裤口；一件是折枝花暗花缎云龙纹织金锦宽襕女朝裙，上部为折枝暗花缎，下部为织金五彩云龙纹锦缎，构图精细饱满。贵妃的两足着朝靴，里面是缠枝莲织金女袜，外罩织金朝靴，上面均有云龙纹装饰。

4. 香妃的寿衣。香妃是乾隆帝后宫中唯一的维吾尔族女子，乾隆五十三年（1788 年）四月十九日，香妃去世，终年 55 岁。香妃去世后，乾隆帝没有按照伊斯兰葬礼为她安排后事，而是按照满洲的习俗，给她穿戴整齐下葬的。档案记载，香妃身穿三件寿衣：绣杏黄缎绵蟒袍一件、绛丝八团有水褂一件、桃红缎锦衫衣一件。同时，还陪葬了两套寿衣和大量奇珍异宝。

陀罗尼经被

陀罗尼经有很多种，是密宗佛教的一种经咒，仅以《大悲心陀罗尼经》为例，诵读此经者，就会得十大利益：除一切病，延年益寿，常得富饶，灭一切恶业重罪，增长一切功德，远离一切恐怖，成就一切善根，等等。还有，就是常诵此经，不会恶死：不饥饿而死，不杖刑而死，不被仇家杀死，不在阵前而死，不为虎狼而死，不为蝎蛇而死，不为水火而死，不为疾病而死，不为毒药而死，等等，这十五种恶死的情况都不会发生。

以陀罗尼经为内容的被子称为陀罗尼经被，这种被子是一种非常神秘的被子，它有很神奇的功用。概括起来，有三种：

1. 镇宅。由于陀罗尼经的广大神通，陀罗尼经被若挂在宅子里面，通常认为具有镇宅功用，能够驱除邪恶，百恶不侵。

2. 送福。陀罗尼经被如果给活着的人盖在身上，将会给他带来福音。可以保一生平安，延年益寿，不受罪恶侵扰。

3. 超度。陀罗尼经被的最大用途，也是最广泛的用途，同时也是被古今认可的用途还是给逝者覆盖尸体。古人认为，一旦这种经被覆盖身体，就会很快传递佛的力量，能够马上化罪孽为吉祥，转罪孽为功德，远离一切痛苦，迅速往生西方极乐世界，或转入人间富贵，总之，可以超度逝者，一切向好。

所以，陀罗尼经被的主要用途就是给死者覆盖尸体，这在清朝被广泛利用。可即使如此，并不是每个人都有资格或者敢于使用陀罗尼经被的。清朝规定，陀罗尼经被要奉旨使用，没有皇帝的命令，谁也不准随意使用这种神奇的经被。这就难怪了，到目前为止，我们发现的或出土的陀罗尼经被非常稀少。

乾隆帝的陀罗尼经被。2008 年，北京迎春拍卖会上，拍出了一件乾隆皇帝的陀罗尼经被。这件缂丝陀罗尼经被长 2 米，宽 1.38 米，呈古铜色，用细羊毛捻丝制成，工艺采用双面缂，缂丝代表了中国丝织工艺的顶峰，而双面缂又是缂丝中的极品。这件陀罗尼经被上共有四种文字，主体是一座佛塔，塔内缂满梵文陀罗尼经经文，塔周围有精美繁复的花纹。这件陀罗尼经被上标有“左肩”“右肩”“左脚掌”“右脚掌”字样，显然是根据死者的身高尺寸定做的。最终，这件珍贵的经被以 6550 万元人民币的高价拍出。大家可能很奇怪，这不就是一件丝织品吗，它真的值这么多钱吗？在文物部门，保存着一件慈禧太后的陀罗尼经被，让我们走近这件历经沧桑的文物，揭开陀罗尼经被的神秘面纱。

慈禧的陀罗尼经被幅面很大，是迄今为止发现的最大的陀罗尼经被了。它

乾隆时期景泰蓝珐琅烛台

宽 274 厘米，长 280 厘米，基本呈正方形。这件经被是江宁织造进奉给慈禧太后的，是真丝加真金捻线，明黄色缎。由于幅面宽大，织工复杂，需要五个熟练织锦工人同时操作，历经数年方可完成。这件经被有很多神奇之处。

第一，上面缀有大量东珠。东珠乃珍贵之物，在清代不许民间使用。这件经被上面的东珠居然多达 820 颗，华光闪闪，当时就估值 16 万两白银。

第二，上面织有大量汉字。一般来讲，陀罗尼经被上面的文字，不用汉字，都用梵文书写。而慈禧的经被都用汉文，世所罕见。我们统计，这些文字的数量非常巨大，达到了 25000 个。

第三，采用织工绣字。一般陀罗尼经被上面的经文，都是采用朱砂印文的形式，从来没有采用织工绣字的形式。大家知道，印文相对容易，而织绣文字那就复杂麻烦多了，况且，织绣的不是梵文，而是方方正正的汉字，那就更复杂了，稍不注意，就会把文字给织变形了。

第四，完整的十二章纹。十二章纹，是中国帝制时代的服饰等级标志，一般来讲，只有帝王的服饰上面才会出现完整的十二章纹饰。慈禧虽然不是帝王，可是她的陀罗尼经被上面，却出现完整的十二章纹饰，就极为少见了。

就是这件弥足珍贵的陀罗尼经被，慈禧去世之后，被覆盖在尸身之上，意图帮助慈禧超度，尽快进入西方极乐世界。可是，在 1928 年 7 月，流氓军阀孙殿英掘开慈禧地宫，毁棺扬尸，至于这件弥足珍贵的经被，兵匪只是拆走了全部 820 颗珍珠，丝织品被随手扔掉，幸亏他们不识货，把这件织物精品留给了我们。

压　舌

什么叫“压舌”呢？就是把舌头压住。但不是给活的人压舌，而是给死去的人压舌。这是我国古代一种普遍的丧葬风俗。

大家可能很奇怪，人去世之后，为什么要把舌头压住呢？原因有三：一是压住舌头，免得死者到另外一个世界里面惹口舌之灾。有人说过这样的话，“舌头是万恶之源。”好多人的灾祸都是舌头惹的，所以，古人认为把舌头压住就好了。二是不让死者做饿死鬼，晚辈为了孝敬逝者，将物品塞进死者的嘴里，免得死者在黄泉路上太饥饿，所以，压舌也叫“饭含”，就是给死者吃饭。三是在嘴里含上珠玉等珍贵之物，可以起到防腐的作用。古人认为，人体有七漏：鼻子二、耳朵二、嘴一、生殖一、肛门一，人去世之后，都要塞上，可以使之不腐烂。

所以，我国古代，上自皇帝，下到黎民百姓，去世之后，都要压舌。东北关外的满洲平民死后，多含乾隆钱，贵族、官吏则含珠玉、金木屑、金银屑、银屑等。清代皇族则根据等级、地位而有区别。难怪雍正九年（1731年）九月，中宫皇后乌喇那拉氏在咽气之前，雍正帝匆忙下旨，他要前去为皇后压舌。可是遭到王公大臣的一致反对。雍正帝很生气，说：“我一定要去，我和皇后在一起生活40多年了，感情至深，我一定要送她最后一程。”王公大臣中的一位说道：“即使如此，皇上您也不能去。”雍正怒道：“为什么？你说！”回答道：“这人在咽气之前，最后的一口气是她一生中最龌龊的，活人最忌讳喷到身上。这次一旦皇上您前去压舌，这最后一口气如果喷到您身上，那可就麻烦了。”雍正帝是非常迷信的，所以，即使他和皇后的感情再深，一旦涉及切身利益，也会望而却步的。他果然听从了劝告，没有前去压舌。

乾隆帝的压舌。乾隆皇帝去世之后，他选中了一个特殊东西压舌，那就是知了，用汉玉片琢成，线条流畅，简洁大方。他为什么用知了压舌呢？原因有二：一是知了冬季蜕皮，寓意金蝉脱壳，具有灵活多样的应变能力；同时，也寓意轮回转世，正好迎合了皇帝的心理诉求。二是知了也叫蝉，而“蝉”和“禅”同音，暗喻禅教，也就是佛教。乾隆皇帝最信奉佛教，难怪他要用玉蝉压舌了。

慈禧太后的压舌。慈禧的压舌是一颗大大的夜明珠。1928年，孙殿英盗掘慈禧陵时，对慈禧口里的东西描写道：“她的口中含有一颗很大的夜明珠，这颗珠子分开是两块，合拢就是一个圆球，分开时透明无光，合拢起来则透出一道绿色的寒光，夜间在百步之内可照见发丝。”这段描述，足见这颗夜明珠的价值。为了取出这颗珍贵的夜明珠，盗陵兵匪大费周章。他们想掰开慈禧的嘴，可是，死人牙关紧闭，慈禧就是不开口。于是，他们把慈禧倒挂，大头朝下，拍打身体，但还是不吐出来，焦急万分的兵匪恼羞成怒，便在慈禧的脸部刺了一刀，在刀口处取出了夜明珠。盗案发生后，全国哗然，民国政府追究盗陵犯，孙殿英为了摆脱麻烦，将价值连城的夜明珠送给了蒋介石的夫人宋美龄，因为是两瓣的珠子，宋美龄把它缀在了两只拖鞋之上了。

亲临镇墓

清宫中的那些主子们，生前要做一件非常重要的事情，是为自己做的，但这件事不需要大张旗鼓去做，要秘密去做，还要亲自去做。什么事呢？就是到自己陵寝中去实施镇墓行动。什么叫镇墓呢？就是向陵寝中的金井中投放镇墓珍宝，目的是防止陵寝将来被人盗掘。所以，这件事并不是每个主子都能够实现的。只有那些有权有势的人，才能够实施这个神秘的镇墓行动。下面以慈禧太后为例，看看她是怎么去镇墓的。

先解释一下金井，因为慈禧镇墓的地点就在金井。什么是金井呢？其实就是穴位，直径大概 15 厘米，深度是 150 厘米左右。这个金井是竖向井，是慈禧棺材压住的地方。这个地方之所以称为金井就是因为它的作用至关重要，可以沟通阴阳，具有黄金一样的价值。所以，为了防止将来陵墓被盗，慈禧首先想起了这个金子一样的地方，要好好利用一下。

慈禧生前共向她的金井之中投放了六批珍宝，而且是亲自投放，这样她才放心。《菩陀峪金井安放账》中记载：

第一次是光绪五年（1879 年）清明节，慈禧亲临金井投宝。这年她 45 岁，清明节这天她把自己的儿子安葬在了惠陵，心情十分烦乱，于是她想起了自己的陵寝，亲自向金井中投放了一批珍宝。有一副金镯子和一副绿玉佩。

第二次是光绪十二年（1886 年）清明节，慈禧亲临金井投宝。她太郁闷了，16 岁的光绪帝就要亲政了，这对于慈禧来讲意味着什么呢？所以，她再次在清明节这天亲自向她的金井之中投放珍宝。

第三次是在光绪十六年（1890 年）清明节，慈禧亲临金井投宝。这一年实在是太特殊了。一个是光绪帝刚刚举行了亲政典礼，慈禧危机感顿生，更重要的是一直对自己忠心耿耿的醇亲王奕譞在光绪十六年（1890 年）病死了，他不仅是光绪的爸爸，还是自己的亲妹夫。慈禧烦死了，又想起了自己的金井，于是，在清明节这天亲自前往陵寝投宝，这批宝贝之中有一件不同寻常，

可以说是慈禧最喜爱的宝贝，究竟是什么呢？档案记载，此一件为正珠手串，共 18 颗大珍珠，小珍珠 4 颗，上面附有各式宝石，有红碧玺、绿玉、珊瑚、茄珠等，慈禧一直戴在腕子上。慈禧忍痛把这件宝贝摘下来投放在金井里面，是下了一番决心的。可就是这件宝贝，在 8 年后却发生了一段意想不到的故事，光绪二十四年（1898 年），慈禧又命人给取出来了。自此之后，慈禧居然 12 年没有再向自己的金井中投宝，究竟是为什么呢？

两个原因，一是这段时间，是她与光绪帝较量的关键时间，光绪帝不断改革，慈禧十分不安，形成了帝党和后党之争，最终自然是慈禧胜利了，变法被扼杀了。随后，又经历了一次慈禧最艰难的西逃之旅。之后，慈禧又想废掉光绪帝，另立皇帝。二是，她的陵寝正在被折毁，重新修建，她不想把珍宝投进去，以防丢失。

第四次是光绪二十八年（1902 年）清明节，慈禧亲临金井投宝。已经 68

康熙时期财神爷像　彩瓷

岁的慈禧想起了她的金井，这一次，是她最后一次来到自己的陵寝，对慈禧来讲意义不同寻常。自光绪二十一年（1895 年），慈禧陵寝重修开始，她还没有来过，虽然此时工程还远远没有结束，但她也想看看到底建成什么样了。视察完工程之后，慈禧走向她的地宫金井，又一次向其中投宝。

第五次是光绪三十四年（1908 年）十月十二日，慈禧死前 10 天，慈禧派出庆亲王奕劻来到金井前投宝。慈禧过完她的 74 岁生日，一直拉肚子，她对自己的身体有一个估计，她对将来怎么安排呢？赶紧关注金井吧，如果再晚，就真的来不及了。十月十二日，慈禧去世前 10 天，她特地点了一个人去向金井中投放了十件宝贝，这个人就是奕劻。实际上，慈禧这次是使用了一个调虎离山计，把狡猾的奕劻调出了京城，因为慈禧预感到自己将不久于人世，山雨欲来，赶紧把奕劻这只老虎调离了京城，免得这个时候奕劻兴风作浪，使得大权旁落。《清代通史》记载："或曰，有意出之。"说的就是这件事。

第六次是光绪三十四年（1908年）十月十五日，慈禧死前7天，慈禧又一次派出了内务府大臣来东陵向金井中投放珍宝。第五次第六次投放的宝物，基本上是佛珠和佛像，把小小的金井给塞满了。慈禧这才放心了，因为这些珍宝都是自己精挑细选的，用这些宝贝来镇墓，将来是有把握的，陵寝就不会被人盗掘了。

可是，令人意想不到的事情发生了，那就是慈禧苦心向金井之中投放的珍宝，居然有两次被取了出来。一次是在光绪二十四年（1898年），慈禧派人取走了光绪十六年投进的那串珍珠手串，是叫内务府的人来东陵取走的，动作很神秘。慈禧究竟为什么要取走这件宝贝呢？可能是她后悔放进去了。据说，后来慈禧在接见外国公使夫人时亮出了这件宝贝，华光闪闪，把人都看呆了。另一次是在宣统元年（1909年），就在慈禧棺材入葬地宫之前，居然有人从金井之中取走了所有珍宝。这件事真是太奇怪了，因为这些宝物就是慈禧用来镇墓，防止将来被盗的，不要说慈禧了，就是其他妃子墓的金井之内的宝物，也不许拿出来，这是规矩啊。究竟是谁这么大胆，竟敢取出来慈禧金井内的宝物？清宫档案《孝钦显皇后升遐记事档》明确记载："宣统元年十月初四日辰初，载瀛恭收金井内陈设。"就是说，载瀛取走了慈禧生前六次向金井中投放的全部珍宝。载瀛就是一个宗室贝勒，擅长书画，他是奉了谁的命令？再说，金井内的珍宝是不能取出来的。1980年6月15日，西陵清理光绪崇陵地宫金井时，金井中的珍宝就全部在里面。可见，金井之中的珍宝是不能取出来的。但是，慈禧金井中的珍宝为什么被人取出来，至今还是一个难解之谜。躺在棺材之中的慈禧一定会十分关注这一件事，自己苦心安排的六批金井中的葬宝，被人给拿走了，那没有了镇墓之宝，自己还安全吗？这时候，她的侄女隆裕太后做什么去了啊？

圆明园四十景图咏·万方安和

图书在版编目（CIP）数据

清宫·图档 / 李寅著 . -- 北京：台海出版社，2020.11

ISBN 978-7-5168-2761-1

Ⅰ . ①清… Ⅱ . ①李… Ⅲ . ①宫廷—史料—中国—清代—通俗读物 Ⅳ . ① K249.09

中国版本图书馆 CIP 数据核字（2020）第 184920 号

清宫·图档

著　　者：李　寅

出 版 人：蔡　旭　　　　封面设计：仙　境
责任编辑：王慧敏　　　　策划编辑：仪雪燕

出版发行：台海出版社
地　　址：北京市东城区景山东街 20 号　　　　邮政编码：100009
电　　话：010-64041652（发行，邮购）
传　　真：010-84045799（总编室）
网　　址：www.taimeng.org.cn/thcbs/default.htm
E-mail：thcbs@126.com

经　　销：全国各地新华书店
印　　刷：旭辉印务（天津）有限公司
本书如有破损、缺页、装订错误，请与本社联系调换

开　　本：710 毫米 ×1000 毫米　1/16
字　　数：527 千字　　　　印　　张：34
版　　次：2020 年 11 月第 1 版　　　　印　　次：2021 年 1 月第 1 次印刷
书　　号：ISBN 978-7-5168-2761-1

定　　价：118.00 元